Verpflichtungen wirtschaftlicher Akteure zur Beachtung der Kernarbeitsrechte der Internationalen Arbeitsorganisation

Europäische Hochschulschriften

European University Studies

Publications Universitaires Européennes

Reihe II **Rechtswissenschaft**

Series II Law

Série II Droit

Band/Volume **5773**

Frederik Diepgen

Verpflichtungen wirtschaftlicher Akteure zur Beachtung der Kernarbeitsrechte der Internationalen Arbeitsorganisation

Bestehende Ansätze der Entwicklung einer völkergewohnheitsrechtlichen Norm am Beispiel der Maßnahmen der Europäischen Union und der Rechtsprechung im Rahmen des Alien Tort Claims Act in Bezug auf Kernarbeitsrechte

PL ACADEMIC RESEARCH

Bibliografische Information der Deutschen Nationalbibliothek
Die Deutsche Nationalbibliothek verzeichnet diese Publikation in der Deutschen Nationalbibliografie; detaillierte bibliografische Daten sind im Internet über http://dnb.d-nb.de abrufbar.

Zugl.: Berlin, Freie Univ., Diss., 2014

D 188
ISSN 0531-7312
ISBN 978-3-631-66160-4 (Print)
E-ISBN 978-3-653-05738-6 (E-Book)
DOI 10.3726/978-3-653-05738-6

PL Academic Research ist ein Imprint der Peter Lang GmbH.
Peter Lang – Frankfurt am Main · Bern · Bruxelles · New York · Oxford · Warszawa · Wien

Diese Publikation wurde begutachtet.

www.peterlang.com

Meinen Kindern

Vorwort

Die vorliegende Arbeit ist im Jahr 2013 beim Fachbereich Rechtswissenschaft der Freien Universität Berlin zur Promotion eingereicht worden. Erst- und Zweitgutachter waren Frau Prof. Dr. Beate Rudolf und Herr Univ.-Prof. Dr. Dres. h.c. Philip Kunig. Das Rigorosum fand am 12.12.2014 statt. Der lange Weg vom Entschluss bis zur Fertigstellung der Arbeit hat damit seinen Abschluss gefunden.

Mein Dank gilt meiner Doktormutter Frau Prof. Dr. Beate Rudolf für die Betreuung der Arbeit. Herrn Univ.-Prof. Dr. Dres. h.c. Philip Kunig möchte ich ausdrücklich für die Bereitschaft zur Übernahme und das zügige Erstellen des Zweitgutachtens danken.

Mein besonderer Dank gilt meiner Frau, Lisa Diepgen, als mein Fels in der Brandung und Wind in meinen Segeln. Danke für den Trost in den dunklen Stunden der Arbeit und für das gemeinsame Lachen.

Meinen Eltern möchte ich für die immer fortwährende Unterstützung in allen Lebenslagen danken. Danke für Rat und Tat, Eure Liebe und die Möglichkeit diese Arbeit zu verfassen. Meiner Schwester, Anne Diepgen, danke ich für die zahlreichen Tüten an Nervennahrung.

Frau Gyde Grund danke ich für die geistig-moralische Unterstützung während des gemeinsamen Studiums der Rechtswissenschaften und des anschließenden Referendariats. Beides wäre ohne diesen gegenseitigen Austausch nie gelungen. Nils, Carina, Sebastian, Tina, Inge, Fritz und allen anderen danke ich dafür, dass sie mich immer wieder ermuntert, mit gelitten und im Ergebnis mit gefreut haben.

Widmen möchte ich diese Arbeit meinen Kindern. Es ist ein Segen, Euch begleiten zu dürfen.

Berlin, im Juni 2015

Frederik Diepgen

Inhaltsverzeichnis

Abkürzungsverzeichnis

a.F.	Alte Fassung
abgedr.	Abgedruckt
ABl.	Amtsblatt
Abs.	Absatz
Abschn.	Abschnitt
ACMR	Arabische Charta der Menschenrechte
AEMR	Allgemeine Erklärung der Menschenrechte
AJIL	American Journal of International Law
ArbuR	Arbeit und Recht, Zeitschrift für Arbeitsrechtspraxis
Art.	Artikel
Asia-Pac J. H. R. & L	Asia Pacific Journal on Human Rights and the Law
Aufl.	Auflage
AVR	Archiv des Völkerrechts
BB	Betriebs-Berater
BDGV	Berichte der deutschen Gesellschaft für Völkerrecht
BJIL	Berkeley Journal of International Law
Brook J. Int'l L	Brooklyn Journal of International Law
BVerfG	Bundesverfassungsgericht
BYIL	British Yearbook of International Law
bzgl.	Bezüglich
bzw.	beziehungsweise
CEEP	Europäischer Zentralverband der Öffentlichen Wirtschaft
Colum. J.L.& Soc. Probs.	Columbia Journal of Law and Social Problems
Colum.JTL	Columbia Journal of Transnational Law
Cornell Int'l L.J	Cornell International Law Journal
ders.	Derselbe
DLJ	Duke Law Journal
DVBl	Deutsches Verwaltungsblatt
EGB	Europäischer Gewerkschaftsbund
EGV	Vertrag zur Gründung der Europäischen Gemeinschaft
EMRK	Europäische Menschenrechtskonvention

EU	Europäische Union
EuGH	Europäischer Gerichtshof
EuGRZ	Europäische Grundrechte Zeitschrift
EuR	Europarecht (Zeitschrift)
EUV	Vertrag über die Europäische Union
EuZW	Europäische Zeitschrift für Wirtschaftsrecht
GC	Global Compact
GG	Grundgesetz
GYIL	German Yearbook of International Law
Hastings Int'l & Com. L. Rev.	Hastings International and Comparative Law Review
HRLR	Human Rights Law Review
i.d.F.	in der Fassung
i.V.m.	in Verbindung mit
IAA	Internationales Arbeitsamt
IAO	Internationale Arbeitsorganisation
ICLQ	International and Comparative Law Quarterly
IGH	Internationaler Gerichtshof
IJGLS	Indiana Journal of Global Legal Studies
ILC	International Law Commission
ILR	International Labour Review
Iowa LR	Iowa Law Review
IPRax	Praxis des Internationalen Privat- und Verfahrensrechts
LJIL	Leiden Journal of International Law
m.w.N.	mit weiteren Nachweisen
MLR	Modern Law Review
MRK	Menschenrechtskommission
N.Y.L. Sch .J. Hum. Rts.	New York Law School Journal of Human Rights
N.Y.U. J. Int'l L & Pol.	New York University Journal of International Law and Politics
NAFTA	North American Free Trade Agreement
NILR	Netherlands International Law Review
NJW	Neue Juristische Wochenschrift
NYIL	Netherlands Yearbook of International Law
NZA	Neue Zeitschrift für Arbeitsrecht
NZS	Neue Zeitschrift für Sozialrecht
RdA	Recht der Arbeit

RdC	Recueil des Cours
RIW/AWD	Recht der International Wirtschaft
RL	Richtlinie
Rn.	Randnummer
Rspr.	Rechtsprechung
S.	Seite
sog.	Sogenannte
St. Louis U. L. J.	St. Louis University Law Journal
Stan. L. Rev.	Stanford Law Review
TzBfG	Gesetz über Teilzeitarbeit und befristete Arbeitsverträge
u. a.	unter anderem
UNICE	Union der Industrie- und Arbeitgeberverbände in Europa
VJOTL	Vanderbilt Journal of Transnational
VN	Vereinte Nationen
YLJ	Yale Law Journal
ZaöRV	Zeitschrift für ausländisches öffentliches Recht und Völkerrecht
ZIP	Zeitschrift für Wirtschaftsrecht
ZRP	Zeitschrift für Rechtspolitik
ZZPInt	Zeitschrift für Zivilprozeß International

1. Kapitel: Einleitung

A. Gegenstand der Untersuchung

Die Weltgemeinschaft sieht sich mit ihrer Zielsetzung, einen umfassenden und effektiven Menschenrechtsschutz zu gewährleisten, durch den Prozess der fortschreitenden internationalen wirtschaftlichen Integration neuen Herausforderungen gegenüber. Neben die althergebrachte Gefährdung seitens staatlicher Eingriffe tritt vermehrt die Gefahr einer Verletzung bzw. der Nichtbeachtung von Menschenrechten durch privatwirtschaftliche Akteure. Eine lange Reihe negativer Schlagzeilen über die Verwicklungen von Unternehmen in Menschenrechtsverletzungen zeugen von der Präsenz dieser Gefährdung für eine umfassende Verwirklichung von Menschenrechten.[1]

Beteiligte Unternehmen erkennen dabei eine Verantwortung für die Wahrung der Menschenrechte jedoch nicht an, sondern ziehen sich hinter die Rechtsauffassung zurück, dass es allein Aufgabe der Staaten sei, die Wahrung der Menschenrechte zu gewährleisten. Soweit sie im Einklang mit den jeweiligen nationalen Gesetzen handeln, könne ihnen kein Vorwurf gemacht werden. Die Konzentration des Systems zum Schutz der Menschenrechte auf den Staat als primären Pflichtenträger scheint sie dabei zu unterstützen.

Als unstreitig ist jedoch anzusehen, dass Unternehmen in vielen Fällen unter tatsächlichen Gesichtspunkten im krassen Widerspruch zu international verbürgten Rechten handeln. Eine besondere Gefährdung ist dabei stets für die Rechte der jeweiligen Arbeitnehmer erkennbar. Eine Gefährdung der Rechte ist dabei dort am größten, wo Regierungen aufgrund des Mangels an Möglichkeiten oder Willen keinen umfassenden Schutz gewährleisten.[2]

---

1 Eine umfassende Dokumentation der diversen Vorwürfe findet sich u.a. unter: http://www.business-humanrights.org/Home (letzter Abruf: 2.12.2012).

2 *Commission on Human Rights*, Interim Report of the Special Representative of the Secretary-General on the issue of human rights and transnational corporations and other business enterprises (22.02.2006), E/CN.4/2006/97, *Nr.* 30. In diesem Zusammenhang wird stets auch auf die Tatsache hingewiesen, dass die Ursachen der Problematik der sozialen Verantwortung von Unternehmen nicht nur im übermäßigen Gewinnstreben einzelner Akteure zu finden ist, sondern auch in der Diskrepanz zwischen der rechtlichen Gleichheit und Souveränität und der tatsächlichen Ungleichheit und Abhängigkeit der Staaten sowie der Hegemonie des Nordens und der Not des Südens. Vgl. *Luzius Wildhaber*, Multinationale Unternehmen und Völkerrecht, in: ders. (Hrsg.)

Als Ursache dieser Gefährdung wird im Allgemeinen darauf verwiesen, dass die wirtschaftliche Betätigung in der heutigen globalisierten Welt durch zahlreiche internationale wie bilaterale Abkommen einen rechtlichen Rahmen erhalten hat. Im Gegensatz dazu habe die rechtliche Klärung korrespondierender sozialer Verpflichtungen im internationalen Rahmen jedoch nur eine untergeordnete Rolle gespielt. Ein wesentlicher Kritikpunkt an dem Prozess der sog. „Globalisierung" ist, dass die Weltgemeinschaft ihr Augenmerk ausschließlich auf die Förderung der wirtschaftlichen Integration gelegt habe, ohne aber die erforderlichen Maßnahmen zu ergreifen, um die bestehenden Rechte der Arbeitnehmer in einem grenzüberschreitenden Wirtschaftsraum zu sichern. Weltweit tätigen Unternehmen würde es so ermöglicht, die sich aus der wirtschaftlichen Integration der Weltwirtschaft geschaffenen Spielräume zu nutzen, um unter Nichtbeachtung der menschenrechtlich anerkannten arbeitsrechtlichen Mindeststandards ihre Waren billig produzieren zu lassen.

Es ist allerdings keineswegs so, dass die internationale Gemeinschaft keine Verpflichtungen in Hinsicht auf den Schutz menschenrechtlicher Sozial- und Arbeitsrechtsstandards kennt. Ganz im Gegenteil reichen die Anstrengungen der internationalen Gemeinschaft zur Kodifizierung sozialer und arbeitsrechtlicher Standards bereits sehr weit zurück. So bemüht sich die Internationale Arbeitsorganisation (IAO) schon seit ihrer Gründung 1919 um die Formulierung, Kodifizierung und Durchsetzung internationaler Arbeits- und Sozialnormen zum Schutz der Arbeitnehmer.[3] Mit den Kernarbeitsnormen hat die IAO Mindeststandards für die Welthandelsordnung formuliert, die menschenwürdige Arbeitsbedingungen und einen hinreichenden Schutz gewährleisten sollen. Zu ihnen zählen das Verbot der Zwangsarbeit, der Kinderarbeit, der Diskriminierung in Beschäftigung und Beruf sowie das Recht der Vereinigungsfreiheit und

---

Internationalrechtliche Probleme multinationaler Korporationen: Referate und Thesen mit Diskussion BDGV 18 (1978), Heidelberg, C.F. Müller, S. 7 (10).

3 Die Internationale Arbeitsorganisation (IAO) ist heute eine Sonderorganisation der Vereinten Nationen mit Sitz in Genf. Sie hat 182 Mitgliedsstaaten, die durch Repräsentanten von den Regierungen sowie von Arbeitnehmer- und Arbeitgebervertretern vertreten werden. Wesentliche Aufgabe der IAO ist das Erarbeiten und Durchsetzen internationaler Mindeststandards im Bereich der Arbeitsbeziehungen. Hierdurch soll zur Sicherung des Weltfriedens, der Schaffung einer sozialen Gerechtigkeit und einer Verbesserung der Arbeitsbedingungen beigetragen werden. Detailliert zu der Funktion und der Zielsetzung der IAO siehe *Sabine Böhmert*, Das Recht der IAO und sein Einfluß auf das deutsche Arbeitsrecht im Zeichen der europäischen Integration, Baden-Baden, Nomos, 2002, S. 33 ff.

auf Kollektivverhandlungen. Ausgangspunkt dieser Bestrebungen war jedoch in der Regel der Gedanke der Disziplinierung der politischen Gewalt durch eine Bindung an das Recht und nicht die Begrenzung wirtschaftlicher Macht.

Schließlich hat die internationale Gemeinschaft die explizite Gefährdung arbeitsrechtlicher Mindeststandards durch wirtschaftliche Aktivitäten erkannt und in den vergangenen Jahren unterschiedliche Maßnahmen zur Verbesserung des Schutzes der menschenrechtlichen Standards vor wirtschaftlichen Gefahren ergriffen.[4] Zu nennen sind hier die Dreigliedrige Grundsatzerklärung über Multinationale Unternehmen und Sozialpolitik der IAO sowie die OECD-Leitsätze für multinationale Unternehmen und Sozialpolitik. Ein Beispiel für die besondere Aufmerksamkeit der Weltgemeinschaft bezüglich der Thematik ist schließlich auch das Mandat des Sonderbeauftragten des UN-Generalsekretärs zum Thema „Verantwortung transnationaler Konzerne und anderer Wirtschaftsunternehmen für die Menschenrechte“ an John Ruggie.[5]

Ein ähnliches Bild zeigt sich auf regionaler sowie nationaler Ebene. Dabei wird eine besondere Aufmerksamkeit insbesondere der Rechtsprechung auf der Grundlage des Alien Tort Claims Act (ATCA) in den Vereinigten Staaten von Amerika zuteil. Überdies bestehen speziell im europäischen Raum des gemeinsamen Marktes der Länder der Europäischen Union große Anstrengungen einheitliche Wirtschaftstandards zu formulieren.

Es stellt sich die Frage, welchen Schutz die bestehenden internationalen Übereinkommen vor wirtschaftlichen Gefahren tatsächlich bieten und ob sich gegebenenfalls aufgrund der zahlreichen internationalen wie nationalen Maßnahmen die Entwicklung einer völkergewohnheitsrechtlichen Verpflichtung wirtschaftlicher Akteure zur Beachtung der Kernarbeitsnormen als arbeitsrechtliche Mindeststandards abzeichnet.

B. Gang der Untersuchung

Zunächst wird der Ausgangspunkt des Bedürfnisses einer unmittelbaren Verpflichtung wirtschaftlicher Akteure vor dem gegenwärtigen System zum Schutz der Kernarbeitsrechte herausgearbeitet. Ohne dessen Kenntnis können

---

4 Abzulesen ist dies u.a. an dem von Kofi Anan ins Leben gerufenen Global Compact sowie dem Entwurf der Normen über die Verantwortlichkeit transnationaler Unternehmen und anderer Wirtschaftsunternehmen im Hinblick auf Menschenrechte des UN-Unterausschusses für die Förderung und den Schutz der Menschenrechte.

5 Umfassend hierzu http://www.business-humanrights.org/SpecialRepPortal/Home (letzter Abruf: 30.11.2012).

die durch wirtschaftliche Aktivitäten verursachten Gefahren für eine umfassende Gewährleistung der international anerkannten menschenrechtlichen Arbeitsrechtsstandards und das Bedürfnis an einem ausreichenden Schutzes nicht nachvollzogen werden. In diesem Sinne ist auf das bestehende Verständnis des Menschenrechtsschutzes und die mit der Globalisierung der Wirtschaft verbundene Gefährdung des jetzigen Menschenrechtssystems einzugehen. Dabei gilt es in einem ersten Schritt, die völkerrechtlichen Grundlagen zur Gewährleistung der Kernarbeitsrechte sowie deren Verständnis und die damit verbundenen Gefährdungen durch wirtschaftliche Akteure darzulegen. In einem zweiten Schritt werden, die bestehenden Ansätze zur Vermeidung einer wirtschaftlichen Gefährdung der Kernarbeitsrechte untersucht und bewertet. Hier ist zunächst auf die bestehenden Ansätze der Begründung einer Verpflichtung wirtschaftlicher Akteure anhand der bestehenden völkerrechtlichen Übereinkommen einzugehen. Daran anschließend werden die Möglichkeiten des kooperativen Weges zur Gewährleistung eines Schutzes der Kernarbeitsrechte vor wirtschaftlichen Gefahren durch sog. Verhaltenskodizes nachgezeichnet. Dabei zeigt sich, dass die bestehenden Ansätze, mit denen einer wirtschaftlichen Gefährdung der Kernarbeitsrechte entgegengewirkt werden soll, nicht ausreichend sind und ein weitergehendes Bedürfnis eines internationalen Schutzes besteht.

Im Anschluss erfolgt die Untersuchung, ob sich gegebenenfalls auf der Grundlage des bestehenden Bedürfnisses und den damit verbundenen zahlreichen internationalen sowie nationalen Maßnahmen eine Entwicklung einer völkergewohnheitsrechtlichen Verpflichtung wirtschaftlicher Akteure zur Beachtung der Rechte abzeichnet. Hierzu werden zunächst die theoretischen sowie dogmatischen Grundlagen einer völkerrechtlichen Pflicht wirtschaftlicher Akteure geklärt. Im Vordergrund steht die Frage, ob wirtschaftliche Akteure als Pflichtenadressat im Völkerrecht grundsätzlich in Betracht kommen können und ob der Fokus der wissenschaftlichen Diskussion auf die sog. transnationalen bzw. multinationalen Unternehmen für den Gedanken eines effektiven Menschenrechtsschutzes überhaupt ausreichend ist.

Unter Beachtung der dogmatischen Grundlagen zur Ermittlung einer völkergewohnheitsrechtlichen Norm ist schließlich der Fragestellung nachzugehen, ob sich eine Entwicklung einer völkergewohnheitsrechtlichen Verpflichtung wirtschaftlicher Akteure zur Beachtung der Kernarbeitsrechte abzeichnet. Die Frage kann dabei nicht nur begrenzt auf mögliche Verantwortlichkeiten für Verletzungshandlungen in Schwellen- und Entwicklungsländer unter dem Aspekt einer extraterritorialen Durchsetzbarkeit der Rechte betrachtet werden. Es geht nicht nur um die Geltendmachung von Rechtsverletzungen in anderen Ländern, sondern grundsätzlich um das Bestehen internationaler Verpflichtungen für wirtschaftliche Akteure. Im Sinne der Gewährleistung eines umfassenden Schutzes der Rechte wird nach einem allgemeinen Verständnis des Bestehens einer internationalen Verpflichtung gefragt werden.

2. Kapitel: Ausgangspunkt des Bedürfnisses einer unmittelbaren Verpflichtung – Der internationale Schutz der Kernarbeitsrechte und die Unzulänglichkeit des Systems zum Schutz vor wirtschaftlichen Gefahren

Die Gewährleistung der Kernarbeitsrechte ist im Völkerrecht durch zahlreiche Verträge und Übereinkommen geregelt. Die Relevanz des Bedürfnisses unmittelbarer Pflichten wirtschaftlicher Akteure lässt sich daher nur mit Kenntnis der bestehenden Unzulänglichkeiten des Systems zum Schutz der Kernarbeitsrechte vor wirtschaftlichen Gefahren und der unzureichenden Maßnahmen als Reaktion auf diese Gefahr umfassend begreifen.

A. Das staatsbezogene Verständnis des Menschenrechtsschutzes und die Globalisierung als Ursprung der Gefährdung

I. Verständnis der Menschenrechte

Der Ausgangspunkt des heutigen Menschenrechtsverständnisses liegt in den Lehren der europäischen Aufklärung des 18. Jahrhunderts. Ausgehend von den Naturrechtslehren handelt es sich um jene Rechte, die dem einzelnen Menschen wegen seiner Eigenschaft als Mensch zukommen.[6] Die Idee von dem Bestehen von Rechten, die dem einzelnen Menschen allein wegen seines Menschseins zukommen, ist dabei in allen großen Kulturen und Religionen der Welt zu finden.[7] Dennoch gibt es eine unterschiedliche Ausformung und Geschichte der Menschenrechte.[8] Ist das westliche Menschenrechtsbild von einem individualistischen Ansatz geprägt, stellt beispielsweise das Menschenrechtsverständnis der „Dritten Welt“ dem ein kollektives Verständnis gegenüber, wonach auch der

6 Statt vieler siehe *Karl Peter Fritzsche*, Menschenrechte: Eine Einführung mit Dokumenten, Paderborn (u.a.), Schöningh (u.a.), 2004, S. 19 ff.

7 *Manfred Nowak*, Einführung in das internationale Menschenrechtssystem, Wien, Neuer Wiss. Verl., 2002, S. 21.

8 *Waldemar Hummer*, Der internationale Menschenrechtsschutz: Entwicklung und Grundlagen, in: Hanspeter Neuhold, u.a. (Hrsg.), Österreichisches Handbuch des Völkerrechts, Band 1: Textteil; Wien, Manz, 2004, S. 258 (261), Rn. 1357 ff.

Gemeinschaft als Ganzes bestimmte Rechte zustehen.[9] Religiös geprägte Länder wollen hingegen Menschenrechte nur anerkennen, soweit sie nicht zu religiösen Geboten im Widerspruch stehen.[10]

Die Idee der Rechte steht so immer in einem engen Zusammenhang mit den ethischen und moralischen Wertvorstellungen der entsprechenden Gesellschaften und ist damit kein starres unabänderliches Konzept.[11] Vielmehr handelt es sich um einen sich ständig weiter entwickelnden Prozess, befördert durch die unterschiedlichen Bedrohungs- und Unterdrückungssituationen in den verschiedenen Gesellschaften.[12] Als feste Größe und universeller Ausgangspunkt bleibt dabei nur die allgemein anerkannte Tatsache, dass dem Menschen bestimmte Rechte durch sein Menschsein zustehen und die sich daraus ableitende Anerkennung seiner Würde durch das Recht.[13]

Im modernen Verfassungsstaat hat sich das Verständnis der Menschenrechte durch die Aufnahme in Verfassungen sowie durch einfachgesetzliche Kodifizierungen zu einem staatenbezogenen Verständnis entwickelt, bei dem die Bändigung hoheitlicher Gewalt durch direkte staatliche Verpflichtungen im Vordergrund steht.[14] Der Menschenrechtsschutz wurde daher lange Zeit als eine ausschließlich nationale Angelegenheit verstanden und dementsprechend im Rahmen der einzelstaatlichen Rechtsordnungen angesiedelt („domaine

9 *Hanspeter Neuhold*, Das moderne Völkerrecht und seine Lehre: geschichtlicher Überblick, in: ders., u.a. (Hrsg.), Österreichisches Handbuch des Völkerrechts, Band 1: Textteil, Wien, Manz, 2004, S. 16 (25), Rn. 136.

10 Siehe hierzu in erster Linie die Arabische Charta der Menschenrechte von 1994, abrufbar unter: http://www.un.org/Depts/german/menschenrechte/arab.pdf (letzter Abruf: 2.12.2012). Umfassend zur Fragestellung des Verständnisses von Menschenrechten unter Beachtung des islamischem Rechts siehe *Mashood A. Baderin*, International Human Rights and Islamic Law, Oxford, Oxford Univ. Press, 2003.

11 *Malcolm N. Shaw*, International Law, 6. ed., Cambridge (u.a.), Cambridge Univ. Press, 2008, S. 266.

12 *Manfred Nowak*, (Fn. 7), S. 15; *Peter Malanczuk*, Akehurst's Modern Introduction to International Law, 7., rev. ed., London, Routledge, London, 1997, S. 209.

13 *Eckart Klein*, Menschenrechte : Stille Revolution des Völkerrechts und Auswirkungen auf die innerstaatliche Rechtsanwendung, Baden-Baden, Nomos, 1997, S. 9.

14 *Caroline Hillemanns*, Transnationale Unternehmen und Menschenrechte, S. 8. In diesem Sinne sind Menschenrechte als Rechtsansprüche von Personen gegenüber den Staat oder staatsähnlichen Gebilden zu verstehen, die dem Schutz grundlegender Aspekte des Menschen und seiner Würde dienen. Vgl. *Walter Kälin/Jörg Künzli*, Universeller Menschenrechtsschutz, 2. Aufl., Basel, Helbing & Lichtenhahn (u.a.), 2008, S. 37.

réservé").[15] Ein Schutz durch das die Beziehungen souveräner Staaten regelnde Völkerrecht erschien insofern nicht erforderlich. Erst unter dem Eindruck der Gräueltaten des Zweiten Weltkrieges gelang es, mit der unverbindlichen Allgemeinen Erklärung der Menschenrechte (AEMR) die Menschenrechte aus ihrer nationalen Umklammerung zu befreien und sie als Aufgabe der Völkerrechtsgemeinschaft anzuerkennen.[16] Eine Umsetzung der AEMR in verbindliche völkerrechtliche Verträge erfolgte erst mit einiger Verspätung durch die beiden Pakte über die bürgerlichen und politischen sowie über die wirtschaftlichen, sozialen und kulturellen Rechte von 1966. Im Laufe der Jahre folgte eine Vielzahl weiterer Menschenrechtsverträge. Die AEMR bildet dabei bis heute das politisch-programmatische Fundament für alle weitergehenden Bemühungen einer Kodifikation der Menschenrechte.[17]

Anders als bei den bürgerlichen und politischen Menschenrechten zeigten sich auf dem Gebiet des Arbeitsschutzes bereits Mitte des 19. Jahrhunderts Tendenzen zur Schaffung einheitlicher internationaler Standards.[18] Ihren Ausdruck auf internationaler Ebene fanden diese Bemühungen schließlich 1919 in der Gründung der Internationalen Arbeitsorganisation (IAO).[19] Seitdem arbeitet die IAO für die Mitgliedstaaten rechtsverbindliche Übereinkommen zur Verbesserung der Arbeitsbedingungen aus. Die verbindliche völkervertragliche Kodifikation der Kernarbeitsrechte vollzog sich jedoch, abgesehen von dem Übereinkommen über die Zwangs- und Pflichtarbeit von 1930, erst nach dem Ende des Zweiten Weltkrieges und hat ihren vorläufigen Abschluss 1999 im Übereinkommen über

---

15 *Karl Peter Fritzsche*, (Fn. 6), S. 25 f.; *Torsten Stein/Christian von Buttlar*, Völkerrecht, 3. Aufl., München, Heymanns, 2012, Rn. 997.

16 Zum Bedürfnis eines internationalen Menschenrechtsschutzes *Eckart Klein*, (Fn. 13), S. 10 ff.; *Torsten Stein/Christian von Buttlar*, (Fn. 15), Rn. 997. Nur durch internationale Verpflichtungen stehen die Menschenrechte nicht mehr zur alleinigen Disposition der einzelnen Vertragsstaaten, da eine einseitige Loslösung von dieser einmal eingegangenen internationalen Verpflichtung nicht mehr möglich ist, ohne gegen internationale Verpflichtungen zu verstoßen. Unabhängig von dieser rein juristischen Feststellung sei hier noch vermerkt, dass bereits der Versuch einer Loslösung heute zu einer internationalen Isolierung und zu erheblichen Nachteilen des betreffenden Staates in einer international verflochtenen Welt führen würde.

17 *Eckart Klein*, (Fn. 13), S. 14.

18 Ein Überblick über die historische Entwicklung der Entstehung der IAO findet sich bei *Sabine Böhmert*, Das Recht der IAO und sein Einfluß auf das deutsche Arbeitsrecht im Zeichen der europäischen Integration, Baden-Baden, Nomos, 2002, S. 27 ff.

19 Zur Zielsetzung der IAO siehe *Sabine Böhmert*, (Fn. 18), S. 33 ff.

das Verbot und unverzügliche Maßnahmen zur Beseitigung der schlimmsten Formen der Kinderarbeit gefunden.

II. Völkerrechtliche Gewährleistung der Kernarbeitsrechte

1. *Die inhaltliche Ausgestaltung der Rechte*

Entsprechend der besonderen Rolle der IAO bei der Kodifikation von internationalen Arbeits- und Sozialstandards finden sich die völkerrechtlichen Grundlagen der Kernarbeitsrechte der Arbeitnehmer vor allem in den einzelnen Übereinkommen der IAO. Zugleich haben sie aber auch in den verschiedenen internationalen und regionalen Menschenrechtskonventionen eine Kodifizierung erfahren. Die Bedeutung der Kernarbeitsnormen hat die IAO zudem durch die „Erklärung über grundlegende Prinzipien und Rechte bei der Arbeit" von 1998 besonders hervorgehoben.[20] Danach sind die Mitgliedstaaten, auch wenn sie die betreffenden Übereinkommen nicht ratifiziert haben, verpflichtet, die Grundsätze, die Gegenstand der Übereinkommen sind, einzuhalten, zu fördern und zu verwirklichen. Inhaltlich bestehen – wie sich gleich zeigen wird – zwischen den Übereinkommen der IAO und den einzelnen Menschenrechtskonvention durchaus Abweichungen.

a) Verbot der Diskriminierung in Beschäftigung und Beruf

Der Grundsatz der Nichtdiskriminierung findet sich bereits ausdrücklich in der Präambel der Verfassung der IAO und der Erklärung von Philadelphia. Die Umsetzung des Grundsatzes der Nichtdiskriminierung wird durch die Übereinkommen Nr. 100 über die Gleichheit des Entgelts männlicher und weiblicher Arbeitskräfte für gleichwertige Arbeit und Nr. 111 über die Diskriminierung in Beschäftigung und Beruf gewährleistet. Mit einer Anzahl von 169 bzw. 170 Ratifizierungen weisen beide Übereinkommen im Verhältnis zu den anderen Kernarbeitsrechten der IAO einen überdurchschnittlichen Ratifizierungsstand auf.[21]

---

20 Abrufbar unter: http://www.ilo.org/wcmsp5/groups/public/---europe/---ro-geneva/---ilo-berlin/documents/normativeinstrument/wcms_193727.pdf (letzter Abruf: 1.12.2012).

21 Stand: Januar 2010. Eine aktuelle Tabelle zum Stand der Ratifikationen findet sich unter: http://webfusion.IAO.org/public/db/standards/normes/appl/appl-byconv.cfm?conv=C100&lang=EN&hdroff=1 und http://webfusion.IAO.org/public/db/standards/normes/appl/appl-byconv.cfm?conv=C111&lang=EN&hdroff=1 (letzter Abruf: 1.12.2012).

Das Übereinkommen Nr. 100 bezieht sich ausschließlich auf die Gleichheit des Entgelts männlicher und weiblicher Arbeitskräfte für gleichwertige Arbeit. Unter den Begriff des Entgelts fällt dabei das übliche bzw. Grund- oder Mindestgehalt sowie alle zusätzlichen Vergünstigungen, die der Arbeitgeber auf Grund des Dienstverhältnisses dem Arbeitnehmer mittelbar oder unmittelbar in bar oder in Sachleistungen zu zahlen hat.[22]

Der Regelungsgegenstand des Übereinkommens Nr. 111 befasst sich dagegen umfassend mit der Diskriminierung. Eine verbotene Diskriminierung liegt in jeder „Unterscheidung, Ausschließung oder Bevorzugung, die auf Grund der Rasse, der Hautfarbe, des Geschlechts, des Glaubensbekenntnisses, der politischen Meinung, der nationalen Abstammung oder der sozialen Herkunft vorgenommen wird und die dazu führt, die Gleichheit der Gelegenheiten oder der Behandlung in Beschäftigung oder Beruf aufzuheben oder zu beeinträchtigen".[23] Da auf die Wirkung der unterschiedlichen Handlungen abgestellt wird, fällt unter den Schutz der Norm auch die mittelbare Diskriminierung.[24] Dagegen gilt eine Ungleichbehandlung dann nicht als Diskriminierung, wenn sie in den Erfordernissen der Beschäftigung begründet ist.[25] Die Begriffe „Beschäftigung" und „Beruf" umfassen im Sinne des Übereinkommens die Zulassung zur Berufsausbildung, zur Beschäftigung und zu den einzelnen Berufen sowie die Beschäftigungsbedingungen.[26]

Im Rahmen des internationalen und regionalen Menschenrechtsschutzes fällt dagegen auf, dass im Regelfall nicht von einem grundsätzlichen Diskriminierungsverbot ausgegangen wird, sondern nur von einem Verbot einer Diskriminierung bezüglich der im Kontext des betreffenden Vertrages zugesicherten Rechte.[27] Regelungen, die sich darüber hinaus ausdrücklich mit dem Verbot der Diskriminierung in Arbeit und Beruf befassen, finden sich nur in einzelnen Verträgen wieder. Hervorzuheben ist unter diesem Gesichtspunkt die Regelung des

---

22 Art. 1 IAO-Übereinkommen Nr. 100.

23 Art. 1 Nr. 1 IAO-Übereinkommen Nr. 111.

24 Reingard Zimmer, Soziale Mindeststandards und Ihre Durchsetzungsmechanismen. Sicherung internationaler Mindeststandards durch Verhaltenskodizes?, Nomos, Baden-Baden, 2008, S. 52.

25 Art. 1 Nr. 2 IAO-Übereinkommen Nr. 111.

26 Siehe ausführlich zu den einzlenen Diskriminierungsmerkmalen *Henrik Karl Nielsen*, The Concept of Discrimination in ILO Convention No. 111, ICLQ Vol. 43 (1994), S. 827 ff.

27 Art. 14 EMRK; Art. 2 Abs. 1 IPbpR; Art. 2 Abs. 2 IPwskR; Art. 3 ACMR; Art. 1 Nr. 1 AMRE.

Art. 7 (a) (i) des Internationalen Paktes für wirtschaftliche, soziale und kulturelle Rechte (IPwskR), die ausdrücklich die Forderung nach „equal pay for equal work" erhebt und dabei klarstellt, dass dies auch unabhängig vom Geschlecht erfolgen soll. Eine vergleichbare Regelung enthalten auch die Afrikanische Charta der Menschenrechte und Rechte der Völker (Banjul-Charta)[28], die Arabische Charta der Menschenrechte (ACMR)[29] und das Übereinkommen zur Beseitigung jeder Form von Diskriminierung der Frau (CEDAW).[30]

b) Recht der Vereinigungsfreiheit und auf Kollektivverhandlungen

Der Grundsatz der Vereinigungsfreiheit wird bereits sowohl in der Präambel der Verfassung der IAO als auch in der Erklärung von Philadelphia hervorgehoben. Eine konkrete Ausgestaltung hat das Recht der Vereinigungsfreiheit durch mehrere Übereinkommen der IAO erfahren, unter denen den Übereinkommen Nr. 87 über die Vereinigungsfreiheit und den Schutz des Vereinigungsrechtes und Nr. 98 über die Anwendung der Grundsätze des Vereinigungsrechts und des Rechts zu Kollektivverhandlungen die größte Bedeutung zukommen.

Das Übereinkommen Nr. 87 umschreibt das Recht der Vereinigungsfreiheit und auf Kollektivverhandlungen als Recht der Arbeitnehmer, eine Organisation zu gründen oder ihr beizutreten, die die Förderung und den Schutz der Interessen der Arbeitnehmer zum Ziel hat, ohne dass es einer staatlichen Genehmigung bedarf.[31] Mit erfasst ist dabei u. a. das Recht, sich eine Satzung zu geben, Vertreter frei zu wählen und die Bildung bzw. den Beitritt zu Dachverbänden und internationalen Organisationen.[32] Das Übereinkommen Nr. 98 statuiert die Pflicht der Vertragsparteien, den Arbeitnehmer vor jeder gegen die Vereinigungsfreiheit gerichteten Behandlung, die mit der Beschäftigung im Zusammenhang steht, zu schützen. Im Vordergrund steht dabei der Schutz einzelner Gewerkschaftsmitglieder gegen die Diskriminierung aufgrund der Mitgliedschaft in

---

28 Art. 15 Banjul-Charta.

29 Art. 34 Nr. 1 und insbesondere Nr. 4 ACMR.

30 Art. 11 CEDAW.

31 Art. 2 iVm Art. 10 IAO-Übereinkommen Nr. 87. Vereinigungen im Sinne des Übereinkommens sind dabei allerdings nicht zwingend nur Gewerkschaften im Sinne des deutschen Arbeitsrechts. Vielmehr werden durch das Übereinkommen auch rein betriebliche oder nur auf ein Unternehmen bezogenen Vereinigungen erfasst. Siehe hierzu weiter *Markus Burianski*, Globalisierung und Sozialstandards. Der Schutz der Kernarbeitsrechte in und durch den Internationalen Handel, Hamburg, Verlag Dr. Kovač, 2004, S. 60 f.

32 Siehe Art. 3 Nr. 2 bzw. Art. 5 IAO-Übereinkommen Nr. 87.

einer Gewerkschaft.[33] Besteht die Zielrichtung des Übereinkommens Nr. 87 im Verhältnis zwischen dem Staat einerseits und Arbeitgebern, Arbeitnehmern und ihren Organisation andererseits sowie in der Gewährleistung der Nichteinmischung des Staates, so liegt der Schwerpunkt des Übereinkommens Nr. 98 im Verhältnis zwischen den Arbeitgeber- und Arbeitnehmerorganisationen und den Auswirkungen der gewerkschaftlichen Betätigung im Verhältnis zwischen den Arbeitgebern und Arbeitnehmern. Inwieweit von den Übereinkommen auch das Recht auf Streik erfasst wird, ist dabei umstritten.[34] Trotz der Tatsache, dass dieses Recht in den genannten Übereinkommen nicht ausdrücklich genannt wird, gilt es jedoch nach der Auffassung des Ausschusses für die Vereinigungsfreiheit als essentieller Bestandteil der Vereinigungsfreiheit.[35]

Die Vereinigungsfreiheit hat neben den einschlägigen Übereinkommen der IAO ihren Ausdruck in den allgemeinen internationalen und regionalen Menschenrechtserklärungen gefunden. Entsprechende Regelungen finden sich u.a. in Art. 20 AEMR, Art. 22 IPbpR und Art. 8 IPwskR.[36] Insoweit kann von einer allgemeinen Anerkennung des Rechts der Vereinigungsfreiheit zumindest im formalen Sinn ausgegangen werden.[37] Widersprüchlich wirkt insofern, dass die beiden genannten Übereinkommen der IAO die geringste Anzahl an Ratifizierungen im Vergleich zu anderen Kernarbeitsnormen aufweisen.[38]

---

33 Art. 1 IAO-Übereinkommen Nr. 98.

34 Ein Überblick über diese Problematik und weiterführende Verweise finden sich bei *Sabine Böhmert*, (Fn. 18), S. 110 ff. Vertiefend m.w.N. bei Däubler/Kittner/Lörcher, IntASO, S. 273 ff.

35 *IAO (Hrsg.),* Freedom of Association. Digest of Decision and Principles of the Freedom of Association Committee of the Governing Body of the ILO, 5. Aufl. 2006, Rn. 520 ff.; abrufbar unter: http://www.ilo.org/ilolex/english/23e2006.pdf (letzter Abruf: 2.12.2012). Eine Einbeziehung lehnen insbesondere die Vertreter der Arbeitgeberverbände ab. Siehe hierzu Alfred Wisskirchen, Ausgewählte Fragen der Normenüberwachung, in: Bundesministerium für Arbeit und Soziales u.a. (Hrsg.), Weltfriede durch soziale Gerechtigkeit, 75 Jahre Internationale Arbeitsorganisation, Baden-Baden, 1994, S. 65 (72 f.).

36 Auf regionaler Ebene finden sich die entsprechenden Regelung in Art. 11 EMRK; Art. 10 Banjul-Charta; Art. 35 ACMR; Art. 16 AMRK.

37 Zum Teil wird das Recht der Vereinigungsfreiheit auch dem Völkergewohnheitsrecht zu gerechnet. Siehe hierzu *Geraldo von Potobsky*, The Freedom of the Worker to Organize According to the Principles and Standards of the International Labour Organization, in: Hermann Mosler / Rudolf Bernhardt (Hrsg.), Die Koalitionsfreiheit des Arbeitnehmers Bd. 2, Springer, Berlin, 1980, S. 1119 ff.

38 Bloß 151 Mitglieder haben das IAO-Übereinkommen Nr. 87 und lediglich 161 Mitglieder das IAO-Übereinkommen Nr. 98 ratifiziert (Stand: November 2012).

c) Verbot der Kinderarbeit

Die Problematik der Kinderabreit hat stets eine besondere Aufmerksamkeit erfahren.[39] Schon frühzeitig hat die IAO zahlreiche Übereinkommen verabschiedet, die für Tätigkeitsbereiche, wie die Arbeit auf See, die Fischerei, die Landwirtschaft oder Untertage, ein Mindestalter festsetzten.[40] Die Fülle an Übereinkommen führte jedoch zu einer Zersplitterung und Unübersichtlichkeit der Materie, so dass die IAO mit der Verabschiedung des Übereinkommens Nr. 138, dem „Übereinkommen über das Mindestalter für die Zulassung zur Beschäftigung", eine zusammenfassende Regelung schuf. Das Mindestalter für eine Beschäftigung darf danach nicht unter dem Alter liegen, in welchem die Schulpflicht endet und in keinem Fall unter 15 Jahren.[41] Ausnahmen bestehen für Länder mit einer nicht umfassend entwickelten Wirtschaft[42] sowie für leichte Arbeiten.[43] Für Tätigkeiten, die voraussichtlich für das Leben, die Gesundheit oder die Sittlichkeit des Kindes eine Gefährdung darstellen, wird das Mindestalter dagegen auf 18 Jahre festgeschrieben.[44] Zur Sicherstellung der Einhaltung der Vorgaben haben die Staaten für effektive Strafvorschriften zu sorgen.

Die Umsetzung der Vorgaben des Übereinkommens Nr. 138 erwies sich als schwierig. Insbesondere zeigte sich, dass die Mehrzahl der ratifizierenden Staaten Festsetzungen eines Mindestalters schufen, die unter denen des Übereinkommens lagen.[45] Zudem verzichteten viele Staaten auf eine Ratifizierung,

---

Eine aktuelle Tabelle zum Stand der Ratifikationen findet sich unter: http://www.ilo.org/dyn/normlex/en/f?p=1000:11300:0::NO:11300:P11300_INSTRUMENT_ID:312232 und http://www.ilo.org/dyn/normlex/en/f?p=1000:11300:0::NO:11300:P11300_INSTRUMENT_ID:312243 (letzter Abruf: 30.11.2012).

39 Umfassende zu den Bemühungen der IAO zum Verbot der Kinderarbeit siehe *Giuseppe Nesi* (Hrsg.), Child Labour in a Globalized World. A Legal Analysis of ILO Action, Aldershot, Ashgate, 2008.

40 Siehe beispielhaft das „Übereinkommen über das Mindestalter in gewerblichen Betrieben" von 1919, das „Übereinkommen über das Mindestalter (Arbeit auf See)" von 1920, das „Übereinkommen über das Mindestalter (Landwirtschaft)"von 1921, das „Übereinkommen über das Mindestalter (Fischer)" von 1959 und das „Übereinkommen über das Mindestalter (Untertagearbeiten)" von 1965.

41 Art. 2 Nr. 3 IAO-Übereinkommen 138.

42 Art. 2 Nr. 4 IAO-Übereinkommen Nr. 138. Entwicklungsländer können danach das Mindestalter auf 14 Jahre festsetzten.

43 Art. 7 IAO-Übereinkommen Nr. 138.

44 Siehe Art. 3 Nr. 1 IAO-Übereinkommen Nr. 138.

45 *Mark Lansky*, Perspectives: Child Labour: How the Challenge is being met, ILR 136 (1997), S. 233 (240).

da es sich für sie unter Beachtung gesellschaftspolitischer Realitäten als problematisch erwies, ein Mindestalter für leichte Arbeiten festzulegen.[46] Vor diesem Hintergrund verabschiedete die IAO 1999 das Übereinkommen Nr. 182 über das Verbot und unverzügliche Maßnahmen zur Beseitigung der schlimmsten Formen der Kinderarbeit, um das Übereinkommen zu ergänzen und zumindest die schlimmsten Formen der Kinderarbeit wirksam zu bekämpfen. Unter solche Formen der Kinderarbeit fallen nach dem Übereinkommen alle Formen der Sklaverei oder sklavenähnlichen Praktiken, das Heranziehen, Vermitteln oder Anbieten eines Kindes zur Prostitution, Herstellen von Pornographie oder pornographischer Darstellungen und das Heranziehen, Vermitteln oder Anbieten eines Kindes zu unerlaubten Tätigkeiten, wie den Drogenhandel.

Der Prozess der zögerlichen Ratifizierung des Übereinkommens Nr. 138 zeigt wie problematisch sich der internationale Kampf gegen die Kinderarbeit gestaltet. Ausdruck dieser Schwierigkeit ist auch die Tatsache, dass sich im Gegensatz zum Verbot der Zwangsarbeit in der Mehrzahl der allgemeinen Menschenrechtskonventionen, mit Ausnahme des IPwskR und der ACMR, keine ausdrücklichen Normen zum Verbot der Kinderarbeit finden. Hier lassen sich meist nur allgemeine Formulierung zum Schutz von Kindern und ihren Bedürfnissen finden.[47] Art. 10 Nr. 3 IPwskR und Art. 34 Nr. 3 ACMR fordern zwar in Übereinstimmung mit Art. 32 der Konvention über die Rechte des Kindes der Vereinten Nationen (Kinderrechtskonvention), dass Kinder vor wirtschaftlicher Ausbeutung geschützt werden sollen und eine Festlegung des Mindestalters für die zulässige Beschäftigung eines Kindes festgesetzt wird, doch überlassen sie die Festsetzung den einzelnen Staaten. Selbst wenn diese Festsetzung wie in Art. 32 Kinderrechtskonvention im Einklang mit anderen internationalen Abkommen und damit den einschlägigen Übereinkommen der IAO erfolgen soll, zeigt sich auch hier die gleiche Problematik, die bereits der mangelnden Ratifikation des Übereinkommens Nr. 138 zugrundegelegen hat. Unterschiedliche gesellschaftliche Strukturen und wirtschaftliche Interessen stehen der allgemeinen Anerkennung eines umfassenden, wirksamen Verbotes der Kinderarbeit entgegen und lassen diese nur im Bereich der schlimmsten

---

46 Zur Problematik siehe statt vieler *Mark Lansky*, ebenda.

47 Siehe Art. 19 AMRK, aber auch Art. 24 IPbpR; Art. 38 ACMR; Art. 18 Banjul-Charta. Erstaunlicher Weise findet sich in der EMRK keinerlei Vorschrift, die sich auch nur in allgemeiner Art und Weise mit dem gesteigerten Schutzbedürfnis von Kindern auseinander setzt.

Formen der Kinderarbeit zu.[48] Die Anzahl von 163 bzw. 175 Ratifikationen der IAO-Übereinkommen Nr. 138 und Nr. 182 mag da auf den ersten Blick befriedigen[49], steht aber letztlich gerade für den beschriebenen Befund der Anerkenntnis der sozialen Nöte, die die Kinderarbeit erst ermöglichen, und des volkswirtschaftlichen Verlangens nach preiswerten Arbeitskräften.[50]

d) Verbot der Zwangsarbeit

Die IAO hat mit dem Übereinkommen über Zwangs- oder Pflichtarbeit (Übereinkommen Nr. 29) und dem Übereinkommen über die Abschaffung der Zwangsarbeit (Übereinkommen Nr. 105) das Verbot der Zwangsarbeit umfassend geregelt. Das Übereinkommen Nr. 29 sieht dabei vor, Zwangs- und Pflichtarbeit in allen seinen Formen zu beseitigen.[51] Nach dem Übereinkommen fällt darunter „jede Art von Arbeit oder Dienstleistung, die von einer Person unter Androhung irgendeiner Strafe verlangt wird und für die sie sich nicht freiwillig zur Verfügung gestellt hat".[52] Bei der angedrohten Strafe muss es sich nach dem Verständnis der IAO nicht notwendigerweise um eine Strafe im strafrechtlichen Sinne handeln. Neben körperlichem Zwang kommen vielmehr auch in Betracht der Verlust von Rechten und Privilegien sowie finanzielle Nachteile, wie die Nichtzahlung oder der Verlust von Löhnen bei der Weigerung, Überstunden zu leisten.[53] Kennzeichnend ist so die Ausnutzung der Verletzbarkeit des Betroffenen unter der Ausübung von Zwang und Entzug der Freiheit.[54] Ausgenommen

48 Hierfür spricht, dass mit Art. 34 Kinderrechtskonvention das Heranziehen, Vermitteln oder Anbieten eines Kindes zur Prostitution auch außerhalb der IAO-Übereinkommen eine ausdrückliche Ächtung erfahren hat.

49 Eine aktuelle Tabelle zum Stand der Ratifikationen findet sich unter http://www.ilo.org/dyn/normlex/en/f?p=1000:11300:0::NO:11300:P11300_INSTRUMENT_ID:312283 und http://www.ilo.org/dyn/normlex/en/f?p=1000:11300:0::NO:11300:P11300_INSTRUMENT_ID:312327 (letzter Abruf: 30.11.2012).

50 Diesbezüglich sei angemerkt, dass 108 der 163 Ratifizierungen des IAO-Übereinkommens Nr. 138 erst nach der Verabschiedung der Erklärung der IAO über die grundlegenden Prinzipien und Rechte bei der Arbeit aus dem Jahre 1998 erfolgten.

51 Art. 1 Nr. 1 IAO-Übereinkommen Nr. 29.

52 Art. 2 Nr. 1 IAO-Übereinkommen Nr. 29.

53 *IAO (Hrsg.),* Eine globale Allianz gegen Zwangsarbeit. Gesamtbericht im Rahmen der Folgemaßnahmen zur Erklärung der IAO über die grundlegenden Prinzipien und Recht bei der Arbeit, Genf, 2005, S. 6.

54 *Reingard Zimmer*, (Fn. 24), S. 47. Siehe auch *Konrad Leube*, Gesetz zur Errichtung einer Stiftung „Erinnerung, Verantwortung und Zukunft" – Zwangsarbeit und Sozialversicherung, NZS 2001, S. 80 (82), der als charakteristisches Merkmal der Zwangsarbeit

von der Zwangsarbeit werden nach dem Übereinkommen Nr. 29 allerdings die Militärpflicht, übliche Bürgerpflichten und kleinere Gemeindedienste, die dem Wohl der Gemeinschaft dienen sowie die Arbeit aufgrund einer gerichtlichen Verurteilung.[55]

Das Übereinkommen Nr. 105 ergänzt schließlich das allgemeine Verbot der Zwangsarbeit nach dem Übereinkommen Nr. 29, indem es die Verwendung der Zwangsarbeit für bestimmte Zwecke verbietet. Hierzu zählt die Zwangsarbeit als politische Zwangs- oder Erziehungsmaßnahme und als Strafe für die Kundgabe einer bestimmten politischen Meinung ebenso wie als Mittel zur wirtschaftlichen Entwicklung, als Maßnahme der Arbeitsdisziplin, als Strafe für die Teilnahme an Streiks und als Mittel zur rassistischen, sozialen, nationalen oder religiösen Diskriminierung.[56]

Mit einer Anzahl von 175 bzw. 172 Ratifizierungen haben die Übereinkommen Nr. 29 und Nr. 105 unter den 182 Mitgliedern der IAO die weitaus größte Akzeptanz innerhalb des Kreises der Kernarbeitsrechtsnomen erfahren.[57] Hinzu tritt, dass das Verbot der Zwangsarbeit über die Übereinkommen der IAO hinaus eine breite Anerkennung erfahren hat. Eindeutige Regelungen zum Verbot der Zwangsarbeit finden sich in allen regionalen Menschenrechtskonventionen.[58] Mit Ausnahme der Banjul-Charta weisen die Konventionen dabei durch den verwendeten Wortlaut auch eindeutig auf ein Verbot der Zwangsarbeit hin, ohne es unter den Sammelbegriff der Sklaverei zu fassen.[59] Als Norm, die in ihrer Gesamtheit von der internationalen Staatengemeinschaft angenommen und anerkannt worden ist, wird das Verbot der Zwangsarbeit von weiten Kreisen der

---

die Unfreiwilligkeit hervorhebt, die durch obrigkeitlichen Zwang erzeugt wird, dem sich der einzelne Betroffene nicht entziehen kann.

55 Art. 2 Nr. 2 a), bis e).hinsichtlich der Ausnahme der Arbeit Gericht verurteilter Strafgefangener sein hier angemerkt, dass diese nur erlaubt nach dem Übereinkommen nur erlaubt ist, wenn sie unter Überwachung und Aufsicht öffentlicher Behörden steht und der Verurteilte nicht an Einzelpersonen oder private Betriebe verdingt wird.

56 Art. 1 IAO-Übereinkommen Nr. 105.

57 Siehe aktuelle Tabelle der Ratifizierungen unter: http://www.ilo.org/dyn/normlex/en/f?p=1000:11300:0::NO:11300:P11300_INSTRUMENT_ID:312174 und http://www.ilo.org/dyn/normlex/en/f?p=1000:11300:0::NO:11300:P11300_INSTRUMENT_ID:312250 (letzter Abruf: 30.11.2012).

58 Art. 8 Nr. 3 IPbpR, Art. 4 Abs. 2 EMRK, Art. 10 ACMR und Art. 6 Nr. 2 AMRK.

59 Die Banjul-Charta spricht insofern in Art. 5 bloß umschreibend davon, dass „ all forms of exploition and degradation of man slavery… shall be prohibited".

Völkerrechtswissenschaft zum Kreis der Normen des ius-cogens gezählt.[60] Die IAO hat das Verbot zudem als Aspekt der Sklaverei anerkannt.[61]

2. *Adressat der Verpflichtungen*

Die inhaltlichen Verpflichtungen der von der IAO geschaffenen Übereinkommen richten sich ausschließlich an die Mitgliedstaaten, die die Übereinkommen ratifiziert haben.[62] Größtenteils verpflichten die Übereinkommen die Staaten dazu, eine effektive und generelle Anwendung der niedergeschriebenen Grundsätze zu gewährleisten, teilweise aber auch nur dazu, sie nach Treu und Glauben zu fördern.[63] Das gleiche Bild zeigt sich bei den allgemeinen internationalen oder regionalen Menschenrechtserklärungen. Einzige Ausnahme scheint hier die Banjul-Charta zu bilden, die durch den Wortlaut, wonach „every individual shall have duties towards his family and society, the State and other legally recognized communities and the international community“[64] den Eindruck erweckt, von dem staatenbezogenen Verständnis der Menschenrechte abzuweichen. Letztlich zeigt der Wortlaut „every individual“ aber, dass wohl zumindest weiterhin juristische Personen nicht als Pflichtenadressat erfasst werden.[65]

Auf der Grundlage des herrschenden staatenbezogenen Menschenrechtsverständnisses werden die Staaten durch die völkerrechtlichen Regelungen zum Schutz der Menschenrechte und Arbeitsrechte gleichzeitig negativ zu einem Unterlassen sowie positiv zu einem Tun verpflichtet.[66] Im Einzelnen wird

---

60 *Matthias Herdegen*, Völkerrecht, 11. Aufl., München, C.H. Beck, 2012, § 16 Rn. 14; *Stephan Hobe*, Einführung in das Völkerrecht, 9. Aufl., Tübingen, A. Francke Verlag, 2008, S. 180 f.; *Markus Burianski*, (Fn. 31), S. 64.

61 Forced labour in Myanmar (Burma); Report of the Commission of Inquiry appointed under article 26 of the Constitution of the International Labour Organization to examine the observance by Myanmar of the Forced Labour Convention, 1930 (No. 29); 1998; Abschnitt IV. Nr. 9 A. § 198.

62 Siehe u.a. Art. 1 IAO-Übereinkommen Nr. 105; Art. 2 IAO-Übereinkommen Nr. 111, Art. 1 IAO-Übereinkommen Nr. 138.

63 Sabine Böhmert, (Fn. 18), S. 119 in Bezug auf das IAO-Übereinkommen Nr. 100.

64 Art. 27 Banjul-Charta.

65 Hinweisend auf die Zweifel an der Anwendbarkeit der Banjul-Charta auf Unternehmen auch *Human Rights Council*, Report of the Special Representative of the Secretary-General on the issue of human rights and transnational corporations and other business enterprises, John Ruggie (19.02.2007), A/HRC/4/35, Nr. 43.

66 Die Pflicht der Staaten und ihrer Organe, die Menschenrechte zu beachten, ist dabei ausdrücklich in den Menschenrechtsverträgen verankert, wonach beispielsweise durch Formulierungen des Art. 2 Abs. 1 IPbpR die Pflicht des einzelnen Staates begründet

dabei zwischen drei Verpflichtungsarten unterschieden.[67] Die Staaten sind danach erstens dazu verpflichtet, jedwede Handlung zu unterlassen, die einen ungerechtfertigten Eingriff in die geschützten Rechte des Einzelnen darstellen kann, zweitens dafür Sorge zu tragen, dass die Rechte in umfassender Weise verwirklicht werden und drittens, die menschenrechtlichen Rechtsgüter des Einzelnen vor Übergriffen und Gefahren durch Dritte zu schützen. Ausgehend vom klassischen Verständnis der Menschenrechte blieb ihr Schutz daher stets primär die Aufgabe der einzelnen Staaten.[68] Eine Pflicht privater Akteure zum Schutz der Menschenrechte wird insofern nach allgemeiner Ansicht allenfalls nur indirekt durch die wesentlichen Menschenrechtsverträge begründet, in denen den Staaten auferlegt wird, in juristisch verbindlicher und durchsetzbarer Weise durch das innerstaatliche Recht zu gewährleisten, dass eine Verletzung von Menschenrechten durch private Akteure unterbunden bzw. im Fall von Zuwiderhandlungen mit Sanktionen belegt wird. Die eigentliche menschenrechtliche Verantwortung bleibt letztlich damit aber bei den Staaten, da die privatrechtlichen Akteure ausschließlich nach dem nationalen Recht Verantwortung tragen.

Trotz der grundsätzlichen Anerkennung der Tatsache, dass eine Gefährdung der Rechte auch von privaten Dritten ausgehen kann – wie sie in der Schutzpflicht zum Ausdruck kommt – ist zu konstatieren, dass die Übereinkommen zum Schutz der Kernarbeitsrechte keine unmittelbare Pflicht privater Akteure zur Beachtung der Kernarbeitsnormen begründen.

III. Globale Wirtschaftsstrukturen als Gefährdung der menschenrechtlich geschützten Kernarbeitsrechte

Die globalen Wirtschaftsstrukturen sind heute geprägt von einer immer weiter zunehmenden internationalen Verflechtung der einzelnen nationalen und regionalen Märkte. Sie geht zurück auf eine weitgehende Liberalisierung des Welthandels aufgrund zahlreicher Freihandelsabkommen,[69] die es wirtschaftlichen Akteuren ermöglicht, ohne größere Handelshemmnisse länderübergreifenden Handel treiben zu können. Hinzu tritt, dass die weltweit tätigen Wirtschaftsakteure

wird, die „in diesem Pakt anerkannten Rechte zu achten und sie allen in seinem Gebiet befindlichen und seiner Herrschaftsgewalt unterstehenden Personen ohne Unterschied (…) zu gewährleisten". Siehe dazu auch *Walter Kälin/Jörg Künzli*, (Fn. 14), S. 110.

67 Walter *Kälin/Jörg Künzli*, (Fn. 14), S. 110 f.; *Manfred Nowak*, (Fn. 7), S. 62 ff.

68 *Walter Kälin/Jörg Künzli*, (Fn. 14), S. 90 f.

69 Beispielhaft sei hier u.a. auf die NAFTA, den Mercosur und die EFTA verweisen.

durch Investitionsschutzabkommen[70] eine erhebliche Stärkung gegenüber den Gaststaaten erfahren haben und die Staaten nicht mehr einseitig ordnend soziale Standards verbessern können, um wirtschaftliche Aktivitäten besser zu reglementieren, ohne sich gegenüber den Unternehmen schadensersatzpflichtig zu machen.[71] Die Reglementierung haben heute internationale Organisationen, wie die Weltbank oder supranationale Zusammenschlüsse, wie die Europäische Union (EU) übernommen. Sie schaffen die Rahmenbedingungen und Grundlagen für die wirtschaftliche Betätigung in einer globalisierten Welt. Der souveräne Staat als Regulativ wirtschaftspolitischer Fehlentwicklungen hat in diesem Prozess dagegen seine uneingeschränkte Regelungsfreiheit abgeben müssen und an Einfluss verloren.

Im Gegenzug dazu haben weltweit tätige wirtschaftliche Akteure die ihnen durch die Freihandelsabkommen verliehene Bewegungsfreiheit und die ihnen eigene finanzielle Stärke sowie die Abhängigkeit der Staaten von Investitionen dazu benutzt, ihren Einfluss auf gesellschaftliche und politische Entscheidungsprozesse zu erhöhen. Deutlich wird diese Entwicklung anhand der Tatsache, dass sich wirtschaftliche Akteure heute bereits an internationalen Rechtsetzungsprozessen, wie bei den Verhandlungen über die Verabschiedung des Übereinkommens über handelsbezogene Aspekte und Rechte des geistigen Eigentums (TRIPS)[72] beteiligen und unter anderem auch vielfältige formelle wie informelle Einflussmöglichkeiten auf die Verfahren zur Streitbeilegung im Rahmen der WTO haben.[73]

Der gegenwärtige Prozess der Globalisierung, verbunden mit einer Liberalisierung des Welthandels, hat also erhebliche Veränderungen der internationalen Beziehungen mit sich gebracht. Er hat nicht nur die Rolle der Nationalstaaten als alleinige reglementierende Kraft beendet, sondern auch wirtschaftliche Akteure zu gewichtigen Akteuren des internationalen Systems werden lassen.[74]

---

70 Hier sei als Beispiel auf die im Rahmen der WTO verabschiedeten Abkommen wie des TRIPS verwiesen.

71 Siehe beispielhaft hierzu m.w.N. *Human Rights Council*, Report of the Special Representative of the Secretary-General on the issue of human rights and transnational corporations and other business enterprises, John Ruggie (7.4.2008), A/HRC/8/5, Nr. 12.

72 Abgedruckt in: Welthandelsorganisation, Christian Tietje (Hrsg.), 2. Aufl. München 2003, S. 263 ff.

73 *Karsten Nowrot*, Nun sag, wie hast du's mit den Global Players? Frage an die Völkerrechtsgemeinschaft zur internationalen Rechtsstellung transnationaler Unternehmen, Die Friedens-Warte 2004, Bd. 79, Heft 1–2, S. 119 (120) m.w.N.

74 *Dahm/Delbrück/Wolfrum*, Völkerrecht, Bd. I/2, S. 245.

Eine Gefahr für den bestehenden arbeitsrechtlichen Mindeststandard birgt diese Entwicklung durch die Tatsache, dass der Abbau von Handelshemmnissen Druck auf bestehende Arbeitsstandards entfaltet. Dies liegt darin begründet, dass die Staaten keine einheitlichen Arbeitsrechtsstandards aufweisen. Das Profitstreben wirtschaftlicher Akteure und die damit verbundene ständige Suche nach günstigeren wirtschaftlichen Standortbedingungen führt dabei dazu, dass die Staaten im Wettbewerb mit anderen Staaten ihre bestehenden Standards senken, um weiterhin als wirtschaftlich attraktiver Standort zu gelten und Arbeitsplätze erhalten zu können.[75] Ein Ausdruck der extremsten Form dieses Prozesses der globalen Wirtschaft sind die sog. „Export Processing Zones" oder Sonderwirtschaftzonen. Sie sind Gebiete eines Staates, in welchen der einzelne Staat seine Gesetzgebung zum Wirtschafts- und Steuerrecht sowie zum Schutz sozialer und arbeitsrechtlicher Standards weitestgehend mit dem Ziel außer Kraft gesetzt hat, einen Anreiz für ausländische Investitionen zu schaffen.[76] Dort ist es wirtschaftlichen Akteuren möglich, aufgrund niedriger Lohnkosten und geringer Anforderungen an den Arbeitsschutz sowie unter Missachtung jeglicher Arbeitnehmerbeteiligung für außerordentlich geringe Kosten Produkte herzustellen, die in den Industriestaaten dann schließlich für ein Vielfaches der tatsächlichen Kosten weiterverkauft werden können.[77] Als problematisch erweist sich dabei, dass den wirtschaftlichen Akteuren die Möglichkeit gegeben ist, die verschiedenen Staaten regelrecht gegeneinander auszuspielen, um immer günstigere Arbeitsbedingungen zu erreichen. So wird eine unheilvolle Spirale der Missachtung von sozialen Rechten für wirtschaftliche Investitionen in Gang gesetzt.[78] Entscheidend ist hierfür die Tatsache, dass Zoll- und Einfuhrbestimmungen durch

75 *Human Rights Council*, Report of the Special Representative of the Secretary-General on the issue of human rights and transnational corporations and other business enterprises, John Ruggie (7.4.2008), A/HRC/8/5, Nr. 14.

76 Für einen ersten Überblick siehe *Reingard Zimmer*, (Fn. 24), S. 32 ff. Mehr zu dieser Thematik unter http://www.IAO.org/public/english/dialogue/sector/themes/epz.htm (letzter Abruf: 30.11.2012).

77 Die Unternehmen, die in EPZ tätig sind müssen sich stets mit dem Vorwurf auseinander setzen, sie würden sich an schlechten Menschen- und Arbeitsrechtsstandards in einer moralisch nicht vertretbaren Weise bereichern. Die Ausbeutung anderer zum eigenen wirtschaftlichen Vorteil ist dabei allerdings kein Phänomen des Industriezeitalters, sondern mit Blick auf Sklaverei und Leibeigenschaft vielmehr beinahe so alt ist die Geschichte der Menschheit selbst.

78 Beispielhaft hierzu siehe *Nicola Jägers*, Corporate Human Rights Obligations: in Search of Accountability, Antwerpen (u.a.), Intersentia, 2002, S. 9, die ausdrücklich auf bestehenden Vorwürfe verweist, dass Unternehmen ihre finanzielle Macht und die

die Liberalisierung des Welthandels bei der Standortentscheidung der Unternehmen nur noch eine untergeordnete Rolle spielen. Standorte werden mitunter aufgegeben, um andernorts mit Hilfe von Wirtschafsförderungsmaßnahmen wiederum günstigere Voraussetzungen zu erhalten.[79]

Die Globalisierung in der Form der Liberalisierung hat damit nicht nur dazu geführt, dass die Nationalstaaten nicht mehr die alleinige reglementierende Kraft des internationalen Systems bilden, sondern sie hat mittelbar auch dazu geführt, dass die Staaten auf die Ausübung bestehender Befugnisse als Gegenleistung für den Erhalt wirtschaftlicher Investitionen verzichten. Beispiel dieses Verzichts ist, dass sich die Staaten in vielen Bereichen aus eigentlichen Aufgaben der öffentlichen Daseinsvorsorge zurückziehen und die Befriedigung der primären Bedürfnisse der Bürger (Wasser, Energie[80], usw.) sowie hoheitliche Aufgaben (Strafvollzug[81]) in die Hände von privaten Akteuren gegeben haben.[82] Der Staat zieht sich von seinen originären Pflichten zurück und überlässt seine Staatsbürger schutzlos den von rücksichtslosem wirtschaftlichem Gewinnstreben ausgehenden Beeinträchtigungen ihrer elementaren Rechte. Die Gefahr einer Verletzung der Kernarbeitsrechte durch wirtschaftliche Akteure ist dabei stets gegeben, da sie ihrem Wesen und ihrer

---

Abhängigkeit der Staaten von Investitionen dazu missbrauchen, sich die genannten Befreiungen zu verschaffen.

79 Siehe u.a. http://www.zeit.de/online/2008/04/nokia-subventionen (letzter Abruf: 30.11.2012).

80 Beispielhaft sei hier die Privatisierung der zahlreichen kommunalen Stromversorgungsunternehmen genannt. Umfassend hierzu *Thorsten Franz*, Gewinnerzielung durch kommunale Daseinsvorsorge. Zugleich eine Untersuchung zu den Zwecken und Formen der kommunalen wirtschaftlichen Betätigung, Tübingen, Mohr Siebeck, 2005, S. 110 ff.

81 Grundsätzlich zur Problematik der Privatisierung des Strafvollzuges mit Blick auf die Menschenrechte siehe *Claudia Wondratschke*, Privatisierung von Gefängnissen und Menschenrechte: Chance oder Risiko?, in: Jahrbuch Menschenrechte 2007, S. 116 ff.

82 In diesem Fall nehmen private Akteure sogar funktionelle Staatlichkeit war. Der Staat nimmt hier selbst nicht mehr seine öffentlichen Aufgaben wahr, so dass man mit *di Fabio* sogar von einer „Entstaatlichung der öffentlichen Gewalt" sprechen kann. Siehe hierzu *Udo di Fabio*, Das Recht offener Staaten: Grundlinien einer Staats- und Rechtstheorie, Tübingen, Mohr Siebeck, 1998, S. 60. Ebenfalls auf dieses Problem hinweisend. *Eric de Brabandere*, Non-state Actors and Human Rights : Corporate Responsibility and the Attempts to Formalize the Role of Corporations as Participants in the International Legal System, in: Jean d' Aspremont, Participants in the International Legal System : Multiple Perspectives on Non-state Actors in International Law, Abingdon, Routledge, 2011, S. 268 (270).

Natur nach nicht auf das Bürger-Staat-Verhältnis, wie das Asylrecht oder das Recht auf eine Staatsangehörigkeit, begrenzt sind.[83]

Es sind so zum einen der Verlust an reglementierender Kraft von Staaten und zum anderen der durch den Standortwettbewerb hervorgerufene fehlende Wille zur erforderlichen Regulierung, die der Frage nach einer Verantwortung wirtschaftlicher Akteure zur Beachtung menschenrechtlicher Mindeststandards und im speziellen der Kernarbeitsrechte der IAO ihre Aktualität verliehen hat.

B. Bestehende Ansätze zur Begegnung der wirtschaftlichen Gefährdung der Kernarbeitsrechte

Die Tatsache des Bestehens eines reellen Bedrohungspotenzials wirtschaftlicher Akteure für eine effektive Gewährleistung der Menschenrechte und insbesondere der Kernarbeitsrechte hat in den vergangen Jahrzehnten unterschiedliche Bemühungen, der Gefahr zu begegnen, nach sich gezogen. Die Bemühungen reichen von den Versuchen einer Begründung einer unmittelbaren Pflicht wirtschaftlicher Akteure anhand der bestehenden Menschenrechtsverträgen über das Streben der Begründung einer eigenständigen unmittelbaren Verpflichtung bis hin zu vom Gedanken der Kooperationen getragenen Verhaltensrichtlinien.

I. Versuche einer Begründung anhand bestehenden Völkerrechts

Im Gegensatz zu dem Befund, dass die bestehenden internationalen Übereinkommen zum Schutz der Kernarbeitsrechte ausschließlich Pflichten für die Staaten begründen, existieren Stimmen in der Völkerrechtswissenschaft, die eine unmittelbare Pflicht privater Personen und damit von wirtschaftlichen Akteuren zur Beachtung der Kernarbeitsnormen für gegeben ansehen. Zur Begründung wird einerseits auf die Grundsätze der Drittwirkung[84] und

83 Statt vieler *Dietrich Murswiek*, Die Pflicht des Staates zum Schutz vor Eingriffen Dritter nach der EMRK, in: Hans-Joachim Konrad (Hrsg.), Grundrechtsschutz und Verwaltungsverfahren unter besonderer Berücksichtigung des Asylrechts. Internationaler Menschenrechtsschutz, Berlin, Duncker & Humblot, 1985, S. 213 (233); Grundlegend zur Verletzbarkeit der Menschenrechte durch Private *Katja Wiesbrock*, Internationaler Schutz der Menschenrechte vor Verletzungen durch Private, Berlin, Berlin-Verl. Spitz, 1999.

84 *Angelika Emmerich-Fritsche*, Zur Verbindlichkeit der Menschenrechte für transnationale Unternehmen, AVR 45 (2007), S. 541 (557 f.); *dies.*, Vom Völkerrecht zum

andererseits auf das Bestehen eines möglichen ius-cogens Charakters der Rechte verwiesen.[85]

1. *Die Bindung privater Akteure an die Kernarbeitsrechte anhand der Grundsätze der Drittwirkung*

Die Lehre einer Drittwirkung der Menschenrechte ist höchst umstritten und in sich selbst auch nicht frei von Widersprüchen. Ohne alle Einzelheiten der Diskussion hier wiedergeben zu können, soll ein kurzer Überblick über den gedanklichen Ansatz einer Verpflichtung privater Akteure anhand der Grundsätze der Lehre über die horizontale Wirkung von Menschenrechten erfolgen.

a) Verständnis der Drittwirkung

Mit dem Begriff der Drittwirkung wird im Völkerrecht die Wirkung der Menschenrechte auf horizontaler Ebene bezeichnet. Allerdings findet sich eine Unterscheidung nach einer direkten und einer indirekten Drittwirkung. Die direkte Drittwirkung geht dabei von einem Verständnis der Menschenrechte aus, welches deren Geltung über den herkömmlichen Anwendungsbereich hinaus auch unmittelbar auf die Beziehungen von Privatpersonen untereinander ausdehnt.[86] Sie setzt demnach voraus, dass die völkerrechtlichen Verträge drittwirksam sind, also unmittelbar zwischen Privaten gelten.[87] Die Lehre einer indirekten Drittwirkung hält im Gegensatz dazu eine Bindung Privater untereinander an die Menschenrechte nur dann für gegeben, wenn sie durch ein staatliches Handeln vermittelt wird. Der gedankliche Ausgangspunkt der Lehre der indirekten Drittwirkung ist nicht einheitlich. So wird einerseits auf die Vorstellung der Drittwirkung der westlichen und insbesondere der deutschen Grundrechtstheorie Bezug genommen, die die Grundrechte über einfachgesetzliche

---

Weltrecht, Berlin, Duncker & Humblot, 2007, S. 489 f.; *Nicola Jägers*, (Fn. 78), S. 36ff; ablehnend dagegen u. a. *Kirsten Schmalenbach*, Multinationale Unternehmen und Menschenrechte, AVR 39 (2001), S. 57 (65); *Karsten Nowrot*, (Fn. 73), S. 119 (129); *Norman Weiß*, Transnationale Unternehmen – weltweite Standards?, MRM Heft 2 2002, S. 82 (86).

85 *Alexander Böhmer*, The Revised 2000 OECD Guidelines for Multinational Enterprises – Challenges and Prospects after 4 Years of Implementation, in: Policy Papers on Transnational Economic Law, Nr. 3/2004, S. 4.

86 *Bodo Pieroth/Bernhard Schlink*, Grundrechte, 27. Aufl., Heidelberg, C.F. Müller, 2011, Rn. 189.

87 *Angelika Emmerich-Fritsche*, (Fn. 84), S. 541 (557).

Generalklauseln auf Privatrechtsverhältnisse zur Anwendung bringt[88] und andererseits auf die Schutzpflichten eines jeden Staates, die Rechte des Einzelnen vor Beeinträchtigungen von Dritten zu schützen.[89]

Die Ansätze einer indirekten Drittwirkung vermögen in ihrem Ansatz nicht zu überzeugen. So wird bei den Versuchen einer Übertragung der westlichen Drittwirkungslehren in das Völkerrecht der elementare Ausgangspunkt der Überlegungen übersehen. Er besteht aus dem Gedanken, dass die Grundrechte eine objektive Werteordnung darstellen, die bei der Setzung und der Anwendung des Privatrechts im Rahmen von Generalklauseln durch staatliche Stellen zu berücksichtigen sind. Auch wenn die Menschenrechte, wie die Grundrechte aus dem Recht der Nationalstaaten, ohne Zweifel eine objektive Wertordnung darstellen, so fehlt es doch an einer vergleichbaren Ausstrahlungswirkung auf eine untergeordnete Rechtsetzungsebene. Eine solche untergeordnete Rechtsetzungsebene bilden dabei insbesondere auch nicht die nationalen Rechtsordnungen. Denn ein solches Verständnis wäre nicht mit dem Grundsatz der Diversität und Subsidiarität vereinbar, wonach die Staaten durch ratifizierte internationale Verträge nicht zu einer konkreten Ausgestaltung ihrer Rechtsordnungen verpflichtet sind, sondern nur zu einer konventionsgemäßen Ausgestaltung, die ihnen einen erheblichen Ermessens- und Gestaltungsspielraum zubilligt. Eine Ausstrahlungswirkung der Menschenrechte wäre aber genau mit diesem Spielraum nicht vereinbar und ist daher abzulehnen.[90]

---

88 Zur im deutschem Verfassungsrecht vertretenen Theorie der mittelbaren Drittwirkung siehe *Volker Epping*, Grundrechte, 5. Aufl., Heidelberg, Springer, 2012, Rn. 347 ff. Wegweisend BVerfGE 6, S. 32 (40) (Elfes); 7, S. 198 (205) (Lüth); 25, S. 256 (263) (Blinkfüer), 39, S. 1 (41) (Schwangerschaftsabbruch I). Grundlegend *Dürig*, in: Maunz/Dürig, GG, Art. 3 Abs. 1 GG, Rn. 505–519 und Art. 3 Abs. 3 GG, Rn. 172.

89 Siehe u.a. *Andrew Drzemczewski*, The European Human Rights Convention and the Relation between Private Parties, NILR 26 (1996), S. 163 (175 f.); *Pieter van Dijk/ Godefridus J.H. van Hoff* (Hrsg.), Theory and Practice of the European Convention on Human Rights, 3. Aufl., The Hague (u. a.), Kluwer International Law, 1998, S. 22ff; *Evert Alkema*, The third-party applicability or „Drittwirkung" of the European Convention on Human Rights, in: Franz Matscher (Hrsg.), Protecting Human Rights: the European Dimension : Studies in Honour of Gérard J. Wiarda, Köln (u. a.), Heymanns, 1988, S. 33 (38); *Nicola Jägers*, (Fn. 78), S. 38.

90 So am Beispiel der EMRK *Heike Krieger*, in: Grote/Marauhn, EMRK/GG, 2006, Kap. 6 Rn. 78. Siehe auch *Patricia Egli*, Drittwirkung von Grundrechten: Zugleich ein Beitrag zur Dogmatik der grundrechtlichen Schutzpflichten im Schweizer Recht, Zürich, Schulthess Juristische Medien, 2002, S. 269.

Nicht völlig von der Hand zu weisen ist zwar der Ansatz, der die indirekte Drittwirkung als eine Form der staatlichen Schutzpflicht versteht, die Rechte des Einzelnen vor Beeinträchtigungen von Dritten zu schützen. Es erscheint aber nicht zweckmäßig, die seit langem anerkannte Schutzpflicht der Staaten unter den Begriff der umstrittenen Drittwirkung zu fassen.[91] Hier sollte, um Missverständnissen vorzubeugen, ausschließlich von einer Schutzpflicht der Staaten gesprochen werden.

Eine weitere Auseinandersetzung mit der anerkannten Schutzpflicht der Staaten ist hier aufgrund ihrer allgemeinen Anerkennung nicht erforderlich.[92] Im Weiteren soll hier lediglich der Frage nach dem Bestehen einer direkten Drittwirkung nachgegangen werden.

b) Gedanklicher Ursprung und Begründung der direkten Drittwirkung

(1) Allgemeine Überlegungen

Den gedanklichen Ursprung hat die Annahme einer horizontalen Wirkung der Menschenrechte im Sinne einer direkten Drittwirkung in erster Linie in dem Verständnis der Menschenrechte als naturgegebener Rechte, die dem Einzelnen allein durch sein Menschsein zukommen.[93] Der Kern dieser Rechte sei der Schutz der Menschenwürde, den es hinsichtlich jeglicher Gefahren zu schützen gelte.[94] Die Menschenrechte hätten in diesem Sinne daher eine „*Rundum-*" Wirkung und begründen so einen gegenseitigen Achtungsanspruch, der sich in einer wechselseitigen Berechtigung und Verpflichtung der Menschen untereinander ausdrücke.[95]

Die Wirkung der Menschenwürde kann gerade nicht auf das Verhältnis Bürger-Staat begrenzt sein. Das zeigt sich besonders deutlich an den frühen

---

91 Statt vieler *Heike Krieger*, in: Grote/Marauhn, EMRK/GG, 2006, Kap. 6 Rn. 79 ff.; *Patricia Egli*, (Fn. 90), S. 270.

92 Hier sei noch darauf verwiesen, dass Schutzpflichten bestehen, soweit der Staat von der Beeinträchtigung weiß oder bei genügender Sorgfalt wissen hätte können und faktisch und rechtliche die Möglichkeit hatte, sie zu verhindern. Die Schutzpflicht hat so einen präventiven wie kurativen Charakter.

93 *Nicola Jägers*, (Fn. 78), S. 39; *Evert Alkema*, (Fn. 89), S. 33 ff.).

94 *Nicola Jägers*, (Fn. 78).

95 *Angelika Emmerich-Fritsche*, (Fn. 84), S. 500; *Manfred Nowak*, (Fn. 7), S. 64. Siehe auch *Otfried Höffe*, Demokratie im Zeitalter der Globalisierung, München, Beck, 2002 S. 74 ff., der in den Zusammenschluss der Menschen zu einer politischen Gemeinschaft auf der Basis der Gegenseitigkeit, die Begründung der Pflicht zur gegenseitigen Achtung der Menschenrechte sieht, die die Gesellschaft durchzusetzen hat.

Menschenrechten, wie dem Verbot der Sklaverei. Es konnte niemals als reines Abwehrrecht gegenüber dem Staat verstanden werden, sondern ist dem entgegen immer auch ein gegen private Sklavenhändler gerichtetes Verbot gewesen.[96]

Eine horizontale Wirkung der Menschenrechte wird zudem auch aufgrund teleologischer Erwägungen in Betracht gezogen.[97] Sinn und Zweck der Menschenrechte sei es, die Freiheit des Einzelnen vor willkürlichen Beschränkungen zu schützen. Eine Gefahr derartiger Beschränkungen bestehe aber immer dann, wenn ein Machtungleichgewicht gegeben ist, wie es in der Regel zwischen dem Staat mit seinen Zwangsmitteln und seinen Bürgern üblich ist. Nach der Auffassung der Vertreter dieser Ansicht haben die auf der Globalisierung beruhenden Verschiebungen im internationalen Wirtschaftssystem jedoch dazu geführt, dass ein derartiges Ungleichgewicht nicht mehr zwangsläufig auf das Verhältnis zwischen Bürger und Staat begrenzt bleibe. So hätten private Akteure durch die Wahrnehmung öffentlicher Aufgaben im Rahmen der zahlreichen Privatisierungen, u.a. in den entsprechenden Bereichen der Daseinsvorsorge, eine mit dem Staat vergleichbare Machtposition erlangt, der sich der einzelne Bürger ohne entsprechende Schutzmechanismen ausgesetzt sieht. Folglich befinde sich der Einzelne heute in einer vergleichbaren Situation gegenüber Wirtschaftsunternehmen, so dass es auch in diesem Verhältnis eines Schutzes seiner Freiheiten bedürfe.[98]

Neben diesen beschriebenen rechtsdogmatischen Erwägungen finden sich auch zahlreiche Stimmen, die das Bestehen einer unmittelbaren Wirkung der Menschenrechte anhand des Wortlauts und der Systematik völkervertraglicher Vorschriften nachzuweisen versuchen.[99] So wird zum Nachweis einer Drittwirkung menschenrechtlicher Normen u.a. auf die Präambeln der AEMR, des IPbpR sowie des IPwskR verwiesen. Aus Formulierungen, wie „jeder einzelne und alle Organe der Gesellschaft“[100] oder dass „der Einzelne gegenüber seinen Mitmenschen und der Gemeinschaft, der er angehört, Pflichten hat und gehalten ist, für die Förderung und Achtung der in diesem Pakt anerkannten Rechte einzutreten“[101] soll sich ergeben, dass sie niemanden ausschließen und

96 *Manfred Nowak*, (Fn. 7), S. 65.

97 BAGE 1, S. 185 (193); 7, S. 256 (260).

98 *Volker Epping*, (Fn. 88), Rn. 345.

99 Siehe beispielhaft *Nicola Jägers*, (Fn. 7), S. 36 ff.

100 Siehe Präambel der AEMR.

101 Siehe Präambel des IPbpR sowie des IPwskR. Mit dieser Formulierung wird die in Art. 29 Abs. 1 AEMR formulierte Pflichtstellung des Einzelnen aufgenommen.

so auch juristische Personen mit erfasst werden.[102] Zudem ergäbe sich aus den sog. Missbrauchsklauseln[103] der allgemeinen Menschenrechtsverträge, dass der Einzelne seine Rechte nicht so ausüben dürfe, dass andere in ihren Rechten verletzt würden.[104] Schließlich wird dabei jedoch einschränkend hervorgehoben, dass der Nachweis des Bestehens einer Drittwirkung nicht alleine auf allgemeine Vorschriften gestützt werden kann. Sie sind letztlich nur ein Beweis für das grundsätzliche Bestehen der Drittwirkung. Eine Frage des Einzelfalls bleibt es hingegen, ob das konkret infrage stehende Recht eine Drittwirkung entfaltet und seinem Inhalt nach auch auf private Personen Anwendung finden kann.[105] Voraussetzung dafür sei, dass das Recht unmittelbar zwischen Privaten gilt und selbstvollziehend ist, d.h. ohne weitere Materialisierung mittels Durchführungsvorschriften subsumierbar und justiziabel.[106]

(2) Übertragung auf die Kernarbeitsrechte der IAO

Unter Bezugnahme auf das Verständnis der Drittwirkung der Menschenrechte wird auch eine Drittwirkung der Kernarbeitsrechte für gegeben angesehen. Dafür

---

102 So *Jordan J. Paust*, Human Rights Responsibilities of Private Corporations, VJOTL 35 (2001), S. 802 (813); und insbesondere auch *Louis Henkin*, „The Universal Declaration at 50 and the Challenge of Global Markets“, Brook J. Int'l L 25 (1999), S. 17 (25), „*Every individual includes juridical persons. Every individual and every organ of society excludes no one, no company, no market, and no cyberspace. The Universal Declaration applies to them all.*“ Diesen Ansatz zurückweisend u.a. Caroline Hillemanns, (Fn. 14), S. 40 ff. Siehe aber die Präambel des Entwurfs der Normen für die Verantwortlichkeit transnationaler Unternehmen und anderer Wirtschaftunternehmen im Hinblick auf Menschenrechte „*anerkennend, dass die Staaten zwar die Hauptverantwortung für die Förderung der Menschenrechte, die Sicherung ihrer Einhaltung, ihre Achtung und die Gewährleistung ihrer Achtung sowie ihren Schutz tragen, dass jedoch transnationale Unternehmen und andere Wirtschaftsunternehmen als Organe der Gesellschaft ebenfalls für die Förderung und Gewährleistung der in der Allgemeinen Erklärung der Menschenrechte verankerten Menschenrechte verantwortlich sind*“.

103 Art. 30 AEMR und Art. 5 Abs. 1 IPbpR.

104 *Nicola Jägers*, (Fn. 78), S. 41.

105 *Nicola Jägers*, Transnational Corporations and Human Rights, in: Mielle K. Bulterman, To Baehr in our Minds: Essays on Human Rights from the Heart of the Netherlands, Utrecht, 1998, S. 71 (78 f.), u.a. mit Hinweis auf das Recht auf ein faires Verfahren (Art. 10 AEMR und Art. 14 IPbpR) oder das Recht auf eine Staatsbürgerschaft (Art. 15 AEMR); *Andrew Clapham*, Human Rights in the Private Sphere, Oxford, Clarendon Press, 1993, S. 178 f.

106 Siehe zur Thematik selbstvollziehender Normen u.v.a. *Rudolf Geiger*, Grundgesetz und Völkerrecht, 4., überarb. Aufl., München, Beck, 2009, S. 159.

wird darauf verwiesen, dass die Kernarbeitsrechte der IAO den internationalen Schutz der Menschenrechtswürde im Arbeitsbereich materialisieren würden.[107] Einer weiteren Materialisierung bedürfe es nicht, da Verstöße insoweit bereits aus dem universellen Menschenwürdegebot verboten wären.[108]

Anknüpfend an die teleologischen Überlegungen zur Drittwirkung ergibt sich für *Emmerich-Fritsche* eine unmittelbare Verantwortung von Unternehmen gegenüber ihren Arbeitnehmern zudem aus der dem Arbeitsverhältnis entspringenden Fürsorgepflicht. Diese Pflicht lasse sich dabei auf den in der lex mercatoria und im Völkerrecht anerkannten Grundsatz von Treu und Glauben sowie auf die Sozialbindung des Eigentums zurückführen.[109] Insbesondere in den Entwicklungs- und Schwellenländern, in denen die Kluft zwischen Arm und Reich besonders groß sei und Arbeitnehmerschutzgesetze fehlen bzw. nicht vollzogen werden, bestehe ein wirtschaftliches Machtgefälle, welches dazu führe, dass der Arbeitnehmer der Willkür des Unternehmens ausgeliefert sei. Er befinde sich damit in einer ähnlichen Position wie der Bürger gegenüber dem Staat, die es rechtfertige, aus der Fürsorgepflicht des Arbeitgebers eine Pflicht abzuleiten, die elementaren Menschenrechte der Arbeitnehmer nicht zu verletzen.[110]

Schließlich wird für die Begründung einer Drittwirkung der Kernarbeitsrechte der IAO insbesondere auch auf die besondere dreigliedrige Struktur der IAO verwiesen. Die mit dieser Struktur verbundene Beteiligung von Arbeitgeber- und Arbeitnehmervertretern der beteiligten Länder würde nach verbreiteter Ansicht bereits unter logischen Gesichtspunkten für eine unmittelbare Geltung

---

107 *Angelika Emmerich-Fritsche*, Sozialprinzip und Wirtschaftsverfassung am Beispiel der WTO und IAO, in: Wilhelm Hankel (Hrsg.), Der Ökonom als Politiker: Europa, Geld und die soziale Frage, Festschrift für Wilhelm Nölling, Stuttgart, Lucius & Lucius, 2003, S. 125 (145).

108 *Angelika Emmerich-Fritsche*, (Fn. 107), S. 125 (129 ff.), Siegfried F. Franke, Sozialdumping durch Schwellenländer, in: Hartmut von Berg (Hrsg.), Globalisierung der Wirtschaft: Ursachen – Formen – Konsequenzen, Berlin, Duncker und Humblot, 1999, S. 157 (160).

109 *Angelika Emmerich-Fritsche*, (Fn. 84), S. 541 (563 f.). Zur Begründung der Fürsorgepflicht des Arbeitgebers siehe Schaub/*Koch*, ArbR-Hdb. § 106.

110 Im Ergebnis so wohl *Angelika Emmerich-Fritsche*, (Fn. 84). Siehe hierzu auch *Steven Ratner*, Corporations and Human Rights: A Theory of Legal Responsibility, YLJ 111 (2001), S. 443 (479), der in Bezug auf das Recht der Vereinigungsfreiheit und der Kollektivverhandlungen darauf hinweist, dass sich das Recht seiner Natur nach unmittelbar gegen den Arbeitgeber richtet.

dieser Rechte auch zwischen Privaten sprechen.[111] Die Struktur und der aus ihr folgende Prozess der Rechtsetzung würden für die Begründung einer bloßen Staatenverpflichtung weder sinnvoll noch erforderlich erscheinen.[112]

(3) Zurückweisung und Kritik

Die Theorien zum Thema der Drittwirkung der Menschenrechte und hier der Kernarbeitsrechte der IAO werden überwiegend wegen des privaten Charakters der Unternehmen und der eindeutigen Normenadressaten zurückgewiesen.[113] Mag es hinsichtlich der angeblich gleichen Ausgangslage bei einer Gefährdung von Menschenrechten durch den Staat und Private zutreffend sein, dass die aufgrund wirtschaftlicher Macht resultierende Abhängigkeit des einzelnen Menschen von den Unternehmen eine ähnliche Gefährdungslage begründet, so sind sie jedoch nicht wirklich vergleichbar. Bei der beschriebenen „wirtschaftlichen" Gefährdung der Menschenrechte stehen sich grundsätzlich zwei private Personen gegenüber, die sich nach allgemeiner Überzeugung beide auf die freiheitssichernde Funktion der Menschenrechte berufen können. Die Annahme einer unmittelbaren Wirkung der Rechte im Privatrechtsverkehr würde aber gegen eine der Parteien eine freiheitsbeschränkende Wirkung entfalten, die mit dem eigentlichen Charakter der Menschenrechte als Schutz vor staatlichem Machtmissbrauch nicht mehr vereinbar wäre. Eine direkte Drittwirkung der Menschenrechte kann daher mit einer Vergleichbarkeit der Interessenslagen nicht begründet werden.[114]

Nicht zutreffend ist auch die Ansicht, dass sich eine unmittelbare Wirkung der Kernarbeitsrechte bereits aus der Struktur der IAO ergebe.[115] Die geschaffenen

---

111 Siehe *Commission on Human Rights*, Interim Report of the Special Representative of the Secretary-General on the issue of human rights and transnational corporations and other business enterprises (22.02.2006), E/CN.4/2006/97, Nr. 73; *Evert Alkema*, (Fn. 89), S. 33 (35); *Angelika Emmerich-Fritsche*, (Fn. 84), S. 541 (560).

112 *Angelika Emmerich-Fritsche*, (Fn. 84), S. 541 (560).

113 *Andrew Clapham*, (Fn. 105), S. 182, sieht in der Theorie der Drittwirkung einen falschen Ausgangspunkt für einen internationalen Schutz von Menschenrechten, da sie auf sozialer Macht und den Grundsatz der Vertragsfreiheit beruhen würden.

114 Vgl. *Volker Epping*, (Fn. 88), Rn. 346.

115 *Human Rights Council*, Report of the Special Representative of the Secretary-General on the issue of human rights and transnational corporations and other business enterprises, John Ruggie (19.02.2007), A/HRC/4/35, Nr. 42, wo grundsätzlich eine Pflicht anhand der Struktur der IAO auch als logisch erachten werden müsste, aber im Ergebnis darauf verwiesen wird, dass Logik allein noch keine verbindliche Verpflichtung schafft.

Übereinkommen können vielmehr nach Wortlaut und Entstehungsgeschichte ausschließlich nur gegenüber den Staaten rechtlich verbindlich sein, die sie ratifiziert haben.[116] Gleiches gilt für die Überlegungen, die eine unmittelbare Verpflichtung aus der Fürsorgepflicht des Arbeitgebers begründen wollen. Hier wird verkannt, dass dem innerstaatlichen Gesetzgeber bei der Umsetzung der völkerrechtlichen Verpflichtung insbesondere mit Blick auf die Gewährleistung sozialer Rechte stets ein weiter Handlungsspielraum zugesprochen wird.[117] Der darin zum Ausdruck kommende Gedanke der staatlichen Souveränität ist mit einer unmittelbaren Drittwirkung nicht vereinbar.[118]

c) Ergebnis

Eine unmittelbare Verantwortlichkeit wirtschaftlicher Akteure für die Einhaltung der Kernarbeitsrechte der IAO nach den Grundsätzen der Drittwirkung ist damit ausgeschlossen.

2. Horizontale Wirkung der Kernarbeitsrechte als Normen des ius cogens mit einer Wirkung erga omnes

Abgesehen von der Lehre der Drittwirkung findet sich in der völkerrechtlichen Literatur auch der Gedanke, eine unmittelbare Verpflichtung privater Akteure zur Beachtung der Kernarbeitsrechte unter Heranziehung des Gedankens des ius cogens zu begründen.[119] Unabdingbare Voraussetzung für eine Begründung

---

116 *Thilo Morhard*, Die Rechtsnatur der Übereinkommen der Internationalen Arbeitsorganisation, Frankfurt am Main (u.a.), Lang, 1988, S. 194.

117 *Alfred Verdross/Bruno Simma*, Universelles Völkerrecht: Theorie und Praxis, 3. Aufl., Berlin, Duncker & Humblot, 1984, § 865. Siehe insbesondere ablehnend in Bezug auf das Übereinkommen über die Diskriminierung in Beschäftigung und Beruf BVerwG 86, 99 (119). Dagegen *Angelika Emmerich-Fritsche*, (Fn. 84), S. 541 (554 f.). Sie bezieht sich dabei auf die Stellungnahme des zur Erfüllung des Sozialpaktes berufenen Expertenausschusses, wonach die Pflicht zur vollen Verwirklichung der Paktrechte besteht (siehe General Comment No. 3 (1990), Report on the fifth session, UN Doc. E/1991/23, 83). Weil dies aber in Fällen, in denen nicht nur ein bloßes Unterlassen verlangt wird, sofort unmöglich sei, würde die Zielverpflichtung verbindlich und damit selbstvollziehend.

118 So auch *Alfred Verdross/Bruno Simma*, (Fn. 117); *Karl von Döhring*, Völkerrecht: ein Lehrbuch, 2. Aufl., Heidelberg, C.F. Müller, 2004, S. 430, Rn. 978; *Ignaz Seidl-Hohenveldern/Gerhard Loibl*, Das Recht der internationalen Organisationen einschließlich der supranationalen Gemeinschaften, 7. Aufl., Berlin (u.a.), Heymanns, 2000, Rn. 1552 und 1707.

119 *Alexander Böhmer*, (Fn. 85), S. 4.

einer Verantwortlichkeit über diesen Weg wäre dabei erstens, dass die Kernarbeitsnormen dem ius cogens zuzurechnen wären und zweitens, dass eine Verbindlichkeit für private Akteure allein aus der Qualifizierung der Norm als ius cogens erfolgt.

Eine Norm des ius cogens ist nach allgemeiner Ansicht eine völkerrechtliche Regelung, die von der Gesamtheit der Staatengemeinschaft als eine Norm akzeptiert und anerkannt wurde, von der keine Abweichungen zulässig sein sollen.[120] Sie sind damit Ausdruck eines tief im allgemeinen Rechtsbewusstsein verankerten gesamtheitlichen Interesses der Staatengemeinschaft.[121] Der Kreis der Normen, die zum ius cogens gezählt werden, wird dabei unterschiedlich weit gezogen. In Hinblick auf den völkerrechtlichen Menschenrechtsschutz hat sich jedoch ein Konsens dahingehend entwickelt, dass zumindest die grundlegenden Menschenrechte dazu zu zählen sind.[122] Welche Menschenrechte konkret als grundlegende Rechte zu bezeichnen sind, ist allerdings nicht einwandfrei geklärt.[123] Nach überwiegender Ansicht trifft dies aber zumindest auf das Genozid-, Sklaverei- und Folterverbot zu. Die Kernarbeitsnormen werden in diesem Zusammenhang nicht explizit genannt. Es wäre demnach genauer zu untersuchen, ob die internationale Gemeinschaft den Schutz der Kernarbeitsrechte mit einem öffentlichen Interesse von überragender Bedeutung verbindet. Nur dann können sie dem ius cogens zugerechnet werden.[124]

---

120 Art. 53 WVK.

121 *Alfred Verdross*, Die Quellen des universellen Völkerrechts, Freiburg, Rombach, 1973, S. 27.

122 Siehe hierzu statt vieler *Walter Kälin/Jörg Künzli*, (Fn. 14). Kritisch *Eckart Klein*, Menschenrechte und Ius cogens, in: Jürgen Bröhmer u. a. (Hrsg.), Internationale Gemeinschaft und Menschenrechte, Festschrift Georg Ress, Heymanns Verlag, 2005, S. 151 (155 ff.), der darauf hinweist, dass nahezu alle Menschenrechte einer Einschränkung zum Schutz der Allgemeinheit oder des Einzelnen zugänglich sind, was schwer mit dem den ius cogens innewohnenden Abweichungsverbot zu vereinbaren sei.

123 Beachte hierzu insbesondere *Claus Richter*, Aspekte der universellen Geltung der Menschenrechte und der Herausbildung von Völkergewohnheitsrecht, München, Herbert Utz Verlag, 2007, S. 106, der ausdrücklich daraufhin weist, dass der Geltungsgrund der Menschenrechte der unveräußerlichen Würde des einzelnen Menschen nicht ausreichend ist, um die Menschenrechte insgesamt zu diesem Kreis zu zählen.

124 Grundsätzlich zur Bestimmung des öffentlichen Interesse von überragender Bedeutung siehe *Bruno Simma*, From Bilaterism to Community Interest in International Law, RdC 250 VI (1994), S. 322 ff. weist auf diese Voraussetzungen hin, da anderenfalls die Rechtsfolge des Art. 53 WVK nicht gerechtfertigt wäre.

Die Tatsache, dass die Kernarbeitsrechte der IAO durch die einschlägigen Übereinkommen zahlreichen Einschränkungsmöglichkeiten unterliegen und in diesem Sinne nicht dem Abweichungsverbot des ius cogens entsprechen, lässt eine Qualifizierung als ius cogens zunächst unwahrscheinlich erscheinen.[125] Auf eine abschließende Bewertung des Charakters der Kernarbeitsrechte kann im Zusammenhang mit der Thematik dieser Arbeit jedoch verzichtet werden, wenn der Geltungsbereich von ius cogens-Normen sich bereits nicht auf sämtliche Völkerrechtssubjekte erstreckt.

Der Geltungsbereich der Normen mit einem ius cogens Charakter wird nicht einheitlich definiert. So findet sich u.a. die Meinung, dass ius cogens-Normen für alle Völkerrechtssubjekte eine Geltung entwickeln, da sie zu den unentbehrlichen Verfassungsgrundsätzen der Völkerrechtsgemeinschaft zählen würden.[126] Wirtschaftliche Akteure wären demnach als partielle Völkerrechtssubjekte ebenfalls an entsprechende Normen gebunden. Die Normen würden insoweit eine Wirkung erga omnes besitzen. Die Qualifizierung des ius cogens als Normen mit einer Wirkung erga-omnes[127] lässt aber angesichts der Entscheidung des IGH im Fall *Barcelona-Traction* Zweifel aufkommen. Hier hat der IGH zwar auch allgemeine Pflichten – mit einer Wirkung erga omnes– gegenüber der Völkerrechtsgemeinschaft anerkannt.[128] Dieses Schutzinteresse könne aber sehr unterschiedlich ausgeprägt sein.

Für eine Wirkung erga-omnes gegenüber allen Völkerrechtssubjekten spricht bei den Kernarbeitsrechten die Überlegung, dass die durch die allgemeinen Menschenrechtsverträge geschaffenen Rechte und Pflichten nicht den gängigen Verpflichtungen der internationalen Verträge entsprechen. Es fehlt gerade die für internationale Verträge so charakteristische Gegenseitigkeitsbindung, die bei Menschenrechtsverträgen stets durch ein übergeordnetes Allgemeininteresse aufgehoben wird.[129] So besteht der Inhalt der Verträge gerade nicht in dem

125 Siehe erneut *Eckart Klein*, (Fn. 122), S. 151 (155 ff.).

126 *Stephan Hobe*, (Fn. 60), S. 180.

127 In der Literatur werden grundsätzlich ius cogens-Normen eine Wirkung erga omnes zu erkannt. Siehe *Jochen Abr. Frowein*, Jus Cogens, Rn. 10, in: Rüdiger Wolfrum (Ed.), The Max Planck Encyclopedia of Public International Law, Oxford University Press, 2008, online edition, abrufbar unter: www.mpepil.com (letzter Abruf: 2.12.2012); *Stephan Hobe*, (Fn. 60), S. 181; *Eckart Klein*, (Fn. 122), S. 151 (162).

128 ICJ, *Barcelona Traction*, ICJ Rep. 1970, S. 3 (32).

129 Siehe hierzu *Markus Kotzur*, Theorieelemente des int. Menschenrechtsschutzes – das Beispiel der Präambel des Internationalen Paktes über bürgerliche und politische Rechte, Duncker & Humblot, Berlin, 2001, S. 132.

Schutz ureigener, unmittelbarer staatlicher Interessen, sondern in dem Schutz der Rechte des einzelnen Menschen auf der Grundlage gemeinsamer Werte und Interessen der Völkerrechtsgemeinschaft.[130]

Das gegenwärtige Völkerrecht ist jedoch von einem staatbezogenen Menschenrechtsbegriff geprägt, welcher von einer innerstaatlichen Zielsetzung der Menschenrechte als Schutz vor staatlicher Willkür ausgeht und insoweit eine Beschränkung auf das Bürger-Staat-Verhältnis enthält.[131] Die Qualifizierung einer Norm als ius cogens und die damit verbundene Wirkung erga-omnes kann vor diesem Hintergrund daher nicht ausreichend sein, um eine unmittelbare Pflicht jeder Rechtsperson zu begründen. Denn soweit das ius cogens unentbehrliche Verfassungsgrundsätze der Völkerrechtsgemeinschaft darstellt, sind dies gerade „nur" jene der Völkerrechtsgemeinschaft der Staaten. Erkennbar wird dies vor allem in der viel zitierten Entscheidung des IGH im Fall Barcelona-Traction. Der IGH spricht davon, dass „alle Staaten ein rechtliches Interesse" am Schutz dieser Rechte haben.[132] Eine Bindung anderer Völkerrechtssubjekte käme insoweit nicht in Betracht.

Gleiches muss aber auch dann gelten, wenn man heute von einem weiteren Verständnis der Völkerrechtsgemeinschaft ausgeht und sie als Gemeinschaft aller Völkerrechtssubjekte versteht. So kann es nach einer positivistischen Rechtsauffassung nicht möglich sein, dass wirtschaftliche Akteure an Normen gebunden sind, die von einer Gemeinschaft von Staaten geschaffen worden sind, um den Einzelnen vor staatlicher Willkür zu schützen.[133] Die bestehenden Verpflichtungen der Staaten lassen sich insofern nicht einfach spiegeln und sind daher nicht ohne weiteres auf private Akteure anwendbar.[134] Entscheidend für

---

130 *Brun-Otto Bryde*, Verpflichtung Erga Omnes aus Menschenrechten, in: Walter Kälin, Aktuelle Problem des Menschenrechtsschutzes, BDGV 33, Heidelberg, C.F. Müller, Jur. Verl., 1994, S. 165 (167). Bryde hebt dabei hervor, dass ein Menschenrechtschutz im Völkerrecht anderenfalls keine Sinne machen würde, wenn er nicht zugunsten von Menschen gegenüber der Völkerrechtsgemeinschaft bestehe. Ablehnend *Eckart Klein*, (Fn. 122); S. 151 (162).

131 *Stefan Kadelbach*, Zwingendes Völkerrecht, Berlin, Duncker & Humblot, 1992, S. 285.

132 ICJ, *Barcelona Traction*, ICJ Rep. 1970, S. 3 (32).

133 *Stephen Tully*, Corporations and International Lawmaking, Leiden (u.a.), Nijhoff, 2007, S. 96. Zu beachten ist dabei auch der unterschiedliche Charakter von Staaten und Unternehmen. Sind Unternehmen Profit orientierte Einheiten, sollen Staaten in erster Linie dem Gemeinwohl dienen. Siehe hierzu *Jennifer Zerk*, Multinationals and Corporate Social Responsibility, Cambridge, Cambridge Univ. Press, 2006, S. 78.

134 Siehe hierzu *Human Rights Council*, Report of the Special Representative of the Secretary-General on the issue of human rights and transnational corporations and other business enterprises, John Ruggie (22.04.2009) A/HRC/11/13, Nr. 57 f.

die Fragestellung einer rechtlichen Verantwortlichkeit wirtschaftlicher Akteure in Bezug auf die Einhaltung der Kernarbeitsrechte der IAO muss daher allein die Tatsache sein, ob als Adressaten einer Verpflichtung auch direkt wirtschaftliche Akteure angesprochen werden. Die Qualifizierung der Kernarbeitsnormen als Normen des ius cogens mit einer entsprechenden Wirkung *erga omnes* vermag dies alleine nicht zu begründen. Es gilt daher unabhängig vom Charakter der Norm nachzuweisen, dass eine Verpflichtung auch für private Akteure besteht, die Kernarbeitsrechte einzuhalten.

3. *Ergebnis*

Die Ansätze und Überlegungen, eine unmittelbare Verpflichtung wirtschaftlicher Akteure zur Beachtung der Kernarbeitsrechte anhand der Lehre der Drittwirkung oder eines vermeintlichen ius cogens Charakters der Rechte zu begründen, können nicht überzeugen.

II. Normen der Vereinten Nationen für die Verantwortlichkeit transnationaler und anderer Wirtschaftsunternehmen im Hinblick auf die Menschenrechte -Ansatz zur Begründung einer völkervertraglichen Verpflichtung

Die Normen der Vereinten Nationen für die Verantwortlichkeit transnationaler und anderer Wirtschaftsunternehmen im Hinblick auf die Menschenrechte (UN-Normen) bilden die erste internationale Initiative, in deren Rahmen wirtschaftlichen Akteuren eine rechtsverbindliche Pflicht zur Beachtung der Menschenrechte auferlegt werden sollte. Die Sub-Commission on the Promotion and Protection of Human Right (Unterkommission) der Menschenrechtskommission (MRK) des Wirtschafts- und Sozialrates der Vereinten Nationen hat am 13. August 2003 die Normen angenommen und sie mit der Empfehlung, sie zu verabschieden, an die MRK weitergeleitet.[135] Die UN-Normen wurden von der MRK bis heute jedoch nicht verabschiedet.

---

135 E/CN.4/Sub.2/2003/12/Rev.2. Ein Überblick zur Entwicklungsgeschichte der UN-Normen findet sich bei *Karsten Nowrot*, Die UN-Norms on the Responsibility of Transnational Corporations and Other Business Enterprises with Regard to Human Rights – Gelungener Beitrag zur transnationalen Rechtsentwicklung oder Ende des Global Compact?, Beiträge zum transnationalen Wirtschaftsrecht, Heft 21, 2003, S. 6ff oder *David Weissbrodt/Muria Kruger*, Norms on the Responsibilities of Transnational Corporations and Other Business Enterprises with Regard to Human Rights, AJIL 2003, S. 901 (903 ff.).

1. *Ausgangspunkt und Ausgestaltung der Pflichten*

Die UN-Normen beruhen auf einem Entwurf der Sessional Working Group on the Working Methods and Activities of Transnational Corporations (Arbeitsgruppe). Ihr oblag die Aufgabe, Empfehlungen und Vorschläge zu unterbreiten, welche Regelungsmechanismen geeignet erscheinen, sicherzustellen, dass die Tätigkeiten der sog. transnationalen Unternehmen nicht im Widerspruch zu einer umfassenden Verwirklichung der internationalen Menschenrechte stehen.[136]

Entsprechend der UN-Normen sollen wirtschaftliche Akteure unter Anerkennung ihres Gefährdungspotenzials für die Verwirklichung der Menschenrechte einer verbindlichen Rechtspflicht unterliegen, die im Völkerrecht wie im innerstaatlichen Recht anerkannten Menschenrechte zu fördern, ihre Einhaltung zu sichern, sie zu achten, ihre Achtung zu gewährleisten und sie zu schützen. Die Pflicht erschöpft sich damit nicht nur darin, keine Verletzungshandlung vorzunehmen, sondern sie erstreckt sich – vergleichbar zu den Staaten – auch auf die Aufgabe, die Verwirklichung der Menschenrechte durch das eigene Handeln zu fördern. Gleichzeitig wird aber auch betont, dass die primäre Verantwortung für die Förderung und den Schutz der Rechte weiterhin den Staaten obliegt. Damit soll verhindert werden, dass sich staatliche Hoheitsträger unter Berufung auf die Verantwortung wirtschaftlicher Akteure von ihren Pflichten zum Schutz der Rechte befreien.[137]

Die Verpflichtungen der UN-Normen umfassen die klassischen Freiheitsrechte als liberale Abwehrrechte und die wirtschaftlichen, sozialen und kulturellen Rechte sowie die diversen Teilhaberechte der dritten Generation der Menschenrechte. Darüber hinaus erfassen die UN-Normen Verpflichtungen, die dem Bereich der allgemeinen, sozialen und ethischen Verantwortung von Unternehmen zuzurechnen sind. Beispielhaft stehen dafür der Verbraucher- und Umweltschutz. Die UN-Normen gehen damit weit über den Kreis der im Rahmen der hier zu untersuchenden Rechte hinaus. Die Kernarbeitsrechte werden explizit im Abschnitt D unter der Überschrift „Rechte der Arbeitnehmer“ mit Ausnahme

---

136 Sub-Commission resolution 1998/8 vom 20.08.1998, Para. 4 lit. d. Zur Tätigkeit der Arbeitsgruppe siehe *David Weissbrodt*, The Beginning of a Sessional Working Group on Transnational Corporations Within the UN Sub-Commission on Prevention of Discrimination of Minorities, in: Kamminga/Zia Zarifi (Hrsg.), Liability of Multinational Corporations under International Law, The Hague (u.a.), Kluwer, 2001, S. 119 ff.

137 UN-Normen Nr. 1.

des Verbots der Diskriminierung in Beschäftigung und Beruf festgehalten. Dieses Verbot findet sich nur als Teil des allgemeinen Gleichbehandlungsgebots.[138]

Die Vorschriften sind grundsätzlich in der Form eines Gebotes und nicht eines Verbotes formuliert. Der Wille, verbindlich Verhaltensvorgaben zu schaffen, ist dennoch deutlich zu erkennen. So wird in Bezug auf das Verbot der Zwangs- und Pflichtarbeit nicht nur von einer Pflicht eines Beitrags zur Beseitigung sämtlicher Formen der Zwangsarbeit gesprochen, sondern ausdrücklich gefordert, dass transnationale Unternehmen und andere Wirtschaftsunternehmen weder Zwangs- noch Pflichtarbeit verwenden, die nach den einschlägigen völkerrechtlichen Übereinkommen verboten sind.[139] Ähnliche Formulierungen finden sich in Bezug auf das Verbot der Kinderarbeit[140] und das Recht der Vereinigungsfreiheit[141] sowie im Rahmen des allgemeinen Gleichbehandlungsgrundsatzes.[142]

Auffällig, gar widersprüchlich erscheinen im Gegensatz zu den Formulierungen der rechtsverbindlichen Pflichten die allgemeinen Umsetzungsbestimmungen der UN-Normen.[143] Die Rechtsdurchsetzung folgt hier nicht dem bei der Formulierung der Verpflichtungen eingeschlagenen Weg eines konfrontativen-repressiven Ansatzes, sondern sucht einen von Kooperation geprägten Weg zur Durchsetzung der aufgestellten Verpflichtungen.[144] Als Durchsetzungsmaßnahmen werden zuerst Maßnahmen angesprochen, die die Unternehmen selbst ergreifen sollen. Hierzu zählen die Einführung von unternehmensinternen Regelungen, die den der UN-Normen entsprechen, sowie deren Einbeziehung in Verträge mit Geschäftspartnern.[145] Als flankierende Maßnahmen sollen Schulungskurse für die Mitarbeiter des Unternehmens angeboten werden. Weiter ist eine indirekte Überwachung durch die Schaffung einer erweiterten Berichtspflicht der Staaten an die Gremien der Vereinten Nationen vorgesehen sowie die

---

138 UN-Normen Nr. 2.

139 UN-Normen Nr. 5.

140 „achten das Recht der Kinder, vor wirtschaftlicher Ausbeutung geschützt zu sein", UN-Normen Nr. 6.

141 („gewährleisten die Vereinigungsfreiheit und die wirksame Anerkennung des Rechts zu Kollektivverhandlungen", UN-Normen Nr. 9.

142 „gewährleisten die Chancengleichheit und Gleichbehandlung nach Maßgabe der internationalen Übereinkommen", UN-Normen Nr. 2.

143 UN-Normen, Nr. 15 ff. Ein Überblick über die Implementierungsmaßnahmen findet sich u. a. bei *David Weissbrodt und Muria Kruger*, (Fn. 135), S. 901 (915 ff.).

144 *Karsten Nowrot*, (Fn. 135), S. 18. Zur von der Kooperation gekennzeichneten Implementationsstruktur siehe *Jost Delbrück,* The Role of the United Nation in Dealing with Global Problems, IJGLS 9 (2002), S. 401 (425 ff.).

145 UN-Normen Nr. 15.

Einrichtung einer weiteren Expertenkommission oder Arbeitsgruppe, um die Einhaltung der UN-Normen zu gewährleisten.[146] Schließlich sollen die Unternehmen, die gegen die UN-Normen verstoßen haben, aber auch dazu verpflichtet werden, der von dem Verstoß betroffenen Person eine rasche, wirksame und angemessene Entschädigung zu leisten.[147] Trotz des kooperativen Charakters der Implementationsmaßnahmen zeigt sich hier die Erkenntnis, dass Sanktionen angewendet werden müssen, um die Einhaltung der Vorgaben durch die Pflichtenträger zu gewährleisten.

2. *Kritik und Bewertung der UN-Normen*

Die Verabschiedung der UN-Normen durch die Unterkommission wurde auf der einen Seite als richtiger Schritt für einen umfassenden Menschenrechtsschutz gewertet, weil er der Realität der privatwirtschaftlichen Verantwortung in einer globalisierten Welt Rechnung trägt.[148] Auf der anderen Seite wurden sie dagegen als zu umfassend und weitgehend kritisiert. Die UN-Normen würden dabei insbesondere zu einer unzulässigen Privatisierung staatlicher Pflichten führen.[149] Kritik an den UN-Normen wird zudem auch aufgrund der Tatsache geübt, dass sie einfach die bestehenden Verantwortlichkeiten der Staaten auf

---

146 UN-Normen Nr. 16.

147 UN-Normen Nr. 18.

148 Einen Überblick über die verschiedenen Positionen geben *Elisabeth Strohscheidt*, UN-Normen zur Unternehmensverantwortung, VN 2005, S. 138 (140 ff.) sowie *David Kinley/Rachel Chambers*, The United Nations Human Rights Norms for Corporations: The Private Implications of Public International Law, HRLR 2006, S. 447 (462 ff.). Für eine positive Bewertung siehe *Joris Oldenziel*, The Added Value of the UN Norms – A comparative Analysis of the Norms for Business with Existing International Instruments; The Centre for Research on Multinational Corporation (SOMO), Amsterdam, 2005.

149 Siehe hierzu insbesondere die Position der Regierung der Vereinigten Staaten von Amerika, die der Ansicht ist, dass die Aufgabe des Menschenrechtschutzes weiterhin ausschließlich bei staatlichen Akteuren liegt, Excerpts from submissions to United Nations consultation on business & human rights, S. 64, abrufbar unter: http://www.reports-and-materials.org/UN-submissions-excerpts-02-Dec-2004.doc (Letzter Abruf: 30.11.2012).Hingegen hat der Deutsche Bundestag angesichts der zunehmenden Globalisierung einen multilateralen Ansatz in Bezug auf die Gefährdung menschenrechtlicher Gewährleistungen als unumgänglich beschrieben, auch wenn er gleichzeitig kein klares Bekenntnis zur Notwendigkeit verbindlicher Pflichten abgegeben hat. Siehe BT-Drs. 15/5118, S. 3.

wirtschaftliche Akteure übertragen, ohne die verschiedene soziale Bedeutung der Akteure zu beachten.[150]

Erheblich umstritten war in der Diskussion auch der rechtliche Status der UN-Normen. Die MRK hat in der Folge der Diskussion explizit den Entwurfsstatus der UN-Normen betont und hervorgehoben, dass sie keinerlei Rechtswirkungen entfalten.[151] Statt den Entwurf der UN-Normen zu verabschieden, beauftragte die MRK zunächst das Office of the High Commissioner for Human Rights (OHCHR), Möglichkeiten zur Stärkung von Standards im Hinblick auf die Verantwortung von transnationalen Konzernen und anderen Wirtschaftsunternehmen für Menschenrechte sowie geeignete Mittel und Wege zu deren Umsetzung aufzuzeigen.[152] Daran anschließend empfahl sie die Einsetzung eines Sonderbeauftragten des UN-Generalsekretärs zum Thema „Verantwortung transnationaler Konzerne und anderer Wirtschaftsunternehmen für die Menschenrechte" (UN-Sonderbeauftragter). Er wurde 2005 eingesetzt.[153] Seine Aufgabe war die Identifizierung von Standards unternehmerischer Verantwortung und Rechenschaftspflichten für Menschenrechte, die Beobachtung der Rolle und der Aufgabe der Staaten bei der Durchsetzung der Menschenrechte gegenüber Dritten, die Untersuchung des Konzepts der Mittäterschaft und des Einflussbereiches eines Unternehmens im Zusammenhang mit Menschenrechtsverletzungen und Materialen und die Entwicklung von Methoden zur Durchführung von Menschenrechtsverträglichkeitsprüfungen von Handlungen transnationaler Unternehmen und anderer Wirtschaftsunternehmen.[154]

Die Ausarbeitung und die Verabschiedung der UN-Normen durch die Unterkommission zur Förderung und zum Schutz der Menschrechte deuten auf das erhebliche Interesse an der Schaffung einheitlicher sozialer Mindeststandards

---

150 Commission of Human Rights, Interim Report of the Special Representative of the Secretary-General on the issue of human rights and transnational corporations and other business enterprises (22.02.2006), E/CN.4/2006/97, Nr. 66 ff.

151 Absatz c) Decision 2004/116, Commission on Human Rights, 60th Session, United Nations, Geneva 2005.

152 Decision 2004/116, Commission on Human Rights, 60th Session, United Nations, Geneva 2005.

153 Als Sonderbeauftragter des UN-Generalsekretärs zum Thema „Verantwortung transnationaler Konzerne und anderer Wirtschaftsunternehmen für die Menschenrechte" wurde Prof. John Ruggie (Harvard) ernannt. Am 18.06.2008 wurde das Mandat um weitere drei Jahre verlängert. Einen Überblick über die zahlenreichen Tätigkeiten des Sonderbeauftragten finden sich unter http://www.business-humanrights.org/SpecialRepPortal/Home (Letzter Abruf: 30.11.2012).

154 Siehe Res.2005/69 vom 20.04.2005 UN Doc. E/CN.4/RES/2005/69.

hin. Die unterbliebene Verabschiedung durch die MRK zeigt aber gleichzeitig wie kritisch verbindliche Verpflichtungen wirtschaftlicher Akteure weiterhin gesehen werden. Letztlich ist es aber mit den UN-Normen und der Einsetzung eines Sonderbeauftragten gelungen, die Thematik der Gefährdung der Menschenrechte auf der höchsten Ebene der Völkerrechtsgemeinschaft zu verankern und die Diskussion über die Erforderlichkeit sowie die konkrete Ausgestaltung wirtschaftlicher Pflichten zur Beachtung der Menschenrechte weiter voran zu bringen. Ausdruck dessen ist die Vorlage des Berichtes des UN-Sonderbeauftragten und die Annahme der Leitlinien für Unternehmen und Menschenrechte „ Umsetzung des Rahmens der Vereinten Nationen für Schutz, Achtung und Abhilfe“ durch den Menschenrechtsrat der Verneinten Nationen (Menschenrechtsrat) im Juni 2011.

3. *Entwicklung der UN-Leitlinien für Unternehmen und Menschenrechte*

Als Ergebnis des sechsjährigen Mandates des UN-Sonderbeauftragten hat der Menschenrechtsrat im Juni 2011 die Leitlinien für Unternehmen und Menschenrechte „Umsetzung des Rahmens der Vereinten Nationen für Schutz, Achtung und Abhilfe“ (UN-Leitlinien für Unternehmensverantwortung) angenommen.[155] Sie beruhen auf drei Säulen.

Die erste Säule betont die staatliche Verantwortung zum Schutz der Menschenrechte vor Eingriffen durch Dritte. Die zweite Säule wendet sich direkt an die Unternehmen und fordert sie auf, die Menschenrechte zu achten. Als dritte Säule wird die Erforderlichkeit des Zugangs der Opfer von Menschenrechtsverletzungen durch Unternehmen zu Entschädigung und Wiedergutmachung festgelegt.

In Abgrenzung zu den UN-Normen bauen die UN-Leitlinien für Unternehmensverantwortung auf den geltenden Prinzipien des Völkerrechts auf und versuchen gar nicht erst, eine rechtsverbindliche Pflicht wirtschaftlicher Akteure zu begründen. Sie sind damit Ausdruck der vorherrschenden Auffassung, dass es in erster Linie Aufgabe der Staaten sei, die Menschenrechte zu gewährleisten.[156] Ausdruck dieser Auffassung ist auch die Forderung, von den Staaten verbindliche

155 A/HRC/17/31. Siehe umfassend zu den Leitlinien zur Verantwortung der Wirtschaft für die Menschrechte *Radu Mares* (Ed.), The Guiding Principles on Business and Human Rights: Foundation and Implementation, Leiden, Brill, 2011.

156 *John H. Knox*, The Ruggie Rules: Applying Human Rights Law to Corporations, S. 16; abrufbar unter: http://papers.ssrn.com/sol3/papers.cfm?abstract_id=1916664 (letzter Abruf: 30.11.2012).

nationale Regelungen zum Ausgleich von Beeinträchtigungen von Menschenrechten zu fordern.[157]

Hervorzuheben ist die Verankerung einer menschenrechtlichen Sorgfaltspflicht der Unternehmen, die Menschenrechte zu achten.[158] Hierzu gehört es, die menschenrechtlichen Folgen der wirtschaftlichen Betätigung zu identifizieren, negative Auswirkungen zu vermeiden oder zu minimieren und Rechenschaft abzulegen, wie mit möglichen Zuwiderhandlungen umgegangen wird. Die Verantwortung der Unternehmen beschränkt sich dabei keinesfalls auf eigenes Handeln, sondern schließt auch die Vermeidung der Beeinträchtigung durch Dritte mit ein, soweit eine direkte Verbindung zwischen dem Unternehmen und dem Dritten besteht.[159] Unternehmen sollen möglichst schon im Vorfeld neuer Betätigungen im Rahmen einer „human rights due dilligence" die Gefahren von Menschenrechtsverletzungen abschätzen und die erforderlichen Maßnahmen zur Vermeidung ergreifen.[160]

Mit den UN-Leitlinien für Unternehmensverantwortung wurden nach den kontroversen Diskussionen über die UN-Normen und ihre rechtliche Bedeutung[161] klare Maßstäbe für eine wirtschaftliche Betätigung mit einem Menschenrechtsbezug auf der Ebene der Vereinten Nationen beschlossen. Es handelt sich aber nur um Erwartungsmaßstäbe. Die Achtung der Menschenrechte nicht als rechtsverbindliche Pflicht, sondern als soziale Erwartungshaltung zu konzipieren, hat dabei dazu beigetragen, dass die Leitlinien weniger Kritik ausgesetzt waren und sind.[162] Der UN-Sonderbeauftragte hat es auf diesem Weg geschafft, Standards zu formulieren, welche in der Staatengemeinschaft nicht von vornherein aufgrund der Sorge vor einem Eingriff in die einzelstaatliche Souveränität reflexartig abgelehnt werden.

Als Nachfolgemandat hat der Menschenrechtsrat eine funfköpfige Arbeitsgruppe unabhängiger Sachverständiger eingerichtet.[163] Ihr Auftrag beinhaltet die

---

157 Nr. 25 UN-Leitlinien für Unternehmensverantwortung.

158 Nr. 11 ff. UN-Leitlinien für Unternehmensverantwortung.

159 Nr. 13 lit. b UN-Leitlinien für Unternehmensverantwortung.

160 Nr. 17 und 18 UN-Leitlinien für Unternehmensverantwortung.

161 S.o.

162 *John H. Knox*, (Fn. 156), S. 17. Einen Überblick zu den Stärken und Schwächen der Leitlinien gibt *Elisabeth Strohscheidt*, Menschenrechtsrat: Leitprinzipien für Unternehmensverantwortung, Vereinte Nationen 2011, S. 229 ff.

163 Zum Umfang der Aufgabe siehe A/HRC/17/L.17/Rev.1 oder unter http://www.business-humanrights.org/Documents/UNWorkingGrouponbusinesshumanrights (letzter Abruf: 30.11.2012).

Förderung der Leitlinien, die Ermittlung und den Austausch bewährter Praktiken und die Formulierung von Empfehlungen. Inwieweit die UN-Leitlinien für Unternehmensverantwortung die weitere Entwicklung beeinflussen werden, wird die Tätigkeit der Arbeitsgruppe zeigen. Eine erste Verankerung haben die Leitlinien in den OECD-Leitsätzen für multinationale Unternehmen nach ihrer Novellierung im Jahr 2011 gefunden.[164]

III. Kooperativer Ansatz zur Begegnung der Gefährdung durch wirtschaftliche Akteure

Die fehlenden Möglichkeiten des bestehenden Völkerrechts und die Uneinigkeit der Staaten in der Hinsicht auf die Schaffung einheitlicher, rechtsverbindlicher Standards zum Schutz der Menschenrechte vor wirtschaftlichen Gefahren haben dazu geführt, das wirtschaftliche Verhalten durch sog. Verhaltenskodizes (Codes of Conduct) zu steuern.[165] Sie enthalten unmittelbar an wirtschaftliche Akteure gerichtete Verhaltensrichtlinien und Prinzipien. Im Gegensatz zu den herkömmlichen zwischenstaatlichen Übereinkommen beruhen sie dabei jedoch auf dem Prinzip der Freiwilligkeit und sind daher rechtlich unverbindlich.[166] Dennoch wird erwartet, dass die einzelnen Adressaten die inhaltlichen Vorgaben der Verhaltenskodizes beachten.[167] Ausdruck dieses von einem Kooperationsgedanken getragenen Ansatzes der Reglementierung wirtschaftlicher Verhaltensweisen bilden im Zusammenhang mit dem Untersuchungsgegenstand die Dreigliedrige Grundsatzerklärung über Multinationale Unternehmen und Sozialpolitik der IAO (Dreigliedrige Grundsatzerklärung) sowie die OECD-Leitsätze für multinationale Unternehmen und Sozialpolitik (OECD-Leitsätze). Inwieweit sie in der Lage sind, die bestehende Lücke des Völkerrechts zu schließen, bleibt aber fraglich. Voraussetzung wäre die Schaffung inhaltlich hinreichend bestimmter arbeitsrechtlicher Mindeststandards und die Gewährleistung einer effektiven Umsetzung der Verhaltensrichtlinien in Gefahrensituationen.

---

164 Siehe hierzu unter Kapitel 2 B. III. 2.

165 Umfassend hierzu siehe *Jürgen Friedrich*, Code of Conduct, in: Rüdiger Wolfrum (Ed.), The Max Planck Encyclopedia of Public International Law, Oxford University Press, 2008, online edition, abrufbar unter: http://www.mpepil.com/home (letzter Abruf: 30.11.2012).

166 Die Verhaltenskodizes sind insoweit dem sog. „Soft Law" zu zurechnen. Grundlegend hierzu siehe *Daniel Thürer*, Soft Law, in: Rüdiger Wolfrum (Ed.), The Max Planck Encyclopedia of Public International Law, Oxford University Press, 2008, online edition, abrufbar unter: http://www.mpepil.com/home (letzter Abruf: 30.11.2012).

167 *Theodor Schweisfurth*, Völkerrecht, Tübingen, Mohr Siebeck, 2006, S. 96.

1. *Dreigliedrige Grundsatzerklärung*

Die Dreigliedrige Grundsatzerklärung hat ihren Ursprung in der Diskussion der sechziger und siebziger Jahre über die Verhaltensregeln wirtschaftlicher Akteure in ihren Beziehungen zu den Gastländern und richtet sich ausdrücklich neben den Staaten auch an die Arbeitgeber und Arbeitnehmer sowie im Speziellen an die sog. multinationalen Unternehmen. Sie wurde von dem Verwaltungsrat[168] der IAO im Konsens angenommen.[169]

Das Anliegen zum Zeitpunkt der Verabschiedung bestand in erster Linie in der Wahrung des völkerrechtlichen Prinzips der staatlichen Souveränität, dessen Gefährdung durch wirtschaftliche Zwänge die gerade erst in die Unabhängigkeit entlassenen Kolonialstaaten fürchteten. Den Inhalt der Dreigliedrigen Grundsatzerklärung bildete insofern zunächst die Forderung, dass die betroffenen Parteien die Hoheitsrechte der Staaten achten, die innerstaatlichen Rechtsvorschriften befolgen, örtliche Gewohnheiten berücksichtigen und einschlägige internationale Normen einhalten sollen.

Die Dreigliedrige Grundsatzerklärung enthielt aber auch von Beginn an einen deutlichen Hinweis auf die Notwendigkeit der Einhaltung der wesentlichen Menschenrechtsverträge durch die multinationalen Unternehmen.[170] Mit ihrer Änderung im Jahre 2000 erfolgte schließlich ein Verweis auf die Erklärung der IAO über die grundlegenden Prinzipien und Rechte bei der Arbeit von 1998 (Erklärung 1998). Sie bildet daher heute auch einen Maßstab für die notwendige Beachtung menschenrechtlicher Arbeitsstandards durch wirtschaftliche Akteure.

a) *Inhaltliche Konkretisierung der Verhaltensvorgaben*

Durch den Verweis auf die Erklärung 1998 enthält die Dreigliedrige Grundsatzerklärung einen direkten Bezug auf die Kernarbeitsrechte und eröffnet somit

---

168 Der Verwaltungsrat ist das Exekutivorgan der IAO und besteht aus 56 Vertretern. Er hat die Aufgabe die Aktivitäten der IAO zu koordinieren. In diesem Rahmen legt er u.a. die Tagesordnung der Konferenz fest (Art. 14 IAO-Verfassung) und entscheidet, welche Maßnahmen zur Umsetzung der Beschlüsse der Konferenz getroffen werden (Art. 10 Abs. 2 IAO-Verfassung). Zur Zusammensetzung des Verwaltungsrates siehe Art. 7 IAO-Verfassung.

169 Ursprünglich war die Einfügung in UN-Kodex als Abschnitt über sozial- und arbeitspolitische Fragen angedacht. Siehe *Kay Hailbronner*, Völkerrechtliche und staatsrechtliche Überlegungen zu Verhaltenskodizes für transnationale Unternehmen, in Ingo von Münch (Hrsg.), Staatsrecht –Völkerrecht – Europarecht, Festschrift für Hans-Jürgen Schlochauer zum 75. Geburtstag, Berlin, de Gruyter, 1981, S. 329 (331).

170 Siehe Art. 8 Dreigliedrige Grundsatzerklärung.

deren Anwendbarkeit auf wirtschaftliche Akteure.[171] Eine nähere Ausgestaltung findet diese allgemeine Bezugnahme durch detaillierte Empfehlungen in den Abschnitten über Beschäftigung, Ausbildung, Lebens- und Arbeitsbedingungen sowie die Arbeitsbeziehungen.[172] Auffallend ist hierbei, dass der Schwerpunkt der Regelungen im Abschnitt der Arbeitsbeziehungen liegt, in dem sehr ausführliche Empfehlungen in Bezug auf die Vereinigungsfreiheit und das Recht auf Kollektivverhandlungen enthalten sind. Demgegenüber gibt es für das Verbot der Diskriminierung in Beschäftigung und Beruf und das Verbot der Kinderarbeit nur einzelne Empfehlungen. Eine explizite Empfehlung zum Verbot der Zwangsarbeit fehlt sogar gänzlich. Eine ausdrückliche Erwähnung findet es, abgesehen von dem pauschalen Verweis auf die Erklärung 1998, bloß im Rahmen der Empfehlung in Bezug auf den Umgang mit Beschwerden von Arbeitnehmern. Dort wird festgehalten, dass ein funktionierendes Beschwerdeverfahren besonders wichtig ist in Ländern, in denen die IAO-Übereinkommen über die Kernarbeitsrechte nicht eingehalten werden.[173]

Die inhaltliche Konkretisierung der Empfehlungen ist in der Regel sehr präzise. So wird nicht nur allgemein darauf hingewiesen, dass sich die gesamte Tätigkeit von multinationalen Unternehmen vom allgemeinen Grundsatz des Verbots der Diskriminierung aufgrund der Rasse, der Hautfarbe, des Geschlechts, des Glaubensbekenntnisses, der politischen Meinung und der der nationalen Abstammung leiten lassen soll, sondern es werden auch konkrete Hinweise zu einzelnen Sachverhalten gegeben. Beispielhaft werden Kriterien benannt, welche maßgebend für die Anwerbung, Einstellung, Ausbildung und den beruflichen Aufstieg sein sollen.[174] Auch wird nicht nur diffus von einem Beitrag zur effektiven Abschaffung der Kinderarbeit gesprochen, sondern ausdrücklich darauf verwiesen, dass die Unternehmen das Mindestalter für die Zulassung zur Beschäftigung respektieren sollen.[175] Wesentlich mehr ins Detail und über den

171 Siehe Art. 8 Dreigliedrige Grundsatzerklärung. Zur Anwendbarkeit auf wirtschaftliche Akteure siehe *Marion Weschka*, Human Rights and Multinational Enterprises: How Can Multinational Enterprises Be Held Responsible for Human Rights Violations Committed Abroad?, ZaöRV 66 (2006), S. 625 (646).

172 Beschäftigung Art. 13–28; Ausbildung Art. 29–32; Arbeits- und Lebensbedingungen Art. 33–40 und Arbeitsbeziehungen Art. 41–59 Dreigliedrige Grundsatzerklärung.

173 Art. 59 Dreigliedrige Grundsatzerklärung.

174 Art. 22. weist diesbezüglich ausdrücklich auf Kriterien wie Qualifikation, Fertigkeit und Erfahrung hin.

175 Siehe Art. 36 Dreigliedrige Grundsatzerklärung.

Auslegungsschwierigkeiten kommen. Eine Reaktion der Staaten ist im Rahmen des Verfahrens daher nicht nachprüfbar. Hier wird nicht das Verhalten einzelner Akteure gerügt, sondern ausschließlich eine abstrakte Regelungsauslegung betrieben.[192] Hinzu tritt, dass der Verfahrensverlauf sehr langsam verläuft und der Streitfall sich bis zu einer Entscheidung in der Regel erledigt haben wird oder keine unmittelbare Relevanz mehr hat.[193] Der Wert des Verfahrens besteht so allein darin, dass durch die Beseitigung von Missverständnissen hinsichtlich der Bedeutung der Grundsätze eine ordnungsgemäße Erfüllung in der Zukunft ermöglicht wird. Es weist so gesehen einen rein präventiven Charakter auf, indem es die durch die Dreigliedrige Grundsatzerklärung formulierte Erwartungshaltung weiter präzisiert.[194] Inwieweit dies einen effektiven Beitrag zur Umsetzung der Dreigliedrigen Grundsatzerklärung bildet, lässt sich aufgrund der geringen Anzahl an zugelassenen Verfahren nicht abschließend beurteilen.

2. OECD Leitsätze für multinationale Unternehmen

Im Gegensatz zu der Dreigliedrigen Grundsatzerklärung der IAO richten sich die OECD-Leitsätze für multinationale Unternehmen ausschließlich an wirtschaftliche Akteure. Die Leitsätze sind Teil der OECD Erklärung über internationale Investitionen und multinationale Unternehmen, deren eigentliches Ziel die Förderung transnationaler Investitionen war. Ihr vorrangiges Ziel war es unter der Berücksichtigung ihrer Entstehungsgeschichte – vergleichbar mit der Dreigliedrigen Grundsatzerklärung – zunächst,[195] dass sich die Unternehmen im Einklang mit der erklärten Politik der Länder verhalten, in denen sie tätig sind, die Menschenrechte der von ihrer Tätigkeit betroffenen Personen respektieren und sich nicht um Ausnahmen bemühen, die nicht in den einschlägigen Gesetzen vorgesehen sind.[196] Darüber hinaus legen die Leitsätze weitere Anforderungen an ein verantwortungsvolles unternehmerisches Handeln fest und sind damit Ausdruck gemeinsamer staatlicher Erwartungen an die Verhaltensweisen von Unternehmen, die auf oder von dem eigenen Staatsgebiet aus

---

192 Siehe erneut u.a. IAO Official Bulletin Vol. 68 (1985), S. 113 f. und IAO Official Bulletin Vol. 81 (1998), S. 49 f.

193 ICHR, S. 103.

194 ICHR, (Fn. 194).

195 Der Ausgangspunkt der Leitsätze lag zunächst in der Betonnung der Achtung der staatlichen Souveränität. Siehe hierzu *Normen Weiß*, Transnationale Unternehmen – weltweite Standards?, MRM Heft 2 2002, S. 82 (86); *Marion Weschka*, (Fn. 171), S. 625 (648).

196 Siehe Abschnitt II. Nr. 2 und 5 OECD-Leitlinien.

Handel treiben. Erst mit der Überarbeitung der Leitsätze im Jahre 2000 wurde dem Schutz der Menschenrechte und insbesondere der Kernarbeitsrechte vor wirtschaftlichen Gefahren mehr Gewicht gegeben.[197] Durch die Novellierung im Jahre 2011 findet sich nunmehr auch ein eigenes Kapitel über Menschenrechte in den Leitsätzen.[198] Mit ihm wurde das Erfordernis der Achtung der Menschenrechte bei wirtschaftlichen Handeln im Sinne der vom Sonderbeauftragten des UN-Generalsekretärs zum Thema „Verantwortung transnationaler Konzerne und anderer Wirtschaftsunternehmen für die Menschenrechte" John Ruggie entwickelten Leitlinien für Unternehmensverantwortung („*Protect, Respect and Remedy*") festgeschrieben.

Gegenüber der Dreigliedrigen Grundsatzerklärung der IAO verkörpern die OECD-Leitsätze damit einen umfassenderen Regelungsansatz und lassen sich nicht nur auf arbeitsspezifische Aspekte beschränken.[199]

a) Inhaltliche Konkretisierung der Verhaltensvorgaben

Die Fassung der Leitsätze vor der Überarbeitung im Jahr 2000 enthielt keine Regelungen zu den Kernarbeitsrechten des Verbots der Zwangs- und Kinderarbeit. Unter der Überschrift *„Beschäftigung und Beziehungen zwischen den Sozialpartnern"* werden die Unternehmen nunmehr jedoch aufgefordert, das Recht ihrer Arbeitnehmer zu respektieren, sich von Gewerkschaften vertreten zu lassen und konstruktive Verhandlungen über Arbeitsbedingungen zu führen, einen Beitrag zur effektiven Abschaffung der Kinderarbeit sowie zur Beseitigung sämtlicher Formen der Zwangsarbeit zu leisten und eine Diskriminierung in Beschäftigung und Beruf zu unterlassen.[200] Thematisch werden somit sämtliche Kernarbeitsrechte erfasst. Einen konkreten Bezug zu den Vorschriften der IAO enthalten die Vorschriften jedoch erst durch die Erläuterungen der OECD-Leitsätze. Danach spiegeln die Leitsätze die einschlägigen Bestimmungen der Erklärung 1998 wie auch der Dreigliedrigen Grundsatzerklärung wider.[201] Die Ausgestaltung der tatsächlichen Empfehlungen sei kurz gefasst und im Licht der Dreigliedrigen Grundsatzerklärung auszulegen. So

---

197 Siehe hierzu *Joris Oldenziel*, The 2000 Review of the OECD Guidelines for multinational Enterprises: A new Code of Conduct?, Amsterdam, 2000, S. 18 f. und 21 f.

198 Abschnitt IV OECD-Leitlinien.

199 *Jan Huner*, The OECD Guidelines and the MAI, in: Menno Kamminga/Saman Zia-Zarifi (Hrsg.) Liability of Multinational Corporations under International Law, The Hague (u.a.), Kluwer Law International, 2000, S. 197 (200).

200 Abschnitt V. Nr. 1 OECD Leitsätze.

201 Siehe Erläuterungen der OECD-Leitsätze, Nr. 48.

sei beispielweise die Empfehlung der OECD-Leitsätze, dass Unternehmen zur Beseitigung sämtlicher Formen der Zwangsarbeit beizutragen haben, unter Beachtung der IAO-Übereinkommen Nr. 29 und Nr. 105 dahin auszulegen, dass die Empfehlung auch die Forderung erfasst, nicht von Zwangsarbeit Gebrauch zu machen.[202] Ähnliches gelte für den „effektiven" Beitrag zur Abschaffung der Kinderarbeit, da ein effektiver Beitrag letztlich nur in der Nichtbeschäftigung von Kindern liegen kann.[203] Es ergeben sich jedoch Unklarheiten in Bezug auf die Aspekte der Kernarbeitsrechte, nach denen der Beschäftigte Anspruch auf Schutz vor Diskriminierung aufgrund der Mitgliedschaft in einer Gewerkschaft hat und dem, wonach ein Anspruch auf „gleiches Geld für gleiche oder gleichwertige Arbeit von Frauen oder Männer" besteht. Hier mag der Aspekt des Diskriminierungsverbotes zwar von dem allgemeinen Diskriminierungsverbot erfasst sein,[204] doch verunsichert das Fehlen des sonst vorhandenen ausdrücklichen Bezuges auf das entsprechende Übereinkommen der IAO in den Erläuterungen der OECD-Leitsätze.[205] Vergleichbar mit der Dreigliedrigen Grundsatzerklärung finden sich neben dem Recht der Vereinigungsfreiheit und der Kollektivverhandlungen noch Regelungen, die deren Umfang weiter präzisieren.[206]

Die inhaltliche Ausgestaltung der Kernarbeitsrechte im Rahmen der OECD-Leitsätze weist demzufolge einen Anwendungsspielraum auf, der zunächst unter Rückgriff auf die Grundsätze der IAO geschlossen werden muss.[207] Dies wird

202 Vgl. auch *Reingard Zimmer*, (Fn. 24), S. 87.

203 Siehe hierzu insbesondere die Erläuterungen zu den OECD-Leitsätzen, die die Rolle der Unternehmen bei der Schaffung gut bezahlter Arbeitsplätze als Hauptaspekt bei einer dauerhaften Lösung des Problems der Kinderarbeit hervorheben. Erläuterungen der OECD-Leitsätze, Nr. 52.

204 Abschn. V. Nr. 1 d) OECD-Leitsätze.

205 Vgl. Erläuterungen der OECD-Leitsätze, Nr. 54.

206 Siehe beispielhaft Abschn. V. Nr. 6 und 7 OECD-Leitsätze. Danach sollte Arbeitgebern eine Informationspflicht bei Überlegungen zur Veränderung ihrer Geschäftstätigkeiten obliegen, die mit erheblichen Konsequenzen für die Existenz der Arbeitsnehmer verbunden wären und es sollte bei Verhandlungen mit den Gewerkschaft nicht mit Werksschließungen gedroht werden.

207 Zur Notwendigkeit einer Nachbesserung der Leitsätze *Reingard Zimmer*, (Fn. 24), S. 107. Die Kritik hat in weiten Teilen weiterhin bestand, da sie sich auf die schwache Ausgestaltung des Kodex bezog und dabei insbesondere auf die weiche Sprache abstellte. Eine Änderung hat die Novellierung der OECD-Leitsätze im Jahr 2011 dieser Hinsicht jedoch nicht mit sich gebracht.

selbst durch die Erläuterungen zu den OECD-Leitsätzen hervorgehoben.[208] Die Formulierungen der Rechte selbst bleiben daher vage und damit hinter denen der Dreigliedrigen Grundsatzerklärung zurück.[209]

b) Effektivität des Umsetzungssystems

Das Umsetzungssystem der OECD-Leitsätze beruht auf dem Ratsbeschluss von 2011. Es besteht aus zwei Säulen, die durch die sog. Nationalen Kontaktstellen (NKS) und dem Ausschuss für internationale Investitionen und multinationale Unternehmen (CIME) gebildet werden. Dabei handelt es sich um einen Beschwerde- und einen Auslegungsmechanismus, der zur höheren Wirksamkeit der Leitsätze beitragen soll.[210]

(1) Nationale Kontaktstellen

Die Aufgabe der NKS besteht darin, die wirksame Anwendung der Leitsätze zu fördern. Gemäß der verfahrenstechnischen Anleitung erfolgt dies auf zwei Wegen. Einerseits sollen die NKS für die Kenntnis und Verbreitung der Leitsätze Sorge tragen sowie das Bewusstsein für die Leitsätze schärfen[211] und andererseits sollen sie zur Lösung von Problemen beitragen, die sich bei der Umsetzung der Leitsätze ergeben.[212] Zur Erfüllung der letztgenannten Aufgabe haben die NKS den Vorgaben zufolge ein Diskussionsforum anzubieten und den betroffenen Parteien zu helfen, die aufgeworfenen Fragen effizient und unter Beachtung der geltenden Gesetze zu lösen. Sie haben zur Lösung der Fragen Rat bei den zuständigen Behörden, Vertretern der Wirtschaft oder anderen einschlägigen Experten sowie anderer NKS einzuholen und sollen dabei stets auf außergerichtliche, eine einvernehmliche Lösung abzielende Verfahren, wie Vermittlungs- und

---

208 Erläuterungen der OECD-Leitsätzen, Nr. 47. Hier wird darauf verwiesen, dass die IAO-Grundsätze zum besseren Verständnis der Leitsätze von Nutzen sein können, da sie detaillierter seien.

209 *Joris Oldenziel*, (Fn. 197), S. 47; *Marion Weschka*, (Fn. 171), S. 625 (648). A.A. *Caroline Hillemanns*, (Fn. 14), S. 84.

210 Vgl. OECD-Ratsbeschluss von 2011.

211 Abschn. I. B. Nr. 1 und 2 Verfahrenstechnische Anleitung der OECD-Leitsätze. Beispiele für diese Tätigkeiten ist die Übersetzung der Leitsätze in die entsprechenden Landessprachen oder die Veranstaltung von thematisch einschlägigen Seminaren und Konferenzen. Zu letzterem siehe beispielhaft die Veranstaltung der argentinischen NKS; 2006 Annual Meeting of the National Contact Points, Report by the Chair, S. 5.

212 Abschn. I. C. Verfahrenstechnische Anleitung der OECD-Leitsätze.

Schlichtungsverfahren, hin arbeiten.[213] Nur für den Fall, dass eine Einigung der Parteien in den strittigen Fragen nicht zu erzielen ist, sollen eine Erklärung und erforderlichenfalls Empfehlungen zur Anwendung der Leitsätze abgegeben werden.[214] Die abschließenden Erklärungen werden von den NKS veröffentlicht.[215] Einzelne weitere Vorgaben hinsichtlich des Ablaufs des Verfahrens bestehen nicht. Beschwerdeberechtigt sind neben Gewerkschaften, Vertretern der Wirtschaft und Nichtregierungsorganisationen auch Einzelpersonen. Die Zuständigkeit liegt bei der NKS des Landes, in dem der mutmaßliche Verstoß begangen wurde, und sollte dieser nicht in einem Mitgliedsstaat begangen worden sein, bei der NKS, in dessen Land sich der Hauptsitz des betroffenen Unternehmens befindet.[216]

Die Anzahl der eröffneten Verfahren seit der Einführung im Jahr 2000 beläuft sich bereits auf über 200[217]. Die Tatsache, dass mehr als die Hälfte dieser Verfahren die Umsetzung und Gewährleistung der in Abschn. IV niedergelegten arbeitsspezifischen Aspekte der Beschäftigung und Beziehungen zwischen den Sozialpartnern betrifft, zeigt das Bedürfnis nach einer angemessenen Lösung für die Gefährdung sozialer Mindeststandards durch wirtschaftliche Akteure anhand eines geordneten Verfahrens. Es zeigt zudem, dass sich die Mitgliedstaaten in einem nicht unwesentlichen Rahmen mit der Frage der Einhaltung arbeitsrechtlicher Mindeststandards durch wirtschaftliche Akteure anhand konkreter Vorwürfe auseinanderzusetzen haben.

Unter dem Gesichtspunkt der Effektivität des Verfahrens zur Umsetzung der Verhaltensvorgaben der OECD-Leitsätze besteht dabei die Besonderheit, dass das Verfahren für die Mitgliedstaaten verbindlich ist.[218] Ihnen obliegt die Pflicht zur Einrichtung der NKS und der Durchführung der Beschwerdeverfahren

---

213 Abschn. I. C. Nr. 2 lit. d) Verfahrenstechnische Anleitung der OECD-Leitsätze.

214 Abschn. I. C. Nr. 3 lit. c) Verfahrenstechnische Anleitung der OECD-Leitsätze.

215 Eine Liste der veröffentlichten Stellungsnahmen der NKS findet sich unter: http://www.oecd.org/document/59/0,3343,en_2649_34889_2489211_1_1_1_1,00.html (letzter Abruf: 1.12.2012).

216 Erläuterungen zu den Umsetzungsverfahren der OECD-Leitsätze, Abschn. I. Nr. 23.

217 Seit der Einführung des Verfahrens zur Lösung von Problemen bei der Umsetzung der Leitsätze waren 182 Verfahren vor den verschiedenen NKS anhängig. Siehe hierzu 2009 Annual Meeting of National Contact Points – Report by the Chair, 16.–17. Juni 2009, S. 3, http://www.oecd.org/dataoecd/41/25/43753441.pdf (letzter Abruf: 1.12.2012).

218 Abschn. I. Nr. 1 OECD-Ratsbeschluss.

aufgrund eines gerechtfertigten Antrags der betroffenen Parteien.[219] Eine Pflicht der betroffenen Unternehmen, sich bei Meinungsverschiedenheiten über die Anwendung der Leitsätze an die hierfür zuständige NKS zu wenden oder an dem Verfahren teilzunehmen, besteht hingegen wegen des freiwilligen Charakters der Leitsätze nicht.[220] Aufgrund dieser Tatsache wird dem Verfahren teilweise die erforderliche Effektivität abgesprochen.[221] Die Frage der Effektivität des Umsetzungsverfahrens kann jedoch nicht ausschließlich am Maßstab einer verpflichtenden Beteiligung gemessen werden. Es gilt dabei, auch andere Aspekte wie einen möglicherweise vorhandenen gesellschaftlichen Druck zu berücksichtigen. Der Frage der Effektivität des Verfahrens kann daher nur unter Beachtung der konkreten Beschwerdefälle beantwortet werden.

Die Untersuchung einschlägiger Beschwerdeverfahren mit einem Bezug auf die Einhaltung der Kernarbeitsrechte hat gezeigt, dass ein wirksamer Beitrag zur Einhaltung der Grundsätze der OECD-Leitsätze nur dort erfolgen konnte, wo sich die betroffenen Parteien im gegenseitigen Miteinander zu einer gemeinsamen Stellungnahme entschlossen haben. So hat das Unternehmen Bayer CropScience im Rahmen des von German Watch, Global March und der Coordination gegen Bayer-Gefahren angeregten Beschwerdeverfahrens wegen der Verletzung der Abschnitte II Nr. 10 und IV Nr. 1lit.b der OECD-Leitsätze sich zur Abgabe einer Selbstverpflichtungserklärung bereit erklärt und darin u. a. erklärt, weiterhin aktiv gegen Kinderarbeit einzutreten und alles Sinnvolle und in dem Einflussbereich von Bayer CropScience Gelegene zu tun, um Kinder zu schützen und sie bei ihrem Start in das schulische und berufliche Leben zu unterstützen.[222] In dem Beschwerdeverfahren *DGB gegen Bayer AG (EUBP-FFW./.Bayer*

---

219 Eine formelle Pflicht zum eigenständigen Tätig werden der NKS bei der Kenntnis von Zuwiderhandlung besteht nicht. Zur Frage der Rechtfertigung einer Beschwerde siehe Erläuterungen zu dem Umsetzungsverfahren der OECD-Leitsätze, Abschn. I. Nr. 25. Danach muss die Beschwerdefrage in gutem Glauben vorgebracht werden und für die Umsetzung der Leitsätze relevant sein. Eingehender hierzu *Reingard Zimmer*, (Fn. 24), S. 99 f.

220 *Stephan Hobe,* (Fn. 60), S. 207, spricht aufgrund dieser Zweiteilung von einem „zebra-codes."

221 Statt vieler *Joris Oldenziel*, (Fn. 197), S. 47.

222 Hintergrund der Beschwerde bildet der Vorwurf das Bayer CropScience Kinderarbeit bei indischen Zulieferbetrieben von Baumwollsaat dulden würde und die sich aus den Geschäftsbeziehungen ergebenen Möglichkeiten der Einflussnahme auf die Betriebe nicht hinreichend nütze. Außerdem würde das Unternehmen durch die Zahlung von Abnahmepreisen mit niedriger Gewinnmarge für die Zulieferer zur weiteren Beschäftigung von Kindern als billigen Arbeitskräften beitragen. Zu

Philippines) betonte die Bayer AG, dass die Behinderung der gewerkschaftlichen Tätigkeit seitens der philippinischen Tochtergesellschaft entsprechend den Vorwürfen zu keiner Zeit beabsichtigt war und erklärte sich darüber hinaus im Sinne einer künftigen vertrauensvollen Zusammenarbeit bereit, den entstandenen finanziellen Schaden zu ersetzen.[223] Das Unternehmen ICH Caland[224] hat sich wiederum nach dem Vorwurf, es würde als Subunternehmen von Premier Oil Myanmar bei einem „offshore project" in den Hoheitsgewässern von Birma nicht zur Beseitigung der Zwangsarbeit beitragen, im Rahmen des Beschwerdeverfahrens dazu bereit erklärt, künftig auf neue wirtschaftliche Aktivitäten in Birma zu verzichten.[225]

---

weiteren Einzelheiten siehe die *Erklärung der deutschen nationalen Kontaktstelle für die „OECD-Leitsätze für multinationale Unternehmen" zum Beschwerdeverfahren von German Watch, Global March und der Coordination gegen Bayer-Gefahren gegen Bayer CropScience* (abrufbar unter: http://www.bmwi.de/BMWi/Redaktion/PDF/E/erklaerung-bayer-cropscience,property=pdf,bereich=bmwi2012,sprache=de,rwb=true.pdf, letzter Abruf: 30.11.2012).

223 Hintergrund des Verfahrens bildet der Vorwurf der unrechtmäßigen Anerkennung einer von zwei konkurrierenden Gewerkschaften als Tarifvertragspartner durch die Tochtergesellschaft der Bayer AG auf den Philippinen, die eine Missachtung der Grundsätze der OECD-Leitsätze über die „Beschäftigung und Beziehung zwischen den Sozialpartner" darstellen würde. Die konkurriende Gewerkschaft wurde von einem philippinischen Gericht während des laufenden Verfahrens für unrechtmäßig erklärt. Die in Aussicht gestellte finanzielle Wiedergutmachung sollte nach jedoch nur für den Fall erfolgen, dass die rechtmäßige Gewerkschaft keine weiteren Ansprüche wegen der unstreitig an die unrechtmäßige Gewerkschaft abgeführten Gewerkschaftsbeiträge mehr geltend macht und alle Anträge und Rechtsmittel diesbezüglich nachweisbar zurückgenommen hat. Siehe weiter hierzu die Erklärung der deutschen Nationalen Kontaktstelle für die ‚OECD-Leitsätze für multinationale Unternehmen' zu einer Beschwerde des DGB gegenüber Bayer AG (EUBP-FFW./. Bayer Philippines, abrufbar unter: http://www.bmwi.de/BMWi/Redaktion/PDF/E/erklaerung-der-deutschen-nationalen-kontaktstelle-fuer-oecd-leitsaetze,property=pdf,bereich=bmwi2012,sprache=de,rwb=true.pdf (letzter Abruf: 30.11.2012).

224 Es handelt sich dabei um ein niederländisches Unternehmen, das als Zulieferer in der Offshore-Erdöl-und-Gas-Industrie auf globaler Ebene agiert. Es firmiert mittlerweile unter den Namen SBM Offshore.

225 Joint Statement by the NCP, FNV, CNV and IHC Caland, S. 3; abrufbar unter: http://www.oecd.org/dataoecd/5/2/38031193.pdf (letzter Abruf: 1.12.2012). Zu weiteren Einzelheiten des Verfahrens siehe das *Background document,* abrufbar unter: http://www.oesorichtlijnen.nl/wp-content/uploads/NCP/Verklaringen/Background%20IHC-FNVCNV.pdf (letzter Abruf: 1.12.2012).

In allen drei Fällen hat der stattfindende Dialog zu einer verbesserten Umsetzung der Leitsätze geführt, sei es durch zukünftige Maßnahmen oder durch einen Ausgleich für die Verletzung arbeitsrechtlicher Mindeststandards.

Im Gegensatz hierzu lassen sich in den Fällen, in denen es zu keiner gemeinsamen Stellungnahme kam, nicht ohne weiteres positive Beiträge zu einer effektiven Umsetzung der Leitsätze erkennen. So besteht bereits aufgrund der geringen Vorgaben und den damit verbundenen Handlungsspielräumen für die Mitgliedstaaten kein einheitlicher Standard bei der Abgabe solcher Erklärungen.[226] Es bestehen daher in der Darstellung und der inhaltlichen Auseinandersetzung mit den erhobenen Vorwürfen erhebliche Unterschiede. Wird einerseits versucht die Vorwürfe tatsachlich aufzuklären,[227] werden die Vorwürfe andererseits bloß zur Kenntnis genommen, ohne näher auf sie einzugehen.[228] Die im Rahmen der Stellungsnahmen erforderlichenfalls abgegebenen Empfehlungen zur Anwendung der Leitsätze beschränken sich auf Hinweise auf Maßnahmen, die eine bessere Einhaltung der Leitsätze gewährleisten sollen. Mit ihnen werden insoweit die Vorstellungen der Mitgliedstaaten zum Ausdruck gebracht, durch welches konkrete Verhalten die wirtschaftlichen Akteure sicherstellen können, sich im Einklang mit den Leitsätzen zu bewegen. Inwieweit in den Fällen ein Beitrag zu einer effektiven Umsetzung der Vorgaben der Leitsätze erfolgt, in denen eine Zuwiderhandlung festgehalten wird, lässt sich aus zwei Gründen nicht bewerten.

Erstens findet sich eine Feststellung einer Zuwiderhandlung nur in zwei Fällen[229], so dass eine verlässliche Schlussfolgerung sich nicht begründen lassen

---

226 *Reingard Zimmer*, (Fn. 24), S. 100. Siehe auch *Human Rights Council*, Report of the Special Representative of the Secretary-General on the issue of human rights and transnational corporations and other business enterprises, John Ruggie (19.02.2007), A/HRC/4/35, Nr. 50.

227 Siehe insbesondere den "Report of the NCP of Chile on the Case of the Multinational Company Marine Harvest Chile S.A.", Abrufbar unter: http://www.oecd.org/daf/internationalinvestment/guidelinesformultinationalenterprises/32429072.pdf (letzter Abruf: 30.11.2012) und das "Final Statement UK NCP, Afrimex Case", abrufbar unter: http://www.oecd.org/daf/internationalinvestment/guidelinesformultinationalenterprises/43750590.pdf (letzter Abruf: 30.11.2012).

228 Siehe die Veröffentlichung auf der Internetseite der kanadischen NKS unter http://www.international.gc.ca/trade-agreements-accords-commerciaux/ncp-pcn/specific-specifique.aspx?lang=eng&menu_id=7&menu=R (letzer Abruf: 30.11.2012).

229 Vgl. *"Report of the NCP of Chile on the Case of the Multinational Company Marine Harvest Chile S.A."*, abrufbar unter: http://www.oecd.org/daf/internationalinvestment/guidelinesformultinationalenterprises/32429072.pdf (letzter Abruf: 30.11.2012) und das *"Final Statement UK NCP, Afrimex Case"*, abrufbar unter: http://www.oecd.org/

würde. Zweitens lässt sich nicht nachvollziehen, ob die entsprechenden Unternehmen die Kritik angenommen haben und zukünftig im Einklang mit den OECD-Leitsätzen handeln, da eine Kontrolle des weiteren Verhaltens der Akteure im System nicht vorgesehen ist. Die erforderlichenfalls abzugebenden Empfehlungen sind dagegen stets ein Beitrag zur Konkretisierung und Spezifizierung der Verhaltenserwartungen wie sie in den Leitsätzen zum Ausdruck kommen. Sie weisen daher vergleichbar mit den Auslegungsergebnissen in den *Verfahren zur Behandlung von Streitigkeiten bezüglich der Anwendung der Dreigliedrigen Grundsatzerklärung durch die Auslegung ihrer Bestimmungen* einen präventiven Charakter auf. Durch sie soll eine ordnungsgemäße Erfüllung der Erwartungen in der Zukunft ermöglicht werden.

Mit Blick auf die Effektivität des Beschwerdeverfahrens ist insoweit ein Unterschied zwischen den Verfahren zu beachten, die mit einer gemeinsamen Stellungnahme beendet werden und denen, die mit einer Stellungnahme der NKS einschließlich entsprechender Empfehlungen abschließen. Eine Effektivität des Umsetzungsverfahrens ist letztlich nur dann gegeben, wenn die wirtschaftlichen Akteure – entsprechend dem Verfahren zugrundliegenden Gedanken der Kooperation – mit den Betroffenen kooperien und ihrer gesellschaftlichen Verantwortung gerecht werden. Die Effektivität des Systems begründet sich somit in dieser Hinsicht nicht im System selbst, sondern ist von den Beteiligten abhängig, da die Möglichkeit einer zwangsweisen Durchsetzung nicht gegeben ist. Der Effektivität des Weges der einseitigen Benennung eines Fehlverhaltens stehen dagegen bereits der Mangel einheitlicher Vorgaben der OECD-Leitsätze und die fehlende anschließende Kontrolle der Akteure entgegen.

(2) Ausschuss für internationale Investitionen und multinationale Unternehmen (CIME)

Entsprechend den Erläuterungen zu den Umsetzungsverfahren der OECD-Leitsätze gehören auf der Grundlage des Ratsbeschlusses von 2011 die Auslegung der Leitsätze, die Veranstaltung von Diskussion über Fragen im Zusammenhang mit den Leitsätzen und über die Aktivitäten der NKS sowie die Berichterstattung an den Rat zu dem Aufgabenbereich des CIME.[230] Im Rahmen der OECD ist er grundsätzlich für die Überwachung der Anwendung der Leitsätze zuständig.[231]

---

daf/internationalinvestment/guidelinesformultinationalenterprises/43750590.pdf (letzter Abruf: 30.11.2012).

230 Erläuterungen zu den Umsetzungsverfahren der OECD-Leitsätze Nr. 3.

231 Ebenda, Nr. 4.

Der nicht rechtsverbindliche Charakter der Leitsätze verbietet es dem CIME jedoch, als juristisches bzw. quasi juristisches Organ zu fungieren. Schlussfolgerungen und Erklärungen der NKS dürfen durch den CIME insoweit nicht in Frage gestellt werden. Dieser Grundsatz gilt jedoch nicht für die durch die NKS getroffene Auslegung der Leitsätze. Hier ist es vielmehr an dem CIME zu gewährleisten, dass die Auslegung der Leitsätze nicht von Land zu Land variiert.[232] Ein Urteil über das Verhalten einzelner Unternehmen soll jedoch stets unterbleiben.[233] Im Rahmen der Berichterstattung über die Aktivitäten der einzelnen NKS soll der CIME zudem Empfehlungen zur Verbesserung ihrer Funktionsweise im Hinblick auf eine wirksamere Anwendung der Leitsätze formulieren.[234]

Die Maßnahmen des CIME zur Umsetzung der Leitsätze weisen nur eine geringe Effektivität auf. Die Möglichkeit, die Umsetzung der Leitsätze in einem unmittelbaren, konkreten Einzelfall zu erreichen, besteht gerade nicht. Dennoch darf die Aufgabe, eine einheitliche Auslegung der Leitsätze zu gewährleisten, nicht unterschätzt werden. Ein unterschiedliches Verständnis der verschiedenen Mitgliedstaaten birgt unter der Berücksichtigung des länderübergreifenden Ausgangspunktes der Leitsätze letztlich eine reelle Gefahr, dass eine Einschränkung der Effektivität der Leitsätze besteht. Das Verfahren hat insoweit vergleichbar mit den Auslegungspflichten der NKS einen präventiven Charakter, indem es vor zukünftigen Missverständnissen schützen soll, so dass es mittelbar einen Beitrag zu einer effektiven Umsetzung erbringt.

Vergleichbares gilt für die Veranstaltung von Diskussionen über die Aktivitäten der verschiedenen NKS einschließlich der anschließenden Berichterstattung und ausgesprochenen Empfehlungen zur Verbesserung der Funktionsweise der NKS. Der dort stattfindende Erfahrungsaustausch hat letztlich, wenn überhaupt, einen bloßen präventiven Charakter, da positive Beispiele für eine effektive Umsetzung geschildert werden und so eine Vorbildfunktion besteht. Letztlich dient dieses Verfahren aber auch dazu, Schwachpunkte zu erkennen und im Rahmen einer gegenseitigen Diskussion Lösungen zu erarbeiten. Das Maß an Effektivität dieser Mittel zur Umsetzung der Leitsätze kann jedoch erst im Rahmen einer erneuten Revision der Leitsätze bzw. ihrer Umsetzungsbestimmung erkannt werden.

---

232 Ebenda, Abschn. II Nr. 48.

233 OECD-Ratsbeschluss 2011, Abschn. II. Nr. 4 sowie Erläuterungen zu den Umsetzungsverfahren der OECD-Leitsätze, Abschn. II. Nr. 44.

234 Erläuterungen zu den Umsetzungsverfahren der OECD-Leitsätze, Abschn. II. Nr. 46.

3. *Zusammenfassung und Fazit*

Der Versuch der Steuerung wirtschaftlicher Verhaltensweisen zur Vermeidung wirtschaftlich begründeter Gefahren für die Verwirklichung der Menschenrechte anhand von Verhaltenskodizes ist Ausdruck der Anerkennung der gesellschaftspolitischen Notwendigkeit der Beachtung sozialer Mindeststandards durch wirtschaftliche Akteure. Der Dreigliedrigen Grundsatzerklärung kommt dabei eine herausgehobene Rolle zu, da die Erläuterungen der OECD-Leitsätze auf sie immer wieder als Auslegungshilfe verweisen.

Die Struktur der IAO sowie der OECD und die damit verbundende Beteiligung von Arbeitgeber- und Arbeitnehmerverbänden sind dabei Nachweis für das breite gesellschaftliche Fundament, auf welchem die Anerkennung der Verantwortlichkeit wirtschaftlicher Akteure steht. Die große Mitgliederzahl der IAO ist zudem Beleg dafür, dass sie nicht nur in einzelnen Regionen und politischen Systemen für grundsätzlich erforderlich erachtet wird, sondern dass sie die verschiedenen geographischen Regionen sowie sozio-politischen System repräsentiert.[235]

Eine umfassende Lösung für die Problematik der Gefährdung menschenrechtlicher Mindestarbeitsstandards durch wirtschaftliche Akteure können die Verhaltenskodizes in ihrer jetzigen Form jedoch nicht bilden. Die Beachtung der Mindeststandards liegt weiter aufgrund des kooperativen Ansatzes im bloßen Ermessen der handelnden Akteure und es mangelt an effektiven Umsetzungssystemen. Zurückzuführen ist dies darauf, dass aufgrund der rechtlichen Unverbindlichkeit der beiden Verhaltenskodizes keine Gefahr wirklicher Sanktionen besteht.[236] Die geringfügig größere Effektivität der NKS als Umsetzungsmechanismus der OECD-Leitsätze lässt sich einzig auf die Tatsache zurückführen, dass hier ein geringerer Vertraulichkeitsgrundsatz herrscht. Dort werden die beteiligten Parteien im Gegensatz zur Dreigliedrigen Grundsatzerklärung benannt.[237] Die Feststellung einer Zuwiderhandlung gegen die Grundsätze der Leitsätze hat durch die Veröffentlichung den Charakter eines öffentlichen Bloßstellens.[238] Die

235 ICHR, S. 69.

236 *Marion Weschka*, (Fn. 171), S. 625 (649).

237 Im Rahmen der Auslegungstätigkeit des CIME siehe z.B. den Badger-Fall; näher hierzu *Roger Blanpain*, The OECD Guidelines and Labour Relations: Badger and Beyond; in Norbert Horn (Hrsg.); Legal Problems of Codes of Conduct for Multinational Enterprises, Kluwer, Deventer, 1980, S. 145 f.

238 Erfolgreiche Klärungsersuche der jeweiligen NKS werden daher auch als eine Art de-facto Verurteilung der Infrage stehenden unternehmerischen Verhaltensweise im betroffenen Einzelfall angesehen. Siehe hierzu *Jan Huner*, (Fn. 199), S. 197 (202).

Gefährdung der Reputation des Unternehmens führt dabei zu einer größeren Bereitschaft der Kooperation, weil der Ruf des Unternehmens heute mitunter weit mehr von Bedeutung ist als das Produkt selbst. Sie kann so durchaus als eine Art Sanktion angesehen werden. Letztlich ist diese Gefährdung jedoch nur ein Reflex des Verfahrens und keine unmittelbare Sanktion.[239] Die Kodizes sind daher nicht in der Lage, die bestehenden Lücken des gegenwärtigen Völkerrechts zu schließen.

Der Wert der Kodizes in der Diskussion über rechtverbindliche Pflichten wirtschaftlicher Akteure zur Beachtung der Kernarbeitsrechte besteht insoweit in der Klärung und inhaltlichen Konkretisierung der grundsätzlich anerkannten Verantwortung wirtschaftlicher Akteure. Sie bilden damit trotz des Mangels an einer rechtlichen Verbindlichkeit eine Quelle von gerecht und billig empfundenen Erwartungen an unternehmerische Verhaltensweisen.[240] Zur fortschreitenden inhaltlichen Konkretisierung der Erwartungshaltungen bilden die Verfahren zur Behandlung von Streitigkeiten dabei die Plattform, die es ermöglicht, Widersprüche und Unsicherheiten bei dem Verständnis der Erwartungssätze auszuräumen und die Bestimmung sozialer wirtschaftlicher Mindeststandards weiter voranzutreiben. Die Kodizes bilden damit nur den ersten Schritt in dem Prozess der Herausbildung verbindlicher Normen, indem zunächst nur das politisch wünschenswerte Verhalten wirtschaftlicher Akteure zum Ausdruck gebracht und schriftlich fixiert wird.[241] Entscheidend für ihre Weiterentwicklung ist ihre Anerkennung durch Staaten und die anderen betroffenen Akteure.[242]

IV. Exkurs – Global Compact

Im Gegensatz zu der Dreigliedrigen Grundsatzerklärung der IAO und den OECD-Leitsätzen handelt es sich bei dem Global Compact (GC) nicht um einen

---

239 Dabei gilt es insbesondere zu bedenken, dass aufgrund des freiwilligen Charakters die Stellungnahmen der NKS keine Beurteilung darstellen soll, sondern vielmehr allgemeinen Interpretationen der Leitsätze. Vgl. *Christine Kaufmann*, (Fn. 182), S. 166.

240 *Peter Muchlinski*, Corporations in International Litigation: Problems of Jurisdiction and the United Kingdom Asbestos Case, 50 ICLQ (2001), S. 1 (24).

241 *Marion Weschka*, (Fn. 171), S. 625 (658). Zur Bedeutung für die Herausbildung rechtsverbindlicher Standards siehe auch *Human Rights Council*, Report of the Special Representative of the Secretary-General on the issue of human rights and transnational corporations and other business enterprises, John Ruggie (19.02.2007), A/HRC/4/35, Nr. 62.

242 *Human Rights Council*, ebenda, Nr. 45 und 49.

Verhaltenskodex im engeren Sinne. Er geht auf eine Initiative des ehemaligen Generalsekretärs der Vereinten Nationen, Kofi Annan, aus dem Jahr 1999 zurück und hat das Ziel, die Zusammenarbeit zwischen den Vereinten Nationen und der Zivilgesellschaft zu stärken und damit eine Förderung der zentralen Ziele der Vereinten Nationen zu erreichen.[243] Im Sinne einer umfassenden Darstellung der internationalen Bestrebungen einer Regulierung wirtschaftlicher Verhaltensweisen in Bezug auf den Schutz der Kernarbeitsrechte sollen hier auch die Grundzüge des GC dargestellt werden.

1. *Inhaltliche Konkretisierung der Verhaltensvorgaben*

Der Inhalt des GC ist begrenzt auf zehn Grundprinzipien aus den Bereichen Menschen- und Arbeitsrechte, des Umweltschutzes und der Korruptionsbekämpfung, die jeweils aus der Perspektive von Unternehmen formuliert sind. Sie stützen sich auf die AEMR, die Erklärung 1998, die Rio-Erklärung für Umwelt und Entwicklung[244] und das Übereinkommen der Vereinten Nation gegen Korruption.[245] Der GC formuliert insoweit keine eigenen Werte, sondern trägt lediglich vorhandene Standards zusammen.[246]

Die Prinzipien drei bis sechs beziehen sich auf die Kernarbeitsrechte der IAO. Sie sind äußerst allgemein gehalten und geben die Rechte nur schlagwortartig wieder, so dass zu deren Auslegung und Verständnis auf die betreffenden Abkommen der IAO Bezug zu nehmen ist.[247] Zudem sind die Anforderungen an die Unternehmen äußerst vage formuliert, so dass ein Rückschluss auf das genau geforderte Verhalten anhand des Wortlauts nicht möglich erscheint.[248]

243 Umfassend zum politischen Hintergrund und Problematik des Global Compact *Sabine von Schorlemer*, Der „Global Compact" der Vereinten Nationen – ein Faust'scher Pakt mit der Wirtschaftswelt, in: dies. (Hrsg.), Praxishandbuch UNO: Die Vereinten Nationen im Lichte globaler Herausforderungen, Berlin (u.a.), Springer, 2003, S. 507 ff.; *Christoph Fenner*, Der globale Pakt der Vereinten Nationen, Freiburg i. Br., ABI, 2004.

244 Abrufbar unter: http://www.unep.org/Documents.Multilingual/Default.asp?DocumentID=78&ArticleID=1163 (letzer Abruf: 30.11.2012).

245 Abrufbar unter: http://www.un.org/Depts/german/uebereinkommen/ar58004-oebgbl.pdf (letzer Abruf: 30.11.2012).

246 *Reingard Zimmer*, (Fn. 24), S. 113.

247 *Reingard Zimmer*, (Fn. 24), S. 109. A.A. wohl *Marion Weschka*, (Fn. 171), S. 625 (651), die die Prinzipien 3 bis 6 als "rather precise" beschreibt.

248 "Business should uphold the effective abolition of child labour", Principle5.

2. *Umsetzungssystem*

Das Streben nach einer Berücksichtigung dieser zehn Prinzipien bei wirtschaftlichen Aktivitäten in der ganzen Welt bildet das Hauptanliegen des GC, um das Ziel der Vereinten Nationen einer effektiven Gewährleistung des Menschenrechtsschutzes zu erreichen. Das Ziel der Berücksichtigung der Prinzipien bei wirtschaftlichen Betätigungen soll dabei durch verschiedene Methoden erreicht werden. Darunter finden sich „policy Dialogues", das Errichten von sog. Lernplattformen und Länder- bzw. Regionalnetzwerken sowie Projekte u.a. der Entwicklungshilfe. Die Beteiligung am GC steht den Unternehmen frei und soll möglichst wenigen Regeln unterliegen.[249]

a) Lernforum und Diskussionsplattform

Der Kerngedanke des GC bildet die Möglichkeit, den Teilnehmer ein Podium zu bieten, sich gegenseitig über Ideen und gelungene Maßnahmen zur Wahrung der sozialen Verantwortung auszutauschen.[250] Als Teilnahmevoraussetzung ist erforderlich, dass sich der gesetzliche Vertreter des Unternehmens in einem Schreiben gegenüber dem Generalsekretär der VN zur Unterstützung des GC und der zehn Prinzipien verpflichtet.[251] Erwartet wird, dass die Teilnehmer in ihren Jahresberichten, Pressemitteilungen und bei öffentlichen Veranstaltungen Bezug auf den GC nehmen und zu seinen öffentlichen Fürsprechern werden. Zusätzlich sollen die Teilnehmer einen jährlichen Fortschrittsbericht abgeben, der Auskunft über die ergriffenen Maßnahmen zur Förderung und Verwirklichung der Prinzipien im eigenen Unternehmen gibt. Die Berichte, die auf der Internetseite des GC veröffentlicht werden, sollen dann während eines jährlichen Treffens im Rahmen des „Global Policy Dialogues" diskutiert werden. Dabei werden positive Bespiele hervorgehoben, sodass andere Teilnehmer von den Erfahrungen profitieren können und zum Nachahmen angehalten werden.[252]

Seit 2005 sind diese Berichtspflichten durch die sog. „Communication Progress Policy" ergänzt worden, um der Umsetzung der Prinzipien Nachdruck zu

---

249 *Reingard Zimmer*, (Fn. 24), S. 110.

250 Vgl. Compact Quartly, Vol. 1, Issue 3 (2005), Business & Development, abrufbar unter: www.enewsbuilder.net/globalcompact/(letzter Abruf: 30.11.2012); *Reingard Zimmer*, (Fn. 24), S. 110. *Christoph Fenner*, (Fn. 243), S. 62.

251 Siehe unter: http://www.unglobalcompact.org/HowToParticipate/How_to_Apply_Business.html (letzter Abruf: 30.11.2012).

252 *Christoph Fenner*, (Fn. 231), S. 62.

verleihen.[253] Sie erfordert eine Kommunikation der GC-Teilnehmer mit ihren Stakeholdern,[254] in der sie den Stakeholdern mitteilen, welche Fortschritte das Unternehmen im Rahmen der Umsetzung der zehn Prinzipien erlangt hat.

b) *Länder- und Regionalnetzwerke des GC*

Die Errichtung von Länder- oder Regionalnetzwerken soll dazu dienen, eine Plattform der Diskussion für Vertreter der Unternehmen, staatlicher Stellen, Nichtregierungsorganisationen sowie der Wissenschaft und Forschung zu bieten, um über Nachhaltigkeit und Corporate Social Responsibility (CSP) zu diskutieren. Dadurch soll zu einer Qualitätssicherung sowie zu einer Verankerung der nationalen Netzwerke und Umsetzung der Prinzipien beigetragen werden.[255]

c) *Partnerschaften zur Entwicklungshilfe*

Einen weiteren Teil des GC bilden Partnerschaften zur Entwicklungshilfe. Hier wird die Privatwirtschaft motiviert, in Zusammenarbeit mit der UN und Institutionen der Zivilgesellschaft einen Beitrag zur Erreichung der Millenniums Entwicklungsziele (MDGs) zu leisten.[256]

d) *Gefahr möglicher Sanktionen*

Für den Fall der Nichtbefolgung der bestehenden Berichtspflichten sieht der GC jedoch keine Durchsetzungsmechanismen vor.[257] Bei mangelnder Befolgung der

---

253 In Einzelheiten hierzu siehe UN (Hrsg.), The practical Guide to the United Nation Global Compact. Communication on Progress (Cop.). Creating, sharing and Posting a Cop, 2008, abrufbar unter: http://www.unglobalcompact.org/docs/communication_on_progress/Tools_and_Publications/Practical_Guide_2008.pdf (letzter Abruf: 30.11.2012).

254 Der Begriff „Stakeholder" bedeutet Interessensvertreter. Er umfasst in dem hier verwandten Sinn alle von den Aktivitäten eines Unternehmens betroffen sind und werden. Darunter neben den Eigentümer, die Mitarbeiter, Lieferanten, Kunden, Anwohner usw.

255 http://www.globalcompact.de/index.php?id=15 (letzter Abruf: 30.11.2012).

256 http://www.globalcompact.de/index.php?id=10 (letzter Abruf: 30.11.2012). Zu den Voraussetzungen zu Partnerschaften bei der Entwicklungsarbeit siehe beispielhaft die Kriterien der GTZ unter http://www.globalcompact.de/index.php?id=10 (letzter Abruf: 30.11.2012). Ein Überblick über die Millennium Ziele findet sich unter http://www.un.org/millenniumgoals/ (letzter Abruf: 30.11.2012).

257 *Marion Weschka*, (Fn. 171), S. 625 (651) m.w.N. Eine Vielzahl von NGOs sahen den GC wegen des fehlenden Sanktionsmechanismus von vornherein äußerst kritisch. Als Gegenentwurf präsentierten sie den sog. „Citizen Compact", der einen klaren

Berichtspflichten werden die betreffenden Unternehmen einzig als inaktiv gekennzeichnet.[258] In dem Fall, in dem der Berichtspflicht Folge geleistet wurde, findet zudem keinerlei Kontrolle statt, inwieweit die in den Berichten präsentierten positiven Aktivitäten den Tatsachen entsprechen und ob die Praxis eines dem GC beigetretenden Unternehmen mit den zehn Prinzipien im Einklang steht.[259] Dies hat zur Folge, dass der GC stets von der Kritik begleitet wird, dass Unternehmen den GC nur als ein öffentlichkeitswirksames Instrument verstehen, um von der Autorität der VN zu profitieren und sich sprichwörtlich in die blaue Fahne der VN einwickeln, ohne einer wirklichen Pflicht zu unterliegen, sich entsprechend der Vorgaben zu verhalten.[260]

3. *Fazit*

Im Gegensatz zu den OECD-Leitsätzen und der Dreigliedrigen Grundsatzerklärung formuliert der GC keine eigenen Werte, sondern trägt lediglich vorhandene Standards zusammen.[261] Nach der Aussage des Generalsekretärs der VN handelt es sich weder um ein Instrument der Regulierung noch um einen Verhaltenskodex, der die Einhaltung bestimmter Normen anstrebt.[262] Der GC zielt vielmehr

---

rechtlichen Rahmen vorsah sowie verbindliche Mechanismen zur Überwachung der Einhaltung der Regeln. Siehe hierzu http://www.corpwatch.org/article.php?id=992 (letzer Abruf: 30.11.2012). Für eine Zwischenbilanz siehe *Normen Weiß*, Transnationale Unternehmen – weltweite Standards? Eine Zwischenbilanz des Global Compact, MRM Heft 2/2002, S. 81 (87).

258 Siehe http://www.unglobalcompact.org/COP/index.html (letzter Abruf: 30.11.2012). *Joris Oldenziel*, (Fn. 148), S. 12.

259 Letzteres ist nicht ohne weiteres verständlich, wenn man sich vergegenwärtigt, dass es Richtlinien für die Kooperation der Vereinten Nationen mit der Privatwirtschaft existieren, die festlegen, dass ein kooperierendes Unternehmen u.a. nicht Zwangs- und Kinderarbeit tolerieren dürfe und durch die Kooperation die Integrität des Vereinten Nationen nicht in Frage gestellt werden dürfe. Siehe zu dieser Problematik *Reingard Zimmer*, (Fn. 24), S. 111 f.

260 *Marion Weschka*, (Fn. 171), S. 625 (651); *Joris Oldenziel*, (Fn. 148), S. 12. Eine Zusammenfassung der Kritik findet sich *Sabine von Schorlemer*, Der „Global Compact" der Vereinten Nationen – ein Faust'scher Pakt mit der Wirtschaftswelt, in dies. (Hrsg.), Praxishandbuch UNO: Die Vereinten Nationen im Lichte globaler Herausforderungen, Berlin (u.a.), Springer, 2003, S. 507 (535 ff.).

261 *Reingard Zimmer*, (Fn. 24), S. 113 f.

262 Siehe hierzu die Rede des Generalsekretärs der Vereinten Nationen vor der Generalversammlung, A/56/323, Nr. 86. Die fehlende rechtliche Bindungswirkung lässt sich auch schon an den sehr weichen Formulierungen in Bezug auf die Kernarbeitsrechte

ausschließlich darauf ab, die ihm zugrundeliegenden Prinzipien bekannt zu machen.[263] Dafür schafft er einen Rahmen, in welchem über Umsetzung und Anwendung menschenrechtlicher und arbeitsrechtlicher Mindeststandards im Wirtschaftsleben diskutiert und ein gegenseitiger Erfahrungsaustausch ermöglicht werden kann. Er ist so nicht in erster Linie Ausdruck einer gesellschaftlichen Erwartungshaltung gegenüber wirtschaftlichen Akteuren, sondern als ein Diskussionsforum vielmehr Ausdruck einer Praxis, die Gewährleistung der elementaren Arbeitsrechte zu verwirklichen.

Die Besonderheit des GC beruht im Wesentlichen auf der Autorität der VN. Hier wurde an „höchster Stelle" der Weltgemeinschaft ein Rahmen geschaffen, der zur Auflösung der bestehenden Spannungen zwischen sozialer Verantwortung und freiem Wirtschaftsverkehr einen Beitrag leisten soll.[264] Umstritten ist jedoch, ob der GC vom Mandat der VN gedeckt ist[265] und ob damit nicht eine Inbesitznahme der VN oder ihrer Werte und Grundsätze durch wirtschaftliche Akteure einhergeht, da die beteiligten Unternehmen ohne jede Kontrolle alleine aufgrund der Teilnahme am Diskussionsprozess einen „Stempel" als sozial verantwortliches Unternehmen erhalten.[266]

Letztlich bleibt festzuhalten, dass der GC Ausdruck einer Praxis ist, die die Verwirklichung der elementaren Arbeitsrechte im Rahmen eines kooperativen Zusammenwirkens sicherzustellen versucht. Die Unternehmen ohne Unterschied auf ihre Rechtsform sollen die Einhaltung allgemeingültiger Werte in einem gegenseitigen Miteinander gewährleisten. Der Erfolg dieser Praxis ist

---

entnehmen, wenn es dort lediglich heißt „Business should uphold (...)"; siehe http://www.unglobalcompact.org/AboutTheGC/TheTenPrinciples/index.html (letzter Abruf: 30.11.2012).

263 *Reingard Zimmer*, (Fn. 24), S. 113.

264 *Caroline Hillemanns*, (Fn. 14), S. 14 f.

265 Diesbezüglich bestehen Zweifel, ob der GC Überhaupt von dem Mandat der Vereinten Nationen gedeckt sei. Siehe dazu *Alexis Taylor*, The UN and the Global Compact; N.Y.L.Sch.J.Hum.Rts. (Vol. 17) 2001, S. 975 (980f).

266 Insbesondere an diesen Punkt hat sich zahlreiche Kritik am GC entfaltet. Die Möglichkeit sich der Teilnahme am GC zu brüsten, ohne dass eine effektive Kontrolle der Einhaltung der Grundsätze ist für viele in der wissenschaftlichen Diskussion nicht hinnehmbar. *Betty King*, The UN Global Compact: Responsibility for Human Rights, Labor Relations and Environment in Developing Nations, Cornell Int'l L.J 481 (2001), S. 481 (482); *Joris Oldenziel*, (Fn. 148), S. 12 f.; *Sabine von Schorlemer*, Der „Global Compact" der Vereinten Nationen – ein Faust'scher Pakt mit der Wirtschaftswelt, in dies. (Hrsg.), Praxishandbuch UNO: Die Vereinten Nationen im Lichte globaler Herausforderungen, Berlin (u.a.), Springer, 2003, S. 507 (539 f.).

gänzlich abhängig von dem Eigeninteresse der Unternehmen, eine Nachhaltigkeit ihrer Firmenpolitik zu erreichen. Sie ändert nichts an der bestehenden Problematik.

C. Bedürfnis eines internationalen Schutzes

Die Bedrohung der Menschenrechte durch Dritte war im Entwicklungsprozess des heutigen Menschenrechtssystems bekannt. Der Wortlaut und die Entstehungsgeschichte der heutigen Menschenrechtsvorschriften zeigen dabei deutlich, dass eine unmittelbare Verpflichtung Privater ausdrücklich nicht in Betracht gezogen worden ist. Verhaftet im Gedanken der einzelstaatlichen Souveränität, sollte es nur den Staaten selbst obliegen, der Gefährdung entgegen zu treten. Für die Verwirklichung des allgemein anerkannten Gemeinwohlbelanges eines Schutzes arbeitsrechtlicher Mindeststandards als Teil eines effektiven Menschenrechtsschutzes erweist sich dieser Aspekt in den oben beschriebenen Prozessen der Globalisierung als eine Schwäche des Systems. Will oder kann der einzelne Staat einen ordnungsgemäßen Schutz nicht gewähren, besteht für die Verwirklichung der Rechte des Einzelnen eine akute Gefahr.

Die Versuche, der Gefahr durch unverbindliche Verhaltensrichtlinien zu begegnen, haben sich dabei als ungenügend erwiesen. Sie legen die Gewährleistung der Rechte in das reine Ermessen der handelnden Akteure und stellen damit keine Änderung der rechtlichen Ausgangssituation dar. Will oder kann der einzelne Staat die Rechte wiederum nicht gewähren, bleibt die Gefahrensituation unverändert.

Soll das allgemein anerkannte Ziel der Gewährleistung eines effektiven und umfassenden Menschenrechtsschutzes gewährleistet werden, darf die Gefährdung der Menschenrechte durch wirtschaftliche Akteure nicht unbeachtet bleiben. Es besteht insoweit ein Bedürfnis nach einer unmittelbaren Verpflichtung wirtschaftlicher Akteure zur Beachtung arbeitsrechtlicher Mindeststandards, um der Gefährdung angemessen entgegentreten zu können. Darin ist auch nicht eine neue Form des Kolonialismus zu erkennen, da erstens der Gedanke des Schutzes elementarer Rechte als Ausdruck der Würde eines jeden Menschen – wie gezeigt – ganz und gar universell ist[267] und zweitens die Dreigliedrige Grundsatzerklärung die grundsätzliche Anerkennung einer menschenrechtlichen Verantwortlichkeit wirtschaftlicher Akteure in den verschiedenen geographischen Regionen und sozio-politischen Systemen repräsentiert.[268] Streitig kann, wenn

267 S.o.
268 ICHR, S. 69.

überhaupt, bloß die Art der Verpflichtung sein, da in Bezug auf die Ausgestaltung einzelner Rechte durchaus regionale Unterschiede bestehen, die es nach allgemeiner Meinung zu respektieren gilt.[269]

Der Einwand, dass das Bestehen einer unmittelbaren Verpflichtung wirtschaftlicher Akteure zu keiner Änderung der Ausgangssituation führe, da die Problematik weiterhin im Bereich der Durchsetzung läge, kann dabei nicht überzeugen.[270] Die Begründung unmittelbarer Verpflichtungen wirtschaftlicher Akteure führt vielmehr dazu, dass durch den menschenrechtlichen Charakter der Verpflichtung die Möglichkeit einer extraterritorialen Gerichtsbarkeit eröffnet wird.[271] Die Frage nach einer unmittelbaren Verpflichtung wirtschaftlicher Akteure ist somit von einer nicht zu bestreitenden Relevanz. Ausdruck dieser Relevanz sind schließlich die zahlreichen Bemühungen auf nationaler Ebene, eine Verantwortlichkeit wirtschaftlicher Akteure zur Beachtung der Menschenrechte zu begründen.[272] Diese Aktivitäten lassen dabei die Frage entstehen, inwieweit sich gegebenenfalls eine staatliche Übung herauskristallisiert haben könnte, die die Entstehung einer völkergewohnheitsrechtlichen Norm zur Beachtung der Kernarbeitsrechte durch wirtschaftliche Akteure zum Gegenstand hat und die die bestehende Lücke im geltenden Völkerrecht schließt.

---

269 *Nicola Jägers,* (Fn. 105), S. 71 (72), mit Verweis auf die Wiener Erklärung „the significance of national and regional particularities and various historical, cultural and religious backgrounds must be borne in minds".

270 In diesem Zusammenhang wird darauf verwiesen, dass der Unwillen oder die Unfähigkeit der Staaten eine solche Pflicht durchzusetzen, nicht anders zu bewerten ist, als die bestehende rechtliche Ausgangssituation. Die Diskussion um unmittelbare Verpflichtung sei insoweit kontraproduktiv, da das Problem der Durchsetzung nicht beantwortet wird. *Eric de Brabandere*, Non-state Actors, State-Centrism and Human Rights Obligation, LJIL 2009, S. 191 (206). Im Allgemeinen *Carlos Vazquez*, Direct vs. Indirect Obligations of Corporations under International Law, 43 Colum.JTL (2004–5), S. 927 ff.

271 Siehe hierzu *George Nolte*, Universal Jurisdiction in the Area of Private Law, in: Christian Tomuschat/ Jean-Marie Thouvenin (Hrsg.), The Fundamental Rules of the International Legal Order, Nijhoff, Leiden u.a., 2006, S. 373 ff.

272 Siehe hierzu beispielhaft die Studie für den Sonderbeauftragten für Wirtschaft und Menschenrechte John Ruggie von Allens Arthur Robinson, Brief on Corporations and Human Rights in the Asia Pacific Region (August 2006), abrufbar unter. http://198.170.85.29/Legal-brief-on-Asia-Pacific-for-Ruggie-Aug-2006.pdf (letzter Abruf: 30.11.2012).

3. Kapitel: Die Entstehung von Völkergewohnheitsrecht zur unmittelbaren Beachtung der Kernarbeitsrechte durch wirtschaftliche Akteure

Trotz der Tatsache, dass die Möglichkeit und Notwendigkeit einer völkerrechtlichen Verpflichtung wirtschaftlicher Akteure dem Grunde nach als anerkannt betrachtet werden muss,[273] fehlen internationale Übereinkommen in dem Bereich des Schutzes menschenrechtlicher Arbeitsrechtsnormen, die ausdrückliche Pflichten für Unternehmen begründen. Internationale Übereinkommen sind aber nicht die einzige Rechtsquelle des Völkerrechts. Neben ihnen ist von der Aufzählung des anwendbaren Rechts in Art. 38 des Statuts des Internationalen Gerichtshofes (IGH-Statut) auch das internationale Gewohnheitsrecht erfasst.[274] Es stellt sich daher die Frage, ob gegebenenfalls eine völkergewohnheitsrechtliche Norm besteht oder aufgrund der Entwicklungen der vergangenen Jahre in Entstehung ist, die eine unmittelbare Verantwortlichkeit wirtschaftlicher Akteure in Bezug auf die Achtung der Kernarbeitsechte zum Inhalt hat.

A. Theoretische und dogmatische Grundlagen einer völkergewohnheitsrechtlichen Verpflichtung wirtschaftlicher Akteure

Die Frage nach dem Bestehen einer völkergewohnheitsrechtlichen Verpflichtung privater wirtschaftlicher Akteure zur Beachtung der Kernarbeitsrechte erfordert in einem ersten Schritt die Klärung der rechtlichen Grundlagen einer derartigen Verpflichtung. Es gilt insbesondere zu klären, ob private Akteure nach den allgemeinen Grundsätzen des Völkerrechts Rechtsfähigkeit besitzen können, um damit als Adressat von völkerrechtlichen Pflichten überhaupt in Betracht

---

273 Stellvertretend für viele *Steven Ratner*, (Fn. 110), S. 443 (487).

274 Zur Problematik, ob die sich in Art. 38 I IGH-Statut befindliche Aufzählung eine verbindliche Festlegung für das gesamte Völkerrecht darstellt oder lediglich für den IGH verbindlich ist siehe beispielhaft *Albert Bleckmann*, Völkerrecht, 1. Aufl., Baden-Baden, Nomos, 2001, Rn. 196, der darin nur eine deklaratorische Aufzählung der ohnehin geltenden Rechtsquellen sieht.

zu kommen. Danach muss vor dem Hintergrund der Gefährdungssituation eine Klärung des exakten Pflichtenadressaten einer derartigen Verpflichtung erfolgen. Im Rahmen der Diskussion über die Beeinträchtigung der Menschenrechte durch wirtschaftliche Akteure ergibt sich hierbei insbesondere die Fragestellung, ob die bestehende öffentliche Fokussierung auf eine mögliche Pflicht für die sogenannten multinationalen bzw. transnationalen Unternehmen dem Gedanken eines möglichst umfassenden Schutzes menschenrechtlicher Arbeitsrechtsstandards nicht zu kurz greift. Schließlich sind die Voraussetzungen einer völkergewohnheitsrechtlichen Norm i.S.v. Art. 38 Abs. 1 lit. b IGH-Statut zu klären.

I. Theoretische Voraussetzungen einer völkerrechtlichen Pflicht wirtschaftlicher Akteure zur Beachtung der Kernarbeitsrechte

1. *Rechtsfähigkeit privater wirtschaftlicher Akteure als Basis einer völkerrechtlichen Verpflichtung*

Das Konzept der Rechtsfähigkeit ist nach klassischer Betrachtungsweise ein notwendiges Ordnungselement einer jeden Rechtsordnung.[275] Ohne die Rechtsfähigkeit gibt es gedanklich keine Bindung an die durch die jeweilige Rechtsordnung geschaffenen Verhaltenssätze, da sie grundsätzlich die Eigenschaft eines Subjektes beschreibt, Träger von Rechten und Pflichten zu sein.[276] Die Rechtsfähigkeit eines Akteurs erschließt sich dabei aus der zu regulierenden Materie sowie der Rolle der entsprechenden Akteure und der Ziele und Bedürfnisse der bestehenden Rechtsgemeinschaft.[277]

Das „klassische" Völkerrecht war stets das Recht der zwischenstaatlichen Beziehungen.[278] Sein Ziel ist es, für den Umgang souveräner und gleicher Staaten verbindliche Regelungen zu schaffen, die im gegenseitigen Einvernehmen durch einen Prozess der politischen Willensbildung der Staaten begründet werden und ihre Durchsetzung erfahren.[279] Die Völkerrechtsordnung ist insofern eine unter Wahrung der äußeren Souveränität der Staaten geschaffene Koordinationsordnung, in der die Staaten nicht der Hoheitsgewalt einer anderen Instanz

---

275 *Albert Bleckmann*, (Fn. 274), Rn. 109 ff.; *Hermann Mosler*, Die Erweiterung des Kreises der Völkerrechtssubjekte, in: Rudolf Bindschedler (Hrsg.), Die Anerkennung im Völkerrecht, BDGVR 4 (1961), Karlsruhe, C.F. Müller, S. 39 (53).

276 Statt vieler *Alfred Verdross/Bruno Simma*, (Fn. 117), § 375.

277 In diesem Sinne auch *Jennifer Zerk*, (Fn. 133), S. 75.

278 *Graf Vitzthum*, in: Graf Vitzthum (Hrsg.) Völkerrecht, 5. Aufl., 1. Abschn. Rn. 5.

279 *Peter Malanczuk*, (Fn. 12), S. 3; *Albert Bleckmann*, (Fn. 274), Rn. 15 f.; *Graf Vitzthum*, in: Graf Vitzthum (Hrsg.) Völkerrecht, 5. Aufl., ebenda.

unterworfen sind.[280] Originäre Rechtssubjekte des Völkerrechts sind daher die Staaten, da sie an den völkerrechtlichen Beziehungen bereits aufgrund ihrer Eigenschaft als politisch organisierter Personenverband beteiligt sind.[281] Sie bilden so die soziale Basis der Völkerrechtsordnung.[282]

Allerdings waren die Staaten dabei unter Beachtung der historischen Entwicklung des Völkerrechts nicht immer das alleinige Subjekt der zu regelnden Beziehungen. Vielmehr hat sich die Fixierung der Völkerrechtswissenschaft auf die Staaten als alleinige Völkerrechtssubjekte erst im 18. Jahrhundert ergeben.[283] Eine rechtliche Beschränkung der Völkerrechtsfähigkeit auf lediglich souveräne Staaten hatte aber auch diese Entwicklung nie zur Folge. Das lässt sich u. a. an den Beispielen der anerkannten Völkerrechtsfähigkeit der Freien Stadt Krakau, des Heiligen Stuhls und des Komitees des Internationalen Roten Kreuzes ablesen. Das Völkerrecht zeigte sich hier bereits als eine Rechtsordnung, die sich immer auch an bestehenden Realitäten und Notwendigkeiten orientiert hat.

Eine Bestätigung findet diese Einschätzung durch die in der zweiten Hälfte des 20. Jahrhunderts stattfindende neuerliche Wandlung des Völkerrechts mit der Anerkennung der Möglichkeit einer Rechtsfähigkeit internationaler Organisationen durch den IGH[284] und der sich weitgehend durchgesetzten Erkenntnis der Notwendigkeit einer Einbeziehung des einzelnen Menschen in den Kreis der Völkerrechtssubjekte infolge der Gräueltaten des Zweiten Weltkrieges.

Das Völkerrecht zeigte sich damit wiederum als eine offene und stetig anpassungsfähige Rechtsordnung,[285] die sich von einer reinen zwischenstaatlichen Ordnung hin zu einem Recht der internationalen Beziehungen entwickelt.[286] Es lässt sich damit konstatieren, dass die Völkerrechtsordnung keinen „Numerus clausus" von rechtlich handlungsfähigen Wirkungseinheiten kennt[287] und einer

---

280 Statt vieler *Albert Bleckmann*, (Fn. 274), Rn. 9.

281 *Epping*, in: Ipsen, Völkerrecht, 5. Aufl., 2004, 2. Kap. § 5 Rn. 7.

282 Hermann Mosler, (Fn. 275), S. 39 (56).

283 *Ipsen*, in: Ipsen, Völkerrecht, 5. Aufl., 2004, 1. Kap. §1 Rn. 5.

284 Siehe dazu die Entscheidung des IGH im Fall ICJ, *Reparations for Injuries*, ICJ Rep. 1949, S. 174 (179).

285 *Georg Dahm / Jost Delbrück / Rüdiger Wolfrum*, Völkerrecht, Bd.I/1, 2. Aufl., Berlin. de Gruyter, 1989, S. 23.

286 Siehe hierzu m.w.N. *Graf Vitzthum*, in: Graf Vitzthum (Hrsg.) Völkerrecht, 5. Aufl., 1. Abschn. Rn. 18 f. und 30 f.

287 *Karsten Nowrot*, (Fn. 73), S. 119 (124).

Anerkennung weiterer bis jetzt nicht bekannter rechtsfähiger Wirkungseinheiten keine zwingenden rechtsdogmatischen Gründe entgegenstehen würden.[288]

Trotz dieser Eigenschaften und Entwicklungen des Völkerrechts bleiben nach ganz herrschender Meinung die Staaten als originäre Völkerrechtsubjekte jedoch die einzigen mit einer umfassenden Rechtsfähigkeit. Alle anderen internationalen Akteure können ihre Rechtsfähigkeit dagegen nur als sogenannte derivative Völkerrechtsubjekte von einem Ermächtigungsakt der Staaten ableiten. Ihre Rechtsfähigkeit ist in der Regel dabei beschränkt auf den betreffenden Aufgabenbereich und die Art der übertragenen völkerrechtlichen Befugnisse.[289] Im Ergebnis bestimmt sich damit die Eigenschaft der Rechtsfähigkeit einzelner Akteure ausschließlich nach dem Willen der Staatengemeinschaft. Entscheidend ist allein die Tatsache, ob diese dem betreffenden Akteur Rechte und Pflichten übertragen hat oder eben nicht.[290]

Kritik an dieser Abhängigkeit der Frage nach einer bestehenden Rechtsfähigkeit einzelner Wirkungseinheiten von einer ausdrücklichen normativen Anerkennung durch die Staatengemeinschaft wird in vielfältiger Form geübt.[291]

---

288 Siehe hierzu umfassend *Hermann Mosler*, (Fn. 275), S. 39 ff.

289 *Hailbronner*, in: *Graf Vitzthum* in Graf Vitzthum (Hrsg.) Völkerrecht, 5. Aufl., 3. Abschn. Rn. 9.

290 Andere Stimmen sehen für die Anerkennung einer Rechtsfähigkeit u.a. teilweise als erforderlich an, dass die entsprechenden Akteure die Eigenschaft der Handlungs- und Vertragsschlussfähigkeit im Völkerrecht besitzen und oder die Fähigkeit diplomatische Beziehungen eingehen zu können. Siehe hierzu statt vieler *Theodor Schweisfurth*, (Fn. 167), 1. Kap. Rn. 11 ff.

291 Die Kritik an dem bestehenden Begründungsansatz ist dabei äußerst vielschichtig. So wollen einige Stimmen bereits das Verständnis des Völkerrechts in Frage stellen und möchten es grundsätzlich im Sinne einer globalen Zivilverfassung verstanden wissen, die von einer Vielzahl verschiedener Teilnehmer getragen wird, die wiederum ihren unterschiedlichen Interessen unabhängig von staatlichen Grenzen Geltung verschaffen möchten. Siehe dazu u.a. *Gunther Teubner*, Globale Zivilverfassungen: Alternativen zur staatszentrierten Verfassungstheorie, ZaöRV 63 (2003), S. 1 (3 ff.) und *Daniel Thürer*, The Emergence of Non-Governmental Organisations and Transnational Enterprises in International Law and the Changing Role of State, in: Non-State Actors as New Subjects of International Law, Rainer Hofmann (Hrsg.), Berlin, S. 37 (51 ff.). In diesem Sinne muss wohl auch *Rosalyn Higgins*, Problems and Process: International Law and How We Use It, Oxford u.a.; Claderon Press, 1994, S. 49, verstanden werden, wenn sie die Unterscheidung zwischen "Subjekten" und "Objekten" als intellektuelles Gefängnis beschreibt, welches keinen funktionellen Zweck erfülle. Andererseits werden auch Lösungen innerhalb des bestehenden Systems gesucht. So versucht *Karsten Nowrot*, (Fn. 73), S. 119ff, die Völkerrechtsfähigkeit machtvoller

Ausgangspunkt all dieser Kritik ist dabei der Gedanke, dass dieser Ansatz aufgrund der ständigen Veränderungen im internationalen System als nicht mehr vertretbar erachtet werden könne. Die Abkehr von der bestehenden Praxis wird damit im Wesentlichen mit der Notwendigkeit der Anerkennung der sich wandelnden Realitäten im Völkerrecht begründet. In Bezug auf die Rolle wirtschaftlicher Akteure wird dabei auch immer wieder auf die Tatsache hingewiesen, dass ihre Rolle innerhalb der internationalen Beziehungen als zu bedeutend angesehen werden müsse, als dass sie ignoriert werden könne[292] Das Festhalten am System der „Subjektivität" könne in diesem Sinne schließlich auch eine Gefahr für das gesamte System darstellen.[293]

Für die vorliegende Untersuchung kann diese theoretische Diskussion jedoch nicht von Bedeutung sein. Es soll ja gerade nach bereits bestehenden Pflichten wirtschaftlicher Akteure gesucht werden. Eine Völkerrechtsubjektivität dieser

---

wirtschaftlicher Akteure anhand ihrer faktisch machtvollen Position zu begründen, die sich anhand von objektiven Kriterien, wie dem Ausmaß der direkten und indirekten Beteiligung an den völkerrechtlichen Rechtsetzungs- und Rechtsdurchsetzungsprozessen, der ökonomischen Machtposition, dem positiven Leistungsvermögen in Bezug auf die effektive Durchsetzung von Gemeinwohlbelangen und der negativen Auswirkungen der bisherigen Tätigkeiten auf die Verwirklichung der Menschenrechte bestimmen lassen soll. Haben die betroffenen Akteure eine derartige wirkungsmächtige Position inne, spreche eine widerlegbare Vermutung für das Vorhandensein einer Rechtsfähigkeit. Die Vermutung könne schließlich nur durch eine rechtverbindliche Äußerung der Staaten widerlegt werden, die allerdings nicht gegen das geltende Recht verstoßen dürfe. Dies sei immer dann der Fall, wenn die Widerlegung der Vermutung die Verwirklichung der internationalen Rechtsordnung erheblich gefährden oder sogar vereiteln würde. Zur Begründung wird u. a. angeführt, dass zur Erreichung des primären Zwecks der Völkerrechtsordnung, der Befriedung der internationalen Beziehungen, es gilt, jede Form von willkürlicher Machtausübung zu verhindern. Die bedeutende Funktion der Staaten im Völkerrecht beruhe ausschließlich auf ihrer faktischen Machtposition. Dies sei keinesfalls eine unveränderliche Eigentümlichkeit der Völkerrechtsordnung und die Befriedungsfunktion zur Begründung von Rechtsfähigkeit sei dem Völkerrecht ebenfalls nicht fremd. Das lasse sich am Beispiel des stabilisierten de-facto-Regimes zeigen.

292 Siehe hierzu *Nicola Jägers,* The Legal Status of Multinational Corporation under International Law, in: Michael Addo, Human Rights Standards and the Responsibility of Transnational Corporations, The Hague, Kluwer Law International, 1999, S. 259 (269 f.).

293 *Andrew Clapham*, Human Rights Obligations of Non-State Actors, Oxford, Oxford Univ. Press, 2006, S. 60 f.

Akteure – auch nach der durchaus kritikwürdigen klassischen Begründung[294] der Völkerrechtsubjektivität bei bestehenden Verpflichtungen – wäre dabei Voraussetzung. Entscheidend ist daher nur festzuhalten, dass einer Anerkennung wirtschaftlicher Akteure als Völkerrechtsubjekte keine zwingenden dogmatischen Gründe entgegenstehen und es alleine auf die Fragestellung ankommt, ob wirtschaftlichen Akteuren Verpflichtungen zum Schutz der Menschenrechte obliegen.

In Bezug auf eine Rechtsträgerschaft wirtschaftlicher Akteure gilt es heute als allgemein anerkannt, dass sie sich als juristische Personen selbst auf die vertraglich beziehungsweise gewohnheitsrechtlich anerkannten Menschenrechte gegenüber ihren Sitz- bzw. Gründungsstaaten berufen können, soweit diese ihrem Wesen nach auch auf juristische Personen eine Anwendung finden können.[295] Im Rahmen der Europäischen Menschenrechtskonvention (EMRK) und der Amerikanischen Menschenrechtskonvention (AMRK) sind gemäß Art. 34 EMRK beziehungsweise Art. 44 AMRK auch Verfahren zur Durchsetzung dieser Rechte gegeben.[296] Am Beispiel des Umweltvölkerrechts lässt sich zudem zeigen, dass die theoretische Möglichkeit verbindlicher Pflichten und der damit einhergehenden

294 Der Kritik ist dabei durchaus zuzugestehen, dass die Abhängigkeit der Rechtsfähigkeit eines internationalen Akteurs vom Nachweis bestehender internationaler Rechte und Pflichten dieser Akteure und andererseits die Rechtsfähigkeit wiederum vorausgesetzt wird, um Träger von Rechten und Pflichten sein zu können, auf einem Zirkelschluss beruht und so keiner glaubwürdigen Realität entspricht, sondern mehr eine reine Leerformel ist, aus der in Wirklichkeit weder Rechte noch Pflichten fließen. Siehe dazu *Jan Klabbers*, An Introduction to International Instituional Law, Cambridge (u.a.), Cambridge Univ. Press, 2002, S. 57 f. Dessen ungeachtet bilden die Staaten aber weiterhin die dominanten Akteure und auch das gedankliche Zentrum der internationalen Beziehungen. Daran hat bis heute auch nicht der viel beschworene Prozess der Globalisierung etwas verändert.

295 *Kirsten Schmalenbach*, (Fn. 84), S. 57 (63 f.); *Michael Addo*, The Corporation as a Victim of Human Rights Violations, in: ders. (Hrsg.), Human Rights Standards and the Responsibility of Transnational Corporation, The Hague u.a, Kluwer Law, 1999, S. 187 ff.

296 Hervorhebend *Ferry Bühring / Nina Hüfken*, Menschenrechtsstandards für Governance in schwachen und zerfallen(d)en Staaten: Theoretische Überlegungen zur Menschenrechtsbindung nichtstaatlicher Akteure, in: Sybille De La, Rosa/Ulrike Höppner/Matthias Kötter (Hrsg.), Transdisziplinäre Governanceforschung. Gemeinsam hinter den Staat blicken, Baden-Baden, Nomos, 2008, S. 187 (192); *Kirsten Schmalenbach*, (Fn. 84), S. 57 (68). Allerdings gilt es, sich hier auch vor Augen zu halten, dass eine derartige Möglichkeit der Durchsetzung der Rechte auf weltweiter Ebene im Rahmen des Fakultativprotokolls zum IPbpR für juristische Personen

rechtlichen Verantwortung für juristische Personen im Völkerrecht bereits eine konkrete Umsetzung erfahren hat. Mit dem Internationalen Übereinkommen über die zivilrechtliche Haftung für Ölverschmutzungsschäden von 1992 und der Internationalen Konvention über Haftung und Ersatz für Schäden im Zusammenhang mit der Beförderung von gefährlichen und schädlichen Substanzen auf See von 1996 bestehen hier Übereinkommen, die eine rechtliche Verantwortung juristischer Personen für die von ihnen verursachten Schäden begründen.[297]

2. *Bestimmung des Pflichtenadressaten*

a) *Vorüberlegungen*

Der Ausgangspunkt des Gedankens einer Verpflichtung wirtschaftlicher Akteure zur Beachtung der Menschenrechte ist nach verbreiteter Ansicht der Gesichtspunkt, dass es im internationalen System mit Blick auf die Verwirklichung des allgemein anerkannten Gemeinwohlinteresses der Gewährleistung eines umfassenden Schutzes der Menschenrechte keine machtvollen Akteure geben darf, die keinerlei internationaler Kontrolle unterliegen.[298] Insofern sollten auch Wirtschaftsunternehmen, soweit sie aufgrund ihrer wirtschaftlichen Stärke als machtvolle Akteure in den internationalen Beziehungen angesehen werden, einer Kontrolle durch die internationale Gemeinschaft unterliegen.[299] In der politischen und wissenschaftlichen Diskussion werden dabei in erster Linie die sogenannten „multinationalen" bzw. „transnationalen" Unternehmen als solche machtvollen Akteure angesehen, die eine Gefahr für die weltweite Verwirklichung der Menschenrechte darstellen.

Die bestehende Konzentration auf einen bestimmten Typ wirtschaftlicher Akteure ruft dabei jedoch zwei Fragen hervor. Zum einen ist unter Beachtung des Gebots der Rechtssicherheit und des Bestimmtheitsgrundsatzes die Frage zu stellen, wer oder was exakt unter diese Bezeichnung zu fassen ist. Denn für die Begründung einer ausdrücklichen Pflicht reicht eine pauschale Bezeichnung der entsprechenden Akteure nicht aus. Es bedarf vielmehr einer anhand genau bestimmbarer Merkmale greifbaren Definition dieser Akteure, um eine Rechtspflicht begründen zu können und sie für die internationale Gemeinschaft

---

nicht gegeben ist, da Art. 1 FP IPbpR eindeutig eine solche Möglichkeit nur für die der „Herrschaftsgewalt unterstehenden Einzelpersonen" eröffnet.

297 Näher hierzu *Ulrich Beyerlin*, Umweltvölkerrecht, München, C.H. Beck, 2000, Rn. 551 ff.

298 Statt vieler *Karsten Nowrot*, (Fn. 73) S. 119 ff.

299 Siehe oben.

erkennbar zu machen. Zum anderen fragt sich aber auch, ob eine solche Begrenzung des Adressatenkreises mit dem Bestreben nach einem umfassenden Schutz der Menschenrechte vor Gefährdungen durch wirtschaftliche Akteure vereinbar ist.

b) Begriff des „multinationalen" beziehungsweise „transnationalen" Unternehmens

Im umgangssprachlichen Gebrauch werden mit dem Begriff des „multinationalen" bzw. „transnationalen" Unternehmens große, weltweit tätige Unternehmen verbunden, die aufgrund ihrer wirtschaftlichen Macht unmittelbar oder mittelbar erheblichen Einfluss auf die gesellschaftlichen Entwicklungen in Staaten ausüben. In der wissenschaftlichen Diskussion[300] wurde der Begriff des multinationalen Unternehmens erstmals von *David E. Lilienthal* 1960 verwendet.[301] Danach handelte es sich bei einem „multinationalen Unternehmen" um *„corporations... which have their home in one country but which operate and live under the law and customs of other countries as well"*. Entscheidend wäre somit lediglich die Tatsache, dass ein nationales Unternehmen auch im Ausland tätig ist. Die Wirtschaftswissenschaftler bevorzugten dagegen stets eine weitaus einfachere Definition und sahen als „multinationales Unternehmen" jedes Unternehmen an, welches *„owns, controls and manages income generating assets in more than one country"*.[302] Danach wäre bloß maßgeblich, dass das Unternehmen Produktionsstätten außerhalb des Sitzstaates besitzt oder kontrolliert. Die Verwendung des Adjektivs „multinational" sollte in diesem Zusammenhang die Tatsache hervorheben, dass der entsprechende wirtschaftliche Akteur aus mehreren Unternehmen verschiedener Nationalitäten besteht und so eine Internationalisierung erfahren hat.[303] Demgegenüber wurde im Rahmen der Beratungen des Wirtschafts- und Sozialrates der Vereinten Nationen zum Bericht der 57. Session

---

300 Überblick bei *Detlev Vagts*, The UN Norms for Transnational Corporations, LJIL 16 (2003), S. 795 (796 ff.). Siehe auch mit kompakter Darstellung der Abläufe der Erarbeitung einer Definition *Cynthia D. Wallace*, Multinational Enterprises and Legal Control: Host State Sovereignty in an Era of Economic Globalization, The Hague (u.a.), Nijhoff, 2002.

301 *David E. Lilienthal*, The Multinational Corporation (1960) zitiert nach *Peter Muchlinski*, Multinational Enterprises and the Law, Oxford, Oxford Univ. Press., 2007, S. 5.

302 *Neil Hood / Stephen Young*, The Economics of Multinational Enterprises, London, Longman, 1979, S. 3.

303 *Peter Muchlinski*, (Fn. 301), S. 5.

1974 der Begriff des „transnationalen Unternehmens" in die wissenschaftliche Diskussion eingeführt. Die Verwendung des Adjektivs „transnational" sollte der Besonderheit dieser wirtschaftlichen Wirkungseinheiten, die über die Grenzen mehrerer Länder hinweg agieren können, besser Ausdruck verleihen und verdeutlichen, dass sie eine Unabhängigkeit von der Territorialität der Staatenordnung erreicht haben.[304]

Die terminologische Vielfalt hat sich bis heute in der Diskussion erhalten. Sie kann im Hinblick auf das diesen Akteuren zugeschriebene Gefährdungspotential vernachlässigt werden, da es sich bei genauer Betrachtung zeigt, dass die Verwendung des einen oder des anderen Adjektivs nicht den tatsächlichen Status dieser wirtschaftlichen Akteure verändert[305] und sie so als gleichbedeutend und damit austauschbar gelten können.[306] Dennoch macht die unterschiedliche Wortwahl deutlich, dass es der Wissenschaft bis heute nicht gelungen ist, die sog. „multinationalen" bzw. „transnationalen" Unternehmen anhand einer allseits anerkannten und tragbaren Definition rechtlich greifbar und begreifbar zu machen.[307] Die Gründe dafür sind vielfältig und mögen bei der bis in die 60er Jahre des 20. Jahrhunderts zurückreichenden wissenschaftlichen Diskussion in den unterschiedlichen Interessen der Industriestaaten und Entwicklungsländer infolge der Dekolonisierung, des lange Zeit vorherrschenden Ost-West-Konfliktes[308] und insbesondere in der ständig wachsenden Vielfalt der Betätigung und Anzahl von grenzüberschreitend tätigen Unternehmen gelegen haben.[309] Ohne alle Einzelheiten der geführten wissenschaftlichen Diskussion wiederzugeben, sollen

304 Siehe hierzu im Einzelnen *François Rigaux*, Transnational Corporations, in: Mohammed Bedjaoui (Hrsg.), International Law: Achievements and Prospect, Paris, Unesco (u.a.), 1991, S. 121 ff.; weiter auch *Andrew Clapham*, (Fn. 293), S. 199 f.

305 *Andrew Clapham*, (Fn. 293), S. 201.

306 *Peter Muchlinski*, (Fn. 301), S. 6.

307 So auch *Katarina Weilert*, Transnationale Unternehmen im rechtsfreien Raum? Geltung und Reichweite volkerrechtlicher Standards, ZaöRV 69 (2009), 883 (886). Anders *Ferry Bühring/Nina Hüfken*, (Fn. 296), S. 187 (S. 190 f.), die mit Hinweis auf die in den OECD-Leitsätzen für multinationale Unternehmen genannten typischen Merkmalen solcher Akteure und ihrer Übernahme in den Entwurf eines UN Code of Conduct on Transnational Corporations von einer allgmeinen Anerkennung ausgehen.

308 Siehe umfassend hierzu u.a. *Luzius Wildhaber*, (Fn. 2), S. 7 (25 f.); *Peter Fischer*, Transnational Enterprises, in: Rudolf Bernhardt (Hrsg.) Encyclopedia of Public International Law, Vol. 4, Amsterdam, North Holland, 2000, S. 922 f.; *Detlev F. Vagts*, The UN Norms for Transnational Corporation, LJIL 16 (2003), S. 795 (796 ff.).

309 *Dahm/Delbrück/Wolfrum*, Völkerrecht, Bd. I/2, S. 245.

hier die wesentlichsten bestehenden Ansätze einer Definition sowie deren Abweichungen voneinander dargestellt werden.[310]

(1) Bestehende definitorische Ansätze zur Begriffsbestimmung des „multinationalen" beziehungsweise „transnationalen" Unternehmens

(a) IAO

Die IAO verwendet den Begriff des „multinationalen Unternehmens", um das Phänomen der weltweit tätigen machtvollen Wirtschaftsunternehmen zu beschreiben. Sie definiert sie in ihrer *„Dreigliedrigen Grundsatzerklärung über multinationale Unternehmen und Sozialpolitik"* als *„enterprises, whether they are of public, mixed or private ownership, which own or control production, distribution, services or other facilities outside the country in which they are based"*.[311] Die IAO betont damit die Eigenschaft der Akteure, Produktions-, Vertriebs- und Dienstleistungseinrichtungen außerhalb ihrer Sitzstaaten zu besitzen und zu kontrollieren. Die Verwendung des Begriffs „multinational" erweist sich so als logisch. Eine weiterführende Beschreibung, wie die der Ausgestaltung der Kontrolle über die einzelnen Produktions-, Vertriebs- und Dienstleistungseinrichtungen erfolgt nicht. Unverbindlich wird nur darauf verwiesen, dass der

> *"degree of autonomy of entities within multinational enterprises in relation to each other varies widely from one such enterprise to another, depending on the nature of the links between such entities and their fields of activity and having regard to the great diversity in the form of ownership, in the size, in the nature and location of the operations of the enterprises concerned"*.[312]

Die Hinnahme der in dieser Formulierung liegenden mangelnden Bestimmtheit und der damit verbundene Verlust an Rechtssicherheit ist nur damit zu erklären, dass die IAO für den Zweck der Grundsatzerklärung als Empfehlung zum verantwortungsvollen wirtschaftlichen Handeln durch die Förderung des wirtschaftlichen und sozialen Wohls eine genaue rechtliche Definition nicht als erforderlich ansieht.[313]

---

310 Für einen umfassenden Überblick zur Diskussion siehe *Cynthia D. Wallace*, (Fn. 300), S. 101 ff; *Klaus W. Grewlich*, Transnational Enterprises in a New International Economic System, Alphen a.d. Rijn (usw.), Sijthoff & Noordhoff, 1980, S. 28 ff.

311 Art. 6 S. 2 Dreigliedrige Grundsatzerklärung.

312 Art. 6 S. 3 Dreigliedrige Grundsatzerklärung.

313 Art. 6 S. 1 Dreigliedrige Grundsatzerklärung.

(b) OECD

Gleichermaßen wie die IAO stützt sich die OECD auf den Begriff des „multinationalen Unternehmens“ und beschreibt es im Rahmen der *„OECD-Leitsätze für multinationale Unternehmen“* ähnlich wie die IAO mit dem Augenmerk auf den Aspekt von Produktionsstätten in weiteren Ländern als Unternehmen, die *„usually comprise companies or other entities established in more than one country and so linked that they may co-ordinate their operations in various ways“*.[314] Auch hinsichtlich des Aspektes, wie gegebenenfalls bestehende Einflussmöglichkeiten auf andere Unternehmensteile ausgestaltet sein müssen, halten sich die Leitlinien durch vage Beschreibungen zurück.[315] Sie verweisen diesbezüglich ebenfalls auf das fehlende Erfordernis einer genauen Definition vor dem Hintergrund des Zwecks der Leitsätze als bloßes Leitbild für verantwortungsvolles wirtschaftliches Handeln.[316]

(c) Vereinte Nationen

Eine Einigung innerhalb der Vereinten Nationen zu der Beschreibung von weltweit tätigen Wirtschaftsunternehmen scheiterte in den 70er Jahren des 20. Jahrhunderts an den verschiedenen Vorstellungen der Blöcke hinsichtlich der Eigentumsverhältnisse dieser Akteure. Wollte der Westen eine Ausdehnung auf alle Formen des Eigentums, einschließlich staatlicher Akteure, strebten die sozialistischen Staaten lediglich eine Einbeziehung privater Akteure an.[317]

Ein weiterer Versuch wurde 2003 durch die Unterkommission der Menschenrechtskommission im Rahmen der Verabschiedung der Normen für die Verantwortlichkeit transnationaler Unternehmen und anderer Wirtschaftsunternehmen im Hinblick auf Menschenrechte vorgenommen.[318] Hiernach ist ein transnationales Unternehmen *„an economic entity operating in more than one country or a cluster of economic entities operating in more than one country – whether their legal form, whether in their home country or country of activity, and whether taken individually or collectively“*.[319] Im Gegensatz zur IAO und OECD

314 Abschn. I. Nr. 3 OECD-Leitsätze.

315 Ebenda; „may co-ordinate their operations in various ways“.

316 Ebenda.

317 Siehe hierzu *Peter Fischer*, Transnational Enterprises, in: Rudolf Bernhardt (Hrsg.), Encyclopedia of Public International Law, Vol. 4, Amsterdam, North Holland, 2000, S. 922.

318 Deutschsprachiger Kommentar zu den Normen unter www.dgvn.de/pdf/br-88.pdf (30.11.2012).

319 UN.Dok. E/CN.4/Sub.2/2003/13, Nr. 20.

wird hier die Betonung auf den grenzüberschreitenden Handel als charakteristisches Merkmal dieser Akteure gelegt. Die Definition erweist sich damit als nicht unerheblich weiter als die der IAO oder der OECD. Sie stellt keine Anforderung an die inneren Strukturen der Akteure, sondern zieht ausschließlich die Handlungsweise dieser Akteure als entscheidendes Bestimmungsmerkmal heran.[320]

(2) Anmerkungen und Kritik zu den bestehenden definitorischen Ansätzen

Die aufgezeigten Ansätze einer Definition wirtschaftlich machtvoller Akteure anhand der Begriffe des „*multinationalen*" bzw. „*transnationalen*" Unternehmens zeigen deutlich, dass die Annahme, es bestehe ein allseitiger Konsens über die Erscheinungsform dieser Akteure, nicht zutrifft.[321] Zu unterschiedlich sind die Schwerpunkte, die die einzelnen Ansätze einer Definition aufweisen. Setzen die IAO und die OECD eine bestimmte Struktur der wirtschaftlichen Akteure voraus, um sie als „*multinationales*" Unternehmen zu qualifizieren, legt die Definition der Vereinten Nationen einen Schwerpunkt allein auf die Art der ausgeübten Tätigkeit.[322] Der Unterschied der beiden Ansätze wird darin deutlich, dass nach dem Ansatz der IAO und der OECD unter wirtschaftlicher Betrachtung ein „*multinationales*" Unternehmen wohl eine Einheit bilden mag, aber im eigentlichen rechtlichen Sinne weiter nur eine bloße Kette nationaler Gesellschaften darstellt, die durch eine „Muttergesellschaft" kontrolliert werden. Das kann aufgrund einer Eigentümerstellung oder aufgrund anderer Einflussmöglichkeiten geschehen.[323] Im Gegensatz hierzu wird in der Definition der Vereinten Nationen von einer „wirtschaftlichen Einheit" ausgegangen, deren Betätigungsfeld in mehr als einem Land liegt. Das legt die Vermutung nahe, dass es sich auch um eine Person im rechtlichen Sinne handeln muss.[324] Es besteht somit nicht nur ein

---

320 Dieser Ansatz ist sehr fortschrittlich, weicht er doch von der bisherigen internationalen Praxis und der fast einhelligen Meinung im Schrifttum ab, die stets als konstituierendes Merkmal die Ausübung einer zentralistischen Kontrolle fordern. Siehe dazu *Dahm/Delbrück/Wolfrum*, Völkerrecht, Bd. I/2, S. 245; *Cynthia D. Wallace*, (Fn. 300), S. 118 ff.; Klaus W. Grewlich, (Fn. 310), S. 28 ff.; *Peter Fischer*, (Fn. 317), S. 921 ff. Dafür, dass dies eine bewusste Entscheidung war, siehe *Karsten Nowrot*, (Fn. 135), S. 21, der darauf verweist, dass ein Größenerfordernis ausdrücklich abgelehnt wurde.

321 So wohl aber *Ferry Bühring/Nina Hüfken*, (Fn. 296), S. 187 (190 f.). Dagegen *Karsten Nowrot*, (Fn. 135), S. 19 m.w.N.

322 „in mehr als einem Land tätig"; UN.Dok. E/CN.4/Sub.2/2003/13, Nr. 20.

323 *Luzius Wildhaber*, (Fn. 2), S. 7 (15 f.); in Bezug auf die verschiedenen Möglichkeiten der Einflussnahme, *Jennifer Zerk*, (Fn. 133), S. 52 f.

324 *Jennifer Zerk*, (Fn. 133), S. 56.

Unterschied in der Bezeichnung, sondern auch bei der Beschreibung des Phänomens der sog. *„multinationalen"* bzw. *„transnationalen"* Unternehmen.

Mit Blick auf das Ziel der Verwirklichung einer umfassenden Gewährleistung des Menschenrechtsschutzes und das immense Gefährdungspotenzial wirtschaftlich machtvoller Akteure, erscheint die Definition der Unterkommission der Vereinten Nationen vorzugswürdig. Sie bezieht sich anders als die Ansätze der IAO und der OECD stärker auf die Möglichkeiten, die Menschenrechte durchzusetzen. Sie betont die rechtliche Einheit zur Gewährleistung eines effektiven Schutzes und der Verfolgung von Menschenrechtsverletzungen. Ein Verstecken hinter rechtlichen Strukturen ist dort nicht möglich. Dem Begriff des transnationalen Unternehmens, um das Phänomen machtvoller Akteure zu benennen, ist daher der Vorzug gegenüber dem Begriff des multinationalen Unternehmens zu geben.

Von hieran wird daher nur noch der Begriff des transnationalen Unternehmens verwendet werden.

c) Fokus auf „transnationalen" Unternehmen

Die Diskussion um eine Verpflichtung wirtschaftlicher Akteure ist im großen Maße auf die Rolle der sog. transnationalen Unternehmen als machtvolle Akteure fixiert. Es fragt sich aber, ob diese Fixierung der Verwirklichung eines umfassenden, effektiven Menschenrechtschutzes im Wege steht.

(1) Argumente für eine Sonderrolle

Die besondere Rolle transnationaler Unternehmen im Rahmen der Diskussion einer internationalen Pflicht wirtschaftlicher Akteure zur Beachtung der Menschenrechte beruht auf der Annahme, dass sie aufgrund ihres enormen wirtschaftlichen Einflusses und ihrer internationalen Mobilität eine immense Bedrohung für eine umfassende Verwirklichung der Menschenrechte hervorrufen können.[325] Die Gefahr einer Bedrohung der Menschenrechte wird dabei insbesondere darin erblickt, dass beim Streben nach finanziellen Vorteilen die weitreichenden Einflussmöglichkeiten dazu missbraucht werden könnten, um menschenrechtliche Standards zu umgehen.[326] Ermöglicht würde den Unternehmen eine solche Vorgehensweise insbesondere durch die ihnen eigene außergewöhnlich große Mobilität infolge der Liberalisierung des Welthandels. Sie erlaube es ihnen, ohne erhebliche Nachteile für die Produktivität ihres Geschäfts,

---

325 Unter vielen *Detlev F. Vagts*, (Fn. 308), S. 795 (800).

326 *Caroline Hillemanns*, (Fn. 14), S. 3; *Nicola Jägers*, (Fn. 78), S. 9.

Produktionsstätten kurzfristig zu verlagern, wenn sich in anderen Staaten und Regionen bessere wirtschaftliche Bedingungen finden lassen.[327] Gegenüber den Staaten, die auf ausländische Investitionen angewiesen seien, besäßen sie daher eine starke Verhandlungsposition und könnten diese Staaten gegeneinander ausspielen, um sich rechtliche und tatsächliche Vorteile gewähren zu lassen.[328] Ein solches Vorgehen transnationaler Unternehmen führe zu dem nicht hinnehmbaren Ergebnis, dass sich die so vehement verteidigten positiven Auswirkungen der Globalisierung für die wirtschaftliche und soziale Entwicklung der Gesellschaft dieser Staaten ins Gegenteil verkehren und der Entwicklung der betroffenen Staaten ein Schaden zugefügt würde.[329]

Ein Streben nach Investitionen auf der einen und nach der Maximierung von Gewinnen auf der anderen Seite dürfe jedoch nicht in einem Wettstreit um möglichst niedrige Sozialstandards enden.[330] Eine internationale Regulierung transnationaler Unternehmen sei daher unerlässlich, um einen rechtlichen Mindeststandard gewährleisten zu können.[331] Dies gelte umso mehr, als viele Staaten entweder nicht über die erforderlichen Mittel verfügen oder nicht den Willen zur Durchsetzung der Menschenrechte besitzen würden, weil sie Nachteile für die Entwicklungsmöglichkeiten ihrer Wirtschaft fürchten, wenn sie auf nationaler Ebene einen entsprechenden Menschenrechtsstandard verwirklichen.[332] Ein verantwortungsvoller Umgang mit den durch die Globalisierung eröffneten Möglichkeiten dürfe es daher nicht dulden, dass transnationale Unternehmen

---

327 *Nicola Jägers,* (Fn. 105), S. 73; siehe zu diesem Gedanken auch die Ausführungen von *Daniel Thürer,* Globalisierung der Wirtschaft: Herausforderung zur „Konstitutionalisierung" von Macht und Globalisierung von Verantwortlichkeit – Oder: Unterwegs zur „Citizen Corporation"?, Zeitschrift für Schweizerisches Recht 2000, S. 107 ff.

328 *Jennifer Zerk,* (Fn. 133), S. 47 f.

329 In diesem Sinne wohl *Katarina Weilert,* (Fn. 307), 883 (884), wenn sie auf die vielen neagtiv Beispiele wirtschaftlicher Betätigungen in Entwicklungsländern verweist. Beachte hierzu auch *Sarah Joseph,* Taming the Leviathans: Multinational Enterprises and Human Rights, NILR, Bd. 46 (1999), 171 (173 f.).

330 *Nicola Jägers,* (Fn. 78), S. 8 f; *Katarina Weilert,* (Fn. 307), 883 (885).

331 *Nicola Jägers,* (Fn. 105), S. 73.

332 Statt vieler *Sabrina Anderes,* Fremde im eigenen Land: die Haftbarkeit transnationaler Unternehmen für Menschenrechtsverletzungen an indigenen Völkern – Stand der Entwicklung im Völkerrecht und auf nationaler Ebene am Beispiel der Rechtsprechung in den USA, Zürich, Schulthess, 2001, S. 111. Siehe zur Rolle der Heimat- und Gastsstaaten m.w.N. *Heiner Geldermann,* Völkerrechtliche Pflichten multinationaler Unternehmen, Nomos, Baden-Baden, 2009, S. 47 f.

finanzielle Vorteile aus schlechten Arbeits-, Umwelt- und Verbraucherschutzstandards ziehen.[333]

(2) Zweckwidrigkeit einer Sonderrolle

Mag vor dem Hintergrund unzähliger Medienkampagnen[334] das besondere Augenmerk und der Wunsch einer besonderen Verpflichtung transnationaler Unternehmen zur Beachtung der Menschenrechte nachvollziehbar erscheinen, kann die Konzentration der Überlegungen auf transnationale Unternehmen bei dem Ziel, eine Erfüllung des allgemein anerkannten Gemeinwohlinteresses der umfassenden Verwirklichung der Menschenrechte zu erreichen, nicht überzeugen. Es wird übersehen, dass entgegen der landläufigen Auffassung die direkten Menschenrechtsverletzungen viel häufiger von kleinen und mittleren lokalen Unternehmen verursacht werden, bei denen die Aspekte des öffentlichen Drucks und schlechter Berichterstattung über ihre Tätigkeit eine wesentlich geringere Rolle spielen, da sie sich meist in Privatbesitz befinden und keinen anderen Anteilseignern Rechenschaft schuldig sind.[335] Die großen transnationalen Unternehmen sind meistens, wenn überhaupt, nur indirekt beteiligt. Ein wesentliches Gefährdungspotential bleibt also unberücksichtigt. In diesem Sinne vermag es also nicht einzuleuchten, dass wirtschaftliche Akteure, die sich im Rahmen einer internationalen Wirtschaftsordnung bewegen, unterschiedlich behandelt werden. Ist es das Ziel, einen möglichst umfassenden Schutz der Menschenrechte zu garantieren, bedarf es einer Pflicht aller wirtschaftlichen Akteure, die sich im Rahmen der internationalen Wirtschaftsordnung bewegen.[336]

Die ausschließliche internationale Verpflichtung transnationaler Unternehmen zur Beachtung der Menschenrechte kann zudem auch vor dem Hintergrund der

---

333 *Detlev F. Vagts*, (Fn. 308), S. 795 (798); *Jennifer Zerk*, (Fn. 133), S. 46 f.

334 Siehe beispielhaft die Kampagnen der Clean Clothes Campaign http://www.cleanclothes.org/.

335 *Human Rights Council*, Report of the Special Representative of the Secretary-General on the issue of human rights and transnational corporations and other business enterprises, John Ruggie (19.02.2007), A/HRC/4/35, No. 3; *Wolfgang Kaleck/Miriam Saage-Maaß*, Transnationale Unternehmen vor Gericht, Über die Gefährdung der Menschenrechte durch europäische Firmen in Lateinamerika, Band 4 der Reihe Demokratie; Heinrich-Boll-Stiftung (Hrsg.), Berlin, 2008, S. 16. *Karen Ballentine/Heiki Nitzschke*, Business and Armed Conflict: An Assessment of Issues and Options, Friedenswarte 79 (2004), S. 35 (44 f.).

336 Einen Entzug der Pflicht durch die Änderung der Rechtsform darf es im Sinne der Gewährleistung eines umfassenden Schutzes nicht geben.

definitorischen Schwierigkeiten zur Bestimmung dieser Akteure nicht überzeugen. Eine Definition, die an der inneren Struktur einer Einheit bestimmen will, was ein „transnationales Unternehmen" ist, kann bei der stetig weiter wachsenden Vielfalt an Formen wirtschaftlicher Betätigung innerhalb der internationalen Wirtschaftsbeziehungen keinen verlässlichen Maßstab bilden. Die bestehende Vielfalt macht eine erschöpfende Erfassung der verschiedenen rechtlichen Arten an Unternehmensformen anhand einer strukturbezogenen Definition in der Praxis unmöglich.[337] Deutlich wird dies insbesondere, wenn man sich die Definition der OECD vergegenwärtigt, die davon ausgeht, dass ein transnationales Unternehmen aus Unternehmen bestehe, die in mehreren Ländern niedergelassen sind und zusätzlich noch vage von der Voraussetzung eines *„wesentlichen Einfluss"* spricht, den ein Unternehmensteil auf die Geschäftstätigkeit eines anderen Unternehmensteils ausüben muss.[338] Der Autonomiegrad innerhalb des Gesamtunternehmens kann dabei noch höchst verschieden ausgeprägt sein. Eine derartige Offenheit ist für eine rechtsverbindliche Pflicht nicht tragbar, da sie zu viel Raum dafür bietet, sich einer bestehenden Pflicht durch eine bloße Änderung der Geschäftsform und der Entscheidungswege zu entziehen. Der daraus resultierende Verzicht auf die erforderliche Rechtssicherheit für alle Beteiligten kann nur hingenommen werden, wenn in Wirklichkeit keine rechtlichen Verbindlichkeiten geschaffen werden sollen.[339] Strebt man rechtliche Verbindlichkeiten aber an, ist diese Unsicherheit nicht hinnehmbar. Alles andere würde den Grundsätzen der Rechtsstaatlichkeit widersprechen. Das fehlende Bestehen einer juristischen Person des internationalen Rechts führt dabei dazu, dass die tatsächliche rechtliche Verantwortlichkeit alleine die handelnden Tochterunternehmen der Muttergesellschaft trifft.

Darüber hinaus würde eine Beschränkung des Adressatenkreises auf transnationale Unternehmen einen Wettbewerb zwischen nationalen Unternehmen und den sog. transnationalen Unternehmen hervorrufen, der sich zum Nachteil aller Bemühungen zur Wahrung von Menschenrechten auswirken würde.[340] Schließlich stehen alle wirtschaftlichen Einheiten im gegenseitigen Wettbewerb, so dass die nationalen Unternehmen die Lücke nutzen würden, um sich einen Vorteil

---

337 *David Weissbrodt und Muria Kruger*, (Fn. 135), S. 901 (910). Die Tatsache, dass es kein typisches transnationales Unternehmen in der Geschäftswelt gibt, sollte daher Anlass sein, nicht die Struktur, sondern die Art der Tätigkeit als qualifizierendes Merkmal für das Bestehen einer rechtlichen Verantwortlichkeit heranzuziehen.

338 Abschn. I. Nr. 3 OECD-Leitsätze.

339 *Dahm/Delbrück/Wolfrum, Völkerrecht, Bd. I/2*, S. 246.

340 *David Weissbrodt und Muria Kruger*, (Fn. 135), S. 901 (911 f.).

gegenüber den transnationalen Unternehmen zu sichern. Die Gefährdung würde sich so lediglich verlagern.

(3) Pflicht für jeden wirtschaftlichen Akteur

Erkennt man eine Zweckwidrigkeit einer Sonderrolle transnationaler Unternehmen für eine umfassende Gewährleistung der Menschenrechte an, erscheint es als logische Konsequenz, eine internationale Pflicht für sämtliche Wirtschaftsakteure zu begründen. Ansätze für ein solches Verständnis lassen sich in den bereits genannten Verhaltenskodizes finden. So betonen die Dreigliedrige Grundsatzerklärung der IAO und die OECD Leitsätze für multinationale Unternehmen, dass die Anwendung der Verhaltensvorgaben nicht zu einer ungleichen Behandlung nationaler und transnationaler Unternehmen führen dürfe. Es handele sich insofern um Verhaltensmaßstäbe, die für alle Unternehmen gelten.[341] Noch deutlicher tritt diese Auffassung bei dem Entwurf der UN-Normen hervor. Dort lässt sich bereits anhand der Überschrift erkennen, dass als Pflichtenadressat ausdrücklich auch „andere Wirtschaftsunternehmen" mit eingeschlossen werden. Unter den Begriff des „anderen Wirtschaftsunternehmens" fällt dabei „jedes Unternehmen, ungeachtet des internationalen oder innerstaatlichen Charakters seiner Tätigkeiten – einschließlich transnationaler Unternehmen, Auftragnehmer, Subunternehmer, Lieferanten, Lizenznehmer oder Vertreiber –, der bei seiner Gründung gewählten Rechtsform – Kapitalgesellschaft, Personengesellschaft oder andere – oder der Eigentumsverhältnisse".[342] So entsteht zunächst der Eindruck, dass es letzten Endes keinerlei Einschränkungen hinsichtlich des Adressaten einer Verpflichtung geben soll und alle wirtschaftlichen Einheiten erfasst werden.[343] Letztlich täuscht dieser Eindruck aber, da alle genannten Verhaltenskodizes Einschränkungen enthalten. Sie sind von dem Bestreben gekennzeichnet, untergeordnete geschäftliche Betätigungen keinesfalls durch Verpflichtungen mit nicht abschätzbaren Folgen zu belasten. So finden sich sowohl in der Dreigliedrigen Grundsatzerklärung als auch in den OECD Leitlinien Vorgaben, die festlegen, dass eine Anwendung der Leitlinien auf nationale Unternehmen nur dann erfolgen soll, wenn „die gleichen Erwartungen" bestehen bzw. sie für beide „relevant" seien.[344] Der Entwurf der UN-Normen über Unternehmensverantwortung

341 Art. 11 Dreigliedrige Grundsatzerklärung über multinationale Unternehmen und Sozialpolitik, Nr. 11; Abschn. I. Nr. 4 OECD-Leitsätze.

342 UN-Normen Nr. 21.

343 So zumindest in Bezug auf den Entwurf der UN-Normen *David Weissbrodt und Muria Kruger*, (Fn. 135), S. 901 (909).

344 Art. 11 Dreigliedrige Grundsatzerklärung; Nr. 11; Abschn. I. Nr. 4 OECD-Leitsätze.

enthält die Einschränkung, dass die Einwirkungen einer derartigen Verpflichtung auf „mom and pop types of local businesses", wie es *David Weissbrodt* und *Muria Kruger* ausdrücken, minimal bleiben sollen.[345] In diesem Sinne soll nach dem Entwurf eine Verantwortung anderer Wirtschaftsunternehmen immer nur dann bestehen, wenn „the business enterprise has any relation with a transnational corporation, the impact of its activities is not entirely local, or the activities involve violations of the right to security as indicated in paragraphs 3 and 4."[346] Die Paragraphen 3 und 4 beziehen sich dabei auf Handlungen, die gegen das Völkerrechtstrafrecht[347] verstoßen oder die bei Sicherheitsvorkehrungen für wirtschaftliche Betätigungen in Gaststaaten nicht mit den internationalen Menschenrechten vereinbar sind.[348] Die genannten Regelungen zeigen so, dass eine Verantwortung dem Grunde nach nur in den Fällen bestehen soll, in denen ein Bezug zum internationalen Wirtschaftsleben besteht.[349] Eine „kleine" Unterscheidung zwischen den sog. „transnationalen" und nationalen Unternehmen bleibt so bestehen, auch wenn eine Ungleichbehandlung nicht angestrebt ist.

d) Schlussfolgerung und Ergebnis

Im Ergebnis überzeugt die in der wissenschaftlichen Literatur vorgefundene Fixierung auf die sog. transnationalen Unternehmen nicht. So messen die untersuchten internationalen Verhaltenskodizes den sog. transnationalen Unternehmen zwar eine besondere Rolle innerhalb der Problematik einer etwaigen Gefährdung der Menschenrechte durch wirtschaftliche Akteure zu, doch betonen alle auch die Verantwortung aller anderen Wirtschaftsteilnehmer. Hieraus kann gefolgert werden, dass es wohl unstreitig ist, dass eine Gefährdung menschenrechtlicher Belange eben nicht nur von den großen sog. transnationalen

345 *David Weissbrodt und Muria Kruger*, (Fn. 135), S. 901 (910).

346 UN-Normen Nr. 21 S. 2.

347 UN-Normen Nr. 3. Transnational corporations and other business enterprises shall not engage in nor benefit from war crimes, crimes against humanity, genocide, torture, forced disappearance, forced or compulsory labour, hostage-taking, extrajudicial, summary or arbitrary executions, other violations of humanitarian law and other international crimes against the human person as defined by international law, in particular human rights and humanitarian law.

348 UN-Normen Nr. 4. Security arrangements for transnational corporations and other business enterprises shall observe international human rights norms as well as the laws and professional standards of the country or countries in which they operate.

349 *Jacob Gelfand*, The Lack of Enforcement in the United Nations Draft Norm, in: Oliver De Schutter (Hrsg.), Transnational Corporations and Human Rights, Oxford, Hart, 2006, S. 313 (322 f.).

Unternehmen ausgehen kann, sondern jegliche wirtschaftliche Betätigung eine Bedrohung für die Menschenrechte hervorrufen kann.[350]

Mit dieser Erkenntnis stellt sich die Frage, warum überhaupt begonnen wurde, zwischen verschiedenen Wirtschaftsteilnehmern zu differenzieren. Diese Frage stellt sich umso deutlicher, wenn man sich die Versuche, eine tragfähige einheitliche Definition zu finden, vor Augen führt. Diese Versuche haben es bis heute nicht vermocht, einen Ansatz zu finden, der alle Arten dieser Akteure erfasst.[351] Vielmehr wurde versucht, durch eine größtmögliche Offenheit eine große Reichweite zu erlangen, ohne dabei konkrete, nicht austauschbare Merkmale für diese Akteure festzulegen. Sämtliche Versuche einer Definition bleiben daher im Spannungsverhältnis von größtmöglicher Flexibilität und der für eine allgemein anerkannte Pflicht erforderlichen Rechtssicherheit stecken.[352] Die breite gesellschaftliche Anerkennung einer Pflicht wirtschaftlicher Akteure setzt aber voraus, dass die in diesem Spannungsfeld begründete Unsicherheit überwunden wird und Klarheit herrscht, wer von der Pflicht betroffen ist. Gerade für wirtschaftliche Akteure ist dies von nicht zu unterschätzender Bedeutung. Nur so können sie eine umfassende Bewertung ihrer Aktivitäten und der hierfür erforderlichen Schutzmaßnahmen vornehmen.

Im Sinn einer größtmöglichen Klarheit ist es daher zu befürworten, dass eine Pflicht zur Beachtung der Menschenrechte jeden Akteur trifft. Dies erscheint insbesondere auch deswegen als sinnvoll, weil zumindest nach dem Verständnis der IAO und der OECD im rechtlichen Sinne eine bloße Kette nationaler Unternehmen erfasst wird, die keinesfalls eine einheitliche Rechtspersönlichkeit besitzt.[353] Eine rechtliche Verantwortung besteht im strengen Sinn unmittelbar stets nur für das die Verletzung tatsächlich hervorrufende Unternehmen. Die Verantwortung der Muttergesellschaft müsste auch hier immer erst unter Anwendung der Grundsätze der Zurechenbarkeit begründet werden. Die Konstruktion des transnationalen Unternehmens als einheitlicher Adressat bringt somit keinen Gewinn. Unter diesem Gesichtspunkt ist der Ansatz der UN-Normen schlüssiger. Hier wird alleine auf die Art der Betätigung abgestellt, die in „mehr als einem

350 *Human Rights Council*, Report of the Special Representative of the Secretary-General on the issue of human rights and transnational corporations and other business enterprises, John Ruggie (07.04.2008), A/HRC/8/5, Nr. 18.

351 S.o.

352 *Jennifer Zerk*, (Fn. 133), S. 52 f.

353 *Luzius Wildhaber*, (Fn. 2), S. 7 (15); anders *Jennifer Zerk*, (Fn. 133), S. 53, die darin kein Hindernis sieht die Akteure rechtlich zu definieren.

Land" erfolgen muss.[354] Die Tatsache, dass die UN-Normen ausdrücklich auch andere Wirtschaftunternehmen mit erfassen sollen, lässt die besondere Hervorhebung der transnationalen Unternehmen unter rein rechtlichen Gesichtspunkten als nicht nachvollziehbar erscheinen. Denn wenn jedes Unternehmen ungeachtet des internationalen oder innerstaatlichen Charakters seiner Tätigkeiten einer Pflicht unterliegen soll, erscheint die Differenzierung nur noch mit Blick auf die politische Erkenntnis sinnvoll, dass transnationale Unternehmen ohne jeden Zweifel eine wichtige Rolle bei dem Schutz der Menschenrechte vor wirtschaftlich begründeten Gefahren spielen.[355] Mit Blick auf eine rechtliche Verpflichtung aller Unternehmen muss die Differenzierung aber als unbedeutend bewertet werden. Dies gilt auch unter Beachtung der Einschränkungen, die die UN-Normen mit Bezug auf die „anderen Wirtschaftsunternehmen" vornehmen. Zwar fordern diese für eine bestehende Verantwortung eines Unternehmens eine Beziehung zu transnationalen Unternehmen, doch entwerten sie diese Voraussetzung gleich wieder, wenn eine Verantwortung auch in dem Fall gegeben ist, in dem die Tätigkeit nicht nur eine lokale Auswirkung aufweist oder eine Handlung darstellt, die gegen das Völkerstrafrecht verstößt. Eine Verantwortung soll also völlig unabhängig von der rechtlichen bzw. tatsächlichen Qualifizierung des Unternehmens bestehen.[356]

Eine wie auch immer geartete Differenzierung unter den Wirtschaftsteilnehmern hinsichtlich einer Pflicht zum Schutze der Menschenrechte wird immer zu Lücken führen, die mit großer Sicherheit auch genutzt werden. Der Tendenz, eine Verantwortlichkeit unabhängig von der rechtlichen bzw. tatsächlichen

---

354 UN-Normen Nr. 20. Diesem Ansatz liegt wohl der Gedanke zugrunde, dass derjenige, der sich innerhalb der globalisierten Wirtschaftstrukturen bewegt, sich auch an internationalen Standards messen lassen muss. Er ist begrüßenswert, da so verhindert wird, dass sich Unternehmen durch die Änderung ihrer rechtlichen Strukturen der geschaffenen Pflicht wieder entziehen. Siehe hierzu *Karsten Nowrot*, (Fn. 135)), S. 20; der in diesem Zusammenhang auf die Begründung für die Aufnahme der „anderen Wirtschaftsunternehmen" als Pflichtenadressat verweist.

355 Zur besonderen Rolle transnationaler Unternehmen zur Vermeidung der Gefahr von Menschenrechtsverletzungen siehe *David Weissbrodt und Muria Kruger,* (Fn. 135), S. 901 (910).

356 In diesem Bezug wird auch angeführt, dass eine wirtschaftliche Betätigung ohne jeden Bezug zum internationalen Wirtschaftsleben kaum mehr vorstellbar ist, sodass dies tatsächlich keine Einschränkung darstellt. Der Kreis der nicht betroffenen Unternehmen würde sich daher im Sinne von *David Weissbrodt* und *Muria Kruger* im Wesentlichen tatsächlich auf die sog. „mom and pop types of local businesses" beschränken. Siehe dazu *David Weissbrodt und Muria Kruger*, (Fn. 135), S. 901 (910).

Qualifizierung des Unternehmens zu begründen, ist daher zu begrüßen. Dies gilt umso mehr, weil die Beachtung der Kernarbeitsrechte auch jedes Unternehmen betrifft.[357] Folgerichtig findet sich auch in den UN-Leitlinien zur Unternehmensverantwortung keine Unterscheidung zwischen den einzelnen Unternehmensformen mehr, sondern wird ausschließlich von „business enterprises" gesprochen.[358]

II. Dogmatische Grundlagen zur Ermittlung einer gewohnheitsrechtlichen Norm

Nach der Formulierung des Art. 38 Abs. 1 lit. b IGH-Statut handelt es sich bei dem internationalen Gewohnheitsrecht um eine allgemeine, als Recht anerkannte Übung.[359] Auch wenn diese Formulierung mitunter als „wenig glücklich" beschrieben wird, weil eigentlich umgekehrt die allgemeine Übung gerade den Bestand eines entsprechenden Völkergewohnheitsrechts ausdrücke[360], umfasst das Völkerrechtgewohnheitsrecht die Summe der verbindlichen Verhaltensregeln, die von den Völkerrechtsubjekten in ihrem Verkehr untereinander angewendet werden.[361] Zur Entstehung müssen nach allgemeiner Meinung das objektive Element einer allgemeinen Übung sowie die Anerkennung dieser Übung als Recht (opinio juris sive necessitatis) als subjektives Element vorhanden sein.[362] Im Einzelnen ist allerdings umstritten, welche Anforderungen jeweils an das objektive

357 Bedenken, dass eine Pflicht jeglicher wirtschaftlicher Akteure mit dem Gedanken der einzelstaatlichen Souveränität im Widerspruch stehen kann, ist hier entgegenzuhalten, dass die Anerkenntnis einer menschenrechtlichen Pflicht nicht gleichbedeutend ist mit dem Eingriff in die sog. „domaine réservé". Die Pflicht sagt noch nichts über die Möglichkeit ihrer Durchsetzung aus. Schließlich gilt es dabei auch, den allgemeinen Gedanken im Auge zu behalten, dass eine Pflicht für Unternehmen ausschließlich nur im Rahmen ihres Einflussbereiches bestehen soll. Siehe hierfür beispielhaft UN-Normen Nr. 1 Satz 2.

358 Vgl. A/HRC/17/31.

359 *Rudolf Bernhardt*, Ungeschriebenes Völkerrecht, ZaöRV 36 (1976), S. 50 (54); sieht als die Geltungsgrundlage des ungeschriebenen Völkerrechts, die natürlichen und soziologischen Gegebenheiten der internationalen Gemeinschaft sowie den Konsens der Staaten an.

360 *Alfred Verdross/Bruno Simma*, (Fn. 117), § 552; *Theodor Schweisfurth*, (Fn. 167), 2. Kap. Rn. 46.

361 *Alfred Verdross/Bruno Simma*, (Fn. 117), § 551 *Graf Vitzthum*, in: Graf Vitzthum (Hrsg.) Völkerrecht, 5. Aufl., 1. Abschn. Rn. 131.

362 u. a. *Albert Bleckmann*, (Fn. 274), Rn. 197 m.w.N. Für einen Überblick zu den verschiedenen Theorien zur Feststellung des Völkergewohnheitsrechts siehe *Alfred Verdross/Bruno Simma*, (Fn. 117), § 550 ff.

wie subjektive Merkmal zu stellen und wer als die entscheidenden Mitwirkenden an der Übung in Betracht zu ziehen sind.[363]

1. Vorüberlegungen – Akteure der Übung

Im Mittelpunkt des Interesses der wissenschaftlichen Diskussion bei dem Versuch des Nachweises von Völkergewohnheitsrecht stehen stets die einzelnen Staaten, da sie als einzige originäre Völkerrechtsubjekte nach wie vor den wesentlichen Einfluss auf den Entstehungsprozess von Gewohnheitsrecht ausüben. Der Fokus auf staatliche Akteure führt jedoch dazu, dass die Tatsache, dass an der für die Entstehung eines gewohnheitsrechtlichen Rechtssatzes erforderlichen Übung alle Völkerrechtssubjekte und insoweit auch die partiellen Völkerrechtssubjekte im Rahmen ihrer Kompetenzen teilnehmen können, in den Hintergrund tritt.[364] Grundsätzlich sind aber auch die Handlungen von internationalen Organisationen zum Nachweis einer bestehenden Übung zu beachten.[365] Gleiches gilt nach überwiegend vertretener Ansicht für die Entscheidungen des Internationalen Gerichtshofs sowie von internationalen Tribunalen, obwohl sie im formalen Sinne keine primären Quellen des Völkerrechts sind.[366] Ihnen wird eine besondere Rolle bei der Entwicklung des Gewohnheitsrechts zugeschrieben, denn einer durch Gerichte anerkannten allgemeinen Übung wird im Regelfall mehr Bedeutung beigemessen als einer ohne diese Anerkennung.[367]

---

363 Siehe grundlegend zur Ermittlung von Völkergewohnheitsrecht *Karol Wolfke*, Custom in Present International Law, Dordrecht (u.a.), Nijhoff, 1993; *Albert Bleckmann*, Feststellung und Auslegung von Gewohnheitsrecht, ZaöRV 37 (1977), S. 504 ff.; *Jörg Kirchner*, Völkergewohnheitsrecht aus der Sicht der Rechtsanwendung: Möglichkeiten und Grenzen bei der Ermittlung völkergewohnheitsrechtlicher Normen, München, Verlag V. Florentz, 1989.

364 *Theodor Schweisfurth*, (Fn. 167), 2. Kap. Rn. 47; *Stephen Tully*, (Fn. 133), S. 16 f.

365 *Stephen Tully*, (Fn. 133), S. 16 f.; Siehe hierzu die Feststellung der ILC, dass internationale Organisationen eine Rolle bei der Entstehung von Völkergewohnheitsrecht spielen, Yearbook of the ILC, Vol. II, 1950, S. 372. Für die vorliegende Untersuchung werden so vor allem die Aktivitäten der IAO von besonderem Interesse sein.

366 Siehe Art. 38 Abs. 1 lit. d) IGH-Statut, wonach richterliche Entscheidungen nur Hilfsmittel zur Feststellung von Rechtsnormen sind. Zur Problematik des Art. 38 Abs. 1 lit.d) IGH-Statut im Spannungsverhältnis zu Art. 59 IGH-Statut, wonach die Entscheidung nur für die Streitparteien und nur in Bezug auf die Sache bindend ist, die entschieden wurde; siehe *Karol Wolfke*, (Fn. 363), S. 144 f.

367 *Rudolf Bernhardt*, Customary International Law, in: ders. (Hrsg.), Encyclopedia of Public International Law, Vol. 1, Amsterdam, North Holland, 1992, S. 898 (900).

Entgegen der beschriebenen Auffassung, dass Völkerrechtsubjekte aller Art im Rahmen ihrer Kompetenzen an der Bildung von Völkergewohnheitsrecht teilnehmen können, wird Individuen und nichtstaatlichen juristischen Personen eine solche Eigenschaft grundsätzlich abgesprochen. Trotz der Anerkennung einer partiellen Völkerrechtsubjektivität einzelner Akteure können diese nach der überwiegenden Meinung nicht durch ihr Verhalten zur Entstehung neuer völkerrechtlicher Normen beitragen.[368] Hinter dieser Ablehnung steht in erster Linie der Gedanke, dass die Zuerkennung einer Rechtsetzungseigenschaft nichtstaatlicher Akteure im internationalen Bereich eine Missachtung des Gedankens des Systems der souveränen Gleichen darstellt und infolge dessen zu einer nicht hinnehmbaren Schwächung dieses Systems beitragen würde.[369]

a) Kritik an der Begrenzung der beteiligten Akteure

Der Ausschluss nichtstaatlicher Subjekte aus dem Kreis der normsetzenden Akteure wird in der Völkerrechtslehre zum Teil entschieden zurückgewiesen.[370] Mit Blick auf die umfangreiche Beteiligung nichtstaatlicher Akteure und insbesondere auch wirtschaftlicher Akteure an internationalen Konferenzen und dem damit verbundenen Einfluss auf rechtliche Entstehungsprozesse handele es sich bei dieser Ausgrenzung ausschließlich um ein künstliches Aufrechterhalten der Fassade der Staatenpraxis und der mit ihr verbundenen Idee der staatlichen opinio.[371] Hierfür spreche auch, dass der Wortlaut des Art. 38 Abs. 1

368 Statt vieler siehe *Kirsten Schmalenbach*, (Fn. 84), S. 57 (68) und *Hans W. Baade*, The Legal Effects of Codes of Conduct for Multinational Enterprises, GYIL 22 (1979), S. 11 (16 f.).

369 *Jonathan Charney*, Transnational Corporations and Developing Public International Law, DLJ 1983, S. 748 (765), der darin allerdings mehr den nostalgischen Wunsch einer Rückkehr zur unbegrenzten staatlichen Souveränität sieht.

370 *Isabelle R. Gunning*, Modernizing Customary International Law: The Challenge of Human Rights, VJIL Vol. 31 (1990/1991); *Caroline Hillemanns*, (Fn. 14), S. 58 ff.; *Jordan J. Paust*, The Complex Nature, Sources and Evidences of Customary Human Rights, Georgia Journal of International and Comparative Law (Vol. 26) 1996, S. 147 ff.; *ders.*, Nonstate Actor Participation in International Law and the Pretens of Exclusion, Virginia Journal of International Law, Vol. 51 (2011), S. 977 ff.; *Jennifer Zerk*, (Fn. 133), S. 73 f. und 93 ff.

371 So *Caroline Hillemanns*, (Fn. 14), S. 62. Zumindest zweifelnd an einem Ausschluss privater Akteure an der Beteiligung der Herausbildung gewohnheitsrechtlicher Standards, *Steven Ratner*, (Fn. 108), S. 443 (451), wenn als Voraussetzung verlangt wird, dass alle direkt betroffenen Akteure in den Prozess der Rechtserzeugung eingebunden werden sollen.

lit. b IGH-Statut keine explizite Begrenzung auf eine allgemeine, als Recht anerkannte *Übung der Staaten* als Merkmal des Gewohnheitsrechts voraussetzt.[372] Der Ausschluss nichtstaatlicher Subjekte könne auch nicht mit der Begründung überzeugen, dass eine Einbindung nichtstaatlicher Akteure nicht mit dem Verständnis des Völkerrechts als Recht zwischen souveränen Gleichen vereinbar wäre. Hier würde verkannt, dass sich das Völkerrecht vom Koordinationsrecht zum Kooperationsrecht entwickelt habe.[373] Auch an der Tatsache, dass heute kaum noch Regelungsbereiche auf dem internationalen Gebiet bestehen, welche ausschließlich dem zwischenstaatlichen Bereich zuzuordnen seien, zeige sich dies. Das Völkerrecht sei heute davon geprägt, dass es Bereiche durchdringe, die im strengen Sinne zur inneren Zuständigkeit der Staaten i.S.v. Art. 2 VII SVN gehören.[374] Dies gelte insbesondere auf dem Gebiet der Menschenrechte, deren Inhalt sich gerade nicht in dem Schutz gegenseitiger staatlicher Interessen erschöpfe, sondern seinem Schwerpunkt in dem Schutz von Individualinteressen findet. Damit müsse der Gedanke nahe liegen, die Akteure, deren Interessen betroffen sind, mit in den Entstehungsprozess einzubeziehen.[375]

Schließlich sei eine breite Beteiligung am Rechtsschöpfungsprozess weitaus demokratischer als eine ausschließliche Beteiligung staatlicher Akteure. Eine Begrenzung auf staatliches Handeln und staatliche Rechtsüberzeugung müsse so fehlgehen.[376] Die logische Konsequenz sei daher, das Verhalten von Individuen und juristischen Personen, soweit sie zumindest eine partielle Rechtsfähigkeit besitzen, im Entstehungsprozess einer völkergewohnheitsrechtlichen Norm mit zu berücksichtigen.[377]

---

372 Siehe Art. 38 Abs. 1 lit. b) IGH-Statut *„das internationale Gewohnheitsrecht als Ausdruck einer allgemeinen, als Recht anerkannten Übung"; Michael Akehurst,* Custom as a Source of International Law, BYIL 47 (1974/75), S. 1 (11) sieht gar keine überzeugenden Gründe, die einer Beteiligung von Individuen an der Entstehung von Gewohnheitsrecht entgegenstehen.

373 Caroline Hillemanns, (Fn. 14), S. 59.

374 *Caroline Hillemanns*, (Fn. 14), S. 59.

375 So *Steven Ratner*, (Fn. 110), S. 443 (451). Vgl. hierzu auch die grundsätzlichen Ausführungen von *Rosalyn Higgins*, Problems and Process : international law and how we use it, Oxford, Clarendon Press, 1994, S. 39 ff.

376 *K. Venkata Raman*, Toward a General Theory of International Cusmotmary Law, in: William Michael Reisman (Hrsg.), Toward World Order and Human Dignity: Essays in Honor of Myres S. McDougal, New York, Free Press, 1976, S. 365 (378).

377 Beachte auch *Ipsen*, in: Ipsen, Völkerrecht, 5.Aufl., 2004, 1. Kap. § 1 Rn. 12, der darauf hinweist, dass in dem Maß, in dem die Völkerrechtsordnung andere Rechtsträger

b) Stellungnahme

Die dargestellte Kritik an der Ausgrenzung nichtstaatlicher Akteure am Rechtsbildungsprozess des Gewohnheitsrechts kann nicht überzeugen.[378] So mag es wohl richtig sein, dass sich das Völkerrecht in den letzten Jahrzehnten von einem reinen Koordinationsrecht fortentwickelt hat und heute auch viele Bereiche durchdringt, die im strengen Sinne zur Zuständigkeit der Staaten i.S.v. Art. 2 Abs. 7 SVN gehören und so aus dem Bereich der einzelstaatlichen „domaine réservé" herausgebrochen wurden.[379] Dementsprechend kann das internationale System heute auch als Beziehungsgefüge von Akteuren beschrieben werden, die politisch, wirtschaftlich, kulturell oder auch in anderer Weise grenzüberschreitend handeln.[380] Doch entspricht es auch der Realität, dass die Staaten nach wie vor die maßgeblichen Akteure im internationalen System darstellen. Dies zeigt sich insbesondere daran, dass die einzelnen Staaten durch das Völkerecht nicht gehalten sind, Menschenrechtspakte abzuschließen und zu ratifizieren. Darüber hinaus sind sie selbst bei der Überführung der eingegangenen vertraglichen Verpflichtungen in das nationale Recht lediglich dazu verpflichtet, dass das nationale Recht den vertraglichen Vorgaben entspricht. Ein bestimmter Weg wird dagegen nicht vorgegeben. Den einzelnen Staaten wird vielmehr ein Umsetzungsermessen eingeräumt.

Die beschriebenen Aspekte zeigen, dass den Staaten trotz der Tatsache der stattfindenden Internationalisierung der Menschenrechte ein Raum staatlicher Autonomie verbleibt und dem Grundsatz der staatlichen Souveränität im Völkerrecht Rechnung getragen wird.[381] Der Grundsatz des Rechts unter souveränen Gleichen ist so keineswegs in den Hintergrund getreten. Eine sich aus der

---

neben den Staaten anerkennt, diese nichtstaatlichen Akteure auch Einfluss auf die Entwicklung des Völkerrechts nehmen werden.

378 Siehe hierzu auch *Heiner Geldermann*, (Fn. 332), S. 341 ff.

379 Siehe hierzu ausführlich *Bruno Simma*, Souveränität und Menschenrechtsschutz nach westlichem Völkerrechtsverständnis, in: EuGRZ 1977, S. 235 (238).

380 *Christian Tietje*, Recht ohne Rechtsquellen?; Zeitschrift für Rechtssoziologie 24 (2003), S. 27 (29).

381 *Rudolf Bernhardt*, Internationaler Menschenrechtsschutz und nationaler Gestaltungsspielraum, in: ders. (Hrsg.), Völkerrecht als Rechtsordnung, internationale Gerichtsbarkeit, Menschenrechte: Festschrift für Hermann Mosler, Berlin (u.a.), Springer, 1983, S. 75 (76 ff.). Dieser weist ferner darauf hin, dass durch diesen Ansatz die Eigenheiten einer jeden Nation gewahrt werden, da es auch nicht der Sinn der Menschenrechtsverträge sein darf, uniforme Lebensverhältnisse in allen Staaten zu schaffen, ebenda, S. 88.

Einbeziehung nichtstaatlicher Akteure in den Prozess der Bildung von Gewohnheitsrecht ergebene Einschränkung der staatlichen Souveränität wäre unter diesen Gesichtpunkt so nicht zu rechtfertigen.

Auch der Einwand, der von Kritikern einer Begrenzung des Kreises der rechtsetzenden Akteure im Völkerrecht auf staatliche Akteure erhoben wird, der Rechtsschöpfungsprozess wäre bei Einbeziehung anderer Akteure ein demokratischerer, überzeugt nicht. Es ist im Regelfall nicht offensichtlich, welche Interessengruppen hinter einzelnen Akteuren auf der internationalen Ebene stehen, und es fehlt diesen Akteuren in der Regel auch an einer demokratischen Legitimation im klassischen Sinne, die sie einer erforderlichen Kontrolle unterwerfen würden. Eine unendliche Anzahl an nichtstaatlichen Akteuren beteiligt sich im Rahmen der internationalen Beziehungen. Besonders deutlich wird die Problematik dabei gerade an großen wirtschaftlichen Unternehmen. Sie weisen durch ihre vielfältigen Strukturen ein erhebliches Maß an Intransparenz auf, die die Identität der verantwortlichen Personen nicht immer eindeutig zu Tage treten lassen.[382]

Letztlich kann es auch unter funktionellen Gesichtspunkten nicht überzeugen, den Kreis der rechtsetzenden Akteure auf eine schier unendliche Anzahl auszudehnen.[383] Es wäre erforderlich, ein anderes „Teilnahmekriterium" zu finden, um einen funktionierenden, effektiven Entstehungsprozess des Gewohnheitsrechts sicherzustellen.[384] Im Ergebnis würde man sich an der Ausgangsstelle der Kritik wiederfinden.[385]

Will man also das Völkerrecht nicht gänzlich in der Abkehr von dem traditionellen Verständnis als einen Entscheidungsprozess verstehen, durch welchen die Mitglieder der Gemeinschaft versuchen, ihre gemeinsamen Interessen zu klären

---

382 *Stephen Tully*, (Fn. 133), S. 19.

383 In diesem Sinne auch *Heiner Geldermann*, (Fn. 332), S. 344 f., der zudem auf die Gefahr einer Rechtszersplitterung hinweist.

384 *Jonathan Charney*, (Fn. 369), S. 748 (780).

385 Zu möglichen „Teilnahmekriterien" siehe *Caroline Hillemanns*, (Fn. 14), S. 65, die vorschlägt, dass der infrage kommende Akteur ein besonderes Interesse an der zu regelnden Materie haben muss und dies in substantieller Weise zuvor kundgetan haben muss oder *Jonathan Charney*, (Fn. 369), S. 748 (780), der sich ausschließlich auf den Einfluss des infrage kommenden Akteurs auf die zu regelnde Materie beziehen möchte. Beiden Ansätzen ist es zu Eigen, dass das „Teilnahmekriterium" zu pauschal und unbestimmt ist, um es als taugliches Abgrenzungskriterium tatsächlich in Betracht zu ziehen.

und zu sichern[386], kann eine umfassende und gleichberechtigte Beteiligung nichtstaatlicher Akteure im bestehenden System nicht zum Tragen kommen. Auch würde sie mit einem umfassenden Verlust des dem Völkergewohnheitsrechts typischen zwischenstaatlichen Charakters einhergehen.[387]

Dies muss aber nicht bedeuten, dass die Handlungen nichtstaatlicher Akteure im Entstehungsprozess keinerlei Bedeutung haben. Hier ist zum einen auf die weit verbreitete Lobby-Arbeit zur Beeinflussung des staatlichen Handelns zu verweisen und zum anderen auf die Tatsache, dass die nichtstaatliche Übung immer auch dann von rechtlicher Relevanz ist, wenn sich die Staaten diese Übung ausdrücklich zu Eigen machen.[388] Beispielhaft ist hierfür in erster Linie der Rechtsbildungsprozess im Rahmen der IAO unter intensiver Beteiligung von Gewerkschaften und Unternehmen genannt. Im Rahmen des WTO-Übereinkommens über technische Handelshemmnisse werden die Mitgliedstaaten der WTO sogar verpflichtet, technische Normen der Internationalen Organization for Standardization (ISO), die als solche nicht einmal ein Völkerrechtssubjekt ist, als nationale technische Vorschriften zu verwenden.[389]

Letztlich bleiben die Staaten im Rahmen der Bildung von Völkergewohnheitsrecht jedoch die maßgeblichen Akteure, auch wenn ihr Handeln mehr und mehr von einer Vielfalt privater Akteuren beeinflusst wird.

2. *Elemente des Völkergewohnheitsrechts*

a) *objektives Element – Die Übung*

Als objektives Element ist die Übung unerlässliche Voraussetzung zum Nachweis eines gewohnheitsrechtlichen Rechtsatzes.[390] Fehlt es an diesem Merkmal kann eine vorhandene Rechtsüberzeugung nur zur Herausbildung einer Art von Norm führen, die nicht dem Gewohnheitsrecht des Art. 38 Abs. 1 lit. b IGH-Statut

---

386 Siehe dazu den sog. New Haven oder policy-oriented Approach von McDougal. Eine umfassende Darstellung findet sich bei *Sandra Voos*, Die Schule von New Haven, Berlin, Duncker & Humblot, 1999.

387 Siehe hierzu *Angelika Emmerich-Fritsche*, Vom Völkerrecht zum Weltrecht, Berlin, Duncker & Humblot, 2007, S. 455.

388 *Rudolf Bernhardt*, Customary International Law, in: ders. (Hrsg.), Encyclopedia of Public International Law, Vol. 4, Amsterdam, North Holland, 1992, S. 898 (900); *Herman. Meijers*, How is International Law Made?, NYIL Vol. 9 (1978), S. 3 (6); wohl auch *Heiner Geldermann*, (Fn. 332), S. 340.

389 *Christian Tietje*, (Fn. 380), S. 27 (36 f.).

390 *Heintschel von Heinegg*, in: Ipsen, Völkerrecht, 5.Aufl., 2004, 4. Kap. § 16 Rn. 4.

zugeordnet werden kann.[391] Auch wenn die Rechtsüberzeugung eine Übung erst zu Recht werden lässt, ist es die Übung, die eine Regel zu Gewohnheitsrecht macht.[392] Schließlich kann nicht jede Verhaltensweise ohne weiteres als Merkmal für eine vorhandene Übung i.S.v. Art. 38 Abs. 1 lit. b IGH-Statut angesehen werden. Hinsichtlich der Art, Dauer, Einheitlichkeit sowie Verbreitung der Übung bestehen besondere Anforderungen.

(1) Art der Übung

Die International Law Commission hat in ihrem Bericht von 1950 die i.S.v. Art. 38 Abs. 1 lit. b IGH-Statut die relevanten Formen der Übung aufgezählt.[393] Hiernach gehören dazu die Texte internationaler Instrumentarien, Entscheidungen internationaler wie nationaler Gerichte,[394] nationale Gesetzgebung,[395] diplomatische Korrespondenz sowie das Verhalten internationaler Organisationen. Als Übung i.S.v. Art. 38 Abs. 1 lit. b IGH-Statut kommen daher grundsätzlich alle Verhaltensweisen der Staaten bzw. internationalen Organisationen in Betracht, sei es eine rechtliche oder auch rein faktische Handlung, eine Äußerung oder ein Unterlassen, soweit sie einen Bezug zu den internationalen Beziehungen aufweisen.[396]

Nicht einheitlich wird bewertet, ob nur die Übung von den Organen relevant ist, die den Staat bzw. die internationale Organisation in den völkerrechtlichen Beziehungen vertreten. So vertritt *Schweisfurth* die Auffassung, dass Art. 38 Abs. 1 lit. b IGH-Statut in Gegenüberstellung zu Art. 38 Abs. 1 lit. c IGH-Statut

---

391 Siehe in diesem Sinne der IGH in der Nicaragua-Entscheidung, wenn er darauf abstellt, dass *„the mere fact that States declare their recognition of certain rules is not sufficient … to consider these as being part of customary international law“* und weiter *“The Court must satisfy itself that the existence of the rule in the opinion juris of States is confirmed by practice.”*; ICJ, *Military Activities in and against Nicaragua*, ICJ Rep. 1986, S. 14 (97 f.).

392 *Godefridus. J.H. van Hoof*, Rethinking the Sources of International Law, Kluwer, Ijsselstein, 1983, S. 93.

393 Yearbook of the ILC, Vol. II, 1950, S. 367 ff.

394 Zur umstrittenen Bedeutung nationaler Gerichtsentscheidungen für die Herausbildung von Völkergewohnheitsrecht siehe *Dahm/Delbrück/Wolfrum*, Völkerrecht, Bd. I/1, S. 56 f. m.w.N.

395 *Reingard Zimmer*, (Fn. 24), S. 76, wendet ein, dass innerstaatliche Regelungen selbst nicht zur Bildung von Völkergewohnheitsrecht beitragen können. Allerdings sieht sie in ihnen durchaus ein Indiz für das Bestehen einer entsprechenden Staatenpraxis.

396 *Heintschel von Heinegg*, in: Ipsen, Völkerrecht, 5. Aufl., 2004, 4. Kap. § 16 Rn. 6; *Karol Wolfke*, (Fn. 363), S. 148.

verdeutlicht, dass „Übung“ i.S.v. Art. 38 Abs. 1 lit. b IGH-Statut externe Staatenpraxis meint, da die interne Praxis bereits als allgemeiner Rechtsgrundsatz über Art. 38 Abs. 1 lit. c IGH-Statut eine Berücksichtigung im Völkerrecht findet.[397] Soll eine innerstaatliche Rechtspraxis bei der Entstehung von Völkergewohnheitsrecht eine Rolle spielen, bedürfe es daher einer Verlagerung auf die zwischenstaatliche Ebene. Diese Verlagerung erfolge dann, wenn die zur völkerrechtlichen Vertretung berufenen Organe nach außen die Haltung zum Ausdruck bringen, dass die durch den innerstaatlichen Akt eingenommene Haltung auch die von dem betroffenen Staat nach außen eingenommene Haltung wiedergibt.[398]

Diese rechtssystematischen Argumente können im konsensorientierten Völkerrecht nicht durchdringen. So verweisen mit der überwiegenden Meinung in Rechtsprechung und Literatur *Verdross/Simma* insbesondere auf das Zustandekommen der völkergewohnheitsrechtlichen Regelungen zur Staatenimmunität, um darzulegen, dass nicht nur die Handlungen der Organe der „auswärtigen Gewalt“, sondern die aller Organe als Übung i.S.v. Art. 38 Abs. 1 lit. b IGH-Statut angesehen werden.[399] In diesem Sinne hat auch das Bundesverfassungsgericht (BVerfG) im Philippinischen Botschaftskontofall hervorgehoben, dass neben dem Verhalten der kraft Völkerrecht oder kraft innerstaatlichen Rechts dazu berufenen Organe eine entsprechende Übung auch *„in den Akten anderer Staatsorgane, wie des Gesetzgebers oder der Gerichte“* zum Ausdruck kommen kann, *„soweit ihr Verhalten unmittelbar völkerrechtlich relevant ist“*.[400] Damit muss auch die interne Staatenpraxis, soweit sie einen Bezug zum Völkerrecht aufweist, als Teil der „Übung“ i.S.v. Art. 38 Abs. 1 lit. b IGH-Statut angesehen werden.

(2) Dauer der Übung

Die klassische Vorstellung des Gewohnheitsrechts wies lange Zeit dem Erfordernis einer gewissen Dauer der Übung eine erhebliche Bedeutung zu. Im Gegensatz

397 *Theodor Schweisfurth*, (Fn. 167), 2. Kap. Rn. 52.

398 *Theodor Schweisfurth*, (Fn. 167), 2. Kap. Rn. 53; *Georg Dahm / Jost Delbrück / Rüdiger Wolfrum*, Völkerrecht, Bd. I/1, 2. Aufl., Berlin, de Gruyter, 1989, S. 57.

399 *Alfred Verdross/Bruno Simma*., (Fn. 117), § 584. Zur Entstehung des Völkergewohnheitsrechts der Staatenimmunität siehe ders. §§ 1168 ff. So auch *Rudolf Bernhardt*, (Fn. 359), S. 50 (65); *Maarten Bos*, A Methodology of International Law, Amsterdam, North-Holland, 1984, S. 235.

400 BVerfGE 46, 342 (Urteilsabdruck in ZaöRV 38 (1978), S. 261. In diesem Sinne auch der ICJ, *Democratic Republic of the Congo v. Belgium*, ICJ Rep. 2002, S. 24: *„The Court has carefully examined State praxis, including national legislation and those few decisions of higher courts,…“*.

dazu wird dies heute eher vernachlässigt. Nach ständiger Praxis des IGH ist es vielmehr nur noch erforderlich, dass die Übung „*extensive and virtually uniform*" ist.[401] Dies weist zwar grundsätzlich noch darauf hin, dass zumindest ein bestimmtes Zeitmoment erforderlich ist, da ohne dies nicht von einer intensiven Übung gesprochen werden kann.[402] Es macht aber zugleich auch deutlich, dass die Dauer einer Übung wohl nur noch eine untergeordnete Bedeutung hat, wenn eine unangefochtene Rechtsüberzeugung besteht.[403] Die erforderliche Dauer der Übung lässt sich so nicht abstrakt generell bestimmten. Sie muss vielmehr stets im konkreten Einzelfall unter Berücksichtigung der bestehenden Rechtsüberzeugung bestimmt werden.[404]

(3) Einheitlichkeit der Übung

Hinsichtlich der Einheitlichkeit der Übung verlangt der IGH, dass sich eine repräsentative Anzahl an Völkerrechtssubjekten in gleichartig gelagerten Fällen konsistent verhält.[405] Einzelne Abweichungen weniger Akteure sollen folglich nicht der Entstehung einer neuen gewohnheitsrechtlichen Norm entgegenstehen.

(4) Allgemeinheit der Übung

Die erforderliche Verbreitung einer Norm ist in Anlehnung an die Vorschrift des Art. 38 IGH-Statut gegeben, wenn die Norm im Allgemeinen und nicht nur von den jeweils streitenden Parteien anerkannt worden ist. Dies ergibt sich schon aus der Abgrenzung zu den internationalen Übereinkommen i.S.v. Art. 38 Abs. 1 lit. a IGH-Statut, die gerade nur von den streitenden Vertragsparteien ausdrücklich anerkannt worden sind.[406]

---

401 ICJ, *North Sea Continental Shelf Cases*, ICJ Rep. 1969, S. 4 (43).

402 *Alfred Verdross/Bruno Simma*, (Fn. 117), § 571.

403 *Rudolf Bernhardt*, (Fn. 359), S. 50 (66); *Malcolm N. Shaw*, (Fn. 11), S. 84 ff.

404 *Heintschel von Heinegg*, in: Ipsen, Völkerrecht, 5. Aufl., 2004, 4. Kap. § 16 Rn. 8 f.; *Alfred Verdross/Bruno Simma*, (Fn. 117), § 572. Anders *Rudolf Bernhardt*, (Fn. 359), S. 50 (72 f.), der davon spricht, dass eine Regel im Sinne der internationalen Ordnung bei besonderen Gefährdungslagen schlechthin notwendig sein kann. In diesen Fällen ist der zeitliche Aspekt der Übung nach Bernhardt unbeachtlich (sog. instant law). Dementgegen verweist *Karol Wolfke*, (Fn. 363), S. 129 auf die Rspr. des IGH, der wiederholt darauf hingewiesen hat, dass der Aspekt der „necessity" allenfalls eine „inspirational" Basis sein kann.

405 ICJ, *Military Activities in and against Nicaragua*, ICJ Rep. 1986, S. 14 (98).

406 *Alfred Verdross/Bruno Simma.*, (Fn. 117), § 553 f.

Von einer „allgemeinen" Übung kann nach h.M. immer dann gesprochen werden, wenn die Praxis weit verbreitet und repräsentativ ist und dabei auf dem Verhalten derjenigen Völkerrechtssubjekte beruht, deren Interessen von der werdenden Norm betroffen sind.[407] Dies bedeutet aber nicht, dass für eine „allgemeine Übung" i.S.d. Art. 38 Abs. 1 lit. b IGH-Statut in jedem Fall eine einmütige Praxis aller betroffenen Staaten erforderlich wäre. Mit Rücksicht auf den Sinn und Zweck der zu schaffenden Regel und deren Wirkungskreis, ist stets zu klären, welches Maß an Universalität die Übung haben muss.[408] Handelt es sich um einen Regelungsgegenstand, der die Interessen aller Staaten betrifft, wird es erforderlich sein, dass es sich um eine Übung von Völkerrechtssubjekten handelt, die die verschiedenen geographischen Regionen sowie sozio – politischen Systeme repräsentieren. Denn nur so kann wegen der zahlreichen kulturellen, ideologischen, und politischen Unterschiede innerhalb der internationalen Gemeinschaft gewährleistet werden, dass es sich in der Tat um eine Übung von „allgemeiner" Geltung handelt.[409] Betrifft der Regelungsgegenstand dagegen nur die Interessen einzelner Staaten, so kommt es nur auf deren Übung an.[410] Mithin lässt sich schlussfolgern, dass das Merkmal der „Allgemeinheit" der Übung sich nicht abstrakt anhand konkreter Zahlen- oder Prozentangaben bestimmen lässt. Es ist vielmehr von den konkreten jeweiligen Umständen des Einzelfalles abhängig, ob eine Übung als „allgemein" i.S.v. Art. 38 Abs. 1 lit. b IGH-Statut zu bewerten ist.[411]

b) *Subjektives Element – Rechtsüberzeugung [Anerkennung der Übung als Recht]*

Nach Art. 38 Abs. 1 lit. b IGH-Statut ist neben dem soeben dargestellten Merkmal der „allgemeinen Übung" für den Bestand einer gewohnheitsrechtlichen Norm die Anerkennung dieser Übung als Recht (opinio juris sive necessitatis) notwendig. Auch wenn dieses Erfordernis von der Lehre des Öfteren mit verschiedenen

---

407 ICJ North Sea Continental Shelf Case, ICJ Rep.1969, S. 42 f.; *Malcolm N. Shaw* (Fn. 11), S. 79, verweist in diesem Zusammenhang darauf, dass die Dauer und Verbreitung und Beachtung der tatsächlichen Gegebenheiten vielfach zweitrangig sind, wenn die Norm nicht von Akteuren mit großem Einfluss mitgetragen wird. Entscheidend ist demnach vorallem auch die Durchsetzungskraft.

408 *Herman Meijers*, (Fn. 388), S. 3 (16).

409 *Heintschel von Heinegg*, in: Ipsen, Völkerrecht, 5. Aufl., 2004, 4. Kap. § 16 Rn. 11.

410 *Alfred Verdross/Bruno Simma*., (Fn. 117), § 556.

411 *Wolf Heintschel von Heinegg*, in: Ipsen, Völkerrecht, 5. Aufl., 2004, 4. Kap. § 16 Rn. 11.

Argumenten in Zweifel gezogen worden ist,[412] hat der IGH durch seine Rechtsprechung die Wichtigkeit dieses subjektiven Elementes stets hervorgehoben. Es ist unentbehrlich, um bestehendes Recht von der Sitte (Courtoisie) und der internationalen Moral abzugrenzen[413], da nicht davon ausgegangen werden kann, dass jegliche Übung der Staaten die Erfüllung einer Verbindlichkeit darstellt.[414] Je klarer und eindeutiger die Zeichen einer einheitlichen Rechtsauffassung sind, desto weniger von Bedeutung ist der Umfang der einschlägigen Praxis.[415]

(1) Verständnis der opinio juris sive necessitatis

Wörtlich bedeutet der Begriff der "*opinio juris sive necessitatis*" den Glauben an das Recht oder die Notwendigkeit. Nach Art. 38 Abs. 1 lit. b IGH-Statut besteht die Rechtsüberzeugung in der Anerkennung der Übung als Recht. Der IGH hat das Erfordernis der „*opinio juris sive necessitatis*" dementsprechend mit der Formulierung umschrieben, dass die Praxis der Völkerrechtssubjekte

---

412 Siehe u.a. *Hans Kelsen*, Principles of international law, New York, Rinehart, 1952, S. 307 ff., für den die opinion juris eine bloße Fiktion ist, um von der Gestaltungskraft des Richters abzulenken oder Hersch Lauterbach, The development of International law by the International Court (1958), S. 380, der eher ein Nicht-Rechtsbindungswillen für erforderlich hält. Für einen Überblick der verschiedenen Ansätze einer Kritik am Merkmal der opinio juris siehe *Alfred Verdross/Bruno Simma*, (Fn. 117), § 562.

413 Siehe hierzu m. w. N. *Graf Vitzthum* in Graf Vitzthum (Hrsg.) Völkerrecht, 5. Aufl., 1. Abschn. Rn. 66 ff.

414 *Wolf Heintschel von Heinegg*, in: Ipsen, Völkerrecht, 5. Aufl., 2004, 4. Kap. § 16 Rn. 12 ff.; *Ian Brownlie*, Principles of Public International Law, 8. ed., Oxford (u.a.), Oxford Univ. Press, 2012, S. 23 f.; beachte hier den Hinweis des IGH auf u.a. das Protokoll bei Staatsbesuchen in den ICJ, *North Sea Continental Shelf Cases*, ICJ Rep. 1969, S. 4 (44).

415 *Rudolf Bernhardt*, (Fn. 359), S. 50 (66). Auch wenn hier die größere Bedeutung des subjektiven Elementes im Entstehungsprozess von Völkergewohnheitsrecht hervorgehoben wird, sei dennoch darauf verwiesen, dass dies nicht gleichgesetzt werden kann mit der Staatenwillenstheorie (siehe hierzu u.a. Grigorij I. Tunkin, Völkerrechtstheorie, Berlin, Berlin Verl., 1972, S. 153ff). Diesbezüglich hat *Rudolf Bernhardt*, ebenda richtigerweise festgestellt, dass, wenn das Völkergewohnheitsrecht als stillschweigender Vertrag angesehen würde, dies zur Auflösung der Völkerrechtsordnung führe, da es zur Folge hätte, dass ein Staat nur die Regeln akzeptieren müsste, die ihm günstig erschienen und lästige ablehnen kann. Allerdings kann sehr wohl die Frage gestellt werden, ob zwischen „*opinio juris*" und allgemeinem Konsens der Staaten ein wirklicher Unterschied besteht; siehe dazu *Olufemi Elias*, The Nature of the Subjective Element in Customary International Law, ICLQ 1995, S. 501 ff.

"must also be such, or be carried out in such a way, as to be evidence of a believe that this practice is rendered obligatory by the existence of a rule of law requiring it. ... The States concerned must therefore feel that they are conforming to what amounts to a legal obligation."[416]

Im Widerspruch zu der Rechtsüberzeugung, dass ein Verhalten durch eine bestehende Norm gefordert wird, steht allerdings die Tatsache, dass zumindest zu Beginn der neuen Praxis eine solche Überzeugung schwerlich vorhanden sein wird.[417] In diesem Sinn ist es zutreffender, die Rechtsüberzeugung als wahrnehmbare Behauptung eines Völkerrechtssubjektes zu verstehen, durch die zum Ausdruck gebracht wird, dass entweder eine bestehende Regel dieses Verhalten erfordert oder dass die Anerkennung in Übereinstimmung mit dem Recht gesellschaftlich wünschenswert ist, d.h. die Überzeugung sich auf eine erst noch zur Entstehung zu bringenden Norm bezieht. Entscheidend ist also, dass neben der Überzeugung des Bestehens einer Norm, die ein entsprechendes Verhalten abverlangt, für den Nachweis einer erforderlichen Rechtsüberzeugung i.S.d. Art. 38 Abs. 1 lit. b IGH-Statut auch die Überzeugung ausreichend sein muss, dass ein Verhalten zukünftig rechtlich geboten sein soll (Notwendigkeit einer entsprechenden Reglung). Nur mit diesem Verständnis kann der Tatsache Rechnung getragen werden, dass hinsichtlich des subjektiven Elementes ein qualitativer Unterschied bei Beginn und bei der Fortsetzung einer Übung bestehen muss. Anders wäre nicht zu erklären, warum die Anfänge einer entsprechenden Übung eine Beachtung beim Nachweis einer gewohnheitsrechtlichen Norm finden sollten.[418]

Im Ergebnis bedeutet dies, dass am Anfang eines Normbildungsprozesses der Aspekt der *opinio necessitatis* im Vordergrund steht und dieser bei fortschreitender Praxis durch die *opinio juris* im Sinne des IGH ersetzt wird.[419] Entscheidend ist damit die Überzeugung der Völkerrechtssubjekte im Sinne einer gefestigten Position, dass eine bestimmte Verhaltensweise – jetzt oder in der Zukunft – als rechtlich geboten angesehen wird und nach außen als wahrnehmbare Behauptung einer völkerrechtlichen Regel in Erscheinung tritt.

---

416 ICJ, *North Sea Continental Shelf Cases*, ICJ Rep. 1969, S. 4 (44).

417 *Hugh W.A. Thirlway*, International Customary Law and Codification, A.W. Sijthoff, Leiden, 1972, S. 47.

418 *Hugh W.A. Thirlway*, (Fn. 417), S. 56.

419 *Hugh W.A. Thirlway*, (Fn. 417), S. 56. So wohl auch *Godefridus. J.H. van Hoof*, (Fn. 392), S. 104, der diese Sichtweise zumindest ausdrücklich bei der Änderung bestehenden Völkergewohnheitsrechtes durch eine neue Regel zum Ausdruck bringt.

Die Rechtsüberzeugung unterliegt für sich daher auch einem Entwicklungsprozess.[420]

(2) Nachweis der opinio juris sive necessitatis

Der Nachweis der opinio juris sive necessitatis ist regelmäßig mit Schwierigkeiten verbunden, da sie im Gegensatz zur Übung nicht unmittelbar sichtbar ist.[421] Eine vergleichbare „*Sichtbarkeit*" ist nur in den seltenen Fällen gegeben, in denen durch eine verbale Äußerung eines Völkerrechtssubjektes ausdrücklich kundgetan wird, dass ein bestimmtes Verhalten als rechtlich geboten angesehen wird.[422] Im Regelfall aber liegt die opinio juris den Handlungen, dem Unterlassen oder Dulden der Völkerrechtssubjekte zugrunde, ohne dass sie ausdrücklich kundgetan wird. Es gilt insofern aus der Übung der Völkerrechtsubjekte als „*Kehrseite der Medaille*", die subjektive Einstellung zu ermitteln.[423] Dabei sind folgende Aspekte zu beachten.

Das Bestehen einer in zahlreichen Fällen gleichartigen Übung muss nicht zwangsläufig bedeuten, dass dem Handeln eine entsprechende Rechtsüberzeugung zugrunde liegt. Anderenfalls würde die Grenze zwischen dem objektiven und subjektiven Element verschwimmen. Nichtsdestotrotz wird die Existenz einer einheitlichen Übung der Staaten auch als Anscheinsbeweis (prima facie) für das Vorhandensein einer dieser Übung entsprechenden Rechtsauffassung gewertet.[424]

Der Nachweis einer gänzlich übereinstimmenden Rechtsüberzeugung ist nicht erforderlich.[425] Vielmehr bedarf es, wie die völkerrechtliche Judikatur in zahlreichen Entscheidungen bekräftigt hat, lediglich einer allgemeinen

420 Als Teil des Entwicklungsprozesses kann man daher auch unverbindliche Verhaltenskodizes betrachten. In ihrem Rahmen werden Verhaltensvorgaben erarbeitet und idealerweise weiter konkretisiert. Zur Herausbildung der Rechtsüberzeugung siehe im Einzelnen *Herman Meijers*, (Fn. 388), S. 3 (7).

421 *Theodor Schweisfurth*, (Fn. 167), 2. Kap. Rn. 73.

422 Hierunter sind zu verstehen jede staatliche Rechtsäußerung wie Rechtsgutachten, nationale Gesetzgebung oder Praxis nationaler Gerichte, diplomatische Korrespondenzen. Siehe *Jörg Kirchner*, (Fn. 363), S. 62 f.

423 So *Theodor Schweisfurth*, (Fn. 167), 2. Kap. Rn. 73, aber auch schon *Alfred Verdross*, Entstehungsweisen und Geltungsgrund universellen völkerrechtlichen Gewohnheitsrechts, ZaöRV 29 (1969), S. 635 (649).

424 Mit Verweis auf verschiedene Entscheidungen des IGH *Karol Wolfke*, (Fn. 363), S. 131.

425 *Ian Brownlie*, (Fn. 414), S. 24.

Grundposition.[426] Einzelner deutlicher Widerspruch vermag den Nachweis einer bestehenden allgemeinen Rechtsüberzeugung so nicht zu verhindern. Er führt ausschließlich dazu, dass der einzelne ständig widersprechende Akteur (persistent objector) nicht an die entstehende Norm gebunden wird.[427] Die Staatengemeinschaft muss so letztlich die behauptete völkerrechtliche Regel nur mehr oder weniger unwidersprochen zur Kenntnis genommen haben.[428] Ein Schweigen kann insofern als Zustimmung oder als Akzeptanz einer Übung gewertet werden.[429] Einschränkend hebt der IGH in einzelnen Entscheidungen aber hervor, dass dies wohl nur dann gelten könne, wenn der Staat sich der rechtlichen Wirkung seiner Handlung bewusst ist.[430] So kann letztlich auch ein Schweigen nicht losgelöst vom konkreten Fall bewertet werden. Erforderlich bleibt, die Umstände des Schweigens genau zu untersuchen, um eine dem Einzelfall gerechte Wertung zu erzielen.[431] Entscheidend ist hierbei ausschließlich die in der Übung zum Ausdruck kommende wahrnehmbare Behauptung einer völkerrechtlichen Regel und nicht die der Handlung zugrundeliegende tatsächliche Überzeugung. Im Sinne einer größtmöglichen Rechtssicherheit sind beim Nachweis der bestehenden Rechtsüberzeugung unausgesprochene Vorbehalte daher stets nicht zu berücksichtigen.[432]

3. Zusammenfassung

Es wurde gezeigt, dass keine abstrakte Formel zur Bestimmung einer völkergewohnheitsrechtlichen Norm besteht.[433] Das Entstehen einer völkergewohnheitsrechtlichen Norm kann auf verschiedenen Wegen erfolgen und es bedarf

---

426 ICJ, *Asylum Case*, ICJ Rep. 1950, S. 266 ff.; ICJ, *Fisheries Case*, ICJ Rep. 1951, S. 116 ff.; ICJ, *Nottebohm Case*, ICJ Rep. 1955, S. 4 ff.; ICJ, *North Sea Continental Shelf Case*, ICJ Rep. 1969, S. 3 ff.

427 *Herman. Meijers*, (Fn. 380), S. 3 (23 f.) verweist darauf, dass der Wille der Normwerdung im Handeln der Staaten deutlicher werden muss, damit anderen Staaten die Möglichkeit zum Widerspruch gegeben werden kann. Siehe zur Bedeutung des sog. persistent objectors u.v.a. *Albert Bleckmann*, (Fn. 274), Rn. 199; *Michael Akehurst*, (Fn. 372), S. 1 (39 f.).

428 *Rudolf Bernhardt*, (Fn. 359), S. 50 (63).

429 *Malcolm N. Shaw*, (Fn. 11), S. 89 ff.; *Karol Wolfke*, (Fn. 363), S. 134. Siehe auch *Ian Brownlie*, (Fn. 414), S. 23 f., der die Auffassung vertritt, dass Schweigen sowohl als Zustimmung als auch als Desinteresse gewertet werden kann.

430 ICJ, *Gulf of Maine*, ICJ Rep. 1984, S. 246 (305).

431 *Karol Wolfke*, (Fn. 363), S. 134 f.

432 *Rudolf Bernhardt*, (Fn. 359), S. 50 (63); *Michael Akehurst*, (Fn. 372), S. 1 (39).

433 Statt vieler *Jörg Kirchner*, (Fn. 363), S. 60 f.

regelmäßig einer umfassenden Bewertung der Begebenheiten im konkreten Einzelfall. Grundsätzlich lässt sich der Entstehungsprozess aber in zwei Phasen unterteilen:

Er besteht

1. aus der Übung, die einen Bezug zum Völkerrecht aufweisen muss, und
2. dem Herausbilden einer entsprechenden Rechtsüberzeugung.[434]

Die Rechtsüberzeugung muss dabei zu Beginn einer Übung zwingend zum Ausdruck bringen, dass eine Übung rechtlich erforderlich erscheint (opinio necessitatis). Dies ist ein unabdingbarer Zwischenschritt, um einen Widerspruch zu bestehendem Recht zu vermeiden.[435] Erst daran anschließend muss sich die opinio juris in der Form herausbilden, dass ein Verhalten rechtlich geboten ist.[436] Nicht zwingend erforderlich ist allerdings, dass erst die Übung existent ist und sich daran anschließend eine entsprechende Rechtsüberzeugung herausbildet. Vielmehr kann Gewohnheitsrecht durch ein gleichzeitiges oder aufeinanderfolgendes Einsetzen der Übung und des Herausbildens einer Rechtsüberzeugung entstehen.[437]

Der Schwerpunkt beim Nachweis einer gewohnheitsrechtlichen Regel liegt stets auf der Suche nach der Existenz der erforderlichen Rechtsüberzeugung.[438] Trotz dieses Fokus auf die Rechtsüberzeugung darf jedoch nicht vergessen werden, dass das Charakteristikum des Völkergewohnheitsrechts die Gewohnheit ist. Eine Wiederholung der Übung, die eine Einheitlichkeit wie Allgemeinheit aufweisen muss, ist daher zwingend erforderlich.

Zur Ermittlung des Bestehens einer völkergewohnheitsrechtlichen Norm gilt es daher, Handlungen der maßgeblichen Akteure mit einem Bezug zur entsprechenden Problematik auszumachen. Anschließend ist zu fragen, welche

---

434 *Herman Meijers*, (Fn. 380), S. 3 ff. unterteilt den Prozess in drei Stufen. Er unterscheidet dabei im Rahmen des subjektiven Elementes zwischen dem internen Prozess der Bildung einer Rechtsüberzeugung und der externen Kundgabe der gefundenen Rechtsüberzeugung.

435 *Godefridus J. H. van Hoof*, (Fn. 392), S. 105.

436 *Hugh W.A. Thirlway*, (Fn. 417), S. 56. In diesem kann man hier auch die Meinung vertreten, dass der Prozess sich in drei Phasen vollzieht. Dabei handelt es sich jedoch anders als bei *Meijers* (s.o.) nicht um eine interne und externe Phase. Die opinio necessitates ist Vorstufe zur opinio juris und damit zwingend von ihr abzugrenzen.

437 Siehe *Graf Vitzthum* in Graf Vitzthum (Hrsg.) Völkerrecht, 5. Aufl., 1. Abschn. Rn. 137, der als Beispiel die Entstehung des Weltraumrechts anführt.

438 *Godefridus J.H. van Hoof*, (Fn. 392), S. 106.

Rechtsüberzeugung diesen Handlungen zugrunde liegt und inwieweit sich die Akteure – in vergleichbaren Situationen – konsistent verhalten. Ist dies nicht der Fall, so ist eine Übung i.S.v. Art. 38 Abs. 1 lit. b IGH-Statut nicht gegeben, da das Merkmal der Allgemeinheit und Einheitlichkeit nicht erfüllt ist.

III. Schlussfolgerung für das weitere Vorgehen

Eine abschließende Beantwortung der Fragestellung, ob durch die Entwicklungen der vergangenen Jahre eine völkergewohnheitsrechtliche Norm entstanden ist, die eine unmittelbare Verantwortlichkeit wirtschaftlicher Akteure in Bezug auf die Achtung der menschenrechtlichen Arbeitsrechtsstandards zum Inhalt hat oder sich erst im Entstehen befindet, legt unter Beachtung der zuvor genannten Voraussetzungen eine systematische Untersuchung jeglicher Handhabung der möglichen Gefährdungssituationen nahe. Zu untersuchen wären Texte internationaler Instrumentarien, Entscheidungen internationaler wie nationaler Gerichte, nationale Gesetzgebung, diplomatische Korrespondenz sowie das Verhalten internationaler Organisationen.

Dass Handlungen einflussreicher und mächtiger Akteure dabei einen größeren Einfluss auf den Entstehungsprozess ausüben als die anderer Akteure lässt sich dabei jedoch nicht leugnen.[439] Eine besondere Bedeutung kommt daher der Handhabung der Problematik der wirtschaftlichen Gefährdung menschenrechtlicher Arbeitsrechtsstandards seitens Akteuren zu, die eine besondere Verbindung mit der Problematik, sei es aufgrund ihrer wirtschaftlichen Macht und ihrer politischer Kraft oder eines speziellen Interesses am Regelungsgegenstand, aufweisen.[440] Sie nehmen bei der Entstehung völkergewohnheitsrechtlicher Normen eine Schlüsselfunktion ein und bilden so einen Orientierungspunkt für andere ihnen nachfolgende Akteure, ohne den die Entwicklung einer entsprechenden Übung nicht möglich wäre.[441] Auf den Beitrag dieser Akteure zur Entstehung einer völkergewohnheitsrechtlichen Norm der Verpflichtung wirtschaftlicher Akteure zur Beachtung der Kernarbeitsrechte wird die Untersuchung im Rahmen dieser Arbeit daher beschränkt.

Eine besondere Verbindung im oben genannten Sinne mit der Problematik der wirtschaftlichen Gefährdung menschenrechtlicher Arbeitsrechtsstandards

---

439 *Malcolm N. Shaw*, (Fn. 11), S. 79.

440 Siehe hierzu auch den IGH, der im North Sea Continental Shelf case festgehalten hat, dass Recht und Politik nicht gänzlich voneinander zu trennen sind. ICJ, *North Sea Continental Shelf cases*, ICJ Rep., 1969, S. 3 (42 f.).

441 *Malcolm N. Shaw*, (Fn. 11), S. 80.

lässt sich dabei insbesondere bei den westlichen Industrienationen beobachten. Sie haben nicht nur aufgrund ihrer wirtschaftlichen Macht und ihrer politischen Kraft erheblichen Einfluss auf die Gestaltung der internationalen Beziehungen, sondern weisen auch unabhängig von der Tatsache, dass die Gewährleistung eines umfassenden und effektiven Menschenrechtsschutzes grundsätzlich im Interesse aller Staaten liegt, ein spezielles Interesse am Regelungsgegenstand auf. So sind und waren sie stets ein Befürworter der Globalisierung im Sinne einer Liberalisierung der Weltmärkte.[442] Daraus folgt in konsequenter Weise, dass sie auch eine besondere politische Verantwortung für die Regulierung der aus Fehlentwicklungen entstehenden Gefahren für die Gewährleistung der menschenrechtlichen Arbeitsrechtsstandards tragen. Hinzu tritt, dass sich in überproportionaler Weise Unternehmen, die in eben diesen Staaten beheimatet sind, den Vorwürfen einer Missachtung menschenrechtlicher Mindeststandards ausgesetzt sehen.[443] Es geht damit nicht nur eine Ursache der Gefahr von diesen Staaten aus, sondern es werden auch ihrer Staatsgewalt unterstehende Rechtspersonen der Verletzung menschenrechtlicher Arbeitsrechtsstandards beschuldigt. Aufgrund dieser Tatsachen ist daher den Entwicklungen in den Industrienationen in Bezug auf das Bestehen einer unmittelbaren menschenrechtlichen Verpflichtung wirtschaftlicher Akteure zur Beachtung der Kernarbeitsrechte eine hervorgehobene Bedeutung zuzumessen.

Zwei Entwicklungen verdienen dabei eine besondere Aufmerksamkeit. Dies ist zum einen der Umgang der EU mit der Problematik der Gewährleistung der Kernarbeitsrechte auf zwischenstaatlicher Ebene innerhalb des geschaffenen gemeinsamen Marktes. Er steht als ein Beispiel für die konsequente Fortentwicklung der Liberalisierung der Märkte und der damit verbundenen Gefahren für die Gewährleistung sozialer Mindeststandards in einem Wirtschaftsraum mit

---

442 Umfassend hierzu siehe *Peter E. Fäßler*, Globalisierung, UTB (u.a.), Stuttgart, 2007.

443 Diese Tatsache ist wohl darauf zurückzuführen, dass der Schwerpunkt der Bestrebungen nach völkerrechtlich verbindlichen Mindeststandards in den westlichen Industrienationen angesiedelt ist und infolge dessen ein hoher moralischer Anspruch gegenüber den Unternehmen formuliert wird. Siehe hierzu auch *Detlev F. Vagts*, (Fn. 308), S. 795 (799). Wollte man zudem weiterhin die besondere Rolle der sog. transnationalen Unternehmen hervorheben, wäre ein weiteres Argument für die besondere Verbindung der westlichen Industrienationen mit der Gefährdungssituation die Tatsache, dass 2003 87% der größten transnationalen Unternehmen aus den westlichen Industrienationen stammten. Siehe hierzu Globalisierung, Bundeszentrale für politische Bildung; abrufbar unter http://www.bpb.de/files/70SZSJ.pdf (letzter Abruf: 30.11.2012).

extrem unterschiedlichen Sozialstandards.[444] Die gemeinschaftsrechtliche Reglementierung der wirtschaftlichen Akteure zum Schutz sozialer Rechte nimmt daher eine nicht unerhebliche Vorbildfunktion für die überstaatliche Reglementierung wirtschaftlicher Akteure vor dem Hintergrund der einführend erläuterten Gefährdungssituation ein.

Zum anderen handelt es sich um die viel diskutierte Rechtsentwicklung in den Vereinigten Staaten von Amerika, wo wirtschaftliche Akteure sowohl wegen eigener im Ausland begangener Verstöße gegen fundamentale Menschrechte sowie auch aufgrund der Beteiligung an von ausländischen staatlichen Organen begangener Menschenrechtsverletzungen vor nationalen Gerichten im Rahmen des Alien Tort Claim Acts (ATCA) zur Verantwortung zu ziehen sind.[445]. Sowohl die Handlungen der EU, als anerkanntes Völkerrechtsubjekt,[446] als auch die nationale Rechtsprechung im Rahmen des ATCA sind dabei als relevante Formen der Übung i.S.v. Arzt. 38 Abs. 1 lit.b IGH-Statut anzusehen.[447]

B. Beiträge zur Entstehung einer gewohnheitsrechtlichen Pflicht zur Beachtung der Kernarbeitsrechte

Gegenstand der nachfolgenden Untersuchung sind entsprechend der obigen Ausführung die möglichen Beiträge der EU sowie der Rechtsprechung im Rahmen des ATCA zur Entstehung einer gewohnheitsrechtlichen Pflicht wirtschaftlicher Akteure zur Beachtung der Kernarbeitsrechte. Ein besonderes Augenmerk gilt dabei der Frage, ob die Vorgänge eine ähnliche Fixierung auf die sog. transnationalen Unternehmen aufweisen, wie sie in der wissenschaftlichen Diskussion anzutreffen ist. Entscheidend kann auch sein, in welchem Maße sich die Akteure bei der Begründung ihrer Maßnahmen und Entscheidungen auf die

---

444 Der gemeinsame Markt der EU bildet weltweit den größten Binnenmarkt.

445 Siehe *Human Rights Council*, Report of the Special Representative of the Secretary-General on the issue of human rights and transnational corporations and other business enterprises, John Ruggie (19.02.2007), A/HRC/4/35, No. 30, wo zu recht auf die Tatsache verwiesen wird, dass die Rechtsprechung im Rahmen des ATCA „the largest body of domestic jurisprudence regarding corporate responsibility for international crimes" ist.

446 Die Völkerrechtssubjektivität der EU war lange Zeit umstritten. Seit spätestens dem Vertrag von Nizza gilt sie aber als allgemein anerkannt. Umfassend zur Fragestellung der Rechtspersönlichkeit der EU m.w.N. *Rudolf Streinz*, Europarecht, 9. Aufl., Heidelberg, C.F. Müller, 2012, Rn. 139 f.

447 Siehe hierzu oben sowie *Karl von Döhring*, (Fn. 118), S. 139, Rn. 313.

einschlägigen Verhaltenskodizes berufen und so zu deren weiterer Verrechtlichung beitragen.

I. Verbot der Diskriminierung in Beschäftigung und Beruf

1. *Handlungen der EU zur Gewährleistung des Verbots der Diskriminierung in Beschäftigung und Beruf*

Die Fragestellung einer Diskriminierung in Beschäftigung und Beruf war im Rahmen der Europäischen Gemeinschaften bereits von deren Beginn an von hervorgehobener Bedeutung. Vorrangiges Ziel all der einschlägigen Maßnahmen war dabei dennoch nicht die Sicherstellung der menschenrechtlichen Gewährleistung des Diskriminierungsverbotes, sondern in erster Linie der Abbau die Grundfreiheiten einschränkender mitgliedsstaatlicher Regelungen.[448] Dennoch ist ein Beitrag der Maßnahmen zur Entstehung einer völkergewohnheitsrechtlichen Norm zum Verbot der Diskriminierung in Beschäftigung und Beruf nicht von vornherein auszuschließen. Es gilt zu untersuchen, ob hinter dem vorrangigen Ziel der Verwirklichung des Binnenmarktes durch den Abbau zwischenstaatlicher Schranken nicht auch die Idee der Verwirklichung von Menschenrechtsanliegen zu finden ist, und ob bei der Anwendung und Auslegung der einschlägigen Normen des Vertrages über die Arbeitsweise der Europäischen Union (Primärrecht) und der entsprechenden Verordnungen und Richtlinien (Sekundärrecht) gegebenenfalls auf völkerrechtliche Bestimmungen Bezug genommen wird. Es ist zu prüfen, ob die gemeinschaftlichen Handlungen als Ausdruck für eine entsprechende Übung und Überzeugung im Sinne des Nachweises einer gewohnheitsrechtlichen Norm des Völkerrechts eine Relevanz haben können.

a) Primärrechtliche Vorschriften

Das Verbot der Diskriminierung in Beschäftigung und Beruf im Gemeinschaftsrecht findet sich in dem Vertrag über die Arbeitsweise der Europäischen Union (Primärrecht) über die Arbeitnehmerfreizügigkeit (Art. 45–48 AEUV) sowie über gleiches Entgelt für Männer und Frauen (Art. 157 AEUV). Dies beinhaltet die Diskriminierungsverbote der Kernarbeitsnormen, wie sie auch in den

---

448 Für einen Überblick siehe *Maximilian Fuchs/Franz Marhold*, Europäisches Arbeitsrecht, 3. Aufl., Springer, Wien, 2010, S. 8 f., *Gregor Thüsing*, Europäisches Arbeitsrecht, C.H. Beck, München, 2011, 2. Auflage, § 2, Rn. 1 f. Umfassend *Brechmann*, in: Calliess/Ruffert, EUV/AEUV, 4. Aufl. 2011, Art. 45 AEUV, Rn. 1 ff.

Übereinkommen über die Gleichheit des Entgelts männlicher und weiblicher Arbeitskräfte für gleichwertige Arbeit (Nr. 100) und über die Diskriminierung in Beschäftigung und Beruf (Nr. 111) erfasst sind.

(1) Arbeitnehmerfreizügigkeit, Art. 45–48 AEUV

Ein Diskriminierungsverbot im Rahmen der Vorschriften über die Freizügigkeit der Arbeitnehmer findet sich in Art. 45 Abs. 2 AEUV. Danach ist eine unterschiedliche Behandlung von Arbeitnehmern aufgrund der Staatsangehörigkeit verboten.[449] Im Bereich der Arbeitnehmerfreizügigkeit stellt Art. 45 Abs. 2 AEUV so ein Spezialgesetz zum allgemeinen Verbot der Diskriminierung des Art. 18 AEUV dar.[450] In Bezug auf die Fragestellung, ob dieses primärrechtlich verankerte Diskriminierungsverbot auch unmittelbar zwischen Privaten eine Anwendung findet, hat der EuGH in mehreren Grundsatzentscheidungen Stellung genommen.[451] Anerkannt ist, dass im Rahmen der Anwendung von Tarifverträgen[452] und Satzungen privater Verbände[453] die Vorgaben des Art. 45 Abs. 2 AEUV aufgrund der faktischen Machtposition dieser Akteure zu beachten sind.[454] Darüber hinaus hat der EuGH Art. 45 Abs. 2 AEUV auch auf privatautonom gestaltete Rechtsverhältnisse angewendet.[455]

Hinsichtlich des Verbots der Diskriminierung aufgrund der Staatsangehörigkeit findet sich allerdings kein entsprechendes Verbot im Rahmen der Kernarbeitsrechte. Im Übereinkommen über die Diskriminierung in Beschäftigung und Beruf (Nr. 111) findet sich lediglich ein Verbot aufgrund der nationalen Abstammung. Dies kann zwar oberflächlich betrachtet mit Blick auf das Verbot der Diskriminierung aufgrund der Rasse und der Hautfarbe als ein Verbot vergleichbar mit dem Verbot der Diskriminierung aufgrund der Staatsangehörigkeit begriffen werden, doch ist ein solches Verständnis bei näherer Betrachtung nicht aufrechtzuerhalten.[456] Deutlich wird dies an der Tatsache, dass

---

449 Streinz/*Franzen*, EUV/AEUV, Art. 45 Rn. 3.

450 Ebenda, Rn. 5.

451 EuGH, Rs. C-36/74, *Walrave und Koch*, Slg, 1974, 1405; EuGH, Rs. C-13/76, *Donà*, Slg. 1976, 1333; EuGH, Rs. C-415/93, *Bosman*, Slg. 1995, I-4921.

452 EuGH, Rs. C-36/74, *Walrave und Koch*, Slg, 1974, 1405.

453 EuGH, Rs. C-415/93, *Bosman*, Slg. 1995, I-4921.

454 Im Einzelnen siehe m.w.N. Streinz/*Franzen*, EUV/AEUV, Art. 45 Rn. 92 ff.

455 EuGH, Rs. C-281/98, *Angonese*, Slg. 2000 I, 4139.

456 Hinsichtlich der Kritik in der Literatur in Bezug auf die unscharfe Trennung zwischen dem Diskriminierungsgründen der Rasse und Hautfarbe sowie der nationalen Abstammung siehe *Henrik Karl Nielsen*, (Fn. 26), S. 827 (832 ff.).

der anfängliche Text des Übereinkommens geändert wurde, um deutlich herauszustellen, dass die Staatsangehörigkeit als Diskriminierungsmerkmal nicht erfasst werden sollte. Der ursprüngliche Begriff „*national origin*" wurde durch „*national extraction*" ersetzt.[457] Hiermit sollte deutlich gemacht werden, dass das Merkmal der „*national extraction*" die Unterscheidung zwischen „*citizens of the same country on the basis of foreign birth or origin*" betrifft.[458]

Ein ausdrückliches Verbot der Diskriminierung aufgrund der Staatsangehörigkeit findet sich nur in den IAO-Übereinkommen über Wanderarbeiter (Nr. 69) sowie den über Missbräuche bei Wanderungen und die Förderung der Chancengleichheit und der Gleichbehandlung der Wanderarbeitnehmer (Nr. 143).[459] Beide sind jedoch nicht Teil der Kernarbeitsnormen im Sinne der Erklärung der IAO über grundlegende Prinzipien und Rechte bei der Arbeit und ihre Folgemaßnahmen.[460]

Hinter dem gemeinschaftsrechtlichen Diskriminierungsverbot der Arbeitnehmerfreizügigkeit aus Art. 45 Abs. 2 AEUV kann damit bereits aufgrund der divergierenden Schutzrichtungen kein Anliegen erkannt werden, welches auf die Verwirklichung arbeitsrechtlicher Mindeststandards hindeutet. Es ist damit nicht als Ausdruck einer entsprechenden Übung und Überzeugung im Sinne des Nachweises einer gewohnheitsrechtlichen Norm zu werten.[461]

---

457 Report VII (2), ILC, 40th Session, Geneva, 1957, S. 104 f.

458 Siehe hierzu General Survey on the Reports on Equality in Employment and Occupation, ILO, 1988, Nr. 36.

459 Zum Umfang der aus diesen Abkommen hergeleiteten Diskriminierungsverbote siehe *Nicolas Valticos / Geraldo von Potobsky*, International Labour Law, 2. rev. Ed., Deventer [u.a.], Kluwer, 1995, §§ 579 ff.

460 Zur Fragestellung, ob die durch die Erklärung der IAO über grundlegende Prinzipien und Rechte bei der Arbeit festgelegten Kernarbeitsnormen mit den entsprechenden IAO-Übereinkommen deckungsgleich sind siehe *Philip Alston*, Core Labour Standards and the Transformation of the International Labour Rights Regime, EJIL 2004, S. 457 (490 ff.).

461 Soweit entgegen der oben dargestellten Meinung eine Relevanz für die Bewertung bejaht wird, weil die genannten Rechte in der Erklärung der IAO über grundlegende Prinzipien und Rechte bei der Arbeit und ihre Folgemaßnahmen als weiter verstanden werden als wie sie in den einschlägigen IAO-Übereinkommen festgehalten sind, bleibt festzuhalten, dass der EuGH eine unmittelbare Wirkung des von der Arbeitnehmerfreizügigkeit erfassten Verbots der Diskriminierung aufgrund der Staatsangehörigkeit auf private Dritte anerkannt hat. Zudem wurde auch ein umfassendes Diskriminierungsverbot bereits durch Art. 7 Abs. 4 VO(EWG) 1612/68 im Sekundärrecht verankert, wonach sämtliche Bestimmungen in Tarif- und Einzelarbeitsverträgen sowie sonstige Kollektivvereinbarungen über den Zugang zur Beschäftigung

(2) Gleichstellung von Mann und Frau im Erwerbsleben, Art. 157 AEUV

In seiner ursprünglichen Fassung beschränkte sich Art. 119 a. F. auf den Grundsatz der Entgeltgleichheit für Männer und Frauen bei gleicher Arbeit. Insoweit bestand hier im Vergleich zum IAO-Übereinkommen Nr. 100 ein Regelungsdefizit.[462] Mit dem Vertrag von Amsterdam wurde der Anwendungsbereich der Norm erheblich erweitert und zielt nun allgemein auf die Gleichbehandlung der Geschlechter.[463] Art. 141 Abs. 1 a. F. EVG enthielt nunmehr das Prinzip der Entgeltgleichheit für gleich und gleichwertige Arbeit, Abs. 3 eine Ermächtigungsgrundlage zur Gewährleistung der Chancengleichheit und Gleichstellung von Männern und Frauen und Abs. 4 die Möglichkeit für die Mitgliedstaaten, Maßnahmen zur Förderung des unterrepräsentierten Geschlechtes zu ergreifen. Eine weitere Änderung der Norm durch die nachfolgenden Verträge ist nicht erfolgt. Art. 157 AEUV ist dementsprechend heute auch die Grundlage für die Annahme eines allgemeinen ungeschriebenen Gleichheitsgebotes[464]

---

und die Bedingungen der Beschäftigung nichtig sind, soweit sie diskriminierende Bestimmungen vorsehen oder zulassen.
Bei der Fragestellung nach einem möglichen Beitrages dieser Regelungen bzw. ihres Verständnisses zur Entstehung einer völkergewohnheitsrechtlichen anerkannten Norm zum Verbot der Diskriminierung in Beschäftigung und Beruf für private Unternehmen muss sich zunächst vergegenwärtigen werden, dass die Grundfreiheiten der Verwirklichung eines europäischen Arbeitsmarktes dienen, in dem Arbeitnehmer unabhängig von nationalen Grenzen ihre Arbeitskraft anbieten können (*Gregor Thüsing*, (Fn. 448), § 2, Rn.). Sie wurden also nicht ihrer selbst wegen geschaffen sind, sondern sollen der Verwirklichung des Binnenmarktes als einem maßgeblichen Ziel der EU dienen (*Maximilian Fuchs/Franz Marhold*, Europäisches Arbeitsrecht, 3. Aufl., Springer, Wien, 2006, S. 37). Die Handlungen können so unter diesem Aspekt also nicht Ausdruck einer entsprechenden Übung und Überzeugung im Rahmen des Nachweises einer völkergewohnheitsrechtlichen Norm zum Verbot der Diskriminierung aufgrund der Staatsangehörigkeit gewertet werden. Dies gilt auch unter Beachtung der Tatsache, dass hier in einem länderübergreifenden Wirtschaftsraum eine unmittelbare Verpflichtung Privater zur Beachtung völkerrechtlich gesetzter sozialer Mindeststandards geschaffen worden ist. *Dörr* spricht hier von „Marktbürgerpflichten". Siehe *Oliver Dörr*, „Privatisierung" des Völkerrechts, JZ 2005, S. 905 (913).

462 Siehe hierzu *Langenfeld*, in: Grabitz/Hilf, Das Recht der Europäischen Union, Art. 141 EGV, Rn. 6.

463 *Krebber, in:* Calliess/Ruffert, EUV/AEUV, 4. Aufl., 2011, Art. 157 AEUV, Rn. 1.

464 Ebenda.

(a) Entgeltgleichheit für Männer und Frauen gemäß Art. 157 Abs. 1 und 2 AEUV

Das gemeinschaftsrechtliche Primärrecht normiert wie oben dargestellt in Art. 157 Abs. 1 und 2 AEUV den Grundsatz des gleichen Entgelts für Männer und Frauen. Soweit der Artikel unter Berücksichtigung seiner Entstehungsgeschichte das Ziel der Mitgliedstaaten verfolgt, sich diesen wesentlichen sozialen Grundsatz zu eigen zu machen, den das IAO-Übereinkommen Nr. 100 aufstellt[465], so ist von einer sich entsprechenden inhaltlichen Bedeutung auszugehen.[466]

Die Frage, ob der Grundsatz auch eine unmittelbare Anwendung auf private Rechtsverhältnisse findet, ist heute unstrittig. Der EuGH hat mit der Grundlagenentscheidung *Defrenne II*[467] die unmittelbare Geltung der Vorschrift auch im Privatrechtsverkehr begründet.

(i) EuGH, Rs. C-43/75, Defrenne II, Slg. 1976, 455

Die Möglichkeit, dass gemeinschaftsrechtliche Vorschriften eine unmittelbare Wirkung entfalten können, ist im Gemeinschaftsrecht seit der Entscheidung des EuGH im Fall *„van Gend & Loos"* anerkannt.[468] Mit der Entscheidung *„Defrenne II"* hatte der EuGH allerdings erstmals eine Vertragsvorschrift für unmittelbar anwendbar erklärt, die nicht nur dem Einzelnen ein einklagbares Recht

---

465 Siehe hierzu GA *Dutheillet de Lamothe*, Schlußantrag zu EuGH, Rs. 80/70, *Defrenne I*, Slg. 1971, 445 (455).

466 Anders *Krebber, in:* Calliess/Ruffert, EUV/AEUV, 4. Aufl., 2011, Art. 157 AEUV, Rn. 2, der nur eine Übereinstimmung der Definition des Entgelts für gegeben erachtet. Dagegen hebt *Langenfeld*, in: Grabitz/Hilf, Das Recht der Europäischen Union, Art. 141 EGV, Rn. 6 ausdrücklich hervor, dass Art. 141 Abs. 1 und 2 a.F. deutlich von Art. 1 und 2 des IAO-Übereinkommens Nr. 100 beeinflusst worden ist.

467 EuGH EuGRZ 1976, S. 162 ff. sowie NJW 1976, S. 2068 ff. Die Entscheidung *„Defrenne II"* ist Teil einer Urteilsserie des EuGH zu rechtlichen Gesichtspunkten der Frage der Geschlechtergleichbehandlung. Ein Überblick dieser Urteilsreihe findet sich bei *Rust*, in: von der Groeben/Schwarze, Kommentar EUV/EGV –Protokoll (Nr. 17) zu Art. 141, Rn. 34 ff. Hier sei nur kurz darauf verwiesen, dass der EuGH im Fall *„Defrenne I"* zum Ausdruck bringt, dass eine im Rahmen eines gesetzlichen Sozialversicherungssystems gezahlte Altersrente keine Vergütung i.S.v. Art. 141 darstellt, die der Arbeitgeber aufgrund des Dienstverhältnisses dem Arbeitnehmer mittelbar zahlt. Im Fall *„Defrenne III"* hält der EuGH dagegen fest, dass Art. 141 EGV nicht dahingehend ausgelegt werden kann, dass er über die Gleichheit des Entgeltanspruches hinaus auch die Gleichheit sonstiger Arbeitsbedingungen für Männer und Frauen gebiete.

468 EuGH, RS. C-26/62, *van Gend & Loos*, Slg. 1963, 1; NJW 1963, S. 974 ff.

gegenüber dem Staat gewährte, sondern eine darüber hinaus reichende unmittelbare Geltung gegenüber dem privaten Arbeitgeber hatte.[469]

Die Entscheidung des EuGH im Fall „*Defrenne II*“ erging im Rahmen eines Vorlageverfahrens. Der *Cour du Travail Brüssel* hatte sich mit der Frage an den EuGH gewendet, ob Art. 119 a.F. (heute Art. 157 AEUV) „*für sich allein den Grundsatz der Gleichheit des Arbeitsentgelts für männliche und weibliche Arbeitnehmer bei gleicher Arbeit unmittelbar in das innerstaatliche Recht der einzelnen Mitgliedstaaten der Europäischen Gemeinschaft ein[führt]*“ und ob er „*daher dem Arbeitnehmer unabhängig von allen innerstaatlichen Rechtsvorschriften das Recht [verleiht], vor den innerstaatlichen Gerichten Klage zu erheben, um zu erreichen, dass dieser Grundsatz gewahrt wird*“. Der EuGH stellte diesbezüglich fest, dass sich Betroffene auf den Grundsatz der Gleichheit des Arbeitsentgelts für männliche und weibliche Arbeitnehmer vor den innerstaatlichen Gerichten berufen können.[470] Dies gelte aufgrund des zwingenden Charakters von Art. 119 a.F. nicht nur für die öffentlichen Behörden, sondern erstrecke sich auf alle abhängige Erwerbstätigkeit kollektiv regelnden Tarifverträge sowie alle Verträge zwischen Privatpersonen.[471]

Die unmittelbare Geltung des Grundsatzes ergibt sich nach Ansicht des Gerichtes dabei aus dessen doppelten Zweck. Art. 119 a.F. verfolge gerade nicht nur ein wirtschaftliches Ziel, sondern auch ein soziales Ziel. Neben der Verhinderung von Wettbewerbsverzerrungen zwischen den Mitgliedstaaten soll er gerade auch zur Verbesserung der Lebens- und Beschäftigungsbedingungen beitragen.[472] Ein Einwand lasse sich auch nicht daraus ableiten, dass Art. 119 a.F. EGV nur die Mitgliedstaaten ausdrücklich anspreche. Der Wortlaut erlege den Staaten vielmehr eine Ergebnispflicht auf, die zwingend in einer bestimmten Frist zu erfüllen gewesen war. Die Wirksamkeit des Grundsatzes erfordere es daher, ihn nicht von einem pflichtgemäßen Verhalten der Mitgliedstaaten abhängig zu machen.[473] Die Bestimmung sei daher weit davon entfernt, sich bloß in der

---

469 Die fehlende Aufregung in der deutschen Literatur ist wohl auch darauf zurückzuführen, dass das Prinzip der Lohngleichheit durch das BAG bereits mit dem Urteil vom 15.1.1955 anerkannt worden ist. BAG 1, 258 (260/261). *Schwarze* sieht in dem Urteil so nur die konsequente Bestätigung der im Fall „*van Gend & Loos*“ herausgearbeiteten Prinzipien. Siehe *Jürgen Schwarze*, Anmerkungen zu EuGH, Rs. C-43/75, EuR 1977, S. 44 (45).

470 EuGH EuGRZ 1976, S. 162 (166), Rn. 40.

471 Ebenda, (166), Rn. 39.

472 Ebenda, (163), Rn. 8 ff.

473 EuGH EuGRZ 1976, ebenda, (165), Rn. 33.

Verweisung auf die Zuständigkeit der nationalen Gesetzgeber zu erschöpfen.[474] Der EuGH sah die unmittelbare Wirkung allerdings zunächst auf die Fälle einer direkten Diskriminierung beschränkt, da Art. 119 a.F. EGV insoweit inhaltlich zu unbestimmt gewesen sei.[475]

(ii) Bewertung

Im Rahmen einer Bewertung der Entscheidung ist zunächst zu beachten, dass die konkrete Entscheidung in der Rechtssache *„Defrenne II"* nur den ursprünglich in Art. 119 a.F. verbürgten Grundsatz gleiches Entgelt für gleiche Arbeit betraf. Insoweit hatte eine völlige Übereinstimmung mit dem Gedanken des IAO-Übereinkommens Nr. 100 über die Gleichheit des Entgelts männlicher und weiblicher Arbeitskräfte für gleichwertige Arbeit nicht bestanden. In späteren Folgeentscheidungen hob der EuGH jedoch hervor, dass auch von einer unmittelbaren Geltung des Grundsatzes der Gleichheit des Entgelts bei gleichwertiger Arbeit auszugehen sei.[476] Vor der oben geschilderten Anpassung durch den Vertrag von Amsterdam bezog sich der EuGH zur Begründung dieser Ansicht auf den Erlass der RL 75/117/EWG.[477] Diesem wäre für Art. 119 a. F. eine präzisierende Wirkung zugekommen.[478] Unabhängig von der Tatsache, dass heute aufgrund des Wortlautes von Art. 157 AEUV von einer unmittelbaren Geltung des Grundsatzes der Gleichheit des Entgelts männlicher und weiblicher Arbeitskräfte für gleichwertige Arbeit auszugehen ist[479], zeigt dies, dass die Anerkennung dieses Grundsatzes die Folge einer langen und gefestigten Rechtsprechung ist.[480]

---

474 EuGH EuGRZ 1976, ebenda, (166), Rn. 36.

475 EuGH EuGRZ 1976, ebenda, (164), Rn. 18 f. Diese Haltung wurde vom EuGH indes wieder früh aufgegeben. Vgl. EuGH, Rs. 96/80, *Jenkins*, Slg. 1981, 911, Rn. 18. Zur Reaktion der Literatur siehe m.w.N. *Krebber, in:* Calliess/Ruffert, EUV/AEUV, 4. Aufl., 2011, Art. 157 AEUV, Rn. 5.

476 EuGH Rs. 69/80, *Worringham*, Slg. 1981, 767, 791, Rn. 21; Rs. 96/80, *Jenkins*, Slg. 1981, 911, 927, Rn. 21 f.; Rs. 61/81, *Kommission/Vereinigtes Königreich und Nordirland*, Slg. 1982, 2601, 2615, Rn. 7 ff.

477 ABl. L45 vom 19.2.1975, S. 19 f.

478 EuGH EuGRZ 1976, S. 162 (166 f.), Rn. 53 ff.

479 Streinz/*Eichenhofer*, EUV/AEUV, Art. 157 Rn. 7 f.

480 In der Literatur werden dagegen Bedenken geäußert, ob der Wortlaut von Art. 157 Abs. 1 AEUV auch eine unmittelbare Anwendung bei gleichwertiger Arbeit begründet. Siehe *Krebber, in:* Calliess/Ruffert, EUV/AEUV, 4. Aufl. 2011, Art. 157 AEUV, Rn. 6 und 57. Der EuGH ist diesen Bedenken in der Entscheidung im Fall *„Brunnhofer"* (Rs. C-381/99, Slg. 2001, I/4961) entgegengetreten, indem er ausdrücklich

In Hinblick auf den Untersuchungsgegenstand hat sich der EuGH in seinen Ausführungen nicht unmittelbar auf die völkerrechtlichen Grundlagen des Grundsatzes berufen. Unter diesem Aspekt kann an dem erforderlichen Bezug zum Völkerrecht gezweifelt werden, welcher unter Beachtung der Voraussetzungen von Art. 38 Abs. 1 lit. b IGH-Statut erforderlich wäre, um in der Entscheidung einen Beitrag zur Entstehung einer neuen völkergewohnheitsrechtlichen Norm zu erblicken. Diese Zweifel können jedoch nicht überzeugen. Tatsächlich wurde mit der Einführung von Art. 119 a. F. das Ziel verfolgt, sich den sozialen Grundsatz des IAO-Übereinkommens Nr. 100 zu eigen zumachen.[481] Von dem Bestehen eines entsprechenden völkerrechtlichen Bezuges ist insofern ohne Zweifel auszugehen.

In der Literatur wird entgegen dem oben beschriebenen Befund stets die wirtschaftliche Ausrichtung der europäischen Gemeinschaft hervorgehoben. Die Einführung von Art. 119 a. F. sei danach im Wesentlichen wettbewerbspolitisch motiviert gewesen.[482] Insbesondere Frankreich habe gefürchtet, dass es zu Wettbewerbsverzerrungen zu Lasten der einheimischen Industrie kommen könnte, da die Lohngleichheit von Mann und Frau dort im Gegensatz zu den übrigen Mitgliedstaaten zum Zeitpunkt des Vertragsschlusses bereits gesetzlich festgeschrieben war.[483] Diese Sichtweise widerspricht den Auffassungen der Generalanwälte in den Schlußanträgen in den Verfahren „*Defrenne I*"[484] und „*Defrenne II*".[485] So wird in beiden Fällen zunächst das soziale Ziel der Vorschrift hervorgehoben und erst im Anschluss daran darauf verwiesen, dass die Einführung „*auch ein wirtschaftliches Ziel*" hatte.[486] Die Bedeutung der Verwirklichung des sozialen Grundsatzes der Gleichheit des Entgelts männlicher und weiblicher Arbeitskräfte für gleichwertige Arbeit wird damit stärker betont.

---

festhielt, dass die unmittelbare Geltung des Art. 157 Abs. 1 AEUV sowohl für die gleiche als auch für die gleichwertige Arbeit gilt.

481 S.o.

482 Zur Zielsetzung des Art. 119 a.F. statt vieler *Christine Langenfeld*, Die Gleichbehandlung von Mann und Frau im Europäischen Gemeinschaftsrecht, Nomos, Baden-Baden, 1990, S. 30 ff.; siehe auch *Rust*, in: von der Groeben/Schwarze, Kommentar EUV/EGV, Protokoll (Nr. 17) zu Art. 141, Rn. 5 ff.

483 *Christine Langenfeld*, ebenda, S. 31.

484 GA *Dutheillet de Lamothe*, Schlußantrag zu EuGH, Rs. 80/70, *Defrenne I*, Slg. 1971, 445 ff.

485 GA *Alberto Trabucchi*, Schlußantrag zu EuGH, Rs. 43/75, *Defrenne II, Slg. 1976, 482 ff.*

486 Siehe insbesondere GA *Dutheillet de Lamothe*, Schlußantrag zu EuGH, Rs. 80/70, *Defrenne I*, Slg. 1971, 445 (456).

Unabhängig von der Tatsache, dass die Gemeinschaft auf die Verwirklichung eines gemeinsamen Binnenmarktes ausgelegt ist und stets wirtschaftliche Aspekte einen wesentlichen Beweggrund für ihr Handeln darstellen, bleibt zu konstatieren, dass die Gemeinschaft von der Notwendigkeit der Verwirklichung des Grundsatzes der Gleichheit des Entgelts männlicher und weiblicher Arbeitskräfte für gleichwertige Arbeit überzeugt war und Regelungen erlassen hat, die die Verwirklichung dieses Grundsatz gewährleisten. Leiten lassen hat sie sich in diesem Zusammenhang von völkerrechtlichen Bestimmungen der IAO. Die gemeinschaftliche Handlung ist so Ausdruck für eine entsprechende Übung und Überzeugung im Sinne des Nachweises einer gewohnheitsrechtlichen Norm des Völkerrechts.

(b) Gewährleistung der Chancengleichheit und Gleichstellung von Männern und Frauen

Der Grundsatz der Gleichbehandlung findet im Primärrecht eine Erwähnung in den Formulierungen von Art. 157 Abs. 3 und 4 AEUV (Art. 119 a.F.). Sie beziehen sich allgemein auf das Arbeitsrecht, so dass sie die Existenz eines allgemeinen Gleichbehandlungsanspruchs voraussetzen. Heute ist dieser in Art. 23 GR-Charta verankert.[487]

Zur Frage, ob diesem allgemeinen Gleichbehandlungsgrundsatz eine unmittelbare Wirkung zugesprochen werden kann, hat der EuGH noch nicht Stellung genommen. In der Literatur wird es für möglich erachtet, dass der EuGH seine Rechtsprechung zu den anderen Diskriminierungsverboten auf diese Fälle überträgt.[488]

In Hinblick auf den Untersuchungsgegenstand kann konstatiert werden, dass die Gemeinschaft das Verbot der Diskriminierung aufgrund des Geschlechtes im Sinne des IAO-Übereinkommens Nr. 111 anerkennt. Allerdings finden sich im Gegensatz zu dem Gebot der Entgeltgleichheit keine Hinweise auf einen ausdrücklichen Bezug auf internationale Übereinkommen, der mit der Begründung der Einführung des Grundsatzes in dass Gemeinschaftsrecht im Zusammenhang steht. Vor diesem Hintergrund kann in der Verankerung des allgemeinen

---

487 Zur Diskussion in der Wissenschaft vor in Kraft treten des Vertrages von Lissabon siehe *Astrid Epiney / Marianne Freiermuth Abt*, Das Recht der Gleichstellung von Mann und Frau in der EU, Nomos, Baden-Baden, 2003, S. 111 ff. sowie *Krebber, in:* Calliess/Ruffert, EUV/EGV, 3. Aufl. 2007, Art. 141 EGV, Rn. 75 ff.

488 Siehe hierzu *Rebhahn*/Schwarze, EU-Kommentar, 4. Aufl., Nomos, Baden-Baden, 2012, Art. 141 Rn. 40; *Krebber / Kingreen in:* Calliess/Ruffert, EUV/AEUV, 4. Aufl. 2011, Art. 24 GRCh, Rn. 7.

Gleichbehandlungsgrundsatzes im Gemeinschaftsrecht kein Ausdruck für eine entsprechende Übung und Überzeugung im Sinne des Nachweises einer gewohnheitsrechtlichen Norm des Völkerrechts gemäß Art. 38 Abs. 1 lit. b IGH-Statut erblickt werden.

(3) Gemeinschaftsgrundsatz des Verbots der Altersdiskriminierung

Das Verfahren „Mangold“ hat zu kontroversen Diskussionen in Bezug auf die effektive Durchsetzung von Richtlinienvorgaben geführt. Der Schwerpunkt des Verfahrens lag dabei in der Frage der Altersdiskriminierung und damit im Anwendungsbereich der RL 2000/78/EG.

(a) EuGH, Rs. C-144/0, Mangold, Slg.2005, I-9981[489]

Der EuGH hatte im Rahmen eines Vorlageverfahrens im Fall Mangold darüber zu entscheiden, ob die ohne sachlichen Grund befristete Einstellung eines Arbeitnehmers auf Grundlage der Befristungsregel des § 14 Abs. 3 TzBfG mit dem Gemeinschaftsrecht vereinbar ist. Das vorlegende ArbG München[490] zweifelte dabei an der Vereinbarkeit von §14 Abs. 3 TzBfG mit dem Gemeinschaftsrecht unter zwei Aspekten. Erstens stellte es die Vereinbarkeit der Bestimmung unter zwei Gesichtspunkten mit der Rahmenvereinbarung über befristete Arbeitsverträge vom 18.3.1999 zwischen dem Europäischen Gewerkschaftsbund (EGB), der Union der Industrie- und Arbeitgeberverbände in Europa (UNICE) und dem Europäischen Zentralverband der Öffentlichen Wirtschaft (CEEP) (im Folgenden: Rahmenvereinbarung) in Frage.[491] Zweitens zweifelte das Gericht daran, ob eine Regelung wie § 14 Abs. 3 TzBfG, die die Befristung von Arbeitsverträgen mit Arbeitnehmern ab 52 Jahren ohne das Vorliegen eines sachlichen Grundes zulässt, mit Art. 6 der RL 2000/78/EG vereinbar ist. Schließlich wirft das Gericht noch die Frage auf, ob der nationale Richter in einem Rechtsstreit zwischen Privaten die dem Gemeinschaftsrecht entgegenstehende nationale Regelung unangewendet zu lassen habe.

---

489 EuGH NZA 2005, S. 1345 ff.

490 ArbG München NZA-RR 2005, S. 43 ff.

491 Konkret handelte es sich dabei um die Fragen, ob § 8 Abs. 3 Rahmenvereinbarung dahingehend auszulegen ist, dass er im Rahmen der Umsetzung in das innerstaatliche Recht eine Verschlechterung durch die Senkung des Alters von 60 auf 58 Jahre verbiete und ob § 5 Rahmenvereinbarung dahingehend auszulegen ist, dass er einer nationalen Regelung, die keine Einschränkungen im Sinne der drei Alternativen des Absatzes 1 enthält, entgegensteht. Für Einzelheiten siehe ArbG München NZA-RR 2005, S. 43 (44).

Die Fragen bzgl. der Rahmenvereinbarung wies der EuGH zum einen als nicht entscheidungserheblich zurück[492] und verneinte zum anderen die Unvereinbarkeit der Regelungen mit dem Gemeinschaftsrecht, indem er auf ein weites politisches Gestaltungsermessen der Mitgliedstaaten hinwies.[493] In Bezug auf die Frage der Vereinbarkeit von § 14 Abs. 3 TzBfG mit Art. 6 RL2000/78/EG hält der EuGH zunächst fest, dass das Ziel der Regelungen zwar „angemessen und erforderlich" sei, doch das Mittel, dieses Ziel zu erreichen, nicht diesem Maßstab entsprechen würde.[494] Nach Ansicht des Gerichtes gelte dies unabhängig von der Tatsache, dass die Frist zur Umsetzung der Richtlinie zum fraglichen Zeitpunkt noch nicht abgelaufen war. Nach der ständigen Rechtsprechung des EuGH dürften die Mitgliedstaaten bereits während der Frist für die Umsetzung einer Richtlinie keine Vorschriften erlassen, die das vorgeschriebene Ziel der Richtlinie ernsthaft in Frage stellen.[495] Für die vorliegende Arbeit von größerer Bedeutung ist jedoch, dass das Gericht in der weiteren Begründung festhielt, dass dies auch deshalb gelte, weil der Grundsatz der Gleichbehandlung in Beschäftigung und Beruf nicht in der RL 2000/78/EG selbst verankert sei. Nach Ansicht des Gerichts hat das grundsätzliche Verbot der Diskriminierung seinen Ursprung vielmehr in den verschiedenen völkerrechtlichen Verträgen und gemeinsamen Verfassungstraditionen der Mitgliedstaaten.[496] Das Verbot der Diskriminierung wegen des Alters sei daher als ein allgemeiner Grundsatz des Gemeinschaftsrechts anzusehen. Die Anwendbarkeit dieses Grundsatzes kann insoweit nicht, wie in dem Verfahren ursprünglich geprüft, von dem Ablauf einer Frist zur Umsetzung einer Richtlinie abhängig sein, die die Schaffung eines allgemeinen Rahmens zur Bekämpfung der Diskriminierung wegen des Alters bezweckt.[497] Es

492 EuGH NZA 2005, S. 1345 (1346), Rn. 40 ff.

493 Ebenda; Rn. 44 ff.

494 Zur Begründung führte das Gericht aus, das die Anwendung einer derartigen Rechtsnorm darauf hinausläuft, dass allen Arbeitnehmern, die das 52. Lebensjahr vollendet haben unterschiedslos, ob sie vorher arbeitslos waren, bis zum Renteneintrittsalter unbegrenzt befristete Arbeitsverträge angeboten werden können. Diese ausschließlich nach dem Lebensalter bestimmte Gruppe von Arbeitnehmern laufe damit Gefahr, von festen Beschäftigungsverhältnissen ausgeschlossen zu sein. Eine Regelung, die das Alter des betroffenen Arbeitnehmers als einziges Kriterium für die Befristung des Arbeitsvertrages festlegt, geht jedoch über das hinaus, was zur Erreichung des Ziels der beruflichen Eingliederung arbeitsloser älterer Arbeitnehmer objektiv erforderlich ist. EuGH NZA 2005; (1347), Rn. 64 f.

495 Näher hierzu EuGH EuZW 1998, S. 167, Rn. 45.

496 EuGH NZA 2005, S. 1345(1348), Rn. 74.

497 Ebenda, Rn. 76.

obliege vielmehr den nationalen Gerichten, bei denen ein Rechtsstreit über das Verbot der Diskriminierung wegen des Alters anhängig ist, im Rahmen ihrer Zuständigkeiten den rechtlichen Schutz, der sich für den Einzelnen breits aus dem allgemeinen Grundsatz des Gemeinschaftsrechts ergibt, zu gewährleisten und die volle Wirksamkeit des Gemeinschaftsrechts zu garantieren. Entgegenstehende nationale Bestimmungen müssten nach Ansicht des Gerichts daher von den angerufenen Gerichten unangewendet bleiben.[498]

(b) Bewertung

Die Bedeutung der Entscheidung im Fall „Mangold" liegt in der Anerkennung des Verbots der Diskriminierung wegen des Alters in Beschäftigung und Beruf als allgemeinen Grundsatz des Gemeinschaftsrechts, der von den nationalen Gerichten bei Streitigkeiten zwischen Privaten zu beachten sei.

Der Widerspruch in der Literatur war jedoch groß.[499] Insbesondere wurde in der Entscheidung eine Änderung der bisherigen Rechtsprechung des EuGH zur unmittelbaren Wirkung von Richtlinien zwischen Privaten (sog. horizontale Wirkung) gesehen. Die Folge sei ein „*Dammbruch*"[500] und eine „*kopernikanische Wende im Europarecht*",[501] die mit dem Verständnis und der Bedeutung

498 Ebenda, Rn. 78.

499 Mit der Annahme, dass die Richtlinie den Grundsatz des Diskriminierungsverbotes wegen des Alters voraussetze, widerspricht der EuGH der überwiegenden Literatur zur Richtlinie. Vgl. hierzu *Raimund Waltermann*, Verbot der Altersdiskriminierung – Richtlinie und Umsetzung, NZA 2005, S. 1265 ff.; vgl. auch *Monika Schlachter*, Gemeinschaftsrechtliche Grenzen der Altersbefristung, RdA 2004, S. 352 ff.; *Marlene Schmidt / Daniela Senne*, Das gemeinschaftsrechtliche Verbot der Altersdiskriminierung und seine Bedeutung im deutschen Arbeitsrecht, RdA 2002, S. 80 ff.; *Herbert Wiedemann/Gregor Thüsing*, Der Schutz älterer Arbeitnehmer und die Umsetzung der Richtlinie 2000/78/EG, NZA 2002, S. 1236 ff. Zur Diskussion an der Entscheidung des EuGH siehe u.a. *Tonio Gas*, Die unmittelbare Anwendbarkeit von Richtlinien zu Lasten Privater im Urteil „*Mangold*", EuZW 2005, S. 737; *Gregor Thüsing*, Europarechtlicher Gleichbehandlungsgrundsatz als Bindung des Arbeitgebers?, ZIP 2005, S. 2149 ff.; *Ulrich Preis*, Verbot der Altersdiskriminierung als Gemeinschaftsgrundrecht – Der Fall „*Mangold*" und die Folgen, NZA 2006, S. 401ff; *Georg Annuß*, Das Verbot der Altersdiskriminierung als unmittelbar geltendes Recht, BB 2006, S. 35 ff.; *Jobst-Hubertus Bauer / Christian Arnold*, Auf „*Junk*" folgt „*Mangold*" – Europarecht verdrängt deutsches Arbeitsrecht, NJW 2006, S. 6 ff.

500 *Tonio Gas*, Die unmittelbare Anwendbarkeit von Richtlinien zu Lasten Privater im Urteil „Mangold", EuZW 2005, S. 737.

501 *Gregor Thüsing*, (Fn. 499), S. 2149 (2150).

der Richtlinie im gemeinschaftsrechtlichen Gefüge nicht vereinbar sei.[502] Eine grundlegende Änderung der bisherigen Rechtsprechung ist mit der Entscheidung jedoch nicht einhergegangen, da nach Meinung des EuGH nicht die Richtlinie, sondern der neu geschaffene primärrechtliche Gleichbehandlungsgrundsatz eine unmittelbare Wirkung hat. Dabei scheint der EuGH den Grundsatz als eine besondere Ausformung des allgemeinen Grundsatzes der Gleichbehandlung zu begreifen.[503]

Schließlich wird in diesem vom EuGH postulierten allgemeinen Grundsatz des Gemeinschaftsrechts aber auch eine unzulässige Rechtsfortbildung erkannt.[504] Kritisiert wird, dass der EuGH bloß eine rechtliche Behauptung aufstellt, ohne diese anhand wirklicher Argumente zu begründen.[505] So finde sich trotz des Bezuges auf gemeinsame Verfassungstraditionen keine Prüfung, ob wenigstens die Mehrzahl der Mitgliedstaaten ein Verbot der Altersdiskriminierung kenne.[506] Gleiches gelte für die völkerrechtlichen Verträge. Bis auf die Charta der Grundrechte der Europäischen Union (Art. 21) enthielte kein einschlägiges völkerrechtliches Dokument ein spezielles Verbot der Altersdiskriminierung. Auch auf den Verfassungsvertrag habe sich der EuGH nicht explizit bezogen.[507] In diesem Sinne könne es nicht zu überzeugen, dass der EuGH festhält, dass die

---

502 *Ulrich Preis*, (Fn. 499), S. 401 (404). *Preiß* weist daraufhin, dass der EuGH im Sinne des Ergebnisses wohl mit der gewählten Argumentation die Problematik der unmittelbaren Anwendbarkeit der Richtlinien umgehen wollte. Eine solche hatte der EuGH kurz zuvor noch in der Rs. Pfeiffer abgelehnt. Siehe hierzu EuGH NZA 2004, S. 1145 ff.

503 EuGH NZA 2005, S. 1345 (1348), Rn. 76.

504 *Ulrich Preis*, (Fn. 499), S. 401 (408); *Jobst-Hubertus Bauer / Christian Arnold*, (Fn. 499), S. 6 (8). Zu den Grundlagen, Grenzen und Perspektiven des Richterrechts im europäischen Rahmen siehe *Christian Calliess*, Grundlagen, Grenzen und Perspektiven europäischen Richterrechts, NJW 2005, S. 929 ff.

505 Der EuGH verweist zu seiner Begründung im Wesentlichen auf den vierten Bewegungsgrund der RL 2000/78/EG, wonach die Gleichheit aller Menschen vor dem Gesetz und der Schutz vor Diskriminierung ein allgemeines Menschenrecht ist. Dieses Recht wurde in der AEMR, im CEDAW, IPbpR, IPwskR sowie in der EMRK anerkannt, die von allen Mitgliedsstaaten unterzeichnet wurden.

506 Ein ausdrückliches Verbot der Altersdiskriminierung findet sich nur in § 6 Abs. 2 der finnischen Verfassung (Eine deutsche Übersetzung findet sich in *Adolf Kimmel* (Hrsg.), Verfassungen der EU-Mitgliedsstaaten: Textausgabe, 6. Aufl. München, Beck, 2005. S. 139 ff. Nr. 5: Niemand darf ohne rechtfertigenden Grund wegen. seines Alters… bevorzugt oder benachteiligt werden.").

507 *Rudolf Streinz/Christoph Herrmann*, Der Fall Mangold – eine „kopernikanische Wende im Europarecht"?, RdA 2007, S. 165 (168).

RL 2001/78/EG den Grundsatz des Diskriminierungsverbotes wegen des Alters nicht begründe, sondern voraussetze. Dies lasse sich auch aus der Präambel der RL 2001/78/EG erkennen. Hier heiße es in Nr. 12 der Begründungserwägung, dass *„jede unmittelbare oder mittelbare Diskriminierung wegen ... des Alters ... gemeinschaftsweit untersagt werden sollte"*.[508] Zudem wäre der Erlass der RL 2001/78/EG nicht verständlich, weil nicht notwendig, wenn das Verbot der Altersdiskriminierung bereits bei der Verabschiedung der RL 2001/78/EG gegolten habe.[509]

Eine Bedeutung für die vorliegende Untersuchung gewinnt die Entscheidung des EuGH im Fall *„Mangold"* durch den expliziten Bezug zum Völkerrecht, aus dem sich das Diskriminierungsverbot wegen des Alters in Beschäftigung und Beruf als allgemeiner Gemeinschaftsgrundsatz u.a. herleitet. Da sich die allgemeinen Rechtsgrundsätze auf übereinstimmende gemeinsame Verfassungstraditionen der Mitgliedstaaten stützen, kann insoweit auch von einer entsprechenden Rechtsauffassung (opinio juris) der Staaten gesprochen werden.[510]

Allerdings hat der EuGH das Verbot der Altersdiskriminierung als einen Bestandteil des zu beachtenden Primärrechts qualifiziert. Eine unmittelbare Geltung dieses Grundsatzes folgt damit aus der Tatsache, dass er aufgrund des Anwendungsvorranges des Primärrechts bei der nationalen Rechtsanwendung zu beachten ist und individualbelastende Wirkungen aufweisen kann. Eine Bindung Privater erfolgt jedoch nur mittelbar, wenn nationalstaatliche Vorgaben für Privatrechtsverhältnisse wegen Verstöße gegen das Primärrecht von staatlichen Behörden und Gerichten nicht angewendet werden dürfen. *Preis* hat insofern zutreffend festgestellt, dass der EuGH es letztlich offengelassen hat, ob der allgemeine Grundsatz des Altersdiskriminierungsverbotes auch horizontal eine Wirkung entfaltet, d.h. ob Private sich gegenüber Privaten darauf berufen können.[511]

---

508 *Marita Körner*, Europäisches Verbot der Altersdiskriminierung in Beschäftigung und Beruf, NZA 2005, S. 1395 (1397).

509 *Ulrich Preis*, (Fn. 499), S. 401 (404).

510 Grundlegend zur Thematik der allgemeinen Rechtsgrundsätze im Gemeinschaftsrecht siehe *Sigrid Jacoby*, Allgemeine Rechtsgrundsätze : Begriffsentwicklung und Funktion in der Europäischen Rechtsgeschichte, Berlin, Duncker & Humblot, 1997, S. 209 ff.

511 *Ulrich Preis*, (Fn. 499), (402). Eine solche Wirkung sieht dagegen der Generalanwalt *Tizzano* in seinen Schlussanträgen vom 30.6.2005 für gegeben. Allerdings erfolgt dies ohne einen Beweis anhand von Präjudizen des EuGH. Schlussantrag zur Rs. C.144/04, Rn. 84 (abrufbar unter: www.curia.eu.int; letzter Abruf: 2.12.2012).

Im Ergebnis lassen sich aus der Entscheidung im Fall „*Mangold*" daher keine Hinweise entnehmen, die eine unmittelbare Geltung des Verbots der Altersdiskriminierung in einem länderübergreifenden Wirtschaftsraum auch unter Privaten für gegeben erachten. Es lässt sich einzig der Rückschluss ziehen, dass entgegen der bestehenden Auffassung in der Literatur und Wissenschaft von einem primärrechtlichen Verbot der Altersdiskriminierung ausgegangen wird, das sich zunächst unmittelbar nur an die Mitgliedstaaten richtet.[512]

(4) Zusammenfassung

Die Gewährleistung des Kernarbeitsrechts des Verbots der Diskriminierung in Beschäftigung und Beruf in Bezug auf die Staatsangehörigkeit, das Alter sowie die Entgeltgleichheit hat in der EU eine primärrechtliche Regelung erfahren. Umfassend wird der Grundsatz der Gleichheit des Entgelts männlicher und weiblicher Arbeitskräfte für gleichwertige Arbeit des IAO-Übereinkommen Nr. 100 aufgegriffen. Mit dem Verbot der Altersdiskriminierung als Grundsatz des Primärrechts geht die Gewährleistung sogar über den gesteckten Rahmen des Verbots der Diskriminierung in Beschäftigung und Beruf im IAO-Übereinkommen Nr. 111 hinaus. Dennoch fehlt mit Ausnahme des Grundsatzes der Gleichheit des Entgelts männlicher und weiblicher Arbeitskräfte für gleichwertige Arbeit der primäre Wille zur Verwirklichung menschenrechtlicher Mindeststandards in einem länderübergreifenden Wirtschaftsraum. Die Entwicklung auf der primärrechtlichen Ebene in Bezug auf das Verbot der Diskriminierung in Beschäftigung und Beruf hat somit keine Auswirkung im Entstehungsprozess einer völkergewohnheitsrechtlichen Norm.

b) Sekundärrechtliche Vorschriften – Anti-Diskriminierungsrichtlinien

Die Normsetzung der EU in den Fragen der Gleichbehandlung und insbesondere der Gleichstellung von Männern und Frauen geht zurück in die siebziger Jahre des 20. Jahrhunderts. In Bezug auf die Verwirklichung der Gleichbehandlung in Beschäftigung und Beruf sind dabei die Richtlinien zur Anwendung des Gleichbehandlungsgrundsatzes ohne Unterschied der Rasse oder der ethnischen Herkunft (RL 2000/43/EG), zur Festlegung eines allgemeinen Rahmens für die Verwirklichung der Gleichbehandlung in Beschäftigung und Beruf (RL 2000/78/EG) sowie zur Verwirklichung des Grundsatzes der Chancengleichheit und Gleichbehandlung von Männern und Frauen in Arbeits- und

512 Zur Diskussion über die unmittelbare Geltung von Primärrecht statt vieler *Schmidt*, in: von der Groeben/Schwarze, Kommentar EUV/EGV, Art. 249 EGV Rn. 8 ff.

Beschäftigungsfragen (RL 2006/54/EG) von Relevanz. Im Sinne der Untersuchung stellt sich die Frage, welchen Beitrag diese Richtlinien für die Entstehung einer gewohnheitsrechtlich anerkannten unmittelbaren Verantwortung wirtschaftlicher Akteure für die Nichtbeachtung des Verbots der Diskriminierung in Beschäftigung und Beruf erbringen können. Inwieweit entsprechen sie also den Voraussetzungen der betreffenden IAO-Übereinkommen und kann ihnen die erforderliche Übung sowie die entsprechende Rechtsüberzeugung i.S.v. Art. 38 Abs. 1 lit. b IGH-Statut entnommen werden.

(1) Richtlinie zur Anwendung des Gleichbehandlungsgrundsatzes ohne Unterschied der Rasse oder der ethnischen Herkunft – RL 2000/43/EG

(a) Regelungsgegenstand

Die RL 2000/43/EG enthält ein Verbot der Diskriminierung aufgrund der Rasse oder der ethnischen Herkunft.[513] Der Verbotstatbestand erfasst sowohl die unmittelbare wie mittelbare Diskriminierung.[514] Die Rechtfertigung einer Ungleichbehandlung kann nur aufgrund der Ausnahmebestimmung des Art. 4 erfolgen. Möglich ist sie danach, wenn das diskriminierende Merkmal eine wesentliche und entscheidende berufliche Voraussetzung der Tätigkeit darstellt. Schließlich ist auch jede Belästigung, die im Zusammenhang mit der Rasse oder der ethnischen Herkunft steht, sowie die Anweisung zur Diskriminierung, verboten.

Der Geltungsbereich der RL 2000/43/EG erstreckt sich in sachlicher Hinsicht auf die Bereiche der Beschäftigung einschließlich der beruflichen Bildung und des Sozial-, Gesundheits- und Bildungswesens.[515] Daneben eröffnet sie auch die gleichberechtigte Teilnahme und Teilhabe am öffentlichen Leben.[516] Der persönliche Geltungsbereich erstreckt sich dabei auf *„alle Personen in öffentlichen und privaten Bereichen“*.[517]

Die Mitgliedstaaten haben entsprechend den Vorgaben der Richtlinie sicherzustellen, dass die von einer Diskriminierung im Sinne der Richtlinie betroffenen Personen ihre Ansprüche auf dem Gerichts- oder Verwaltungsweg durchsetzen

513 Art. 1 RL 2000/43/EG.
514 Art. 2 RL 2000/43/EG.
515 Art. 3 Abs. 1 lit. a) bis g) RL 2000/43/EG.
516 Art. 3 Abs. 1 lit. h) RL 2000/43/EG.
517 Art. 3 Abs. 1 RL 2000/43/EG. *Rainer Nickel*, Handlungsaufträge zur Bekämpfung von ethnischen Diskriminierungen in der neuen Gleichbehandlungsrichtlinie 2000/43/EG, NJW 2001, S. 2668 (2669) sieht darin einen ausdrücklichen Geltungsbefehl für den Bereich des Privatrechtsverkehrs. Siehe auch *Grabenwarter*, in: Grabitz/Hilf, Das Recht der Europäischen Union, Art. 13 EGV, Rn. 56.

können. Auch haben sie dafür Sorge zu tragen, dass diejenigen, die ihre Rechte verfolgen, keine Schäden erleiden (Schutz vor Viktimisierung).[518] Ferner haben die Mitgliedstaaten wirksame, verhältnismäßige und abschreckende Sanktionen festzulegen, die bei Verstößen gegen die einzelstaatlichen Vorschriften zur Anwendung der Richtlinie zu verhängen sind.[519]

Den vorangestellten Erwägungsgründen ist unter Verweis auf die AEMR und die nachfolgenden Menschenrechtspakte zu entnehmen, dass die Gleichheit vor dem Gesetz und der Schutz aller Menschen vor Diskriminierungen als ein allgemeines Menschenrecht anerkannt sind.[520] Ferner soll durch die Richtlinie die Entwicklung demokratischer und toleranter Gesellschaften gewährleistet werden, die allen Menschen eine Teilhabe am öffentlichen Leben ermöglichen soll.[521] Schließlich wird auch darauf verwiesen, dass gemäß Art. 6 EUV die Handlungen der EU stets auch auf der Achtung der Menschenrechte beruhen.[522]

(b) Übereinstimmung mit dem Kernarbeitsrecht

Im Vergleich mit der Kernarbeitsrechtsnorm zeigt die RL 2000/43/EG ein größeres Anwendungsfeld. Im Gegensatz zur Richtlinie erfasst das einschlägige Übereinkommen der IAO mit den Ausdrücken *„Beschäftigung“* und *„Beruf“* nur die Zulassung zur Berufsausbildung, zur Beschäftigung und zu den einzelnen Berufen sowie die Beschäftigungsbedingungen und nicht das Sozial- und Gesundheitswesen.[523] Eine Übereinstimmung findet sich jedoch mit Bezug auf den Begriff der Diskriminierung. In beiden Fällen wird von den Vorschriften sowohl die unmittelbare als auch die mittelbare Diskriminierung erfasst.[524] Die Richtlinie entspricht daher den Anforderungen des Kernarbeitsrechts des Verbots der Diskriminierung in Beschäftigung und Beruf hinsichtlich der Diskriminierung aufgrund der Rasse und der ethnischen Herkunft.[525]

---

518 Art. 9 RL 2000/43/EG.

519 Art. 15 RL 2000/43/EG.

520 Erwägungsgrund 3 RL 2000/43/EG.

521 Erwägungsgrund 12 RL 2000/43/EG.

522 Erwägungsgrund 2 RL 2000/43/EG.

523 S.o. Gliederungspunkt Verbot der Diskriminierung in Beschäftigung und Beruf.

524 *Reingard Zimmer*, (Fn. 24), S. 52.

525 Das Merkmal der „ethnischen Herkunft“ der Richterlinie ist insoweit mit dem Merkmal der „sozialen Herkunft“ des IAO-Übereinkommens Nr. 111 gleichzusetzen, da eine „Ethnie“ Menschengruppen bezeichnet, die kulturell, sozial historisch und genetisch eine Einheit bilden. Vgl. hierzu statt vieler *Thüsing, in:* MüKo Bd. I/2, § 1 AGG, Rn. 52.

(2) Richtlinie zur Festlegung eines allgemeinen Rahmens für die Verwirklichung der Gleichbehandlung in Beschäftigung und Beruf – RL 2000/78/EG

(a) Regelungsgegenstand

Der Zweck der RL ist die Schaffung eines allgemeinen Rahmens zur Bekämpfungen der Diskriminierung wegen der Religion oder der Weltanschauung, einer Behinderung, des Alters oder der sexuellen Ausrichtung in Beschäftigung und Beruf im Hinblick auf die Verwirklichung des Grundsatzes der Gleichbehandlung in den Mitgliedstaaten der Europäischen Union.[526] Der Verbotstatbestand ist im Wesentlichen identisch mit dem der RL 2000/43/EG und erfasst ebenso die unmittelbare und mittelbare Diskriminierung sowie die Belästigung und Anweisung zur Diskriminierung.[527] Die Rechtfertigungsmöglichkeiten für Ungleichbehandlungen sind dagegen weitreichender als bei der RL 2000/43/EG. So besteht neben der Ausnahmebestimmung hinsichtlich beruflicher Anforderungen[528] auch eine Ausnahme für Tätigkeiten in Kirchen und anderen religiösen Organisationen.[529] Schließlich können Ungleichbehandlungen aus Gründen des Alters zulässig sein, wenn sie objektiv, angemessen und erforderlich sind.[530] Allgemein sind aber auch Maßnahmen zulässig, die in einer demokratischen Gesellschaft für die Gewährleistung der öffentlichen Sicherheit, die Verteidigung der Ordnung und die Verhütung von Straftaten, zum Schutz der Gesundheit und zum Schutz der Rechte und Freiheiten anderer notwendig sind.[531]

Der Geltungsbereich der RL 2000/78/EG ist hingegen enger gefasst als der der RL 2000/43/EG. Er erfasst nur den Zugang zu und die Ausübung von unselbständiger und selbständiger Erwerbstätigkeit, einschließlich der Mitgliedschaft und Mitwirkung an Arbeitnehmer- oder Arbeitgeberorganisationen und geht somit nicht über den Bereich des unmittelbaren Arbeitslebens hinaus.[532] Der persönliche Geltungsbereich der Richtlinie erstreckt sich dann wieder ebenso wie der der RL 2000/43/EG auf „alle Personen in öffentlichen und privaten Bereichen".[533]

526 Art. 1 RL 2000/78/EG.
527 Art. 2 RL 2000/78/EG.
528 Art. 4 Abs. 1 RL 2000/78/EG.
529 Art. 4 Abs. 2 RL 2000/78/EG.
530 Art. 6 RL 2000/78/EG.
531 Art. 2 Abs. 5 RL 2000/78/EG.
532 Art. 3 Abs. 1 RL 2000/78/EG. Siehe hierzu auch *Grabenwarter*, in: Grabitz/Hilf, Das Recht der Europäischen Union, Art. 13 EGV, Rn. 52.
533 Art. 3 RL 2000/78/EG.

Entsprechend der RL 2000/43/EG haben die Mitgliedstaaten auch nach der RL 2000/78/EG sicherzustellen, dass die von einer Diskriminierung im Sinne der Richtlinie betroffenen Personen ihre Ansprüche auf dem Gerichts- oder Verwaltungsweg durchsetzen können und Sorge zu tragen, dass diejenigen, die ihre Rechte verfolgen, keine Schäden erleiden (Schutz vor Viktimisierung).[534] Auch haben die Mitgliedstaaten wie gemäß der RL 2000/43/EG wirksame, verhältnismäßige und abschreckende Sanktionen festzulegen, die bei Verstößen gegen die einzelstaatlichen Vorschriften zur Anwendung der Richtlinie zu verhängen sind.[535] Den vorangestellten Erwägungsgründen ist ebenso der Verweis auf die AEMR und die nachfolgenden Menschenrechtspakte zu entnehmen und damit die Anerkennung des Schutzes vor Diskriminierungen als allgemeines Menschenrecht.[536] Anders als in der RL 2000/43/EG wird hier auch ausdrücklich auf das IAO-Übereinkommen Nr. 111 bezuggenommen. Auch hier findet sich wieder der Verweis auf die Achtung der Menschenrechte als Grundlage des Handelns der EU.[537]

(b) Übereinstimmung mit dem Kernarbeitsrecht

Im Vergleich mit der Kernarbeitsnorm des Verbots der Diskriminierung in Beschäftigung und Beruf entsprechend dem Übereinkommen der IAO erfasst die RL 2000/78/EG nur den Diskriminierungstatbestand des Glaubensbekenntnisses bzw. der Religion. In Bezug auf das Merkmal der Behinderung, des Alters und der sexuellen Ausrichtung reicht der Geltungsbereich der RL 2000/78/EG über die Diskriminierungsverbote des IAO-Übereinkommens Nr. 111 hinaus. Die Begriffe der „*Beschäftigung*" und des „*Beruf*" werden ebenfalls von der Richtlinie voll erfasst. Sie greift insofern auch noch das in dem IAO-Übereinkommen Nr. 98 enthaltene Verbot der Diskriminierung aufgrund der Mitgliedschaft in einer Gewerkschaft auf.

534 Art. 9 und 11 RL 2000/78/EG.

535 Art. 14 RL 2000/78/EG. Siehe hierzu auch die Begründung des Entwurfes der Richtlinie, in dem die Kommission ausdrücklich auf die Notwendigkeit hinweist, dass es bei der Umsetzung erforderlich ist, dass diejenigen, denen aus den jeweiligen Rechtsvorschriften Verpflichtungen erwachsen, von einem Verstoß gegen diese Verpflichtungen abgehalten werden und dass diejenigen, die die gemeinschaftsrechtlichen Vorschriften nicht einhalten, angemessen bestraft werden. KOM (1999) 565, S. 16.

536 Erwägungsgrund 4 RL 2000/78/EG.

537 Erwägungsgrund 1 RL 2000/78/EG.

(3) Richtlinie zur Verwirklichung des Grundsatzes der Chancengleichheit und Gleichbehandlung von Männern und Frauen in Arbeits- und Beschäftigungsfragen – RL 2006/54/EG

(a) Regelungsgegenstand

Die Normsetzungstätigkeit der EU zur Verwirklichung des Grundsatzes der Chancengleichheit und Gleichbehandlung von Männern und Frauen in Arbeits- und Beschäftigungsfragen geht bis in die siebziger Jahre des 20. Jahrhunderts zurück. Das Resultat dieser Tätigkeit waren u. a. die Richtlinien zur Angleichung der Rechtsvorschriften der Mitgliedstaaten über die Anwendung des Grundsatzes des gleichen Entgelts für Männer und Frauen (RL 75/117/EWG), zur Verwirklichung des Grundsatzes der Gleichbehandlung von Männern und Frauen hinsichtlich des Zugangs zur Beschäftigung, zur Berufsbildung und zum beruflichen Aufstieg sowie in Bezug auf die Arbeitsbedingungen (RL 76/207/EWG i.d.F. der RL 2002/73/EG), zur schrittweisen Verwirklichung des Grundsatzes der Gleichbehandlung von Männern und Frauen im Bereich der sozialen Sicherheit (RL 79/7/EWG), zur Verwirklichung des Grundsatzes der Gleichbehandlung von Männern und Frauen bei den betrieblichen Systemen der sozialen Sicherheit (RL 86/378/EWG) sowie über die Beweislast bei Diskriminierung aufgrund des Geschlechts (RL 97/80/EG).

Mit der RL 2006/54/EG wurden die geltenden Gleichbehandlungsrichtlinien RL 75/117/EWG, RL 76/207/EWG i.d.F. der RL 2002/73/EG, RL 86/378/EWG und RL 97/80/EG in einem Rechtsakt zusammen gefasst. Ziel der RL 2006/54/EG ist dabei, die Verwirklichung des Grundsatzes der Chancengleichheit und der Gleichbehandlung von Männern und Frauen in Arbeits- und Beschäftigungsfragen einschließlich der Frage des Entgelts und der sozialen Sicherheit sicherzustellen.[538] Der Diskriminierungsbegriff der RL 2006/54/EG entspricht dem Begriff der RL 2000/43/EG und 2000/78/EG. Explizit mit einbezogen werden dabei zusätzlich die sexuelle Belästigung sowie jede Benachteiligung, die im Zusammenhang mit der Vereinbarkeit von Familie und Beruf steht.[539] Ausnahmen vom Gleichbehandlungsgrundsatz werden gar nicht oder nur in einem sehr beschränkten Umfang zugelassen. Ausnahmen vom Grundsatz der Entgeltgleichheit sind gar nicht gegeben. Hinsichtlich der Gleichbehandlung des Zugangs zur Beschäftigung, zur Berufsbildung und zum beruflichen Aufstieg sowie in Bezug auf die Arbeitsbedingungen besteht entsprechend den Bestimmungen

538 Art. 1 RL 2006/54/EG.

539 Art. 2 Abs. 1 lit. d) und Abs. 2 RL 2006/54/EG.

der anderen Gleichbehandlungsrichtlinien die Möglichkeit, eine Ungleichbehandlung aufgrund beruflicher Anforderungen zu rechtfertigen.[540]

Der Geltungsbereich der RL 2006/54/EG ist unterschiedlich in Bezug auf die einzelnen Regelungsgegenstände geregelt. Er umfasst in Bezug auf das Entgelt sämtliche Entgeltbestandteile und –bestimmungen. In Bezug auf die Gleichbehandlung in betrieblichen Systemen der sozialen Sicherheit erstreckt sich der persönliche Anwendungsbereich auf die Erwerbsbevölkerung und in sachlicher Hinsicht auf die betrieblichen Systeme, die u.a. Schutz vor Krankheit und Invalidität bieten.[541] Der sachliche Anwendungsbereich der Gleichbehandlung erstreckt sich auf den Zugang zur Beschäftigung, zur Berufsbildung und zum beruflichen Aufstieg sowie auf die Arbeitsbedingungen und die Mitgliedschaft und Mitwirkung in Arbeitnehmer- oder Arbeitgeberorganisationen. In persönlicher Hinsicht entspricht der Geltungsbereich dem der hier bereits behandelten Gleichbehandlungsrichtlinien, wonach er sich auf Stellen im öffentlichen wie privaten Bereich erstreckt.[542]

Die Bestimmungen der Richtlinie über die Durchsetzung und Umsetzung der Vorgaben sind im Wesentlichen deckungsgleich mit denen der anderen Gleichbehandlungsrichtlinien.[543] Darüber hinaus findet sich aber eine Bestimmung, die ausdrücklich die Art und die Höhe eines zu leistenden Schadensersatzes bzw. einer Entschädigung vorgibt. Hiernach muss der entstandene Schaden tatsächlich und wirksam ausgeglichen oder ersetzt werden, wobei dies auf eine abschreckende und dem erlittenen Schaden angemessene Art und Weise erfolgen muss.[544] Bemerkenswert ist dabei, dass die Bestimmungen über Durchsetzung und Beweislast mit der Überschrift „horizontale Bestimmungen“ überschrieben sind.

Schließlich findet sich in den Erwägungsgründen der RL weder ein Hinweis auf die Anerkennung des Verbots der Diskriminierung als allgemeines Menschenrecht noch darauf, dass gemäß Art. 6 EUV die Handlungen der EU stets auch auf der Achtung der Menschenrechte beruhen. Mit Ausnahme der RL 76/207/EWG i.d.F. von RL2002/73/EG findet sich dieser Hinweis auch in keiner der anderen Vorgängerrichtlinien.

---

540 Art. 14 Abs. 2 RL 2006/54/EG.

541 Art. 6 und 7 RL 2006/54/EG.

542 Art. 14 Abs. 1 RL 2006/54/EG.

543 S.o.

544 Art. 18 RL 2006/54/EG. Die Bestimmung ist der RL 76/207/EWG i.d.F. RL 2002/73/EG entnommen (Art. 6 Abs. 2).

(b) Überstimmungen mit dem Kernarbeitsrecht

Die Richtlinie entspricht mit Blick auf das Gebot des gleichen Entgelts den Voraussetzungen der Regelungen des IAO-Übereinkommens Nr. 100. Vor dem Hintergrund der Tatsache, dass sich bei der Schaffung von Art. 119 a.F. (Art. 157 AEUV) an den Begrifflichkeiten des ILO-Übereinkommens Nr. 100 orientiert wurde[545], lässt sich dies an zwei Gesichtspunkten verdeutlichen. So wird bereits in den einführenden Erwägungsgründen der Richtlinie auf die Bedeutung des Grundsatzes des gleichen Entgelts für gleiche oder gleichwertige Arbeit gemäß Art. 157 AEUV (Art. 141 EVG a.F.) als unverzichtbaren Bestandteil des Gemeinschaftsrechts hingewiesen und die Wichtigkeit weiterer Bestimmungen zu dessen Verwirklichung hervorgehoben.[546] Zudem wird in Art. 14 Abs. 1 lit. c RL 2006/54/EG schließlich ausdrücklich festgelegt, dass es keinerlei unmittelbare noch mittelbare Diskriminierung mit Bezug auf das Arbeitentgelt nach Maßgabe des Art. 157 AEUV (Art. 141 EVG a.F.) geben darf.

Hinsichtlich der Diskriminierung aufgrund des Geschlechts in Beschäftigung und Beruf erfasst die Richtlinie auch den vorgegebenen Rahmen des IAO-Übereinkommens Nr. 111 von der Zulassung zur Berufsausbildung, zur Beschäftigung und zu den einzelnen Berufen sowie der Beschäftigungsbedingungen. Allerdings reicht sie mit den Maßnahmen hinsichtlich der Gleichbehandlung in betrieblichen Systemen der sozialen Sicherheit über die Vorgaben der IAO hinaus. Entsprechend den Vorgaben der IAO werden sowohl die unmittelbare als auch die mittelbare Diskriminierung erfasst.

(4) Bewertung

Der Regelungsgegenstand der untersuchten Anti-Diskriminierungsrichtlinien zeigt eine in den wesentlichen Punkten inhaltliche Übereinstimmung mit dem durch die IAO-Übereinkommen Nr. 100 und 111 verbürgten Kernarbeitsrecht des Verbots der Diskriminierung in Beschäftigung und Beruf. Einzig das Verbot der Diskriminierung aufgrund der politischen Überzeugungen lässt sich im Rahmen der Gleichbehandlungsrichtlinien nicht finden.[547]

---

545 *Krebber, in:* Calliess/Ruffert, EUV/AEUV, 4. Aufl. 2011, Art. 157 AEUV, Rn. 2.

546 Erläuterungsgrund 8 RL 2006/54 EG.

547 Im Sinn einer größeren Klarheit sei hier noch darauf verwiesen, dass das in der RL 2000/78/EG bestehende Verbot der Diskriminierung aufgrund der Weltanschauung nicht das der politischen Überzeugungen mit erfasst. Siehe hierzu statt vieler *Thüsing*, in: MüKo Bd. I/2, § 1 AGG, Rn. 72.

Die Normsetzungstätigkeit der EU zeigt dabei einen ausdrücklichen Bezug zum Völkerrecht. Besonders deutlich erkennbar ist dies anhand des Erwägungsgrundes, dass die Handlungen der EU gemäß Art. 6 EUV stets auch auf der Achtung der Menschenrechte beruhen.[548] Diese Bezugnahme fehlt letztlich nur im Rahmen der RL 2006/54/EG. Allerdings enthielt die in ihr aufgegangene RL 76/207/EWG i.d.F. von RL2002/73/EG diesen Bezug.[549] Insoweit Ziel der RL 2006/54/EG die Zusammenfassung der verschiedenen RL zur Verwirklichung des Gleichbehandlungsgrundsatzes war,[550] ist davon auszugehen, dass die Erwägung weiter Bestand hat, ein Bezug zum Völkerecht und damit auch eine Übung i.S.v. Art. 38 Abs. 1 lit. b IGH-Statut auch dort gegeben ist.

Im Sinne von Art. 38 Abs. 1 lit. b IGH-Statut ist weiter zu fragen, ob der gemeinschaftlichen europäischen Übung eine entsprechende Rechtsüberzeugung zu entnehmen ist, die eine unmittelbare Verpflichtung privater Akteure zur Beachtung des Verbots der Diskriminierung in Beschäftigung und Beruf umfasst. Zunächst ist sich dabei zu vergegenwärtigen, dass gemeinschaftsrechtliche Richtlinien entsprechend Art. 249 Abs. 3 EGV grundsätzlich nur Wirkungen gegenüber den Mitgliedstaaten entfalten.[551] Sie sind im Gegensatz zur gemeinschaftsrechtlichen Verordnung nur in Bezug auf das zu erreichende Ziel verbindlich und überlassen den Staaten einen Ermessensspielraum bei der Umsetzung der Zielvorgaben.[552] Unter rechtsdogmatischen Gesichtspunkten bedürfen sie

---

548 Siehe oben. *Rainer Nickel*, Handlungsaufträge zur Bekämpfung von ethnischen Diskriminierungen in der neuen Gleichbehandlungsrichtlinie 2000/43/EG NJW 2001, S. 2668 (2669) spricht insofern davon, dass die Richtlinie durch den Verweis auf die Menschenrechtserklärung von 1948 und die nachfolgenden Menschenrechtspakte mit einer „begrüßenswerten Klarheit“ auf die Verwirklichung des *Menschenrechts auf Nichtdiskriminierung* abzielt (Erwägungsgrund 3). Zu dem in Art. 6 EUV enthaltenen Achtungsgebot des Grundrechtsschutz in der Union siehe weiter bei *Beutler, in:* von der Groeben/Schwarze, Kommentar EUV/EGV, Art. 6 EUV, Rn. 1 ff.

549 Den anderen Richtlinien, die mit der RL 2006/54/EG zusammengefasst wurden, fehlt dieser Bezug wiederum. Der Grund hierfür liegt wohl in der Tatsache, dass der Grundrechtsschutz erst ausdrücklich mit dem Vertrag von Maastricht als Grundlage der Gemeinschaft in die Verträge mit aufgenommen worden ist.

550 Erwägungsgrund 1 RL 2006/54/EG.

551 Im konkreten Fall siehe Art. 18 RL 94/33/EG. Allgemein siehe *Nettesheim*, in: Grabitz/Hilf, Das Recht der Europäischen Union, Art. 249 EGV, Rn. 130 ff.

552 Die Richtlinie stellt von ihrer Natur nach damit einen Kompromiss zwischen dem Erfordernis einer Einheitlichkeit des Rechts der Gemeinschaften und der Bewahrung nationaler Eigentümlichkeiten dar, wo Angleichungen erforderlich sind aber

daher zunächst der Umsetzung in staatliches Recht, um eine Pflicht des Einzelnen begründen zu können.[553]

Eine unmittelbare Anwendung einer Richtlinie im Verhältnis unter Privaten im Sinne einer horizontalen Drittwirkung hat der EuGH daher bis heute stets abgelehnt,[554] auch wenn sie im Verhältnis Bürger-Staat (sog. „vertikale" Drittwirkung) seit langem mit dem Hinweis auf den Grundsatz der praktischen Wirksamkeit (effet utile) als anerkannt gilt.[555] Unter Berücksichtigung des Rechtscharakters der Richtlinien und der ständigen Rechtsprechung des EuGH findet die Richtlinie insoweit keine unmittelbare Anwendung. Folgt man dieser Betrachtungsweise ist der Richtlinie eine Rechtsüberzeugung, die von einer bestehenden Verbindlichkeit auch von privaten Akteuren ausgeht, nicht zu entnehmen. Mit Blick auf den Untersuchungsgegenstand vernachlässigt eine solche Betrachtungsweise jedoch die Besonderheiten des Gemeinschaftsrechts.[556]

Ziel der Richtlinie ist die Angleichung des Rechts – einschließlich des Bereichs des Privatrechtes – der verschiedenen Mitgliedstaaten und damit die Schaffung von Mindeststandards. Die Umsetzung der Vorgaben ist dabei durch eine Frist zeitlich bedingt. Eine nicht erfolgte Umsetzung führt nach der ständigen Rechtsprechung des EuGH darüber hinaus zu einem Staatshaftungsanspruch.[557] Ferner gilt es, sich zu vergegenwärtigen, dass der Spielraum der Staaten bei der Umsetzung der Vorgaben der Gemeinschaft umso geringer ist, je präziser die einzelnen inhaltlichen Vorgaben ausfallen. Ein wirklicher Ermessensspielraum der Mitgliedstaaten kann somit unter Umständen gar nicht mehr bestehen.

---

keine Vereinheitlichung. Siehe hierzu im Einzelnen statt vieler *Matthias Herdegen*, Europarecht, 14. Aufl., C.H. Beck, München, 2012, § 8 Rn. 36 ff.

553 *Matthias Herdegen,* ebenda, § 8 Rn. 36. Zur mangelhaften Umsetzung der Richtlinie durch den deutschen Gesetzgeber siehe *Marlene Schmidt*, Defizite im Jugendarbeitsschutz – Erneut: Mangelhafte Umsetzung einer EG-Richtlinie durch den deutschen Gesetzgeber, BB 1998, S. 1362 ff.

554 EuGH, Rs. 152/84, *Marschall I*, Slg. 1986, 723 Rn. 48.

555 EuGH, Rs. 8/81, *Becker*, Slg. 1982, 53 Rn. 21 ff.

556 Die Besonderheit des Gemeinschaftsrechts beruht u. a. auf den durch die Gründungsverträge verliehenen Rechtsetzungskompetenzen der Gemeinschaftsorgane gegenüber den Mitgliedsstaaten, die das Recht der Gemeinschaft zu einer vom Völkerrecht zu unterscheidenden autonomen Rechtsordnung werden lässt. Es ersetzt innerhalb der Binnenbeziehungen insoweit die Regeln des Völkerrechts. Weiter hierzu *Graf Vitzthum, in:* Graf Vitzthum (Hrsg.) Völkerrecht, 5. Aufl., 1. Abschn. Rn. 40.

557 Grundlegend EuGH, verb. Rs. C-6 und 9/90, *Francovich*, Slg. 1991, I-5357. Ausführlich siehe *Kahl*, in: Calliess/Ruffert, EUV/AEUV, 4. Aufl. 2011, Art. 4 EUV, Rn. 54 ff. sowie *Ruffert*, in: Calliess/Ruffert, EUV/EGV, 4. Aufl. 2011, Art. 340 AEUV, Rn. 36 ff.

Insbesondere in diesen Fällen ist der Wille der Gemeinschaft erkennbar, dass den Richtlinien auch ein ausdrücklicher Geltungsbefehl für den Bereich des Privatrechtes zugrundeliegt. Durch eine solche Richtlinie wird zwingend festgelegt, dass bestimmte Regelungen geschaffen werden müssen, denen, je nach dem Regelungsgegenstand des gemeinschaftrechtlichen Rechtsakts, die Rechtsauffassung folgt, dass ein bestimmtes Verhalten auch im Rechtsverkehr unter Privaten zwingend ist. Entscheidend sind damit die inhaltlichen Vorgaben der Richtlinie und der sich daraus ableitende Wille der Gemeinschaft.

Der Gemeinschaftsgesetzgeber hat im Rahmen der Diskriminierungsrichtlinien inhaltlich sehr detaillierte Vorgaben für ein Verbot der Diskriminierung in Beschäftigung und Beruf geschaffen. Ein Ermessensspielraum der Mitgliedstaaten hinsichtlich der Bindung Privater an das Diskriminierungsverbot ist daher nicht gegeben. Sie haben die Vorgaben der Gemeinschaft vielmehr zwingend umzusetzen, so dass vom Bestehen eines ausdrücklichen Geltungsbefehls auch für den Bereich des Privatrechts ausgegangen werden kann.[558] Die Tatsache, dass private Akteure eine unmittelbare Verantwortung bei Zuwiderhandlungen gegen das Diskriminierungsverbot in Beschäftigung und Beruf tragen, steht daher nicht zur Disposition. Der Wille hierfür und damit eine entsprechende Rechtsüberzeugung lassen sich ferner auch der Begründung des Entwurfs der RL 2000/75/EG der Kommission entnehmen. Dort heißt es, dass aufgrund der Bedeutung von Beschäftigung und Beruf für die soziale Eingliederung, für die volle Teilhabe am wirtschaftlichen, kulturellen und sozialen Leben und für den Genuss der Menschenrechte und Grundfreiheiten ein horizontaler Rechtsakt am geeignetsten ist, um den Grundsatz der Gleichbehandlung zu gewährleisten.[559] Auch ist der Kommission klar gewesen, dass Unternehmen infolge der Umsetzung unmittelbar Pflichten treffen.[560] Eine Unterscheidung zwischen den sog. transnationalen Unternehmen und anderen wirtschaftlichen Akteuren findet sich dabei nicht.

Schließlich sind die Vorgaben der Richtlinien derart präzise in Hinblick auf den Tatbestand einer Diskriminierung, dass den Mitgliedstaaten kein wirkliches

558 So auch in Bezug auf die RL 2000/43/EG *Rainer Nickel*, (Fn. 548), S. 2668 (2669). Vgl. auch *Grabenwarter*, in: Grabitz/Hilf, Das Recht der Europäischen Union, Art. 13 EGV, Rn. 56, der aus der Formulierung für „alle Personen in öffentlichen und privaten Bereichen, einschließlich öffentlicher Stellen" den Rückschluss zieht, dass die Diskriminierungsverbote sowohl das Verhältnis zwischen Staat und Bürger als auch jenes zwischen den Bürgern untereinander betreffen.

559 Begr. zu 2000/78/EG siehe KOM(1999) 565, S. 7.

560 Begr. zu 2000/78/EG siehe KOM(1999) 565, S. 28.

Umsetzungsermessen mehr eingeräumt wird. Durch die bestehende Umsetzungspflicht ist ein umfassendes Diskriminierungsverbot geschaffen, dessen Tragweite einer horizontalen Wirkung des grundrechtlich verankerten Gleichbehandlungsgrundsatzes kaum nachsteht und so bereits einen erheblichen Einfluss auf privatrechtliche Rechtsverhältnisse ausübt.[561] So gesehen besteht also eine entsprechende Rechtsüberzeugung, die eine unmittelbare rechtliche Verantwortlichkeit privater Akteure für eine Diskriminierung in Beschäftigung und Beruf für gegeben ansieht. Allerdings bezieht sich diese Überzeugung trotz des bestehenden völkerrechtlichen Bezuges nicht auf eine unmittelbare völkerrechtliche Pflicht, sondern vielmehr nur auf eine gemeinschaftsrechtliche Pflicht. Dies zeigt sich an der Tatsache, dass zur Begründung der Pflicht nicht auf die thematisch einschlägigen Verhaltenskodizes abgestellt wird. Im engeren Sinne hat daher hier nur eine Konkretisierung bzw. ein Ausbau der bereits bestehenden völkerrechtlichen Verpflichtungen der Mitgliedstaaten stattgefunden.[562] Die Normsetzungstätigkeit der EU in Bezug auf das Verbot der Diskriminierung in Beschäftigung und Beruf steht so letztlich auch hier nur als Ausdruck der Anerkennung des menschenrechtlichen Verbots der Diskriminierung.

c) Zwischenfazit

Die zahlreichen Aktivitäten der EU hinsichtlich eines Verbotes der Diskriminierung in Beschäftigung und Beruf haben gezeigt, dass eine Rechtsauffassung einer unmittelbaren Verpflichtung wirtschaftlicher Akteure besteht. Es hat sich aber auch gezeigt, dass diese Rechtsauffassung eine Pflicht nicht auf der Grundlage des völkerrechtlichen Menschenrechtsschutzes für gegeben hält, sondern vielmehr die gemeinschaftsrechtliche Rechtsetzung zum einen als wettbewerbspolitisches Erfordernis zur Verwirklichung des gemeinsamen Marktes und zum anderen als erforderliche Umsetzung der mitgliedsstaatlichen Verpflichtung zu einem völkerrechtskonformen Verhalten ansieht. Letztlich hält die EU hier an dem klassischen Verständnis der völkerrechtlichen Verpflichtungen fest. Ein Beitrag zur Entstehung einer gewohnheitsrechtlichen Norm des Völkerrechts ist mit

---

561 *Epiney*, in: Calliess/Ruffert, EUV/AEUV, 4. Aufl., 2011, Art. 19 AEUV, Rn. 13; *Manfred Dauses*, Die Antidiskriminierungsrichtlinien: Faustscher Tatendrang oder mephistophelischer Zynismus? EuZW 2007, S. 129. A.A. *Gregor Thüsing*, Richtlinienkonforme Auslegung und unmittelbare Geltung von EG-Richtlinien im Anti-Diskriminierungsrecht, NJW 2003, S. 3441 (3444). Zur Frage, ob die Anti-Diskriminierungsrichtlinien zwingendes Recht darstellen siehe *Peter Schrader/Gunnar Straube*, Ist das AGG international zwingendes (Arbeits-)Recht?, NZA 2007, S. 184 ff.

562 Siehe hierzu *Giegerich, in:* Rust/ Falke, AGG, Einl. Rn. 14.

Ausnahme des Grundsatzes der Gleichheit des Entgelts männlicher und weiblicher Arbeitskräfte für gleichwertige Arbeit daher nicht gegeben.

2. *Rechtsprechung im Rahmen des ATCA hinsichtlich des Verbots der Diskriminierung in Beschäftigung und Beruf*

Ein besonderes Augenmerk zum Nachweis eines Bestehens einer allgemeinen Übung und einer entsprechenden Rechtsüberzeugung hinsichtlich einer Pflicht privater wirtschaftlicher Akteure zur Beachtung der Kernarbeitsrechte verdient die Rechtsprechung der US-amerikanischen Gerichte auf der Grundlage des Alien Tort Claim Act (ATCA). Der ATCA legt fest, dass jeder Ansprüche aufgrund der Verletzung einer Völkerrechtsnorm vor US-amerikanischen Gerichten geltend machen kann, auch wenn das den Anspruch auslösende Ereignis außerhalb des Hoheitsbereichs der Vereinigten Staaten von Amerika stattgefunden hat.[563] In diesem Rahmen werden seit geraumer Zeit schwerwiegende Verletzungen menschenrechtlichen Mindeststandards durch private wirtschaftliche Akteure gerügt. Die Entstehungsgeschichte und der Rechtscharakter des ATCA sind dabei nicht unumstritten.[564] Zum besseren Verständnis sollen daher die wesentlichen Aspekte und die Voraussetzungen einer Anwendung erläutert werden, bevor im Einzelnen anhand spezifischer Einzelfälle der Frage nach einem möglichen Beitrag zur Entstehung einer neuen völkergewohnheitsrechtlich anerkannten Norm nachgegangen wird.

a) *Grundlagen und Voraussetzungen des ATCA*

(1) Rechtscharakter des ATCA

US-amerikanische Gerichte haben den ATCA zunächst als eine zivilrechtliche Anspruchsgrundlage ausgelegt und folgerichtig darauf verzichtet, zusätzlich eine materiell-rechtliche Anspruchsgrundlage des Völkerrechts heranzuziehen.[565]

---

563 28 U.S.C. § 1350 "The district courts shall have original jurisdiction of any civil action by an alien for a tort only, committed in violation of the law of nations or a treaty of the United States". Der ATCA selbst ist Teil des Judiciary Act von 1789.

564 Siehe für einen Überblick siehe *John Walker*, Domestic Adjudication of International Human Rights Violations under the Alien Tort Statute, St. Louis U. L. J. (Vol. 41), 1997, S. 539 ff.; *William Dodge*, The Historical Origins of the Alien Tort Statute: A Response to the "Originalists", Hastings Int'l & Com. L. Rev.19 (1996), S. 221 ff.

565 Siehe *Filartiga v. Pena-Irala*, 630 F. 2d 876; 1980 U.S. App. LEXIS 16111; *Kadic v. Karadzic*, 70 F. 3d 232; 1995 U.S. App. LEXIS 28826; *Hilao v. Marcos (In re Estate of Marcos)*, 25 F. 3d 1467; 1994 U.S. App. LEXIS 14796; *Abebe-Jira v. Negewo*, 72 F. 3d 844, 1996 U.S. App. LEXIS 321. Zusammenfassend *Courtney Shaw*, Uncertain Justice: Liability

Die Regierung der Vereinigten Staaten mochte dagegen in dem ATCA keine materiell-rechtliche Anspruchsgrundlage erkennen, sondern sah in ihm lediglich eine Zuständigkeitsbegründung. Die Motivation bei Erlass des ATCA habe – so die Argumentation – alleine in der Tatsache bestanden, eine Möglichkeit zur Wiedergutmachung von strafbaren Handlungen US-amerikanischer Staatsbürger gegenüber ausländischen Offiziellen in den Vereinigten Staaten zu schaffen.[566] Insoweit könne dem ATCA nicht entnommen werden, dass unter Heranziehung völkergewohnheitsrechtlich anerkannter Normen eine rechtliche Anspruchsgrundlage für im Ausland begangene Rechtsverletzungen bestehe. Außerdem sei das Völkergewohnheitsrecht wegen seiner ihm innewohnenden schwer bestimmbaren Natur keine sichere Basis für privatrechtliche Ansprüche. Es beruhe auf einer zu großen Anzahl an Entscheidungen im internationalen wie nationalen Bereich, so dass die Feststellung einer Verletzung einer völkergewohnheitsrechtlichen Norm für die nationalen Gerichte nicht möglich sei und sie überfordern würde.[567]

In Übereinstimmung mit der Auffassung der Regierung der Vereinigten Staaten von Amerika hat der U.S. Supreme Court in seiner Entscheidung im Fall *Sosa v. Alvarez-Machain* festgehalten, dass das Gesetz dem Wortlaut entsprechend nur die Zuständigkeit der Bundesgerichte erster Instanz für Klagen wegen im Ausland begangener Verletzungen des internationalen Rechts begründet.[568] Eine eigenständige Anspruchsgrundlage stelle es dagegen nicht dar. Die Frage, inwieweit ein Anspruch auf den Ersatz des entstandenen Schadens besteht, richtet sich nach der Ansicht des U.S. Supreme Court vielmehr alleine nach den Regeln des common law. Dieses umfasst nach der Auffassung des Gerichtes allerdings auch einen eng umgrenzten Kreis von völkergewohnheitsrechtlichen Normen, so dass es als Anspruchsgrundlage bei der Verletzung einer entsprechenden Norm dienen kann.[569] Gleichzeitig weist das Gericht aber darauf hin, dass bei der Annahme einer derartigen gewohnheitsrechtlichen Norm grundsätzlich Zurückhaltung

of Multinationals under the Alien Tort Claims Act, 54 Stan. L. Rev. (2002), S. 1359 (1365 f.). Für die Unmöglichkeit des Ausschlusses zivilrechtlicher Ansprüche auf der Grundlage des ATCA durch völkerrechtliche Abkommen siehe *Christian Safferling*, Zwangsarbeit vor US-amerikanischen Gerichten, NJW 2000, S. 1922 (1923 f.).

566 Siehe AJIL 2008, S. 657 (658).

567 Brief for the United States as Respondent Supporting Petitioner at 11–24 (Jan. 2004), Sosa v. Alvarez- Machain, 124 S.Ct. 2739.

568 *Sosa v. Alvarez-Machain*, 542 U.S. 692, 721; 124 S. Ct. 2739, 2759.

569 *Sosa v. Alvarez-Machain*, 542 U.S. 692, 724; 124 S. Ct. 2739, 2761.

geboten sei.[570] Ein Schadensersatzanspruch komme nur in Betracht, wenn eine völkerrechtliche Norm verletzt würde, die von der zivilisierten Welt so anerkannt sei, wie das Verbot der Piraterie und der Schutz von Diplomaten in der Zeit des Erlasses des ATCA.[571]

(2) Voraussetzungen des ATCA

Nach dem Wortlaut des ATCA kommt eine Anwendung stets dann in Betracht, wenn ein Ausländer einen Anspruch erhebt, indem er eine rechtswidrige Handlung behauptet, die eine Verletzung einer internationalen Norm darstellt. Als problematisch bei der gerichtlichen Überprüfung der Ansprüche hat sich in den vergangenen Jahren die Frage nach der zur Begründung der gerichtlichen Zuständigkeit erforderlichen Beziehungen der Beteiligten zu den Vereinigten Staaten und der Qualität der geforderten Völkerrechtsverletzung erwiesen.

(a) Zuständigkeit US-amerikanischer Gerichte

Grundsätzlich besteht auf der Grundlage des ATCA eine Zuständigkeit US-amerikanischer Gerichte für Klagen gegen Staatsbürger der Vereinigten Staaten wegen der Verletzung internationaler Normen. Die Begründung einer Zuständigkeit eines US-amerikanischen Gerichtes für Klagen gegen ausländische Unternehmen wegen der Verletzung menschenrechtlicher Normen bedarf so – umgangssprachlich formuliert – nach der bisherigen Rechtsprechung stets eines US-amerikanischen Anknüpfungspunktes. Ein derartiger Anknüpfungspunkt ist nach der Rechtsprechung immer dann gegeben, wenn ein geschäftlicher Kontakt des Unternehmens in den Vereinigten Staaten von Amerika besteht. Dies bedeutet, dass das betreffende Unternehmen in den Vereinigten Staaten von Amerika geschäftlich tätig sein muss und die ausgeübte Tätigkeit weder von vorübergehender noch unerheblicher Art sein darf.[572] Dabei ist es ausreichend, wenn ein ausländisches Unternehmen zwar nicht selbst in den Vereinigten Staaten aktiv ist, aber ein US-amerikanisches Tochterunternehmen

570 Das Gericht begründet die erforderliche Zurückhaltung bei der Annahme einer völkergewohnheitsrechtlichen Norm als einen Bestandteil des common law mit der erheblichen Gefahr von negativen Auswirkungen von einer Fülle von Klagen auf der Grundlage des ATCA auf die Außenpolitik der Vereinigten Staaten. Siehe *Sosa v. Alvarez-Machain*, 542 U.S. 692, 725–728; 124 S. Ct. 2739, 2762–2763.

571 *Sosa v. Alvarez-Machain*, 542 U.S. 692, 732; 124 S. Ct. 2739, 2765.

572 Siehe dazu die Entscheidung in *Wiwa v. Royal Dutch Petroleum Co.*, 226 F. 3d 88, 95; 2000 U.S. App. LEXIS 23274, 12.

ähnlich einer Abteilung oder eines Agenten unterhält.[573] In diesem Fall müssen aber Mutter- und Tochterunternehmen tatsächlich eine Einheit bilden. Das Mutterunternehmen muss das Tochterunternehmen tatsächlich kontrollieren oder als Agent für sich tätig werden lassen. Nicht ausreichend ist es, wenn es sich um einen bloßen Franchise-Partner handelt, der bei Herstellung und Vermarktung eines Produktes des betroffenen Unternehmens Verletzungshandlungen begeht.[574] Ein Erfordernis eines Zusammenhanges zwischen den Aktivitäten in den Vereinigten Staaten und der vorgeworfenen Menschenrechtsverletzung besteht nach ständiger Rechtsprechung nicht.[575]

(b) Passivlegitimation von Unternehmen

Die Voraussetzung für das Bestehen eines Schadensersatzanspruches nach den Grundsätzen des ATCA bildet der Verstoß gegen eine Norm des internationalen Rechts. Es kann sich dabei sowohl um eine Verletzung einer völkergewohnheitsrechtlichen Norm als auch um eine Verletzung eines von den Vereinigten Staaten ratifizierten Vertrages handeln. Unter dem Blickwinkel der klassischen Betrachtungsweise des Völkerrechts bestehen an diesem Punkt erhebliche Bedenken gegenüber dem ATCA, der eine Haftung privater Akteure für die Verletzung völkerrechtlicher Normen aufgrund der Staatenbezogenheit des Völkerrechts nicht kennt. Eine Begrenzung der Haftung privater Akteure hat im Rahmen der Rechtsprechung zum ATCA jedoch keine Beachtung gefunden.[576] Vielmehr wurde bereits in dem Verfahren *Kadic v. Karadzic* festgehalten, dass bestimmte völkerrechtliche Verbote auch natürliche Personen treffen, ohne dass es auf eine staatliche Mitwirkungshandlung ankomme.[577] In dem Verfahren *Doe v. Unocal* wurde diese Sichtweise schließlich ausdrücklich auch auf juristische Personen übertragen.[578]

---

573 *Anja Seibert-Fohr/Rüdiger Wolfrum*, Die einzelstaatliche Durchsetzung völkerrechtlicher Mindeststandards, AVR 43 (2005), S. 153 (171).

574 *Sinaltrainal v. Coca-Cola Co.*, 256 F. Supp. 2d 1345, 1354–1355; 2003 U.S. Dist. LEXIS 7145, 24–26.

575 *Wiwa v. Royal Dutch Petroleum Co.*, 226 F. 3d 88; 2000 U.S. App. LEXIS 23274.

576 *Anja Seibert-Fohr/Rüdiger Wolfrum*, (Fn. 573), S. 153 (166).

577 *Kadic v. Karadzic*, 70 F. 3d, 232, 239–241;. 1995 U.S. App. LEXIS 28826, 12–22.

578 *Doe v. Unocal*, 963 F. Supp. 880, 892; 1997 U.S. Dist. LEXIS 5094, 34; *Anja Seibert-Fohr/Rüdiger Wolfrum*, (Fn. 573), S. 153 (166) weisen zudem darauf hin, dass die Tatsache, dass es sich bei der Fragestellung der Jurisdiktion um eine Frage handelt, die die angerufenen Gerichte stets von Amts wegen zu behandeln haben. Insofern

Trotz einer grundsätzlichen Anerkennung der Möglichkeit einer Haftung für die Verletzung völkerrechtlicher Normen zieht nicht jedes Fehlverhalten wirtschaftlicher Akteure eine Schadensersatzpflicht nach sich. Nach den durch die Rechtsprechung entwickelten Grundsätzen kommt eine solche nur dann in Betracht, wenn eine entsprechende persönliche völkerrechtliche Bindung gegeben ist. Dies setzt voraus, dass es sich bei der verletzten internationalen Norm um eine Norm handelt, die entsprechend den bei Erlass des ATCA in Betracht gezogenen Normen hinreichend bestimmt und in der zivilisierten Welt anerkannt ist.[579] Sie muss – anders formuliert – „*specific, universal and obligatory*" sein.[580] Nach der Rechtsprechung ist dies im Regelfall gegeben, wenn es sich um internationale Verbrechen, u.a. wie Völkermord, Verbrechen gegen die Menschlichkeit und Sklaverei handelt, der Täter mit anderen Worten auch als ein *hostis humani generis* angesehen werden kann.

Mit der Entscheidung in der Rechtssache *Kiobel v. Royal Dutch Petroleum Co.* hat der U.S. Court of Appeals for the Second Circuit dieser Rechtsauffassung in Teilen widersprochen.[581] Es reiche gerade nicht aus, wenn die verletzte Vorschrift „*specific, universal and obligatory*" unter Beachtung des Völkerrehts sei. Vielmehr müsse auch explizit eine Verantwortung für Unternehmen begründet sein. Die Anerkennung einer solchen Verantwortung sei im Völkerrecht jedoch gerade nicht existent.[582] Dem entgegen hat das Berufungsgericht im Verfahren *Flomo et al. v. Firestone die* grundsätzliche Anerkennung der Verantwortlichkeit von Unternehmen bei Verstößen gegen Völkergewohnheitsrecht ausdrücklich in Abgrenzung zum Verfahren *Kiobel v. Royal Dutch Petroleum Co.* hervorgehoben und bestätigt.[583] Entscheidend sei, dass die Regeln des common law einen eng

die Fragestellung in diversen Verfahren nicht behandelt wurde, könne daher davon ausgegangen werden, dass die Frage der Zuständigkeit stets implizit bejaht wurde.

579 *Sosa v. Alvarez-Machain*, 542 U.S. 692, 732; 124 S. Ct. 2739, 2765.

580 *Sosa v. Alvarez-Machain*, 542 U.S. 692, 732; 124 S. Ct. 2739, 2766. Siehe auch *Hilao v. Marcos (In re Estate of Marcos)*, F. 3d 1467, 1475; 1994 U.S. App. LEXIS 14796, 37.

581 *Kiobel v. Royal Dutch Petroleum Co.*, 621 F.3d 111; 2010 U.S. App. LEXIS 19382.

582 Siehe im einzelen hierzu *Kiobel v. Royal Dutch Petroleum Co.*, 621 F.3d 111, 130 ff.; 2010 U.S. App. LEXIS 19382, 51 ff. Eine Auseinandersetzung mit dem Urteil und seiner Bedeutung für die weitere Rechtpsrehcung im Rahmen des ATCA fidnet sich bei *Martin Schaub*, Verantwortlichkeit von Unternehmen unter dem Alien Tort Statute: Eine Bestandsaufnahme nach Kiobel v. Royal Dutch Petroleum Co., AVR Bd. 49 (2011), S. 124 ff.

583 Flomo et al. v. Firestone, 643 F.3d 1013, 1017; 2011 U.S. App. LEXIS 14179, 9.

umgrenzten Kreis von völkergewohnheitsrechtlichen Normen umfassen und eine Verantwortung von Unternehmen nach dem common law anerkannt sei.[584]

Darüber hinaus ist eine Haftung privater Akteure auch auf der Grundlage des innerstaatlichen Rechtsgrundsatzes der Haftung für eine Handlung unter *„color of law“*[585] anerkannt worden.[586] Eine Haftung kommt danach auch immer dann in Betracht, wenn private Akteure zusammen mit Staatsbediensteten oder mit beachtlicher staatlicher Hilfe Verletzungshandlungen vorgenommen haben. Der Grund für eine solche Haftung wird in der Tatsache gesehen, dass der private Akteur mit staatlicher Autorität gehandelt hat und der Mantel der staatlichen Autorität die Macht des Handelnden erhöht hat.[587] Als ausreichend wurde in dieser Hinsicht bereits ein bloßes Zusammenwirken mit staatlichen Behörden bei der Einfuhr von Waren angesehen.[588] Auch wurde durch die Rechtsprechung grundsätzlich bereits eine Verantwortung von Unternehmen für Anstiftung oder Beihilfe bei begangenen staatlichen Völkerrechtsverletzungen anerkannt.[589]

(3) Bewertung

Die Ausführungen haben gezeigt, dass es sich bei dem ATCA im Kern um die Anwendung nationalen Deliktrechts handelt, das auf einen eng umgrenzten Kreis völkergewohnheitsrechtlicher Normen verweist. Die Erstreckung dieser Haftung auf private Akteure erscheint als folgerichtig, da sie im nationalen Deliktrecht in der Regel als anerkannt gilt.[590] Die Bedeutung des ATCA ergibt sich damit aus der Tatsache, dass er ausdrücklich auf die Regeln des allgemeinen Völkerrechts Bezug nimmt und es so ermöglicht, im Rahmen des nationalen Deliktrechtes eine Verletzung dieser Normen zu verfolgen. Dementsprechend könnte die Rechtsprechung als Beitrag für die zukünftige Entwicklung des Völkerrechts

---

584 Flomo et al. v. Firestone, 643 F.3d 1013, 1019; 2011 U.S. App. LEXIS 14179, 14. Zur Klärung dieser Fragstellung gilt es die Entscheidung des angerufenen Supreme Court abzuwarten.

585 42 U.S.C. §1983.

586 *Kadic v. Karadzic*, 70 F. 3d, 232, 245; 1995 U.S. App. LEXIS 28826, 34.

587 *Anja Seibert-Fohr/Rüdiger Wolfrum*, (Fn. 573), S. 153 (167) mit Verweis auf *Sarei v. Rio Tinto Plc*, 221 F. Supp.2d 1116, 1145; 2002 U.S. Dist. LEXIS 16235, 73.

588 *Abdullahi v. Pfizer, Inc.*, 2002 U.S. Dist. LEXIS 17436, 17–18. Erfasst werden unter diesem Aspekt auch Joint Ventures zwischen Staaten und Unternehmen. Siehe dazu United States District Court, C. D. California, *Sarei v. Rio Tinto Plc*, 221 F. Supp.2d 1116, 1154–1155, 2002 U.S. Dist. LEXIS 16235, 101.

589 *Doe v. Unocal Corp.*, 395 F. 3d 932; 2002 U.S. App. LEXIS 19263.

590 So auch Flomo et al. v. Firestone, 643 F.3d 1013, 1019; 2011 U.S. App. LEXIS 14179, 14.

und als Nachweis einer entsprechenden Übung und Rechtsüberzeugung für die Bindung wirtschaftlicher Akteure an soziale Mindeststandards angesehen werden, da sie den erforderlichen völkerrechtlichen Bezug aufweist.[591] Zu beachten bleibt aber, dass der Supreme Court mit dem Erfordernis, dass es sich bei der verletzten Norm um eine Norm handeln muss, die hinreichend bestimmt ist und in der zivilisierten Welt als allgemein anerkannt gilt, strenge Anforderungen aufgestellt hat.[592] Welche einzelnen Menschenrechtsverletzungen hierunter fallen hat der Supreme Court nicht festgehalten und dies bis auf weiteres den unteren Instanzen überlassen. Beachtet man die Wortwahl des Supreme Court und die Verweise auf unterinstanzliche Urteile mag hier zwar der Schluss nahe liegen, dass eine Verantwortlichkeit nur im Fall der Verletzung einer Norm mit ius cogens-Charakter begründet wird, doch wird in Anlehnung an den Ausgangspunkt des ATCA mit der Bezugnahme auf die Piraterie stets auch zu fragen sein, ob die Norm einen individuellen Bezug im Sinne des Konzeptes des *hostis humani generis* aufweist.[593] Die Kritik der Regierung der Vereinigten Staaten an der Anwendung des ATCA muss hier unbeachtet bleiben. Bei wirklichen elementaren Bedenken hätte sie die Möglichkeit gehabt, Änderungen am Gesetz vorzunehmen.[594] Dies ist aber nicht geschehen.

Die Zweifel am Bestehen einer völkergewohnheitsrechtlichen Norm, die eine Verantwortung von Unternehmen begründet, müssen nicht zu einer generellen

---

591 Siehe u.a. *Anja Seibert-Fohr*, Die Deliktshaftung von Unternehmen für die Beteiligung an im Ausland begangenen Völkerrechtsverletzungen, ZaöRV 63 (2003), S. 195 (202).

592 Die von dem Supreme Court vorgenommene Begrenzung der Anwendbarkeit des ATCA ist wohl vor dem Hintergrund der weitverbreiteten Kritik am ATCA, hier werde unter Missachtung der nationalen Souveränität einzelner Staaten eine Anspruchsgrundlage geschaffen, die es erlaube fremde Staatsbürger wegen eines Verhalten in fremden Staaten vor US-amerikanischen Gerichten zu Schadensersatz zu verurteilen, zu verstehen. Es sollte vermieden werden, dass der weitreichende Grundrechtstandard der Vereinigten Staaten auf andere Staaten ausgedehnt wird und so das Gebot der Nichteinmischung verletzt werde. In diesem Sinne *Anja Seibert-Fohr/ Rüdiger Wolfrum*, (Fn. 573), S. 153 (162). Zur Kritik anderen Staaten an dem ATCA siehe insbesondere die Stellungnahme Australiens, der Schweiz und des Vereinigten Königsreichs von England im Rahmen des Verfahrens Sosa v. Alvarez-Machain vor dem U.S. Supreme Court; abgedr. in: AJIL 2004, S. 846.

593 Siehe insbesondere die Formulierung „specific, universal and obligatory" in der Entscheidung im Verfahren *Sosa v. Alvarez-Machain,* 542 U.S. 692, 732; 124 S. Ct. 2739, 2766.

594 *Iwanowa v. Ford Motor Company*, 67 F. Supp. 2d 424, 440; 1999 U.S. Dist. LEXIS 20172, 30.

Nichtanwendung des ATCA führen. Vielmehr wird in jedem Einzelnfall die Anwendbarkeit hinterfragt werden müssen. Der ATCA wird daher weiterhin eine Quelle für den Nachweis bestehenden Völkergewohnheitsrechts bleiben.

Inwieweit die Kernarbeitsrechte der IAO von den unteren Instanzen zu den gewohnheitsrechtlich anerkannten Menschenrechten gezählt werden, muss anhand einer Beurteilung der einzelnen Entscheidungen herausgearbeitet werden. Ist dies der Fall, kann in den Entscheidungen ein Beitrag zur Entstehung einer völkergewohnheitsrechtlichen Pflicht wirtschaftlicher Akteure zur Beachtung der Kernarbeitsrechte liegen.

Die Rechtsprechung der US-amerikanischen Gerichte im Rahmen des ATCA hat sich mit der Frage der Diskriminierung in Beschäftigung und Beruf nur im Zusammenhang mit der Frage der Diskriminierung aufgrund der Rasse beschäftigt.[595] Der Frage, inwieweit eine Anerkennung des Verbots der Diskriminierung als unmittelbar geltendes Völkerrecht stattgefunden hat, ist anhand der einschlägigen Verfahren nachzugehen.

b) Entscheidungen

(1) Apartheid Klagen – Ntsebeza v. Daimler A.G. und Khulumani v. Barclays National Bank Ltd.

Aufgrund einer wirtschaftlichen Betätigung in Südafrika während der Zeit der Apartheid wurden zahlreiche Unternehmen vor US-amerikanischen Gerichten unter Berufung auf den ATCA verklagt.[596] Konkret lauteten die Vorwürfe in den entscheidenden Verfahren *Ntsebeza v. Daimler A.G.* und *Khulumani v. Barclays National Bank Ltd.* auf Täterschaft und Teilnahme an diskriminierenden Arbeitsbeziehungen, willkürlichen Festnahmen und Verhaftungen, Folter und außergerichtlicher Tötung von Familienmitgliedern.[597]

Die Ausgangsinstanz hat die Verfahren zunächst als unbegründet zurückgewiesen, da es weder ein nach den Grundsätzen des ATCA erforderliches staatliches Handeln in den vorgeworfenen Taten erkennen wollte noch eine international anerkannte Norm, die eine Verantwortlichkeit für Beihilfehandlungen

---

595 Siehe hierzu u.a. *Kadic v. Karadzic*, 70 F. 3d 232, 1995 U.S. App. LEXIS 28826; *Bigio v. Coca Cola Company*, 239 F. 3d 440, 2000 U.S. Dist. LEXIS 36452; *Presbyterian Church of Sudan vs. Talisman Energy, Inc*, 244 F. Supp.2d 289; 2003 U.S. Dist. LEXIS 4085.

596 Zu den beklagten Unternehmen zählten u.a. der Daimler Konzern, General Motors, Ford Motor Co., IBM Corp., Fujitsu Ltd., Barclays Bank Plc und die Rheinmetall AG.

597 Siehe näher hierzu: *S. African Apartheid Litig. v. Daimler AG*, 617 F. Supp. 2d 228, 241–242; 2009 U.S. Dist. Lexis 34572, 6.

an Völkerrechtsverletzungen begründet.[598] Die Berufungsinstanz hob die Entscheidung der Ausgangsinstanz jedoch mit der Begründung auf, dass praktische Bedenken gegen das Bestehen einer völkerrechtlichen Verantwortlichkeit für Beihilfehandlungen nicht ausreichend seien, um eine Abweisung zu begründen und wies die Klagen zur erneuten Entscheidung an die Ausgangsinstanz zurück.[599] Dort setzte sich das Gericht zunächst mit der Fragestellung auseinander, ob eine rassistische Diskriminierung eine allgemein anerkannte Verletzung des Völkerrechts darstellen würde. Dies bejahte es nur für den Fall, dass die Diskriminierung in Form einer systematischen staatlichen Politik stattfindet.[600] Im Fall einer systematischen rassistischen Diskriminierung durch private Akteure sah es dies jedoch nicht für gegeben an. Am Beispiel der UN Konvention zur Bekämpfung und Ahndung des Verbrechens der Apartheid von 1973 ließe sich zeigen, dass es sich bei dem Verbot der rassistischen Diskriminierung nicht um eine den Anforderungen des ATCA entsprechende Norm handelt, die hinreichend bestimmt sei und in der zivilisierten Welt als allgemein anerkannt gelte. Die Konvention wurde weder von den westeuropäischen noch den nordamerikanischen Staaten unterzeichnet oder ratifiziert, was für das Gericht auf eine fehlende internationale Anerkennung hinwies.[601]

Auf eine fehlende internationale allgemeine Anerkennung einer derartigen Norm wies nach der Ansicht des Gerichtes auch die Definition der Apartheid im Römischen Statut des Internationalen Strafgerichtshofs (Rom-Statut) hin. Bei Apartheid handele es sich danach um ausgedehnte oder systematische Angriffe gegen die Zivilbevölkerung, die von einer rassischen Gruppe im Zusammenhang mit einem institutionalisierten Regime der systematischen Unterdrückung und Beherrschung einer oder anderer rassischen Gruppen in der Absicht begangen werden, dieses Regime aufrecht zu erhalten.[602] Diese Definition erscheint dem

---

598 *In re S. African Apartheid Litig.*, 346 F. Supp. 2d 538, 548–554; 2004 U.S. Dist. Lexis 23944, 24–43. In Bezug auf die Ablehnung einer international anerkannten Verantwortlichkeit für Beihilfehandlungen zu Völkerrechtsverletzungen hat sich das Gericht in erster Linie auf die vom Supreme Court im Verfahren *Sosa* geforderte erforderliche Vorsicht bei einer Ausweitung des Anwendungsbereiches des ATCA bezogen, die es gerade auch mit Blick auf die auswärtigen Beziehungen der Vereinigten Staaten von Amerika zu beachten galt.

599 *Khulumani v. Barclay Nat'l Bank Ltd.*, 504 F. 3d 254; 2007 U.S. App. LEXIS 24370.

600 *S. African Apartheid Litig. v. Daimler AG,* 617 F. Supp. 2d 228, 250–252; 2009 U.S. Dist. Lexis 34572, 31–36S.10 f.

601 *S. African Apartheid Litig. v. Daimler AG,* 617 F. Supp. 2d 228, 251; 2009 U.S. Dist. Lexis 34572, 32.

602 Siehe Art. 7 Abs. 1 lit. j Rom-Statut.

Gericht gewollt und unnatürlich. Zudem zeige sie ein Bedürfnis nach einer weiteren detaillierten Analyse zum Zweck ihrer Anwendung auf private Akteure, so dass es sich nicht um ein allgemein anerkanntes internationales Verbot handeln könne.[603] Diesen Ausführungen entsprechend weist das Gericht die Ansprüche wegen einer angeblichen unmittelbaren Verantwortlichkeit privater Akteure für die Apartheid zurück. Konsequent weist das Gericht dementsprechend auch die geltend gemachten Ansprüche wegen Beihilfe, trotz nunmehr erfolgter Anerkennung einer diesbezüglichen internationalen Verantwortung, zu einer diskriminierenden Beschäftigungspolitik zurück.[604] Die Einstellungspolitik der betroffenen angeklagten Unternehmen sei mehr auf die Duldung der staatlichen Politik der Rassentrennung zurückzuführen als auf eine bewusste Unterstützung der Apartheid, so dass bereits der objektive Tatbestand einer Beihilfehandlung fehlen würde.[605]

Die Ausführungen des Gerichtes mögen auf den ersten Blick nicht überzeugen, wenn es die Wirkung des Verbots der rassistischen Diskriminierung auf Staaten begrenzt. Hier gilt es aber im Auge zu behalten, dass im vorliegenden Fall ausschließlich das Verbot systematischer rassistischer Diskriminierungen durch private Akteure im Sinne der Apartheid im Vordergrund stand. Das Gericht zeigt in diesem Zusammenhang die Problematik einer dogmatisch unscharfen Norm in Bezug auf die Verantwortlichkeit Privater auf.[606] Die vorgenommene Differenzierung erscheint dabei nachvollziehbar, soweit beachtet wird, dass im Rahmen der Definition der Apartheid durch das Rom Statute ein institutionalisiertes Regime der systematischen Unterdrückung und Beherrschung anderer rassischer Gruppen dort besteht, wo die Unterdrückung und Beherrschung durch innerstaatliche Gesetze festgeschrieben wird,[607] zur Erfüllung des Tatbestandes also Handlungen mit staatlicher Autorität erforderlich sind. Soweit ein Unternehmen nicht im Auftrag des Staates handelt, sondern nur im Rahmen der vom Staaten

---

603 *S. African Apartheid Litig. v. Daimler AG*, 617 F. Supp. 2d 228, 252; 2009 U.S. Dist. Lexis 34572, 35.

604 Siehe hierzu im Einzelnen die Begründung des Gerichtes *S. African Apartheid Litig. v. Daimler AG*, 617 F. Supp. 2d 228, 257–259; 2009 U.S. Dist. Lexis 34572, 53–58.

605 *S. African Apartheid Litig. v. Daimler AG*, 617 F. Supp. 2d 228, 266–267; 2009 U.S. Dist. Lexis 34572, 80–82.

606 *Jakob Reinhard*, Sammelklagen von Ausländern in den USA gegen ausländische Beklagte nach dem Alien Tort Claims Act, Anmerkungen zu dem Urteil vom 8.4.2009 des District Court von New York in Re South African Apartheid Litigation, RIW 2009, S. 500 (502).

607 *Gerhard Werle*, Völkerstrafrecht, Mohr Siebeck, Tübingen, 3. Aufl., 2012, Rn. 997.

geschaffenen Gesetze seiner wirtschaftlichen Betätigung nachgeht, kann es in diesem Sinne den Tatbestand des Verbrechens der Apartheid nicht erfüllen. Dem Gericht ist insoweit zuzustimmen, wenn es festhält, dass „*the international legal system has not thus far definitively established liability for non.state actors who follow or even further state-sponsored racial oppression*".[608]

Keinen Aufschluss erbringt das Verfahren zu der Frage, inwieweit eine selbstauferlegte rassistisch diskriminierende Einstellungspraxis eine Verantwortung im Rahmen des ATCA begründen könnte.

(2) Sarei v. Rio Tinto

Bei dem Unternehmen Rio Tinto handelt es sich um eine weltweit tätige Bergbaugesellschaft. Im genannten Verfahren wurde gegen das Unternehmen u.a. der Vorwurf erhoben, es würde schwarzen Arbeitnehmern, beruhend auf der Ansicht, sie seien minderwertig, deutlich weniger Gehalt zahlen als weißen Arbeitnehmern.[609] Entsprechend den Grundsätzen des Supreme Court aus dem Verfahren *Sosa v. Alvarez-Machain* wäre im Sinne des ATCA zu fragen gewesen, ob es sich bei der rassistisch motivierten ungleichen Bezahlung um eine Verletzung einer allgemein anerkannten und hinreichend bestimmten Norm des Völkerrechts handeln würde. Nur dann wäre ein Anspruch auf der Grundlage des ATCA denkbar.

Das entscheidende Gericht verweist in seiner Entscheidung zunächst auf die Tatsache, dass in einer Vielzahl von Fällen andere Gerichte die rassistische Diskriminierung als eine Verletzung einer völkerrechtlichen Norm des ius cogens qualifiziert haben.[610] Unter Berücksichtigung dieser Rechtsprechung hält

---

608 *S. African Apartheid Litig. v. Daimler AG,* 617 F. Supp. 2d 228, 251 f.; 2009 U.S. Dist. Lexis 34572, 35.

609 Nach den Anschuldigungen der Kläger hat Rio Tinto mit Unterstützung der Regierung des Staates Papua Neuguinea im Zusammenhang mit dem Betrieb einer Mine auf der Insel Bougainville zahlreiche ungeheuerliche Verletzungen von ius cogens Normen begangen. Neben den bereits genannten rassistischen Diskriminierungen betrifft dies die Vorwürfe schwerwiegender Umweltzerstörungen, Kriegsverbrechen und Verbrechen gegen die Menschlichkeit. Für weitere Einzelheiten siehe *Sarei v. Rio Tinto Plc,* 221 F. Supp. 2d 1116, 1121; 2002 U.S. Dist. LEXIS 16235, 3.

610 U.a. verweist das Gericht dabei auf folgende Verfahren: *Kadic v. Karadzic,* 70 F. 3d 232, 240; 1995 U.S. App. LEXIS 28826, 15 ff. ("*A state violates international law if, as a matter of state policy, it practices, encourages, or condones … systematic racial discrimination,*"); *Siderman de Blake v. Republic of Argentina,* 965 F. 2d 699, 717, 1992 U.S. App. LEXIS 11518, 53 f. ("identif[ies] *jus cogens* norms prohibiting genocide, slavery, murder or causing disappearance of individuals, prolonged arbitrary detention, and systematic

das Gericht dementsprechend fest, dass die Verletzung einer Norm des ius cogens die Möglichkeit einer Klage auf der Grundlage des ATCA grundsätzlich eröffne.[611] Im konkreten Fall müsse als weitere Voraussetzung die Verletzung auf einem staatlichen Handeln beruhen. Eine Verantwortlichkeit des beschuldigten Unternehmens wird in diesem Sinne also nur dann für gegeben erachtet, wenn in dem Handeln des Unternehmens ein staatliches Handeln erkannt werden kann. Ein solches wird nach dem Vortrag des Gerichtes immer dann bejaht, wenn das betroffene Unternehmen als staatlicher Akteur gehandelt hat (under color of law).[612] Dies sei immer dann der Fall, wenn das Unternehmen eine traditionell staatliche Funktion ausübe, es unter staatlichem Zwang handle, es mit dem Staat gemeinsam zusammenwirke oder eine ausreichend enge Verknüpfung zwischen der Regierung und der vorgeworfenen Handlung bestehe. Das Gericht sah hier nach den Vorwürfen der Kläger eine ausreichend enge Verknüpfung zwischen der Regierung und den Handlungen von Rio Tinto für gegeben an. Es begründete es damit, dass durch die finanzielle Beteiligung der Regierung an den Gewinnen der Minen ein Joint Venture zwischen den beiden Parteien bestanden hätte, welches es rechtfertige, ein Handeln mit staatlicher Autorität zu erblicken.[613] Letztlich wies das Gericht die Klage aufgrund rassistischer Diskriminierungen jedoch wegen der sog. Act of State Doktrin zurück.[614] Die Kläger

---

racial discrimination"); *Hirsh v. State of Israel,* 962 F. Supp. 377, 381; 1997 U.S. Dist. LEXIS 4406, 9 ff. ("A foreign state violates jus cogens when it participates in such blatant violations of fundamental human rights as 'genocide, slavery, murder, torture, prolonged arbitrary detention, and racial discrimination,'" quoting Committee of U.S. Citizens in Nicaragua v. Reagan, 859 F. 2d 929, 941 (D.C. Cir. 1988)).

611 *Sarei v. Rio Tinto Plc,* 221 F. Supp. 2d 1116, 1152; 2002 U.S. Dist. LEXIS 16235, 94.

612 *Sarei v. Rio Tinto Plc,* 221 F. Supp. 2d 1116, 1153; 2002 U.S. Dist. LEXIS 16235, 98.

613 Zum Nachweis für das Bestehen einer derartigen Verbindung wird auf die von den Klägern erhobenen Anschuldigungen verwiesen, dass Rio Tinto bei der Errichtung der Mine auf der Insel Bougainville der staatlichen Regierung eine Beteiligung in Höhe von 19 % an den Gewinnen der Mine angeboten habe, um Unterstützung für die erforderlichen Umsiedlungsmaßnahmen und Rodungen des Regenwaldes zu erhalten. Weiter wird auf den sog. Mining Act verwiesen, mit welchem die von Rio Tinto gegründete Tochtergesellschaft (Bougainville Copper Limited) mit der staatlichen Regierung Vereinbarungen u.a. für die Entsorgung von Abfällen vom Minenbetrieb regelte und dem Department of Minerals and Energy die Kontrolle über Verunreinigungen, die von der Mine ausgingen, übertragen wurden. Für weitere Einzelheiten zur Verbindung siehe *Sarei v. Rio Tinto Plc,* 221 F. Supp. 2d 1116, 1121; 2002 U.S. Dist. LEXIS 16235, 2.

614 Näher hierzu siehe *Sarei v. Rio Tinto Plc,* 221 F. Supp. 2d 1116, 1184; 2002 U.S. Dist. LEXIS 16235, 191. Grundsätzlich zur Doktrin *Act of State* siehe *Miriam Holstein,*

fochten die Entscheidung an. Das Berufungsgericht hob daraufhin die Entscheidung des Ausgangsgerichtes wieder auf[615], wobei es ausdrücklich darauf hinwies, dass *„acts of racial discrimination are violations of jus cogens norms."* Das Ausgangsgericht irre insoweit in der Annahme, dass *„acts of racial discrimination… official sovereign acts" darstellen.* Eine Zurückweisung der Klage aufgrund der Act of State Doktrin könne so nicht durchgreifen.[616]

Nach Versuchen das Verfahren im Wege der Mediation zu einem einvernehmlichen Ende zu führen, hielt das Berufungsgericht im Rahmen einer erneuten Anhörung die Zurückweisung des Ausgangsgerichtes in Bezug auf die Vorwürfe aufgrund einer rassistischen Diskriminierung aufrecht. Es wies die Klage aber nur in Bezug auf die Vorwürfe des Völkermordes und Kriegsverbrechen an die Ausgangsinstanz zurück. Im Gegensatz zum Ausgangsgericht stützte sich das Berufungsgericht nunmehr nicht mehr auf die Grundsätze der Act of State Doktrin. Zur Begründung der Aufrechterhaltung der Zurückweisung führt das Gericht vielmehr aus, dass zwar grundsätzlich von einer allgemeinen Anerkennung des Verbots systematischer Rassendiskriminierungen ausgegangen werden könne, doch sei dieses Verbot nicht *„specific, universal and obligatory"* im Sinne der Entscheidung in der Rechtssache *Sosa.*[617] Eine Anwendbarkeit des ATCA sei damit nicht gegeben. Es verweist in diesem Rahmen auf das Übereinkommen zur Beseitigung jeder Form von Diskriminierungen[618] und die Tatsache, dass es nicht *„self-executing"* sei.[619] Schließlich habe das Verbot der systematischen Rassendiskriminierung auch keine weitere inhaltliche Ausgestaltung durch internationale Tribunale, weiterführende Abkommen oder völkerrechtlichen Gewohnheitsrecht erfahren.[620] Der Richter *Pregerson* macht dagegen in seiner abweichende Stellungnahme deutlich, dass es sich aus seiner Sicht bei dem Verbot der systematischen Rassendiskriminierung um eine Norm des ius cogens handele,[621] die Norm somit als *„specific, universal and obligatory"* anzusehen sei und die Anwendbarkeit des ATCA eröffne. Einschränkend hält *Pregerson* jedoch

---

Act of state im US-amerikanischen Recht: Eine Doktrin vor dem Zerfall?, Münster, Lit Verlag, 1998.

615 *Sarei v. Rio Tinto Plc*, 456 F. 3d 1069, 1100; 2006 U.S. App. LEXIS 20174, 79.

616 *Sarei v. Rio Tinto Plc*, 456 F. 3d 1069, 1085; 2006 U.S. App. LEXIS 20174, 37 f.

617 *Sarei v. Rio Tinto Plc*, 671 F. 3d 736, 769; 2011 U.S. App. LEXIS 21515, 81.

618 Abrufbar unter: http://www2.ohchr.org/english/law/cerd.htm (letzter Abruf: 30.11.2012).

619 *Sarei v. Rio Tinto Plc*, 671 F. 3d 736, 768; 2011 U.S. App. LEXIS 21515, 79.

620 *Sarei v. Rio Tinto Plc*, 671 F. 3d 736, 769; 2011 U.S. App. LEXIS 21515, 80.

621 *Sarei v. Rio Tinto Plc*, 671 F. 3d 736, 777; 2011 U.S. App. LEXIS 21515, 106.

fest, dass dies nur der Fall ist, wenn der Verstoß *„as a matter of state-police"* begangen wurde.[622]

Der Gang des Verfahrens zeigt keine einheitliche Linie in Bezug auf die Bestimmung des Verbots der rassistischen Diskriminierung. Sich widersprechend sind insbesondere die Ausführungen des Berufungsgerichts. Wird in der anfänglichen Entscheidung das Verbot der systematischen Rassendiskriminierung als ius cogens qualifiziert[623], verneint das Gericht in der letzten Entscheidung diesen Charakters des Verbots, in dem es sich auf die Position zurückzieht, dass es nicht *„specific, universal and obligatory"* im Sinne der Entscheidung *Sosa sei.*[624] Die Begründung vermag nicht zu überzeugen. So findet sich keine wirkliche Auseinandersetzung mit der Fragestellung, warum eine Norm des ius cogens keine Norm darstellt, die *„specific, universal and obligatory"* im Sinne der Entscheidung *Sosa* sei. Dies verwundert umso mehr, da es als allgemein anerkannt gilt, dass eine Norm des ius cogens diese Voraussetzungen erfüllt.[625]

Im Ergebnis bleibt somit trotz aller Kritik festzuhalten, dass die Anerkennung einer Verantwortlichkeit privater Akteure aufgrund von systematisch organisierter Rassendiskriminierung nach den Grundsätzen des ATCA in der Rechtssache *Sarei v. Rio Tinto Plc* nicht für gegeben erachtet wurde. Festzuhalten ist jedoch auch, dass die anfängliche Anerkennung einer Verantwortlichkeit für eine rassistische Diskriminierung unter Ausübung staatlicher Autorität durch das Berufungsgericht eine Erweiterung des Anwendungsrahmens des ATCA dargestellt hätte. In den vorhergehenden Fällen wurde bis dahin stets nur eine Verantwortung im Zusammenhang mit einer staatlich organisierten Rassendiskriminierung anerkannt.[626]

Für das Bestehen eines hinreichend bestimmten Verbotes, welches auch Private ohne jeden staatlichen Bezug binden könnte, können aus diesem Verfahren

---

622 *Sarei v. Rio Tinto Plc*, 671 F. 3d 736, 777; 2011 U.S. App. LEXIS 21515, 106.

623 *Sarei v. Rio Tinto Plc*, 456 F. 3d 1069, 1085; 2006 U.S. App. LEXIS 20174, 37.

624 *Sarei v. Rio Tinto Plc*, 671 F. 3d 736, 769; 2011 U.S. App. LEXIS 21515, 81.

625 Siehe hierzu erneut die berechtigte Kritik von Richter *Pregerson Sarei v. Rio Tinto Plc*, 671 F. 3d 736, 777; 2011 U.S. App. LEXIS 21515, 106. Zur Fragestellung, ob eine Norm ius cogens den Anforderungen des ATCA entspricht siehe m. w. N. *Joel Slawotsky*, The New Global Financial Landscape: Why Egregious International Corporate Fraud Should Be Cognizable under the Alien Tort Claims Act, 17 Duke J. Comp. & Int'l L. 131 (2006), S. 131 (150), umfassend *Alexander Abel*, Der Alien Tort Statute nach der Entscheidung des US-Supreme Court in der Sache Sosa v. Alvarez-Machain: ein US-amerikanischer Weg zum Schutz der Menschenrechte, Aachen, Shaker-Verl., 2007, S. 57 ff.

626 S.o.

keine positiven Rückschlüsse gezogen werden. Der Frage, inwieweit ein gewohnheitsrechtliches Verbot hinreichend bestimmt genug wäre, um auch eine private Verantwortlichkeit zu begründen, wird in der Rechtssache *Sarei v. Rio Tinto Plc* weder im Ausgangsverfahren noch in den Entscheidungen der Berufungsinstanz gestellt.

(3) Zusammenfassung

Die Untersuchung der Rechtsprechung der US-amerikanischen Gerichte wegen Diskriminierung in Beschäftigung und Beruf auf der Grundlage des ATCA hat gezeigt, dass hier die Frage der Verantwortlichkeit wegen rassistischer Diskriminierung im Vordergrund steht. Es konnten keine Fälle ausfindig gemacht werden, in denen eine Diskriminierung auf der Grundlage eines anderen Merkmales im Zusammenhang mit Beschäftigung und Beruf geltend gemacht wurde.

Die Anerkennung einer Verantwortlichkeit privater Akteure aufgrund eines Verstoßes gegen das Verbot der Rassendiskriminierung ist nicht erfolgt. Vielmehr wird dem Verbot der systematischen Rassendiskriminierung entweder die Eigenschaft abgesprochen *„specific, universal and obligatory"* im Sinne der Rechtsprechung des Supreme Court zu sein[627] oder unter allgemeiner Anerkennung des Verbotes der staatlich systematisch organisierten Rassendiskriminierung darauf verwiesen, dass eine Ausdehnung eines solchen Verbotes auf nichtstaatliche Akteure sich verbiete.[628] Nicht zuzustimmen ist jedoch den Ausführungen des Berufungsgerichtes im Verfahren *Sarei v. Rio Tinto*. Es muss unter Beachtung der Entscheidung des IGH im Verfahren *Bracelona Traction* als allgemein anerkannt gelten, dass das Verbot systematischen Rassendiskriminierungen eine Verpflichtung *erga omnes* darstellt und damit als Norm des ius cogens angesehen werden muss.[629] In diesem Sinne ist es auch nicht verständlich, dass das Berufungsgericht dem Verbot die Eigenschaft als *„specific, universal and obligatory"* abspricht und eine Anwendbarkeit auf Private Akteure im Rahmen de ATCA unterbindet. Unter Beachtung des allgemeinen Völkergewohnheitsrechtes vermag auch die pauschale Einschränkung nicht zu überzeugen. Auch außerhalb des engen Verbotes einer staatlich systematischen Rassendiskriminierung dürfte

627 *Sarei v. Rio Tinto Plc*, 671 F. 3d 736, 769; 2011 U.S. App. LEXIS 21515, 81.

628 *S. African Apartheid Litig. v. Daimler AG*, 617 F. Supp. 2d 228, 252; 2009 U.S. Dist. Lexis 34572, 35.

629 Zur Qualifkation des Verbot des Rassendiskriminierung als Norm des ius cogens siehe m. w. N. *Stefan Kadelbach*, (Fn. 131), S. 277 ff. und *Roland Strauss*, Das Verbot der Rassendiskriminierung, Völkerrecht, internationales Übereinkommen und schweizerische Rechtsordnung, Zürich, Schulthess Polygraph. Verl., 1991, S. 78 ff.

das Verbot der Rassendiskriminierung gewohnheitsrechtlich als anerkannt gelten.[630] Es fehlt hier insoweit die erforderliche Auseinandersetzung mit der Frage, ob dieses Verbot gegebenfalls *„specific, universal and obligatory"* ist.

Die Anerkennung einer Verantwortlichkeit wegen der Diskriminierung in Beschäftigung und Beruf aufgrund eines anderen Merkmales als der Rasse ist bis heute nicht erfolgt. Dies ist mit Blick auf die verschiedenen Ausgangssituationen in den einzelnen Ländern in kultureller wie wirtschaftlicher Hinsicht nicht unerwartet. Am Beispiel der Gleichstellung der Frau verdeutlich *Torres*, dass insbesondere noch in der islamischen Welt in Bezug auf die Gleichstellung von Mann und Frau weiterhin erhebliche Unterschiede zum herrschenden westlich geprägten Menschenrechtsverständnis bestehen, die es nicht ermöglichen, von einer allgemeinen Anerkennung des Verbotes der Diskriminierung im Sinne des ATCA sprechen zu können.[631] Diesem Befund steht auch nicht entgegen, dass der Großteil der Staaten der Vereinten Nationen das Übereinkommen zur Beseitigung jeder Form der Diskriminierung der Frau unterschrieben hat[632] Die hohe Anzahl an Vorbehalten zeigt vielmehr deutlich, dass eine völlige Gleichstellung der Frau nur dort für möglich erachtet wird, wo die Verwirklichung der Rechte des Übereinkommens nicht im Widerspruch zu religiösen Geboten steht.[633]

630 Statt vieler *Ian Brownlie*, Principles of Public International Law, 8. ed., Oxford (u.a.), Oxford Univ. Press, 2012, S. 642 f., *Roland Strauss*, (Fn. 629), S. 77 f.

631 *Melissa Torres*, Labor Rights and the ATCA: Can the ILO's Fundamental Rights be Supported Trough ATCA Litigation, Colum. J.L.& Soc. Probs. 37 (2003–2004), S. 447 (466 f.); so auch *Stefan Kadelbach*, (Fn. 131), S. 280.

632 http://treaties.un.org/Pages/ViewDetails.aspx?src=TREATY&mtdsg_no=IV-8&chapter=4&lang=en (letzter Abruf: 30.11.2012).

633 Siehe hierzu beispielhaft den Vorhalt von Oman der sich auf *„all provisions of the Convention not in accordance with the provisions of the Islamic sharia and legislation in force in the Sultanate of Oman"* bezieht oder der Vorbehalt vom Königreich von Saudi Arabien, wonach *„in case of contradiction between any term of the Convention and the norms of islamic law, the Kingdom is not under obligation to observe the contradictory terms of the Convention"*. Anders wohl *Andrew Byrnes*, in:, Marsha Freeman / Christine Chinkin / Beate Rudolf (Editor), The UN Convention on the Elimination of All Forms of Discrimination against Women : A Commentary, Oxford, Oxford Univ. Press, 2012. S. 98 ff. wenn er darauf hinweist, dass diese allgemeinen Vorbehalte nicht mit dem Zweck des Übereinkommens vereinbar seien. Eine Darstellung aller Vorbehalte findet sich unter: http://treaties.un.org/doc/Publication/MTDSG/Volume%20I/Chapter%20IV/IV-8.en.pdf (letzter Abruf: 30.11.2012). Speziell zur Fragestellung der Geschlechterdiskriminierung *Shaheen Sardar Ali*, Gender and Human Rights in Islam and International Law : Equal before Allah, Unequal before Man?, The Hague, Kluwer Law Internat, 2000.

Ähnliches wird auch in Bezug auf die sexuelle Orientierung und körperliche wie geistige Behinderung gelten müssen.

Es ist so festzuhalten, dass die Ergebnisse der Rechtsprechung im Rahmen des ATCA keinen umfassenden Beitrag zum Nachweis eines Bestehens einer Übung hinsichtlich einer Verantwortung wirtschaftlicher Akteure unter völkerrechtlichen Gesichtspunkten erbringen.

3. *Ergebnis*

Die vorliegende Anlayse von staatlichen Handlungen in Bezug auf die Diskriminierung in Beschäftigung und Beruf im Sinne der IAO-Übereinkommen zeigt ein sehr unterschiedliches Bild. Findet sich auf der gemeinschaftrechtlichen Ebene grundsätzlich ein hohes Maß an übereistimmenden Reglungen, die teilweise sogar noch über die Anforderungen der IAO-Übereinkommen hinausgehen, findet sich bei der Rechtsprechung im Rahmen des ATCA lediglich eine Positionierung zum Verbot der Rassendiskriminierung. Auf der gemeinschaftrechtlichen Ebene stehen die entsprechenden Regelungen dabei überwiegend bloß auf der Grundlage der staatlichen Verpflichtung zu einem völkerrechtskonformen Verhalten. Einzige Ausnahme bildet dabei die Übernahme des Gebots der Gleichheit des Entgelts männlicher und weiblicher Arbeitskräfte aus dem IAO-Übereinkommen Nr. 100 in das Gemeinschaftsrecht. Die gemeinschaftrechtliche Anerkennung seiner unmittelbaren Wirkung zwischen Privaten kann damit als eine Übung und entsprechende Rechtsüberzeugung im Rahmen des Nachweises einer völkergewohnehitsrechtlichen Norm eine Bedeutung gewinnen.

Die Bedenken an einer Anwendung des Verbots der systematischen Rassendiskriminierung im unmittelbaren Untereinander von privaten Akteuren im Rahmen des ATCA verdeutlichen den langen Weg der für eine allgemeine Anerkennung des Verbots der Diskriminierung in Beschäftigung und Beruf noch vor uns liegt. Voraussetzung für das Bestehen einer umfassenden völkergewohnheitsrechtlichen Pflicht wirtschaftlicher Akteure zur Beachtung des Verbot der Diskriminierung in Beschäftigung und Beruf im Sinne der Kernarbeitsrechtsnormen wird daher zunächst die Herbeiführung eines einheitlichen Verständnisses der verschiedenen Teilaspekte des Verbotes der Diskriminierung auf internationaler Ebene sein müssen.[634]

634 Siehe hierzu erneute *Melissa Torres*, (Fn. 631), S. 447 (466) in Bezug auf die Gleichstellung von Mann und Frau.

II. Pflicht zur Beachtung der Vereinigungsfreiheit und des Rechts auf Kollektivverhandlungen

1. Handlungen der EU zur Gewährleistung der Vereinigungsfreiheit und des Rechts auf Kollektivverhandlungen

Bereits die Anerkennung des Rechts der Vereinigungsfreiheit und der Kollektivverhandlungen war auf der europäischen gemeinschaftsrechtlichen Ebene lange Zeit umstritten. Aufgrund der sehr unterschiedlichen Rechtslagen und Interessen in den verschiedenen Mitgliedstaaten gelang eine rechtsverbindliche Verankerung des Rechts erst mit dem Inkrafttreten des Vertrages von Lissabon.[635] Die damit verbundene Einbeziehung der Charta der Grundrechte der Europäischen Union in das Primärrecht schaffte die Anerkennung des Menschenrechts der Vereinigungsfreiheit.[636]

Unter kompetenzrechtlichen Gesichtspunkten hat das Recht der Vereinigungsfreiheit und der Kollektivverhandlungen entsprechend der unterschiedlichen Ausprägungen in den einzelnen Mitgliedstaaten nur eine untergeordnete Erwähnung gefunden. Nach Art. 153 Abs. 1 lit. f AEUV kann die Gemeinschaft die Tätigkeit der Mitgliedsstaaten auf dem Gebiet der Vertretung und kollektiven Wahrnehmung der Arbeitnehmer- und Arbeitgeberinteressen einschließlich der Mitbestimmung zwar ergänzen, doch steht diese Berechtigung unter dem Vorbehalt des Art. 153 Abs. 5 AEUV.[637] Danach gilt die Regelungskompetenz nicht für das Koalitionsrecht, das Streikrecht sowie das Aussperrungsrecht. Die Rechtssetzungskompetenz des europäischen Gesetzgebers ist damit eingeschränkt. Das Ausmaß des Zuständigkeitsausschlusses wird dabei nicht einheitlich bewertet.[638]

---

635 Siehe hierzu näher *Maximilian Fuchs/Franz Marhold*, (Fn. 448), S. 371 f. m.w.N.

636 Vgl. Art. 6 Abs. 1 EUV. Die einschlägige Norm der Charta der Grundrechte der Europäischen Union ist Art. 12 Abs. 1, wonach jede Person das Recht hat, sich insbesondere im politischen, gewerkschaftlichen und zivilgesellschaftlichen Bereich auf allen Ebenen frei und friedlich mit anderen zu versammeln und frei mit anderen zusammenzuschließen, was das Recht jeder Person umfasst, zum Schutz ihrer Interessen Gewerkschaften zu gründen und Gewerkschaften beizutreten.

637 *Maximilian Fuchs/Franz Marhold*, (Fn. 448), S. 12 f.

638 Siehe hierzu insbesondere die Diskussion um die Zuständigkeit für ein europäisches Tarifrecht. Befürwortend *Langenfeld/Benecke*, in: Grabitz/Hilf, Das Recht der Europäischen Union, Art. 137 EGV, Rn. 100; ablehnend *Krebber, in:*Calliess/Ruffert, EUV/EGV, 4. Aufl. 2011, Art. 153 AEUV, Rn. 12 ff. Ein Überblick findet sich bei *Gregor Thüsing*, (Fn. 448), § 10, Rn. 8 ff.

Allgemein anerkannt ist, dass sich der Ausschluss auf die Aspekte der Gründung, der inneren Organisation und der Mitgliedschaft bezieht.[639] Ein anderes Bild zeigt sich hingegen in Bezug auf die Mitbestimmung der Arbeitnehmer, da die Regulierung der Betätigung der Vereinigungen nach außen nicht von dem Ausschluss des Art. 153 Abs. 5 AEUV erfasst wird.[640] Die EU hat von dieser Kompetenz mehrfach Gebrauch gemacht. Die bedeutendsten Maßnahmen der EU in diesem Bereich sind dabei die europäische Betriebsräterichtlinie (RL 94/45/EG) sowie die Richtlinie zur Mitbestimmung in der Europäischen Aktiengesellschaft (RL 2001/86/EG) und die Richtlinie zur Information und Konsultation (RL 2002/14/EG).[641] Sie alle betreffen jedoch nicht den von den einschlägigen Übereinkommen der IAO geschützten Kern der Vereinigungsfreiheit und müssen im Rahmen der Untersuchung ohne Beachtung bleiben.[642]

Es bleibt so festzuhalten, dass eine Kompetenz der EU, die Maßnahmen im Sinne der Vereinigungsfreiheit in der Form des Kernarbeitsrechtes der IAO ermöglicht, nicht besteht. Folglich bestehen auch keine unmittelbaren gemeinschaftrechtlichen Aktivitäten zum Vereinigungsrecht.[643] Ein Beitrag der EU zur Entstehung einer völkergewohnheitsrechtlich anerkannten Norm zur Beachtung des Rechts der Vereinigungsfreiheit und der Kollektivverhandlungen

---

639 Statt vieler *Langenfeld/Benecke*, in: Grabitz/Hilf, Das Recht der Europäischen Union, Art. 137 EGV, Rn. 100; *Krebber, in:* Calliess/Ruffert, EUV/AEUV, 4. Aufl. 2011, Art. 153 EGV, Rn. 12.

640 Siehe hierzu insbesondere *Langenfeld/Benecke*, in: Grabitz/Hilf, Das Recht der Europäischen Union, Art. 137 EGV, Rn. 100, nach dem ein anderes Verständnis Art. 137 Abs. 1 lit. f) EGV zuwiderlaufen würde. Dieser unterstelle schließlich die „Vertretung und kollektive Wahrnehmung der Arbeitnehmer- und Arbeitgeberinteressen, einschließlich der Mitbestimmung“ ausdrücklich einer gemeinschaftlichen Zuständigkeit. Eine Regelungszuständigkeit der Gemeinschaft müsse insoweit für die Errichtung, Organisation und Ausstattung der Vertretungsgremien, etwa Betriebs- und Personalräte bestehen. Die Annahme eines absoluten Zuständigkeitsausschlusses würde hingegen diese Vorschrift leerlaufen lassen. Siehe auch *Eva Högl*, in: von der Groeben/Schwarze, Kommentar EUV/EGV, Art. 137, Rn. 26.

641 Ein Überblick über die einzelnen Richtlinien findet sich bei *Gregor Thüsing*, (Fn. 448), § 10, Rn. 13 ff.

642 Die betreffenden Übereinkommen der IAO umfassen ausschließlich das Recht zur Bildung und zum Beitritt entsprechender Vereinigungen (Nr. 89) sowie dem Schutz vor einer Diskriminierung aufgrund einer Mitgliedschaft in diesen Vereinigungen (Nr. 98). Näher hierzu siehe oben Recht der Vereinigungsfreiheit und auf Kollektivverhandlungen.

643 *Gregor Thüsing*, (Fn. 448), § 10, Rn. 1.

durch wirtschaftliche Akteure scheitert damit bereits an kompetenzrechtlichen Beschränkungen.

2. *Rechtsprechung im Rahmen des ACTA hinsichtlich des Rechts der Vereinigungsfreiheit und auf Kollektivverhandlungen*

Mit Blick auf die Rechtsprechung in den Vereinigten Staaten ist von Interesse, ob die Gerichte das Recht der Vereinigungsfreiheit und auf Kollektivverhandlungen unter Beachtung der grundlegenden Vorgaben des U.S. Supreme Court zu dem Kreis an Rechten gezählt haben, die als Völkergewohnheitsrecht Bestandteil des common law sind.[644]

a) Sinaltrainal v. The Coca-Cola Company

Die systematische Einschüchterung von Mitgliedern der Gewerkschaft Sindicato Nacional de Trabajadores de la Industria de Alimentos (Sinaltrainal) durch Androhung und Ausübung von Gewalt bilden die Vorgeschichte des Verfahrens im Fall *Sinaltrainal v. The Coca-Cola Company*. Bei den Angeklagten handelte es sich um die Coca-Cola Company sowie ihre kolumbianische Tochtergesellschaft und zwei kolumbianische Abfüllunternehmen, Bebidas y Alimentos und Panamerican Beverrage Inc. Die Androhung und Ausübung der Gewalt ging dabei allerdings nicht unmittelbar von den Angeklagten aus, sondern von paramilitärischen Einheiten. Die Kläger sahen jedoch die Verantwortung für die Taten bei den Angeklagten, da das örtliche Management die Taten angewiesen bzw. bei der Ausführung der Taten mit den Paramilitärs kooperiert haben soll.[645] Konkret handelte es sich um die Tötung eines Gewerkschaftsführers, weitere versuchte Tötungen sowie diverse Morddrohungen und Folterhandlungen. Hauptgegenstand der Klage bildete insoweit der Vorwurf der außergerichtlichen Tötung,

---

644 Zu den Voraussetzungen siehe oben Grundlagen und Voraussetzungen des ATCA.

645 Als Nachweis für diese Anschuldigung verwiesen die Kläger u.a. auf aggressive und öffentliche Drohungen des Werkmanagers von Bebidas Ariosto Milan Mosquera, die Gewerkschaften aus dem Werk zu vertreiben. Gegen ihn wurde so der Vorwurf erhoben, er habe mit den Paramilitärs Vereinbarungen getroffen, wie die Gewerkschafter durch Drohungen und Gewaltanwendung vertrieben werden könnten und ihnen dafür den Zutritt zum Werksgelände ermöglicht. Weitere Details über das Zusammenwirken werden nicht offenbart (Siehe *Sinaltrainal v. The Coca-Cola Company*, 256 F. Supp. 2d 1345, 1350; 2003 U.S. Dist. LEXIS 7145, 11). Nach Ansicht des Gerichtes fehlt ein erforderlicher Vortrag, der für ein bewusstes Zusammenwirken des Managements mit den Paramilitärs spricht (Siehe *In Re Sinaltainal Litigation*, 474 F. Supp. 2d 1273, 1297; 2006 U.S. Dist. LEXIS 95530, 77).

Folter sowie Verbrechen gegen die Menschlichkeit. Nur untergeordnet wurde ein Verstoß gegen das Recht auf Vereinigungsfreiheit geltend gemacht.

Die Klage gegen die Coca-Cola Company und ihre kolumbianische Tochtergesellschaft wurde bereits 2003 zurückgewiesen, da das Vorbringen der Kläger nicht ausreichend gewesen sei, einen Nachweis der erforderlichen Kontrolle über die Abfüllunternehmen und damit eines Zusammenwirkens mit den Paramilitär zu erbringen.[646] Die Klagen gegen die Abfüllunternehmen wurden vom gleichen Gericht 2006 als unzulässig unter dem ATCA zurückgewiesen. Zur Begründung wurde ebenfalls auf ein unzureichendes Vorbringen verwiesen. So vermochten die Kläger nicht nachzuweisen, dass ein tatsächlicher Zusammenhang zwischen den Gewalthandlungen und dem fortwährenden kriegerischen Konflikt in Kolumbien bestand, der es rechtfertigen könnte, die Taten als Kriegsverbrechen zu beurteilen. Dies wär jedoch erforderlich gewesen, um eine unmittelbare Verantwortung der Unternehmen im Sinne der Grundsätze der Rechtsprechung zum ATCA zu begründen.

Auch sah das Gericht keinen hinreichenden Vortrag in Bezug auf eine Beteiligung der angeklagten Unternehmen an einem staatlichen Handeln für gegeben an. Selbst wenn es sich bei den Handlungen der Paramilitärs um ein staatliches Handeln im Sinne des ATCA gehandelt hätte, sei nicht ausreichend dargelegt worden, dass ein tatsächliches Zusammenwirken der Akteure gegeben gewesen sei. Der Vortrag der Kläger beruhe weitestgehend auf Vermutungen und rechtlich nicht tragfähigen Schlussfolgerungen.[647] Die Entscheidungen haben durch das Urteil des Courts of Appeals for the Eleventh Circuit im August 2009 eine Bestätigung gefunden.[648]

Eine Auseinandersetzung mit der Fragestellung, ob das Recht der Vereinigungsfreiheit und auf Kollektivverhandlungen zu dem Kreis der Rechte

---

646 Zum Nachweis einer bestehenden Kontrolle wurde auf die sog. „Abfüllvereinbarung“ (Bottlers Agreement) zwischen der Coca-Cola Company und den Abfüllunternehmen verwiesen. Im Gegensatz zu der Auffassung der Kläger sah das Gericht in diesen Abkommen aber keine Befugnisse für die Coca-Cola Company begründet, die es ermöglichten, auf die Arbeitsbedingungen in den Abfüllunternehmen Einfluss zu nehmen. Die Vereinbarung erlaube es der Coca-Cola Company nur sicherzustellen, dass die Abfüllunternehmen die Standards erfüllen, die erforderlich sind, um das Produkt Coca-Cola am Markt zu schützen; *Sinaltrainal v. The Coca-Cola Company*, 256 F. Supp. 2d 1345, 1354; 2003 U.S. Dist. LEXIS 7145, 24.

647 Im Einzelnen siehe *In Re Sinaltainal Litigation*, 474 F. Supp. 2d 1273, 1293 f.; 2006 U.S. Dist. LEXIS 95530, 66 ff.

648 Siehe die Entscheidung des Court of Appeals for the Element Circuit vom 11. August 2009, *Sinaltrainal v. Coca-Cola Co.*, 578 F. 3d 1252.

gehört, die hinreichend bestimmt und in der zivilisierten Welt als anerkannt gelten, findet sich in den Entscheidungen nicht. Trotz der ausdrücklichen Bezugnahme in den Urteilen, dass die Handlungen eng zusammen mit dem Streben nach Einschüchterung und damit mit dem Hinaustreiben der Gewerkschaft aus den Unternehmen der Abfüller standen, fehlt hier jegliche Auseinandersetzung mit der Thematik. Aus dieser Tatsache ist die Schlussfolgerung zu ziehen, dass eine Relevanz der Verletzung des Rechts der Vereinigungsfreiheit für die Begründung einer Zuständigkeit im Sinne des ATCA nicht besteht, das Recht somit nicht als Bestand des Völkergewohnheitsrecht in Betracht gezogen worden ist.

b) Estate of Lacarno Rodriquez v. Drummond

Vergleichbar mit dem Verfahren im Fall *Sinaltrainal v. The Coca-Cola Company* stellt sich das Verfahren *Rodriguez v. Drummond*[649] dar. Auch hier bildet die Einschüchterung von Gewerkschaftern anhand der Tötung dreier Gewerkschaftsführer innerhalb eines halben Jahres durch Paramilitärs die Vorgeschichte des Falles. Anders als im Verfahren *Sinaltrainal v. The Coca-Cola Company* stützt sich die Klage in diesem Fall aber neben dem Vorwurf der außergerichtlichen Tötung ausdrücklich auch auf die Verletzung des Rechts der Vereinigungsfreiheit. Das entscheidende Gericht hatte sich daher zwangsläufig mit der Fragestellung auseinanderzusetzen, inwieweit das Recht der Vereinigungsfreiheit „*specific, universal and obligatory*" ist, um als eine klagebegründende Norm des Völkergewohnheitsrechts im Sinne des ATCA gelten zu können.

Das Gericht nimmt dementsprechend eine Analyse internationaler Konventionen, Verträge und gerichtlicher Entscheidungen vor, um festzustellen, ob das Recht der Vereinigungsfreiheit den erforderlichen Anforderungen entspricht.[650] Hierzu vergegenwärtigt sich das Gericht zunächst die Erfordernisse für den Nachweis einer gewohnheitsrechtlich anerkannten Norm. Es deutet an, dass die fehlende Ratifikation der IAO-Übereinkommen 87 und 98 durch u.a. die USA und China nicht zwangsläufig bedeuten müsse, dass das Recht der Vereinigungsfreiheit und auf Kollektivverhandlungen gewohnheitsrechtlich nicht anerkannt

649 Ein Überblick für den Verfahrensablauf samt verschiedener wichtiger Dokumente, findet sich unter: http://www.iradvocates.org/drummondcase.html (letzter Abruf: 2.12.2012).

650 *Estate of Rodriquez v. Drummond Co.*, 256 F. Supp. 2d 1250, 1262; 2003 U.S. Dist. LEXIS 6657, 29.

sei.[651] Weiter hebt es hervor, dass internationale Normen wie Art. 22 IPbpR keine unmittelbare Wirkung besäßen[652]. Die Normen bedürften vielmehr der Umsetzung in das nationale Recht, um von den Gerichten unmittelbar angewendet werden zu können. Solch eine Umsetzung sei nach Ansicht des entscheidenden Gerichtes aber gerade in der Form des ATCA gegeben. Unter Maßgabe der bestehenden Verbreitung des Rechts der Vereinigungsfreiheit durch internationale Verträge zieht das Gericht die Schlussfolgerung, dass das Recht zumindest als ausreichend anerkannt gelten muss, um den Antrag der Beklagten wegen Unzuständigkeit zurückzuweisen.[653] Die Klage ist damit nicht offensichtlich unbegründet. Darüber hinaus hält das Gericht auch einen hinreichenden Vortrag für gegeben, der die Annahme eines staatlichen Handelns bei der Begehung der Taten rechtfertigt.[654]

Im weiteren Verlauf des Verfahrens haben die Kläger unglücklicherweise den Vorwurf der Verletzung des Rechts der Vereinigungsfreiheit fallen gelassen, so dass sich das Gericht nicht weiter mit der entscheidenden Fragestellung auseinanderzusetzen hatte.[655] Die weitere Klage wurde mit dem Urteil vom 26.7.2006 als unbegründet abgewiesen. Die Jury sah es für gegeben an, dass die Kläger nicht hinreichend beweisen konnten, dass ein Zusammenwirken der Paramilitärs und des angeklagten Unternehmens bei der Tötung der Gewerkschafter bestand.[656]

---

651 *Estate of Rodriquez v. Drummond Co.*, 256 F. Supp. 2d 1250, 1262; 2003 U.S. Dist. LEXIS 6657, 34.

652 *Estate of Rodriquez v. Drummond Co.*, 256 F. Supp. 2d 1250, 1263; 2003 U.S. Dist. LEXIS 6657, 35.

653 Vgl. ebenda, "at this preliminary stage". Das Gericht handelt dabei in Kenntnis der Tatsache, dass entsprechende Präzedenzfälle fehlen.

654 *Estate of Rodriquez v. Drummond Co.*, 256 F. Supp. 2d 1250, 1264; 2003 U.S. Dist. LEXIS 6657, 36.

655 Dies ergibt sich aus dem Urteil im Rahmen des Berufungsverfahrens *Romero v. Drummond*, 552 F. 3d 1303, 1312; 2008 U.S. App. LEXIS 25861, 11. Ein Verweis auf den entsprechenden Schriftsatz enthält das Urteil nicht.

656 Der Nachweis des Zusammenwirkens misslang deswegen, weil die Kläger Schwierigkeiten hatten, die erforderlichen Zeugen zu präsentieren. Letztlich hat das Gericht verschiedene Beweisanträge zur Zeugenvernehmen als verspätet zurückgewiesen. Die gegen die Ablehnung der Beweisanträge eingelegte Berufung wurde vom Berufungsgericht zurückgewiesen. Siehe hierzu zusammenfassend die Entscheidung im Berufungsverfahren *Romero v. Drummond*, 552 F. 3d 1303; 2008 U.S. App. LEXIS 25861.

c) *Villeda Aldana et al. v. Fresh Del Monte Produce, Inc.*

Anders als in dem soeben beschriebenen Verfahren setzt sich das angerufene Gericht im Verfahren *Villeda Aldana et al. v. Fresh del Monte Produce, Inc.*[657] intensiver mit der Fragestellung der Zugehörigkeit des Rechts der Vereinigungsfreiheit und auf Kollektivverhandlungen zum Kreis der völkerrechtlichen Normen auseinander, die eine Anwendbarkeit des ATCA eröffnet. Gegenstand des Verfahrens bilden die Anschuldigungen gegenüber den Betreibern einer Bananenplantage in Guatemala, dass unter ihrer aktiven Beteiligung durch Entführung, Bedrohung und Folter dic Ausübung des Rechts auf Vereinigungsfreiheit ihrer Beschäftigten beschnitten werden sollte. Konkret erstrebt wurde von den Klägern eine Entschädigung wegen Folter, Entführung, rechtswidriger Inhaftierung, Verbrechen gegen die Menschlichkeit und der Aberkennung des Rechts der Vereinigungsfreiheit.[658] Die Darstellung der Entscheidung soll hier auf die entscheidenden Aspekte hinsichtlich der Vereinigungsfreiheit und des Rechts auf Kollektivverhandlungen begrenzt bleiben.

Die Auseinandersetzung mit der Fragestellung nach der hinreichenden Bestimmtheit und der allgemeinen Anerkennung des Rechts der Vereinigungsfreiheit und auf Kollektivverhandlungen in der zivilisierten Welt handelt das Gericht im Wesentlichen unter drei Gesichtspunkten ab.

Erstens folgt das Gericht nicht den Argumenten der Kläger. Sie hatten vorgetragen, dass kein Staat das Bestehen eines Rechts der Vereinigungsfreiheit und auf Kollektivverhandlungen grundsätzlich bestritten habe und die Verletzung des Rechts durch staatliche Akteure nicht von selbst als Nachweis für den Mangel des Bestehens einer entsprechend anerkannten Norm gelten dürfe.[659] Der Nachweis des Bestehens einer gewohnheitsrechtlich anerkannten Norm im Sinne des ATCA bedürfe nach Ansicht des Gerichts jedoch gerade mehr als der auf der Abwesenheit eines ausdrücklichen staatlichen Protests beruhenden Annahme des Bestehens einer allgemein anerkannten Norm.[660]

---

657 Ein Überblick über den Verfahrensgang samt verschiedener wichtiger Dokumente findet sich unter: http://www.iradvocates.org/delmontecase.html (letzter Abruf: 2.12.2012).

658 *Aldana, et al. v. Fresh Del Monte Inc.*, 305 F. Supp. 2d 1285, 1291; 2003 U.S. Dist. LEXIS 24343, 11.

659 Siehe hierzu insbesondere den Verweis der Kläger auf die Reaktion Chinas im Rahmen der Vorfälle auf dem Platz des himmlischen Friedens in Peking. *Aldana, et al. v. Fresh Del Monte Inc.*, 305 F. Supp. 2d 1285, 1297; 2003 U.S. Dist. LEXIS 24343, 29.

660 *Aldana, et al. v. Fresh Del Monte Inc.*, 305 F. Supp. 2d 1285, 1297; 2003 U.S. Dist. LEXIS 24343, 29.

Zweitens sei das Bestehen internationaler Abkommen, wie der AEMR, des IPbpR und der entsprechenden IAO-Übereinkommen, die das Recht der Vereinigungsfreiheit erfassen, lediglich als Nachweis des Bestehens einer internationalen Norm dieses Rechts zu werten, was aber nicht gleichbedeutend mit dem Bestehen einer den Anforderungen des ATCA entsprechenden Norm des Völkergewohnheitsrechts sei.[661] Hierbei sieht das Gericht insbesondere den Hinweis der Kläger auf die einschlägigen ILO-Übereinkommen als problematisch an. Es spricht von einer *„limiting language"* der Übereinkommen, wenn sie Vorschriften enthalten würden, wonach nur diejenigen Mitglieder der Internationalen Arbeitsorganisation gebunden seien, deren Ratifikation durch den Generaldirektor eingetragen worden sei.[662] Zur weiteren Begründung seiner These stützt sich das Gericht in der Folge auf die geringe Anzahl der Ratifizierungen der entsprechenden IAO-Übereinkommen, die es mit lediglich einem Drittel der Mitgliedstaaten der IAO angibt.[663]

Drittens führt das Gericht an, dass mit Blick auf das Erfordernis der Verletzung einer spezifischen und bestimmten Norm die Vorgaben aus den einschlägigen internationalen Abkommen nicht ausreichend seien, um zu bestimmen, welche Handlungen zu einer Verletzung des Rechts der Vereinigungsfreiheit erforderlich sind. Es fehle so an den erforderlichen rechtlichen Leitlinien, was dazu führe, dass das Recht der Vereinigungsfreiheit nicht die rechtlich erforderliche Gestalt im Sinne des ATCA aufweise.[664] Das Gericht ist zudem der Ansicht, dass auch die Kläger hier keinen ausreichenden Vortrag erbracht hätten, dies zu konkretisieren, wenn es ausführt, dass die *„plaintiffs had not provided any*

---

661 *Aldana, et al. v. Fresh Del Monte Inc.*, 305 F. Supp. 2d 1285, 1297; 2003 U.S. Dist. LEXIS 24343, 29.

662 Vgl. hierzu Art. 15 IL-Übereinkommen Nr. 87 und Art. 8 ILO-Übereinkommen Nr. 98.

663 *Aldana, et al. v. Fresh Del Monte Inc.*, 305 F. Supp.2d 1285, 1298; 2003 U.S. Dist. LEXIS 24343, 31; Wie bereits im Rahmen der Darstellung der bestehenden internationalen Abkommen zum Schutz des Rechts der Vereinigungsfreiheit gezeigt, übersteigt die Anzahl der Ratifikationen der beiden Übereinkommen mit einer Anzahl von 150 bzw. 160 Ratifikationen eindeutig die vom Gericht genannte Anzahl der Ratifikationen. Vielmehr liegt sie heute bei jeweils mehr als 80%, inwieweit die Argumentation des Gerichts in diesem Punkt noch aufrechtgehalten werden kann, ist damit mehr als fraglich.

664 *Aldana, et al. v. Fresh Del Monte Inc.*, 305 F. Supp. 2d 1285, 1299; 2003 U.S. Dist. LEXIS 24343, 36.

indication of what specifically identifiable conduct constituted a violation of the right to associate".[665]

In Bezug auf die Entscheidung im Verfahren *Rodriguez v. Drummond* führt das Gericht aus, dass in diesem Verfahren nicht die erforderliche Auseinandersetzung mit der nicht eindeutigen Natur des Rechts der Vereinigungsfreiheit stattgefunden habe. Es könne daher der Begründung des Gerichtes in diesem Verfahren nicht gefolgt werden.[666] Der Vorwurf einer Verletzung des Rechts der Vereinigungsfreiheit könne in diesem Sinne nicht als eine anspruchsbegründende Norm im Rahmen des ATCA erachtet werden. Im Vorgriff auf die Begründung in der später ergangenen Entscheidung des Supreme Court[667] weist das Gericht zudem auf die bestehenden Gefahren bei einer Anerkennung einer Zuständigkeit für Klagen bei einer Verletzung des Rechts der Vereinigungsfreiheit hin, wenn es ausführt „it is hard to imagine what claims of violations of the fundamental right to associate and organize would not be heard under the ATCA if this Court allowed the claims to proceed".[668]

Entsprechend der dargestellten Ausführungen wies das Gericht die Klage wegen der Verletzung des Rechts der Vereinigungsfreiheit zurück. Es sah aber auch keine hinreichende Begründung für gegeben an, die es gerechtfertigt hätte, die Klage wegen Folter, Entführung und rechtswidriger Inhaftierung zuzulassen. Die erhobenen Vorwürfe der Misshandlungen und der Freiheitsberaubung würden nicht ausreichen, um eine Verletzung des international anerkannten Verbots der Folter und rechtswidriger Inhaftierung als die erforderliche Voraussetzung für die Anwendbarkeit des ATCA zu begründen.[669]

d) Zusammenfassung

Die Auseinandersetzung mit der Frage der Anerkennung des Rechts der Vereinigungsfreiheit als ein Recht, welches den Voraussetzungen des ATCA entspricht, hat gezeigt, dass die Rechtsprechung nicht einheitlich ist. So wurde die Fragestellung im Verfahren *Sinaltrainal v. The Coca-Cola Company*

---

665 *Aldana, et al. v. Fresh Del Monte Inc.*, 305 F. Supp. 2d 1285, 1298; 2003 U.S. Dist. LEXIS 24343, 32.

666 *Aldana, et al. v. Fresh Del Monte Inc.*, 305 F. Supp. 2d 1285, 1299; 2003 U.S. Dist. LEXIS 24343, 36.

667 Siehe erneut *Sosa v. Alvarez-Machain*, 542 U.S. 692, 732 f.; 124 S. Ct. 2739, 2765f.

668 *Aldana, et al. v. Fresh Del Monte Inc.*, 305 F. Supp. 2d 1285, 1299; 2003 U.S. Dist. LEXIS 24343, 37.

669 *Aldana, et al. v. Fresh Del Monte Inc.*, 305 F. Supp. 2d 1285, 1293 ff.; 2003 U.S. Dist. LEXIS 24343, 18 ff.

weitestgehend ignoriert und die Klage im Wesentlichen mit dem Verweis auf ein fehlendes Zusammenwirken der betreffenden Unternehmen mit den handelnden Paramilitärs abgewiesen. Im Verfahren *Rodriguez v. Drummond* ist zwar die Anwendbarkeit des Rechts der Vereinigungsfreiheit im Rahmen des ATCA bejaht worden, doch erfolgte diese, wie zu Recht im Verfahren *Villeda Aldana et al. v. Fresh del Monte Produce, Inc.* festgestellt wurde, ohne die erforderliche Auseinandersetzung mit der Charakteristik des Rechts. Allerdings lassen die Entscheidungsgründe erkennen, dass sich das Gericht dieser Schwäche durchaus bewusst war, wenn es formuliert, dass „*at the preliminary stage in the proceeding, [...] the rights to associate and organize are generally recognized as principles of international law sufficient to defeat defendant's motion to dismiss*".[670] Im Gegensatz hierzu wird dem Recht der Vereinigungsfreiheit, wie dargestellt, im Verfahren *Villeda Aldana et al. v. Fresh del Monte Produce, Inc.* konsequent die Eigenschaft aberkannt, den Anwendungsbereich des ATCA zu eröffnen. Inwieweit die Argumentation des Gerichts zutreffend ist, kann zumindest hinsichtlich der Ablehnung einer allgemeinen Anerkennung des Rechts der Vereinigungsfreiheit aufgrund der geringen Anzahl der Ratifikationen bezweifelt werden. Die genannten Zahlen entsprechen zumindest heute nicht mehr der Realität. Letztlich wird dieses Argument auch nicht mehr vor dem Hintergrund der Erklärung der IAO über grundlegende Prinzipien und Rechte bei der Arbeit aufrechterhalten werden können, wonach auch die Mitglieder, die nicht die entsprechenden Übereinkommen ratifiziert haben, dazu verpflichtet sind, die Kernarbeitsrechte einzuhalten, zu fördern und zu verwirklichen.[671] Spätestens hierdurch hat das Recht der Vereinigungsfreiheit allgemeine Anerkennung erfahren.

Der Vorwurf des Mangels an einer hinreichenden Bestimmtheit des Rechts der Vereinigungsfreiheit, der es nicht ermöglicht, klar zu bestimmen, welche Handlungen eine Verletzung des Rechts begründen, mag bei oberflächlicher Begutachtung der entsprechenden Normen zunächst verwundern. Letztlich wird aber an der Formulierungen des Art. 22 Abs. 1 IPbpR[672] und des Art. 23

---

670 *Estate of Rodriquez v. Drummond Co.*, 256 F. Supp. 2d 1250, 1263; 2003 U.S. Dist. LEXIS 6657, 35.

671 Anderer Auffassung wohl *Wesley V. Carrington*, Corporate Liability for Violation of Labor Rights Under the Alien Tort Claims Act, Iowa LR 94 (2009), S. 1381 (1408).

672 „Jedermann hat das Recht, sich frei mit anderen zusammenzuschließen sowie zum Schutz seiner Interessen Gewerkschaften zu bilden und ihnen beizutreten."

Abs. 4 AEMR[673] deutlich, wie allgemein die Normen gehalten sind, so dass sie nicht den Anforderungen der ständigen Rechtsprechung in den Fällen des ATCA entsprechen können, die eine Norm fordert, die *„specific, universal and obligatory*" ist.[674]

Die genaue Analyse des Gerichts im Verfahren *Villeda Aldana et al. v. Fresh del Monte Produce, Inc.* ist letztlich auch schon Ausdruck der vom Supreme Court geforderten Vorsicht, den Kreis der im Rahmen des ATCA akzeptierten völkerrechtlichen Normen nicht unbedacht zu erweitern.[675] Eine Erstreckung des ATCA auf das Recht der Vereinigungsfreiheit wird damit im Sinne des Supreme Court folgerichtig abgelehnt. Wollen Betroffene die Verletzung des Rechts der Vereinigungsfreiheit rügen, sind sie so darauf angewiesen, einen Umweg über den Nachweis der Verletzung anderer allgemein anerkannter Menschenrechte zu gehen, um einen Schutz der Vereinigungsfreiheit und ein Recht auf Kollektivverhandlungen indirekt durchzusetzen.[676] Zu denken ist hier an die Missachtung des Verbots der Folter oder der widerrechtlichen Tötung.[677]

3. *Ergebnis*

Eine beachtenswerte Auseinandersetzung mit dem Recht der Vereinigungsfreiheit als völkergewohnheitsrechtliches Gebot, die einen Beitrag zur Entstehung einer Verbindlichkeit des Rechts auch zwischen privaten Akteuren begründen kann, findet sich nur im Rahmen der Rechtsprechung zum ATCA. Deutlich wird dabei, dass dem Recht die Bestimmtheitsanforderungen fehlen, die erforderlich wären, um es als Teil des common law zu werten. Auch die fehlende Regelungskompetenz der EU ist letztlich Ausdruck dieser Tatsache. Beruht sie doch im Wesentlichen auf der Tatsache, dass in den verschiedenen Mitgliedstaaten ein erheblich unterschiedliches Verständnis der Vereinigungsfreiheit und ihrer rechtlichen Ausgestaltung besteht. Ist das Vereinigungsrecht in einigen Mitgliedstaaten

---

673 „Jeder hat das Recht, zum Schutze seiner InteressenGewerkschaften zu bilden und solchen beizutreten."

674 Siehe hierzu *Philip Alston/James Heenan*, Shrinking the International Labor Code: An Unintended Consequence of the 1998 ILO Declaration on Fundamental Principles and Rights at Work? 36 N.Y.U. J. Int'l L & Pol. (2004), S. 221 (263); die die Kernarbeitsrechte als "nebulous, open-ended, and essentially self-defined and self-evaluated system" beschreiben.

675 Im Einzelnen siehe *Wesley V. Carrington*, (Fn. 671), S. 1381 (1403).

676 Näher zu diesem Gedanken *Melissa Torres*, (Fn. 631), S. 447 (469 ff.).

677 Vgl. *Melissa Torres*, aaO.

verfassungsrechtlich abgesichert[678], fehlt in anderen Ländern ein solcher Schutz ganz.[679]

Es gilt damit festzuhalten, dass das untersuchte Verhalten keinen Beitrag zur Entstehung einer entsprechenden völkergewohnheitsrechtlichen Norm erbringt. Vielmehr wird aus dem Verhalten bereits deutlich, dass dem Vereinigungsrecht schon im traditionellen Verständnis der Menschenrechte eine gewohnheitsrechtliche Anerkennung verwehrt ist.

III. Verbot der Kinderarbeit

1. Handlungen der EU zur Gewährleistung des Verbots der Kinderarbeit

a) RL 94/33/EG – Jugendarbeitsschutz

(1) Regelungsgegenstand

Die Richtlinie über den Jugendarbeitsschutz wurde vom Rat der Europäischen Union auf der Grundlage des Art. 118a EGV a.F. (heute: Art. 137 Abs. 1 lit. a EGV) mit dem Ziel erlassen, die Rechte junger Menschen, die in einem Arbeitsverhältnis stehen, welches dem geltenden Recht eines Mitgliedsstaates entspricht, auf Ruhezeiten, Ruhepausen und kostenlose Kontrollen ihres Gesundheitszustands und ihrer körperlichen Leistungsfähigkeit zu regeln.[680] Gegenstand der Richtlinie ist daher gemäß Art. 1 RL 94/33/EG, dass die Mitgliedstaaten dafür Sorge tragen, dass die Arbeit Jugendlicher unter den vorgesehenen Bedingungen der Richtlinie streng geregelt und geschützt wird sowie dass der Arbeitgeber

---

678 Beachtenswert ist hier insbesondere die Tatsache, dass Vereinigungsrecht im deutschen Rechtsraum nach Art. 9 Abs. 3 GG eine unmittelbare Wirkung aufweist. Siehe hierzu *Scholz,* in: Maunz/Dürig, GG, Art. 9 GG, Rn. 154 ff. Zur Situation in Österreich siehe *Franz Marhold / Michael Friedrich,* Österreichisches Arbeitsrecht, Springer, Wien, 2006, S. 350 ff.

679 Siehe diesbezüglich insbesondere die Situation in Großbritannien. Vgl. dazu *Lord Wedderburn of Charlton,* The Social Charter in Britain: Labour Law and Labour Courts?, MLR, 1991, S. 12 ff.

680 Art. 118a EGV a.F. ermöglicht dem Rat, Richtlinien zu Mindestvorschriften zur Verbesserung insbesondere der Arbeitsumwelt zu erlassen, um einen besseren Schutz der Sicherheit und der Gesundheit der Arbeitnehmer zu gewährleisten. Siehe hierzu *Högl, in:* von der Groeben/Schwarze, Art. 137 EGV Rn. 9 ff.
Eine Klage des Vereinigten Königreichs von Großbritannien wegen einer behaupteten Kompetenzüberschreitung des Rates bei Erlass der RL 94/33/EG wurde vom Gerichtshof mit dem Urteil vom 12.11.1996 zurückgewiesen. Für Einzelheiten siehe Rechtssache C-84/94, *Vereinigtes Königreich / Rat der Europäischen Union,* Slg. 1996, I-5755.

gewährleistet, dass die Arbeitsbedingungen dem Alter der jungen Menschen angepasst sind.[681] Darüber hinaus wird den Mitgliedstaaten aber auch die Pflicht auferlegt, die erforderlichen Maßnahmen zu treffen, um die Kinderarbeit zu verbieten.[682] Entsprechend den Vorgaben der Richtlinie ist ein Kind dabei jeder Mensch, der noch nicht 15 Jahre alt ist oder gemäß den einzelstaatlichen Rechtsvorschriften noch der Vollzeitschulpflicht unterliegt.[683] Der Geltungsbereich der Richtlinie erstreckt sich damit im eigentlichen Sinn auf Personen, die zwischen 15 und 18 Jahre alt sind (Jugendliche)[684] und einen Arbeitsvertrag haben oder in einem Arbeitsverhältnis stehen, das dem geltenden Recht eines Mitgliedsstaates unterliegt.[685] Ausnahmen bestehen dabei nach Art. 2 Abs. 2 RL 94/33/EG für gelegentliche oder kurzfristige Hausarbeiten in einem Privathaushalt oder Arbeiten in einem Familienbetrieb sowie kulturelle oder ähnliche Aktivitäten (Art. 5 RL 94/33/EG). Die einzelnen Regelungen der Richtlinie enthalten schließlich Vorgaben, die sicherstellen sollen, dass den besonderen Bedürfnissen junger Arbeitnehmer Rechnung getragen wird und ein ausreichender Schutz ihrer Sicherheit und Gesundheit gewährleistet wird. In diesem Sinne enthalten die Vorschriften Vorgaben hinsichtlich der zulässigen Arbeitszeiten und Nachtarbeit sowie der erforderlichen Ruhezeiten und Ruhepausen.[686] Zusätzlich spricht die Richtlinie zur Gewährleistung des vorgegebenen Ziels ein Verbot in Bezug auf die Beschäftigung junger Menschen aus, die erhebliche Gefahren für ihre Gesundheit oder Sicherheit mit sich bringt. Zu verbieten sind danach u.a. Arbeiten, die objektiv die physische oder psychische Leistungsfähigkeit junger Menschen übersteigt, die eine schädliche Einwirkung von giftigen, krebserzeugenden, erbgutverändernden, fruchtschädigenden oder in sonstiger Weise den Menschen chronisch schädigenden Gefahrstoffen mit sich bringen.[687]

---

681 *Klaus Lörcher*, Die Jugendarbeitsschutzrichtlinie der EU, ArbuR 1994, S. 360 (361) verweist darauf, dass die Vorschrift besser mit Grundpflichten für die Mitgliedsstaaten umschrieben wäre.

682 Art. 3 Abs. 1 RL 94/33/EG.

683 Art. 3 RL 94/33/EG.

684 Siehe Art. 3 c) RL 94/33/EG.

685 Art. 2 Abs. 2 RL 94/33/EG.

686 Im Einzelnen siehe Art. 7 bis 13 RL 94/33/EG.

687 Siehe hierzu weiter Art. 7 Abs. 2 RL 94/33/EG, womit insbesondere auch Arbeiten verboten werden, die mit Unfallgefahren verbunden sind, von denen anzunehmen ist, dass junge Menschen sie wegen mangelndem Sicherheitsbewusstsein oder Erfahrung nicht erkennen oder abwenden können. Zur weiteren Konkretisierung der gefährlichen Tätigkeiten findet sich im Anhang zur RL 94/33/EG eine nicht erschöpfende

Neben diesen inhaltlichen Vorgaben hinsichtlich der nationalen Umsetzungsakte benennt die Richtlinie aber auch explizit allgemeine Pflichten des Arbeitgebers.[688] Gemäß Art. 1 RL 94/33/EG hat er dementsprechend die Maßnahmen zu treffen, die unter Berücksichtigung der ausgesprochenen Beschäftigungsverbote für die Sicherheit und den Gesundheitsschutz der jungen Menschen erforderlich sind. Die entsprechenden Maßnahmen sollen dabei aufgrund einer Beurteilung der mit der Beschäftigung verbundenen Gefahren getroffen werden.[689] Eine solche Beurteilung hat dabei zu Beginn und bei jeder bedeutenden Änderung der Arbeitsbedingungen stattzufinden.[690] Schließlich hat der Arbeitgeber die jungen Menschen sowie deren gesetzliche Vertreter über die möglichen Gefahren und die getroffenen Maßnahmen zu ihrer Sicherheit und zum Schutz ihrer Gesundheit zu unterrichten.[691]

In Bezug auf die Umsetzung wird von den Mitgliedstaaten gefordert, dass sie die erforderlichen Maßnahmen bestimmen, die bei einem Verstoß gegen die Bestimmungen der Richtlinie zu ergreifen sind. Die Maßnahmen sollen dabei wirksam und angemessen sein.[692]

(2) Übereinstimmung mit dem Kernarbeitsrecht

Die Richtlinie entspricht in Bezug auf das Verbot der Kinderarbeit den Vorgaben des IAO-Übereinkommens Nr. 138, in dem als Kind jeder Mensch angesehen wird, der noch nicht 15 Jahre alt ist oder noch der Vollzeitschulpflicht unterliegt. Auch die Ausnahmebestimmung für Kinder, die mindestens 14 Jahre alt sind und im Rahmen eines Systems der dualen Ausbildungen beschäftigt sind, entspricht

---

Liste von Agenzien, Verfahren und Arbeiten, die eine entsprechende Gefährdung insbesondere begründen.

688 Eine grenzüberschreitende Tätigkeit der Arbeitnehmer als Voraussetzung für die Anwendbarkeit der Richtlinie ist nicht erforderlich. Es wird insoweit keine Unterscheidung zwischen national oder grenzüberschreitend handelnden Unternehmen getroffen. Sie gilt insoweit für jeden Arbeitnehmer. Eine vergleichbare Differenzierung zwischen nationalen und transnationalen Unternehmen im internationalen Bereich ist dem Gemeinschaftsrecht hier demnach fremd.

689 Art. 6 Abs. 2 S. 1 RL 94/33/EG.

690 Art. 6 Abs. 2 S. 2 RL 94/33/EG. Die Beurteilung hat sich zu beziehen auf: Arbeitsstätte, Arbeitsplatz, chemische und biologische Einwirkungen, Arbeitsmittel, Arbeitsverfahren und Arbeitsorganisation. Gegebenenfalls ist der Gesundheitszustand des jungen Menschen zu bewerten und zu überwachen.

691 Art. 6 Abs. 3 RL 94/33/EG.

692 Art. 14 RL 94/33/EG.

den Vorgaben des einschlägigen IAO-Übereinkommen.[693] Gleiches gilt für die Ausnahmen für gelegentliche oder kurzfristige Hausarbeiten in einem Privathaushalt oder Arbeiten in einem Familienbetrieb sowie kulturelle oder ähnliche Aktivitäten.[694] Das ausgesprochene Verbot von Arbeiten, die eine Gefahr für die Gesundheit und Sicherheit der jungen Menschen darstellen, entspricht schließlich den Vorgaben der IAO-Übereinkommen Nr. 138 und 182, wonach ebenfalls für Personen unter 18 Jahren Arbeiten verboten sind, die ihrer Natur oder der Umstände ihrer Verrichtung nach für die Gesundheit und Sicherheit der Kinder schädlich sind.[695]

b) Bewertung

Der Regelungsgegenstand der Richtlinie entspricht, wie gezeigt, einerseits in wesentlichen Punkten den Vorgaben der einschlägigen IAO-Übereinkommen. Andererseits werden aber nicht alle Vorgaben der Übereinkommen übernommen. So werden insbesondere nicht ausdrücklich alle Formen der schlimmsten Kinderarbeit i.S.d. IAO-Übereinkommens Nr. 182 genannt.[696]

Die Normsetzungstätigkeit der EU weist schließlich den erforderlichen völkerrechtlichen Bezug auf, um grundsätzlich als relevantes Verhalten eines Völkerrechtsubjektes hinsichtlich des Nachweises einer völkergewohnheitsrechtlichen Norm in Betracht gezogen werden zu können. Dieser ergibt sich aus zwei Aspekten. So stützt der Rat den Erlass der Richtlinie einerseits auf die Erwägung, dass den Grundsätzen der IAO hinsichtlich des Jugendarbeitsschutzes Rechnung zu tragen ist, wobei ausdrücklich die Regeln über das Mindestalter für den Zugang zur Beschäftigung oder zur Arbeit mit einbezogen werden.[697] Andererseits wird auf die Gemeinschaftscharta der sozialen Grundrechte der Arbeitsnehmer verwiesen, wonach das Mindestalter für den Eintritt in das Arbeitsleben in keinen Fall unter 15 Jahren liegen darf.[698] Zwar ist letztere weder ein verbindlicher Rechtsakt der EU, noch ein völkerrechtlicher verbindlicher Vertrag zwischen den Unterzeichnerstaaten, doch spiegelt sie die gemeinsame Ansichten und Traditionen der Mitgliedstaaten wider, die als Grundprinzipien

693 Vgl. Art. 4 Abs. 2 RL 94/33/EG und Art. 6 IAO-Übereinkommen Nr. 138.

694 Vgl. Art. 5 Abs. 3 sowie Art. 8 IAO-Übereinkommen Nr. 138.

695 Vgl. Art. 3 Abs. 1 IAO-Übereinkommen Nr. 138 und Art. 3 lit. d) IAO-Übereinkommen Nr. 182.

696 Nicht genannt werden u.a. das Heranziehen zum Drogenhandel oder zur Prostitution. Siehe hierzu Art. 3 IAO-Übereinkommen Nr. 182.

697 Einl. Abs. 4 RL 94/33/EG. Siehe hierzu auch *Klaus Lörcher*, (Fn. 681), S. 360 (362).

698 Einl. Abs. 2 RL 94/33/EG.

einen zwischenstaatlichen Maßstab für die Handlungen der EU und ihrer Mitgliedstaaten darstellen. Eine Übung im i.S.v. Art. 38 Abs. 1 lit. b. IGH-Statut ist somit gegeben.

Im Sinne von Art. 38 Abs. 1 lit. b IGH-Statut ist dementsprechend weiter zu fragen, ob dieser staatlichen Übung eine entsprechende Rechtsüberzeugung zu entnehmen ist, die eine unmittelbare Verpflichtung privater Akteure zur Beachtung des Verbots der Kinderarbeit umfasst. Zunächst ist sich dabei wiederum zu vergegenwärtigen, dass gemeinschaftsrechtliche Richtlinien entsprechend Art. 249 Abs. 3 EGV grundsätzlich nur Wirkungen gegenüber den Mitgliedstaaten entfalten und im Gegensatz zur gemeinschaftsrechtlichen Verordnung den Staaten bei der Umsetzung der verbindlichen Zielvorgaben einen Ermessensspielraum überlassen.[699] Eine unmittelbare Wirkung der Richtlinie zwischen Privaten hat der EuGH vor diesem Hintergrund, wie bereits dargestellt, stets abgelehnt.[700] Folgt man dieser Betrachtungsweise, ist eine Rechtsüberzeugung, die von einer bestehenden Verbindlichkeit auch für private Akteure ausgeht, wiederum nicht gegeben.

Letztlich sind aber auch hier wieder die Besonderheiten des Gemeinschaftsrechtes für eine umfassende Bewertung eines möglichen Beitrags zur Entstehung einer völkergewohnheitsrechtlichen Norm zu beachten. So ist wiederum für den Nachweis eines ausdrücklichen Geltungsbefehls der Richtlinien im Bereich des Privatrechts zu fragen, wie präzise die einzelnen inhaltlichen Vorgaben zur Umsetzung durch die Gemeinschaft geschaffen worden sind und ob den Mitgliedstaaten bei den geschaffenen Vorgaben ein Umsetzungsermessen verbleibt.

Inhaltich bringt die RL 94/33/EG zum Ausdruck, dass die Mitgliedstaaten die erforderlichen Maßnahmen für ein Verbot der Kinderarbeit sowie zum Verbot solcher Arbeiten zu treffen haben, die eine Gefahr für die Gesundheit und Sicherheit von Kindern darstellen. Der Schwerpunkt der Richtlinie liegt dabei eindeutig nicht auf dem Verbot der Kinderarbeit, sondern auf den Regelungen über die erforderlichen Maßnahmen zum Schutz junger Menschen bei einer rechtlich

---

699 Siehe hierzu bereits oben im Rahmen der Ausführungen zu den Anti-Diskriminierungsrichtlinien.

700 EuGH Rs.152/84, *Marshall,* Slg. 1986, 723, 749 Rn. 48. Eine unmittelbare Wirkung im Verhältnis Bürger-Staat hat der EuGH hingegen in st. Rspr. mit der Begründung des Erfordernisses der praktischen Wirksamkeit des Gemeinschaftsrechtes und des Verbots des widersprüchlichen Handelns anerkannt, soweit die Umsetzungsfrist abgelaufen ist und die Bestimmungen hinreichend bestimmt sind. Vgl. EuGH verb. Rs.C-87, 88 und 89/90, *Verholen,* Slg. 1991, I-3757, 3789 Rn. 16.

erlaubten Tätigkeit.[701] Hier finden sich umfangreiche Vorgaben, die detaillierte Aussagen über die allgemeinen Pflichten des Arbeitgebers treffen, sowie detaillierte Beschreibungen der Gefährdungen, die für junge Menschen ein Beschäftigungsverbot nach sich ziehen sollen.[702] Im Gegensatz hierzu wirkt das Verbot der Kinderarbeit in Art. 4 RL 94/33/EG unbestimmt und vage.

Die Vorgaben der Richtlinie an die Staaten weisen eine unterschiedliche Genauigkeit auf. So soll das Verbot der Kinderarbeit zwar durch die Richtlinie zum Jugendarbeitsschutz auf der Gemeinschaftsrechtsebene verankert werden,[703] doch der Wille der Gemeinschaft, dass das Verbot auch auf der privaten Ebene zur Geltung kommen soll, wird nicht ausdrücklich kenntlich gemacht. Dies wird insbesondere an der Tatsache kenntlich, dass der europäische Gesetzgeber in Bezug auf die Wahrung der Sicherheit und Gesundheit dem Arbeitgeber konkrete Pflichten auferlegt, sie aber nicht als Ansprüche von Arbeitnehmern konkretisiert. Schließlich eröffnet die Richtlinie selbst dort noch den Mitgliedstaaten bei der Umsetzung der Vorgaben einen Ermessensspielraum, wo sie detaillierte Regelungen über erforderliche Beschäftigungsverbote trifft, wenn sie den Mitgliedstaaten die Möglichkeit, Ausnahmen zuzulassen, eröffnet. Erkennbar wird die Tendenz, den Mitgliedstaaten bei der Umsetzung einen doch beachtlichen Ermessensspielraum zuzusprechen und damit keinen ausdrücklichen Geltungsbefehl auszusprechen, schließlich auch daran, dass die RL 94/33/EG im Gegensatz u.a. zu den Antidiskriminierungsrichtlinien keine Pflicht enthält, Sanktionen für Verstöße gegen die Verpflichtungen aus der Richtlinie zu schaffen, sondern lediglich von Maßnahmen gesprochen wird, die beim Verstoß gegen die zur Durchführung der Richtlinie erlassenen Bestimmungen zu ergreifen sind.[704] Der Wille für einen hinreichend bestimmten Geltungsbefehl des Verbots auch im Bereich des Privatrechts kann der Richtlinie nicht entnommen werden.[705] Eine Rechtsüberzeugung, die eine unmittelbare Pflicht auch wirtschaftlicher Akteure zur Beachtung des Verbots der Kinderarbeit auf einer überstaatlichen Ebene für gegeben ansieht, besteht daher nicht. Dafür spricht auch die Tatsache, dass die Verankerung des Verbots im Wesentlichen auf der Erwägung beruht, den Grundsätzen der IAO hinsichtlich des Jugendarbeitsschutzes

701 Siehe Erwägungsgründe RL 94/33/EG Abs. 7, 8 und 11.

702 S.o.

703 Erwägungsgründe RL 94/33/EG Abs. 7.

704 S.o.

705 Siehe hierzu *Klaus Lörcher*, (Fn. 681), S. 360 (362), der entschieden daraufhin weist, dass hierfür ausdrücklich formuliert hätte werden müssen, Kinderarbeit ist verboten.

Rechnung zu tragen.[706] Die Motivation der Regelung beruht daher auch auf dem Gesichtspunkt, dass mit ihr den bestehenden internationalen Verpflichtungen entsprochen wird. Die Richtlinie zum Jugendarbeitsschutz ist somit Ausdruck der Überzeugung eines klassischen Menschenrechtsverständnisses. Der Beitrag der Richtlinie zur Entstehung einer völkergewohnheitsrechtlichen Norm beschränkt sich daher auf den Ausdruck einer Übung im Umgang mit der Gefährdung des Verbots der Kinderarbeit durch wirtschaftliche Akteure, doch fehlt die entsprechende Rechtsüberzeugung, dass die Pflicht aus völkerrechtlichen Gründen geboten ist. Ein umfassender Beitrag zur Entstehung einer völkergewohnheitsrechtlichen Norm zur Beachtung des Verbotes der Kinderarbeit durch wirtschaftliche Akteure besteht in der Richtlinie daher nicht.

Zusammenfassend gilt somit, dass die EU und ihre Organe sich der Problematik einer Gefährdung des menschenrechtlichen Verbots der Kinderarbeit durch wirtschaftliche Aktivitäten bewusst sind. Die EU ergreift auch Maßnahmen, den Schutz der Betroffenen zu erhöhen, doch bleiben diese Maßnahmen in alten Verhaltensmustern stecken. Sie zeugen weiterhin von einem rein staatenbezogenen Menschenrechtsverständnis, was letztlich durch die fehlende Bezugnahme auf die einschlägigen Verhaltenskodizes bestätigt wird.

2. Rechtsprechung im Rahmen des ATCA hinsichtlich des Verbots der Kinderarbeit

Im Gegensatz zu den zahlreichen Verfahren vor US-amerikanischen Gerichten, die eine mögliche Verantwortlichkeit wirtschaftlicher Akteure bei Verstößen gegen die anderen Kernarbeitsrechte zum Gegenstand haben, findet sich lediglich das Verfahren *Roe vs. Bridgestone Corporation,* dass einen Schwerpunkt auf die Fragestellung der Verantwortlichkeit wirtschaftlicher Akteure für Verstöße gegen das Verbot der Kinderarbeit aufweist.

a) Roe vs. Bridgestone Corporation – Hintergrund und Verfahren

Die Kläger werfen in dem Verfahren *Roe vs. Bridgestone Corporation* der Beklagten Bridgestone Corporation u.a. vor, sie würde durch eine festgesetzte Tagesquote auf ihrer Latex-Plantage in Liberia ihre Arbeitnehmer dazu anhalten, ihre Kinder zu Arbeit mitzunehmen, da ohne die Mithilfe der Kinder die Erfüllung der erforderlichen Quote nicht möglich ist.[707] Die Kinder waren zum Teil nicht

706 Erwägungsgründe RL 94/33/EG Abs. 4.

707 Neben den Vorwürfen der Kinderarbeit wurde unter dem ATCA auch der Vorwurf der Zwangsarbeit und anderer grausamer, unmenschlicher und erniedrigender

älter als sechs Jahre und mussten dabei die gleichen Arbeiten leisten wie ihre Eltern. Die Arbeit umfasste auch das Versprühen von Pflanzenschutzmitteln, was zu dauerhaften gesundheitlichen Schäden führen konnte. Den Vorarbeitern der Bridgestone Firestone Corporation sei diese Situation bewusst gewesen bzw. haben sie die Eltern zu diesem Handeln ermutigt. Im Ergebnis habe das Unternehmen damit im vollen Bewusstsein von der Kinderarbeit profitiert.[708] Schließlich stellte das Gericht im Verfahren auch fest, dass dem Management bewusst war, dass die firmeninternen Richtlinien gegen Kinderarbeit weder durch das örtliche Management noch durch die liberianische Regierung effektiv kontrolliert wurden.[709]

Als maßgebend für die Entscheidung des Verfahrens sah das Gericht die Fragestellung an, ob es sich bei der Verletzung des Verbots der Kinderarbeit um eine Norm handelt, die die Anwendbarkeit des ACTA eröffnet. Dementsprechend prüft es zunächst, ob es sich bei der Verletzung des Verbots der Kinderarbeit um eine hinreichend bestimmte, universelle und verpflichtende Norm des Völkerrechts handelt, die den vom U.S. Supreme Court aufgestellten Voraussetzungen entspricht.[710] Hierzu hält es zunächst fest, dass das Verbot der Kinderarbeit zu

---

Behandlung erhoben. Zudem wurde sich zur Begründung u.a. auch unmittelbar auf den 13.Zusatzartikel der US-amerikanischen Verfassung sowie auf Bundesgesetze bezogen. Siehe näher dazu *Roe I v. Bridgestone Corporation, et al.*, 492 F. Supp. 2d 988, 993; 2007 U.S. Dist. LEXIS 46697, 10. Die erhobenen Ansprüche wegen Zwangsarbeit und anderer grausamer, unmenschlicher und erniedrigender Behandlung wies das Gericht jedoch wegen unzureichenden Tatsachenvortrags der Kläger zurück (*Roe I v. Bridgestone Corporation, et al.*, 492 F. Supp. 2d 988, 1019; 2007 U.S. Dist. LEXIS 46697, 87). Die abgelegene Lage der Plantage und die relativ geringe Bezahlung der Arbeiter würden zusammen nicht den Vorwurf der Zwangsarbeit rechtfertigen. Begebenheiten, die Fragen der Bezahlung oder der Arbeitsbedingungen betreffen, stehen nach Ansicht des Gerichtes außerhalb eines „specific, universal, and obligatory understanding of the prohibition against forced labor". Sie fallen daher nicht mehr in den Anwendungsbereich des ATCA. Siehe näher hierzu *Roe I v. Bridgestone Corporation, et al.*, 492 F. Supp. 2d 988, 1016; 2007 U.S. Dist. LEXIS 46697, 78.

708 Siehe zu den tatsächlichen Anschuldigungen *Roe I v. Bridgestone Corporation, et al.*, 492 F. Supp. 2d 988, 994 ff.; 2007 U.S. Dist. LEXIS 46697, 13 ff.

709 Das Gericht bezieht sich hier auf die Auskunft der U.N. Mission „Human Rights in Liberia's Rubber Plantation. Tapping into the Future", der gegenüber das Management die Kenntnis der ineffektiven Kontrollen bestätigt hat. Siehe http://unmil.org/documents/human_rights_liberiarubber.pdf (letzter Abruf: 30.11.2012).

710 Siehe hierzu oben Grundlagen und Voraussetzungen des ATCA.

den Kernarbeitsrechten der IAO zählt.[711] Allerdings zeige nach Ansicht des Gerichts eine genauere Betrachtung des Begriffes Kinderarbeit, dass dieser in den verschiedenen nationalen und internationalen Vorschriften unterschiedliche Grenzen erfahren habe. Sie hingen im großen Maße von der spezifischen wirtschaftlichen Situation der einzelnen Gesellschaften ab. Beispielhaft verweist das Gericht auf die Regelungen des IAO Übereinkommens Nr. 138, welches mit Blick auf das Alter der Kinder zahlreiche Ausnahmen u.a für. Länder mit einer ungenügend entwickelten Wirtschaft zuläßt.[712] Die fehlende Klarheit wird in dem konkreten Fall auch darauf zurückgeführt, dass das Übereinkommen explizit Ausnahmen für Tätigkeiten in landwirtschaftlichen Familienbetrieben zulässt.[713]

Eindeutiger und nach Ansicht des Gerichtes spezifischer ist dagegen das Verbot der schlimmsten Formen der Zwangsarbeit durch das IAO Übereinkommen Nr. 182 geregelt. Es umfasst alle Formen der Sklaverei oder alle sklavereiähnlichen Praktiken, Prostitution und das Heranziehen zur Herstellung von Pornographie sowie den Drogenhandel und sämtliche Arbeiten, die voraussichtlich die Gesundheit, die Sicherheit oder die Sittlichkeit des Kindes gefährden.[714]

Auch wenn das Verbot der Kinderarbeit unter Heranziehung des IAO-Übereinkommens Nr. 138 nicht eindeutig erscheinen mag, erkennt das Gericht an, dass die Beschuldigungen zumindest von dem IAO-Übereinkommen Nr. 182 erfasst werden. Die Erlaubnis einer Tätigkeit in landwirtschaftlichen Familienbetrieben finde im konkreten Fall keine Anwendung. Daher sei die Verletzung einer hinreichend bestimmten, universellen und verpflichtenden Norm des Völkerrechts sehr wahrscheinlich. Selbst wenn die Arbeit gegen Bezahlung erfolgen würde, wäre es nur schwer vorstellbar, dass die Ausübung der beschriebenen Tätigkeiten nicht eine Verletzung Völkerrechts darstellen würde.[715] Erst Recht müsse das für den Fall gelten, wenn Kinder von teilweise nicht älter als sechs Jahren unentgeltlich arbeiten würden und bei ihrer Arbeit gesundheitsgefährdenden Chemikalien ausgesetzt werden.

---

711 *Roe I v. Bridgestone Corporation, et al.*, 492 F. Supp. 2d 988, 1020; 2007 U.S. Dist. LEXIS 46697, 90.

712 *Roe I v. Bridgestone Corporation, et al.*, 492 F. Supp. 2d 988, 1020; 2007 U.S. Dist. LEXIS 46697, 92.

713 Siehe Art. 5 Abs. 3 IAO Übereinkommen Nr. 138.

714 *Roe I v. Bridgestone Corporation, et al.*, 492 F. Supp. 2d 988, 1021; 2007 U.S. Dist. LEXIS 46697, 92 f.

715 *Roe I v. Bridgestone Corporation, et al.*, 492 F. Supp. 2d 988, 1022; 2007 U.S. Dist. LEXIS 46697, 95 f.

Schließlich scheint das Gericht der beklagten Firma die Tatsache zuzurechnen, dass Kinder durch ihre Eltern zur Arbeit herangezogen wurden bzw. will es eine solche Möglichkeit nicht ausschließen. Zur Begründung hebt es die Argumente der Kläger hervor, dass die Quoten bewusst derart hoch angesetzt worden sind, um sich einen wirtschaftlichen Vorteil zu verschaffen.[716]

Im weiteren Verlauf des Verfahrens weist das Gericht die Klage der betroffenen Kinder der Arbeiter von Bridgestone aber ab. Zur Begründung bezieht es sich auf die Entscheidung in der Rechtssache *Kiobel v. Royal Dutch Petroleum Co.*[717] Eine Verantwortlichkeit von Unternehmen unter Bezugnahme auf den ATCA sei nicht gegeben. Sie bestehe im Völkerrecht nicht.[718] Weitergehend setzt sich das Gericht im Rahmen einer ergänzenden Begründung mit den klägerischen Vorbringen in Bezug auf eine mögliche Verletzung einer bestehenden völkergewohnheitsrechtlichen Norm des Verbots der Kinderarbeit im Sinne der Entscheidung *Sosa* im Einzelnen erneut auseinander.[719] Das Gericht hält nach einer eingehenden Analyse des Tatsachenvortrags der Kläger eine Verletzung völkergewohnheitsrechtlichen Normen, die einen Anspruch gegen die Beklagten begründen könnten, nun nicht mehr für gegeben. Hierzu führt es insbesondere aus, dass der ökonomische Zwang, eine bestimmte Erntequote für den vollen Tageslohn zu erreichen, nicht ausreichend sei, um einen Verstoß gegen das Verbot der Zwangsarbeit als eine der schlimmsten Formen der Kinderarbeit im Sinne von Art. 3 lit. a IAO-Übereinkommen Nr. 182 begründen zu können.[720] Es habe nachweislich ein Verbot seitens des beklagten Unternehmens bestanden, Kinder mit auf die Plantage zu bringen. Zudem reiche der Vortrag der Kläger auch nicht aus, um einen Verstoß gegen Art. 3 lit. d IAO-Übereinkommen Nr. 182 (Gefahr für Gesundheit) zu begründen. So sei nicht jedes Element der Arbeit auf der Plantage eine Gefährdung für die Gesundheit der Kinder.[721] Auch hätten die

716 *Roe I v. Bridgestone Corporation, et al.*, 492 F. Supp. 2d 988, 1021; 2007 U.S. Dist. LEXIS 46697, 94 f.

717 Siehe hierzu erneut *Kiobel v. Royal Dutch Petroleum Co*, 621 F.3d 111; 2010 U.S. App. LEXIS 19382.

718 Zur Begründung verweist das Gericht insbesondere auf die Tatsache einer fehlenden strafrechtlichen verantwortlichkeit im Völkerrecht sowie auf die Tatsache, dass die überwiegende Anzahl der Staaten eine zivilrechtliche Verantwortlichkeit für Völkerrechtsverletzungen von Unternehmen nicht kenne. Siehe *Flomo et al. v. Firestone* 744 F. Supp. 2d 810, 816 ff.; 2010 U.S. Dist. LEXIS 108068, 15 ff.

719 Siehe hierzu umfassend *Flomo v. Firestone*, 2010 U.S. Dist. LEXIS 112249.

720 *Flomo et al. v. Firestone*, 2010 U.S. Dist. LEXIS 112249, 18.

721 *Flomo et al. v. Firestone*, 2010 U.S. Dist. LEXIS 112249, 25.

Eltern den Kindern die Arbeit zugewiesen, da es von seiten des Unternehmens versagt gewesen sei, die Kinder mitzubringen.[722] Zudem könne das Verbot des Art. 3 lit. d IAO-Übereinkommen Nr. 82 nicht den Anforderungen der Entscheidung *Sosa* entsprechen, da die erwähnten Arten von Arbeit gemäß Art. 4 Nr. 1 IAO-Übereinkommen Nr. 182 durch die innerstaatliche Gesetzgebung oder durch die zuständige Stelle nach Beratung mit den in Betracht kommenden Verbänden der Arbeitgeber und der Arbeitnehmer zu bestimmen seien.[723] Das aber ist nach Ansicht des Gerichtes nicht geschehen.

Das angerufene Berufungsgericht bestätigte die Entscheidung im Wesentlichen.[724] Es wies jedoch die Annahme einer grundsätzlich fehlenden Verantwortlichkeit von Unternehmen für Verstöße gegen völkergewohnheitsrechtliche Normen ausdrücklich als „*incorrect*" zurück.[725] Zu Begründung verwies es auf die Nürnberger Kriegsverbrecherprozesse. Dort seien Vermögenswerte der an den Kriegsverbrechen beteiligten Unternehmen beschlagnahmt und für Reparationsleistungen verwendet wurden.[726] Auch müsse grundsätzllich eine zivilrechtliche Verantwortlichkeit bestehen. Sie sei allgemein anerkannt in der Welt und müsse auch in Fällen einer Verletzung von Völkergewohnheitsrecht im Rahmen des ATCA zu Anwendung kommen.[727]

b) Bewertung

Das Gericht arbeitet in der Ausgangsentscheidung systematisch die festgelegten Voraussetzungen des Supreme Court für die Anwendbarkeit des ATCA ab. Die Unterscheidung zwischen beiden einschlägigen IAO-Übereinkommen zum Verbot der Kinderarbeit ist zutreffend und deutet die bestehende Schwierigkeiten an, vor dem Hintergrund der verschiedenen wirtschaftlichen Bedürfnisse und gesellschaftlichen Traditionen zu einem einheitlichen Verständnis der Kinderarbeit zu gelangen.[728] Das Hervorheben des Verbots der schlimmsten Formen der Kinderarbeit als eine hinreichend bestimmte, universelle und verpflichtende Norm des Völkerrechts, die einen Anspruch unter Beachtung der Grundsätze des ATCA zu begründen vermag, erscheint dabei überzeugend. Zutreffend wird

722 *Flomo et al. v. Firestone,* 2010 U.S. Dist. LEXIS 112249, 26.

723 *Flomo et al. v. Firestone,* 2010 U.S. Dist. LEXIS 112249, 27.

724 *Flomo et al. v. Firestone,* 643 F. 3d 1013; 2011 U.S. App. LEXIS 14179.

725 *Flomo et al. v. Firestone,* 643 F. 3d 1013, 1017; 2011 U.S. App. LEXIS 14179, 9.

726 *Flomo et al. v. Firestone,* 643 F. 3d 1013, 1017; 2011 U.S. App. LEXIS 14179, 9. Siehe zu diesem Punkt auf Kritisch *Martin Schaub,* (Fn. 582), S. 124 (151).

727 *Flomo et al. v. Firestone,* 643 F. 3d 1013, 1019; 2011 U.S. App. LEXIS 14179, 14.

728 Näher hierzu *Melissa Torres,* (Fn. 631), S. 447 (465 f.).

in dem Rechtsstreit auch die erforderliche weitergehende Differrenzierung der verschiedenen Formen der schlimmsten Kinderarbeit analysiert. Alle Formen der Sklaverei oder alle sklavereiähnlichen Praktiken, wie den Verkauf von Kindern und den Kinderhandel, Schuldknechtschaft und Leibeigenschaft sowie Zwangs- oder Pflichtarbeit, einschließlich der Zwangs- oder Pflichtrekrutierung von Kindern für den Einsatz in bewaffneten Konflikten im Sinne von Art. 3 lit. a IAO-Übereinkommen Nr. 182 werden dabei als ausreichend konkretisiert angesehen, um im Fall einer Zuwiderhandlung eine Verantwortlichkeit von Unternehmen begründen zu können.

Nicht ohne Widerspruch kann hingegen die Ablehnung einer Verantwortlichkeit der Unternehmen im Bezug auf Art. 3 lit. d IAO-Übereinkommen Nr. 182 bleiben. Zwar ist es zutreffend, dass Arbeiten, die ihrer Natur nach eine Gefährdung für die Gesundheit darstellen können, durch die innerstaatliche Gesetzgebung oder durch die zuständige Stelle zu bestimmen sind[729], doch müssen dabei die einschlägigen internationalen Übereinkommen berücksichtigt werden. Der innerstaatlichen Gesetzgebung und den zuständigen Stellen sind damit Grenzen gesetzt. Zumindest in extremen Einzelfällen kann daher von einer hinreichenden Bestimmtheit im Sinne des ATCA ausgegangen werden.

Der Wert dieser Entscheidung für den Nachweis einer bestehenden Übung und Rechtsauffassung hinsichtlich einer völkergewohnheitsrechtlichen Pflicht wirtschaftlicher Akteure zur Beachtung des Verbots der Kinderarbeit ist allerdings gering. Wesentlich ist, dass entgegen der Aussagen in der Rechtssache *Kiobel* eine Verantwortlichkeit für Unternehmen im Rahmen des ATCA weithin für möglich angesehen wird. Die Aussagen in Bezug auf eine konkrete Verantwortlichkeit aufgrund eines möglichen Vestoßes gegen das Verbot der Kinderarbeit bleiben wegen der konkreten Gegebenheiten im vorliegenden Streitfall sehr vage. Einzig die Ablehnung in Bezug auf Art. 3 lit. d IAO-Übereinkommen Nr. 182 ist deutlich ausgesprochen worden. Der Möglichkeit einer Verantwortung aufgrund von Verstößen gegen Art. 3 lit. a bis c IAO-Übereinkommen Nr. 182 wird damit aber nicht widersprochen.

3. *Ergebnis*

Die Untersuchung hat gezeigt, dass sich aus keiner der untersuchten Verfahren ein umfassender Beitrag zur Entstehung einer völkergewohnheitsrechtlichen Pflicht wirtschaftlicher Akteure zum Verbot der Kinderarbeit ableiten lässt.

---

729 Siehe Art. 4 Nr. 1 IAO-Übereinkommen Nr. 182.

Die Richtlinie der EU bringt ein bloßes staatenbezogenes Menschenrechtsverständnis zum Ausdruck. Es wird zwar ein höherer Schutz angestrebt, doch verbleibt die Aufgabe und Verantwortung weiterhin bei den Staaten. In Bezug auf konkrete Verpflichtungen Privater werden durch die Richtlinie einzig Pflichten des Arbeitgebers zur besseren Kontrolle der Sicherheit und Gesundheit junger Menschen bei einer rechtlich erlaubten Tätigkeit angestrebt.

Die Rechtsprechung im Fall *Roe. I v. Bridgestone Corporation* lässt erkennen, dass die bestehenden Unstimmigkeiten einer allgemeinen Anerkennung des Verbots der Kinderarbeit auf zwischenstaatlicher Ebene der Anerkennung einer Pflicht für wirtschaftliche Akteure grundsätzlich im Wege stehen.[730] Eine Anerkennung einer Pflicht wird nur hinsichtlich bestimmter Aspekte des Verbotes der schlimmsten Formen der Kinderarbeit bejaht.

In der Sache ist diesem Ergebnis zuzustimmen. Die bestehenden unterschiedlichen gesellschaftpolitischen Interessen und wirtschaftlichen Strukturen lassen eine Übereinstimmung im Hinblick auf das Verbot der Kinderarbeit, außer in den Fällen der schlimmsten Formen der Kinderarbeit, als nicht realistisch erscheinen.[731] Es zeigt sich, dass grundsätzlich die Anerkennung des Bestehens eines Verbots nicht strittig ist. Es wird aber unterschiedlich bewertet, welches Verhalten die Voraussetzungen einer Verletzung bildet.[732] Der bestehende Interessenskonflikt ist zunächst auf zwischenstaatlicher Ebene zu lösen, bevor die Übertragung auf den Bereich des Privatrechts angestrebt werden kann.

IV. Verbot der Zwangsarbeit

Das Verbot der Zwangsarbeit stellt im Vergleich mit den anderen Kernarbeitsrechten einen Sonderfall dar. Als völkerrechtliche Norm ist es allgemein

---

730 Dies zeigt sich letztlich auch an den Ausnahmen im Rahmen der Richtlinie zu Gunsten des Vereinigten Königreichs gemäß Art. 17 RL 94/33/EG. Letztlich ist hier aber auch die umfangreiche Diskussion zum Sinn und Zweck eines vollständigen Verbots der Kinderarbeit zu verweisen. Gegen ein vollständiges Verbot wird in der Regel angeführt, dass es die unterschiedlichen gesellschaftlichen Strukturen, wirtschaftlichen Strukturen und Zwänge der Kinder und Eltern nicht hinreichend berücksichtige. Ein Verbot würde die Kinder nur in die Illegalität führen. Das Ziel sollte danach nicht die völlige Abschaffung der Kinderarbeit sein, sondern eine menschlichere Gestaltung der Arbeitsbedingungen. Siehe einführend hierzu m.w.N. *Koen de Feyter*, The Prohibition of Child Labour as a Social Clause in Multilateral Trade Agreements, in: E. Verhellen (ed.), Monitoring Children's Rights, 1996, S. 431 (443).

731 *Koen de Feyter*, (Fn. 730), S. 431 (443); *Melissa Torres*, (Fn. 631), S. 447 (460 ff.).

732 *Melisa Torres*, aaO.

anerkannt. Es gibt nur eine geringe Anzahl von Staaten, die dieses Verbot einer modernen Form der Sklaverei theoretisch nicht gewährleisten.[733] Die Problematik der Verletzung des Verbotes der Zwangsarbeit durch wirtschaftliche Akteure hat in der Vergangenheit daher nur im Rahmen staatlich totalitärer Systeme eine größere Aufmerksamkeit erfahren. Die übergeordnete staatliche Stellung hat dabei jedoch keineswegs dazu geführt, nicht auch die unmittelbare Verantwortung der einzelnen beteiligten wirtschaftlichen Akteure zu hinterfragen bzw. eine Beteiligung zu unterbinden. Dies lässt sich in neuerer Zeit insbesondere im Rahmen der anhaltenden Missachtung des Verbots der Zwangsarbeit in Myanmar (Birma) zeigen. Unter historischen Gesichtspunkten sind die Zwangsarbeiterprogramme während des Zweiten Weltkrieges und deren Aufarbeitung von Bedeutung.

Die Aufarbeitung der Zwangsarbeiterprogramme zur Zeit des 2. Weltkrieges erfolgte dabei jedoch im Wesentlichen im Rahmen nationaler Maßnahmen. Es ist hier zu untersuchen, ob sie einen Beitrag zur Entstehung einer völkergewohnheitsrechtlichen Norm geleistet haben. Das Ausmaß der menschenrechtlichen Katastrophe erfordert darüber hinaus auch auf die Rolle des Völkerstrafrechts einzugehen.

1. *Aufarbeitung der Problematik der Zwangsarbeit während des Zweiten Weltkrieges*

Die Ansprüche ehemaliger Zwangsarbeiter gegenüber den wirtschaftlichen Akteuren, die in die Zwangsarbeiterprogramme der Unrechtsregime des Deutschen Reiches und des japanischen Kaiserreiches verwickelt waren, wurden zunächst nur als Teil der Reparationsfragestellungen begriffen und dementsprechend anhand der Reparationsabkommen und Friedensverträge geregelt. Eine unmittelbare Verantwortung der Unternehmen gegenüber den betroffenen Zwangsarbeitern erlangte demgegenüber erst später an Bedeutung. Ausdruck dieser Entwicklung sind zahlreiche Gerichtsverfahren sowie der Erlass einzelner Gesetze. Ihr Beitrag zur Entstehung eines völkergewohnheitsrechtlichen Verbots der Zwangsarbeit für wirtschaftliche Akteure ist zu prüfen.

---

733 Siehe nochmals die Anzahl der Ratifizierungen der entsprechenden Übereinkommen der IAO unter: http://www.ilo.org/dyn/normlex/en/f?p=1000:11300:0::NO:11300:P11300_INSTRUMENT_ID:312174 und http://www.ilo.org/dyn/normlex/en/f?p=1000:11300:0::NO:11300:P11300_INSTRUMENT_ID:312250 (letzter Abruf: 30.11.2012).

a) nationale Gesetze

(1) Stiftung „Erinnerung, Verantwortung und Zukunft"

Von besonderem Interesse für die hier aufgeworfene Fragestellung ist die Stiftungsinitiative der deutschen Wirtschaft und der Bundesrepublik Deutschland „Erinnerung, Verantwortung und Zukunft" (EVZ).[734] Ihr Zweck ist die Gewährung finanzieller Leistungen an ehemalige Zwangsarbeiter und von anderem Unrecht aus der Zeit des Nationalsozialismus Betroffene sowie die dauerhafte Förderung von Projekten, die der Völkerverständigung, den Interessen von Überlebenden des nationalsozialistischen Unrechts, dem Jugendaustausch, der sozialen Gerechtigkeit, der Erinnerung an die Bedrohung durch totalitäre Systeme und Gewaltherrschaft und der internationalen Zusammenarbeit auf humanitärem Gebiet dienen.[735]

(a) Hintergrund

Den Ausgangspunkt der Stiftung bildeten die verstärkten Bemühungen betroffener ehemaliger Zwangsarbeiter, für das erlittene Unrecht einem Schadensersatz vor US-amerikanischen Gerichten auf der Grundlage des ATCA zu erstreiten.[736] Die Beklagten waren deutsche Unternehmen, die an der Ausbeutung von Zwangsarbeitern im Gebiet des Deutschen Reiches in den Grenzen von 1937 oder einem von Deutschen Reich besetzten Gebiet aktiv beteiligt waren.

Die Verfahren waren als Sammelklagen (class action) ungemein öffentlichkeitswirksam und setzten die beklagten Unternehmen einer immensen negativen Außenwahrnehmung aus.[737] Hinzu trat, dass die US-amerikanischen Gerichte in solchen Fällen häufig die sog. „*discovery*" anordneten, was es dem Kläger erlaubte, die Beklagte aufgrund von Vermutungen zu umfangreichen Offenlegungen zu

---

734 Für einen Überblick zur Stiftung „Erinnerung, Verantwortung und Zukunft" siehe *Hugo J. Hahn*, Individualansprüche auf Wiedergutmachung von Zwangsarbeit im Zweiten Weltkrieg: Das Entschädigungsgesetz vom 2.8.2000, NJW 2000, S. 3521 ff. Umfassend. *Aline Levin*, Erinnerung? Verantwortung? Zukunft? Die Beweggründe für die gemeinsame Entschädigung durch den deutschen Staat und die deutsche Industrie für historisches Unrecht, Peter Lang, Frankfurt am Main, 2007.

735 § 2 StifG.

736 Einen Überblick zur Entstehung des StiftG gibt *Jörg Hagen Hennies*, Entschädigung für NS-Zwangsarbeit vor und unter der Geltung des Stiftungsgesetzes vom 2.8.2000, Nomos, Baden-Baden, 2006, S. 182 ff.

737 Grundlegend zur Problematik von Sammelklagen im US-amerikanischen Recht *Christa Schlurmann*, Die class action im Recht der USA. Ein prozessuales Konzept nach Interessenstrukturen, 1978.

verpflichten.[738] Die Verfahren waren damit meist sofort mit erheblichen Kosten für die beklagten Unternehmen zur erforderlichen Verteidigung ihrer Interessen verbunden. Unabhängig von den tatsächlichen materiellen Erfolgsaussichten der Klagen bestand in der stark vom Export abhängigen deutschen Wirtschaft damit das Bedürfnis, die Verfahren schnellstmöglich zu erledigen und möglichen größeren Schaden abzuwenden.[739] Wesentliches Ziel der Bemühungen war es dementsprechend auch, eine Rechtssicherheit für deutsche Unternehmen vor einer weiteren Inanspruchnahme zu erreichen. Neben diese wirtschaftlichen Überlegungen trat aber auch die politische Absicht, eine Entschädigung der Opfer der Gewaltherrschaft während der Zeit des Dritten Reiches aus den früheren kommunistischen Staaten Mittel- und Osteuropas zu leisten, die bis dahin aus politischen Gründen nicht erfolgt war. Mit dem Ende des Kalten Krieges wollte man auch hier der moralisch-politischen Verantwortung gegenüber den Opfern gerecht werden.[740]

(b) Stiftungsgesetz

Der Zweck des Stiftungsgesetzes ist nach § 2 Abs. 1 StiftG, Finanzmittel für die Gewährung von Leistungen an ehemalige Zwangsarbeiter und von anderem Unrecht aus der Zeit des Nationalsozialismus Betroffene bereitzustellen.[741] Das erforderliche Stiftungsvermögen war zu jeweils gleichen Teilen von der Stiftungsinitiative der deutschen Wirtschaft und der Bundesrepublik bereitzustellen.[742] Für die betroffenen Opfer wurde mit dem Stiftungsgesetz eine Anspruchsgrundlage geschaffen.[743] Die konkrete Gestalt der Leistungsberechtigung ergibt sich aus § 11 Abs. 1 StiftG. Hervorzuheben im Sinne der vorliegenden Untersuchung ist die Leistungsberechtigung in den Fällen, in denen der Betroffene aus seinem

738 Umfassend zur „discovery" als Methode der Tatsachenermittlung siehe *Abbo Junker*, Discovery im deutsch-amerikanischen Rechtsverkehr, Heidelberg, Verlag Recht u. Wirtschaft, 1987, S. 39 ff.

739 *Roland Bank*, Die Leistungen an NS-Zwangsarbeiter durch die Stiftung „Erinnerung, Verantwortung und Zukunft": Ein Modell für die Entschädigung von Menschenrechtsverletzungen?, in: Thilo Marauhn (Hrsg.), Die Rechtsstellung des Menschen im Völkerrecht, Mohr Siebeck, Tübingen, 2003, S. 83 (89).

740 *Aline Levin*, (Fn. 734), S. 44 ff,; *Roland Bank*, (Fn. 739), 2003, S. 83 (86 f.).

741 Zur Verwendung der Stiftungsmittel siehe § 9 StiftG.

742 § 3 StiftG.

743 Nach der gegenwärtigen Rechtslage bestand kein Anspruch auf nationaler Ebene. Das Stiftungsgesetz wird nach den Grundsätzen des deutschen Rechts daher als abstrakte Novation charakterisiert. Durch das Gesetz wird ein neues Schuldverhältnis geschaffen, welches unabhängig von dem Bestehen eines präsumtiven Schuldverhältnisses kraft Gesetzes an dessen Stelle treten soll. Siehe dazu *Konrad Leube*, (Fn. 54), S. 80 (81).

Heimatstaat in das Gebiet des Deutschen Reiches in den Grenzen von 1937 oder in ein vom Deutschen Reich besetzten Gebiet deportiert wurde und zu einem Arbeitseinsatz in einem gewerblichen Unternehmen gezwungen war.[744]

Die Ansprüche nach dem Stiftungsgesetz sind höchstpersönlicher Natur und als solche auch zu beantragen.[745] Aufgrund der begrenzten Mittel der Stiftung sowie der Tatsache, dass eine zügige Mittelvergabe angestrebt war, wurde eine Antragsfrist von acht Monaten nach Inkrafttreten des Gesetzes als Ausschlussfrist festgeschrieben.[746] Diese konnte jedoch im Bereich einzelner Partnerorganisationen auf bis zu insgesamt ein Jahr verlängert werden. Weitere Voraussetzung für die Inanspruchnahme von Leistungen der Stiftung war nach § 16 StiftG die abzugebende Erklärung des einzelnen Anspruchstellers, dass er mit Erhalt einer Leistung nach dem StiftG auf jede darüber hinausgehende Geltendmachung von Forderungen gegen die öffentliche Hand für Zwangsarbeit und für Vermögensschäden sowie auf alle Ansprüche gegen deutsche Unternehmen im Zusammenhang mit nationalsozialistischem Unrecht unwiderruflich verzichtet. Mit Erhalt der Leistung sollte der Verzicht wirksam werden. Er galt gemäß § 16 Abs. 2 S. 4 StiftG jedoch nicht für Forderungen aus nationalsozialistischen Unrechtsmaßnahmen, die ausländische Mutterunternehmen mit Sitz außerhalb der Grenzen des Deutschen Reichs von 1937 begangen haben, ohne dass die Handlungen in einem Zusammenhang mit dem deutschen Tochterunternehmen und dessen Verstrickung in nationalsozialistisches Unrecht standen.[747]

Die Bemühungen, durch das StiftG Rechtsicherheit und Rechtsfrieden für deutsche Unternehmen in den Vereinigten Staaten von Amerika zu erlangen, finden schließlich ihren Ausdruck in der Vorschrift über den Zeitpunkt der Bereitstellung der Mittel. Nach § 17 Abs. 2 StiftG erfolgt die erstmalige Bereitstellung der Stiftungsmittel mit dem Inkrafttreten des deutsch-amerikanischen Regierungsübereinkommens betreffend die Stiftung „Erinnerung, Verantwortung und Zukunft“ und der damit verbundenen ausreichenden Rechtssicherheit für deutsche Unternehmen. Dieses Regierungsübereinkommen enthielt die Verpflichtung für die Regierung der Vereinigten Staaten von Amerika für den

---

744 § 11 Abs. 1 Nr. 2 StiftG.

745 § 13 Abs. 1 StiftG. Der Beitrag des einzelnen Unternehmens zur Stiftungsinitiative lag in dessen freiwilligem Ermessen.

746 § 14 StiftG.

747 Ausweislich der Beschlussempfehlung des Innenausschusses vom 04.07.2000 ist der Hintergrund dieser Regelung das US-amerikanische Anliegen, US-Muttergesellschaft deutscher Unternehmen, die eigenes NS-Unrecht begangen haben, nicht von diesem Verzicht zu erfassen. Siehe BT-Drs. 14/3758, S. 26, r. Sp.

Fall weiterer Klagen gegen deutsche Unternehmen im Zusammenhang mit den Ereignissen während des Zweiten Weltkrieges ein so genanntes „*Statement of Interest*" abzugeben.[748] Inhalt dieser Interessenserklärung soll dabei die Aussage sein, dass die US-amerikanische Regierung die deutsche Stiftungslösung als ausschließliches Forum für die betroffenen Fälle betrachtet und dass es im außenpolitischen Interesse der Vereinigten Staaten liegt, das betreffende Verfahren einzustellen.[749] Das StiftG ist am 12.08.2000 in Kraft getreten.

(c) Beitrag der Vereinigten Staaten von Amerika

Die Regierung der Vereinigten Staaten hat in der Folge in einschlägigen Verfahren ihrer aus dem Regierungsabkommen bestehenden Pflicht entsprochen und eine entsprechende Erklärung abgegeben. Sie führte in den entsprechenden Verfahren zur Abweisung der Klage.[750] Dabei hoben die Gerichte ausdrücklich hervor, dass das wiedervereinigte Deutschland eindeutig der angemessenste Ort für Klagen gegen deutsche Unternehmen sei.[751]

(d) Bewertung

Die Stiftung „*Erinnerung, Verantwortung und Zukunft*" wurde von der Regierung der Bundesrepublik Deutschland und deutschen Unternehmen eingerichtet, um einen abschließenden Beitrag zu einem angemessenen und gerechten Ausgleich für Opfer von Zwangs- und Sklavenarbeit während der Zeit der nationalsozialistischen Herrschaft zu leisten.[752] Sie stellt damit eine einzigartige Reaktion auf die Verletzung von Menschenrechten dar.[753] Ferner weist sie dadurch den

---

748 Art. 2 Abs. 1 Abkommen zwischen der Regierung der Bundesrepublik Deutschland und der Regierung der Vereinigten Staaten von Amerika über die Stiftung „Erinnerung, Verantwortung und Zukunft" vom 17.7.2000, abgedr. BGBl. II 2000, S. 1373.

749 Annex B des Abkommen zwischen der Regierung der Bundesrepublik Deutschland und der Regierung der Vereinigten Staaten von Amerika über die Stiftung „Erinnerung, Verantwortung und Zukunft" vom 17.7.2000, abgedr. BGBl. II 2000, S. 1377.

750 *Ungaro-Benages v. Dresdner Bank*, 2003 U.S. Dist. LEXIS 27693, 4; Statement zudem abgedruckt in AJIL 2003, S. 963.

751 *Ungaro-Benages v. Dresdner Bank*, 2003 U.S. Dist. LEXIS 27693, 32.

752 Das Stiftungsgesetz unterscheidet zwischen Sklaven- und Zwangsarbeit. Allerdings handelt es sich dabei weniger um eine rechtliche Qualifizierung als um einen Versuch, die erlittenen Leiden nach der jeweiligen Härte zu erfassen. Siehe *Detlef Vagts / Peter Murray*, Entschädigungsklagen der Zwangsarbeiter unter nationalsozialistischer Herrschaft: der nicht bestrittene Weg, ZZPInt 7 (2002), S. 333 (336).

753 *Roland Bank*, (Fn. 739), 2003, S. 83 (84).

notwendigen Bezug zum Völkerrecht auf, um als eine Übung i.S.v. Art. 38 Abs. 1 lit. b IGH-Statut in Betracht gezogen werden zu können.

Die Besonderheit an dem Stiftungsgesetz liegt in der Tatsache, dass es im Einvernehmen mit der Stiftungsinitiative der deutschen Wirtschaft erarbeitet wurde und ein großer Anteil der Mittel für die finanzielle Ausstattung der Stiftung von der deutschen Wirtschaft getragen wird. Nichtstaatliche Akteure tragen einen Teil der Last, die nach einem klassischen Menschenrechtsverständnis alleine der Staat zu tragen hätte. Insoweit drängt sich die Frage auf, ob mit dem Stiftungsgesetz eine Anerkennung einer rechtlichen Verantwortung wirtschaftlicher Unternehmen für die Ausbeutung von Zwangsarbeitern einhergegangen ist.

Vergegenwärtigt man sich den rechtspolitischen Hintergrund der Entstehung der Stiftung, der im Wesentlichen eine Reaktion auf die Gefahr einer möglichen Inanspruchnahme von deutschen Unternehmen vor US-amerikanischem Gerichten aufgrund ihrer Verwicklungen in die unrechtmäßigen Handlungen der nationalsozialistischen Regierung während des Zweiten Weltkrieges ist,[754] so kann darin durchaus die Anerkennung einer Verantwortlichkeit juristischer Personen für schwere Menschenrechtsverletzungen liegen. Aus der Gesetzesbegründung wird jedoch deutlich, dass nach der Auffassung der Unternehmen keine Ansprüche bestehen und gegen sie geltend gemacht werden können.[755] In der Begründung zum Gesetzesentwurf heißt es, dass es sich lediglich um eine „*freiwillig akzeptierte Verantwortung von Unternehmen*" handele[756] und mit der Stiftung ein „*zusätzliches Zeichen*"[757] gesetzt und eine Plattform geschaffen werden soll, um der Wahrnehmung einer bestehenden „*moralischen Verantwortung*" gerecht werden zu können.[758] Die Formulierungen machen deutlich, dass im Gesetz keine Rechtsäußerung der Bundesrepublik gesehen werden kann, die auf eine Rechtsauffassung schließen lässt, nach der Unternehmen neben einer

754 Siehe unten Rechtsprechung im Rahmen des ATCA zum Verbot der Zwangsarbeit in Bezug auf den Zweiten Weltkrieg.

755 BT-Drs. 14/3206, S. 17, rechte Spalte.

756 BT-Drs. 14/3206, S. 11, linke Spalte.

757 BT-Drs. 14/3206, S. 10, rechte Spalte.

758 BT-Drs. 14/3206, S. 11, rechte Spalte. Interessant ist in diesem Zusammenhang auch der Hinweis von *Jörg Hagen Hennies*, (Fn. 736), S. 183, auf das Selbstverständnis der Stiftungsinitiative. Hiernach trage die deutsche Wirtschaft als Ganzes die moralische Verantwortung für das historische Unrecht. Es bestehe insoweit nur eine kollektive und keine Verantwortung einzelner Unternehmen. Die Betonung des Kollektivs veranschaulicht gut das Verständnis nur im Rahmen eines übergeordneten gesellschaftlichen Systems agiert zu haben, für das die Gesellschaft als ganzes die Verantwortung trägt und nicht der Einzelne.

moralischen Verpflichtung auch eine unmittelbare völkerrechtliche Verpflichtung zur Beachtung des Verbots der Zwangsarbeit tragen. An dieser Schlussfolgerung vermag auch nicht das in § 16 Abs. 2 StiftG enthaltende Erfordernis einer Verzichtserklärung etwas zu ändern. Dies gilt selbst dann, wenn die Verbindung einer rechtsverbindlichen Verzichtserklärung mit dem Erhalt freiwilliger Leistungen als widersprüchlich angesehen wird. Der Zusammenhang verdeutlicht nur einmal mehr das Bestreben der Stiftungsinitiatoren, für deutsche Unternehmen eine abschließende Regelung zu finden, die ihnen Rechtssicherheit und Rechtsfrieden auch außerhalb der Bundesrepublik Deutschland garantiert.[759]

Interessant ist die Tatsache, dass die Regierung der Vereinigten Staaten es im angesprochenen Regierungsübereinkommen ausdrücklich vermeidet, eine Wertung hinsichtlich der materiellen Erfolgsaussichten der anhängigen Klagen in den Vereinigten Staaten abzugeben,[760] sie also im Gegensatz zur deutschen Regierung die Möglichkeit einer unmittelbaren rechtlichen Verantwortlichkeit nicht ausdrücklich ablehnt. Daraus könnte man die Schlussfolgerung ziehen, dass die Vereinigten Staaten das Bestehen derlei Verpflichtungen nicht für ganz und gar abwegig hielten.

Letztlich muss jedoch festgehalten werden, dass die staatlichen Handlungen im Rahmen der Errichtung der Stiftung EVZ keine belastbaren Anhaltpunkte für eine Rechtsüberzeugung Deutschlands darstellen, die auf einer rechtlichen Pflicht wirtschaftlicher Akteure zur Beachtung des Verbots der Zwangsarbeit beruht. Dagegen sprechen die mehrfachen und eindeutigen Klarstellungen im Rahmen der Gesetzesbegründung, dass es sich ausschließlich um eine freiwillige Übernahme der Verantwortung durch die Unternehmen handele. Das alte Prinzip der Staatenverantwortlichkeit kommt hier indirekt zum Ausdruck. Ein Beweis für diese Tatsache ist auch, dass bei der Bundesregierung die Hauptverantwortung für die Errichtung lag und sie einen wesentlichen Teil der finanziellen Ausstattung der Stiftung trug.[761] Es bleibt daher hervorzuheben, dass die beteiligten Staaten nur von einer politisch-moralischen Verpflichtung wirtschaftlicher Akteure zur Beachtung des Verbotes der Zwangsarbeit ausgehen.

Die ausdrückliche Forderung nach einem finanziellen Beitrag zur Errichtung der Stiftung durch die Bundesregierung und die damit verbundende

---

759 *Roland Bank*, (Fn. 739), 2003, S. 83 (101 ff.). Dennoch muss das Verzichtserfordernis in diesem Sinne wohl auch für die Sorge der Unternehmen stehen, dass eine rechtliche Verantwortlichkeit nicht vollends ausgeschlossen werden kann.

760 Siehe Nr. 7 Agreement Concerning the Foundation „Remenbrance, Responsibility and the Future“, July 17, 2000 Annex B; zitiert nach AJIL 2000, S. 686.

761 Siehe BT-Drs. 14/3758, S. 3.

direkte Einbindung der Wirtschaft sind aber mehr als der Ausdruck einer bloßen Erwartungshaltung. Sie ist Abbild des staatlichen Umganges mit der Problematik der sozialen Verantwortlichkeit wirtschaftlicher Akteure. Unter der Maßgabe der Anerkennung einer moralischen Verantwortung wird durch das Stiftungsgesetz eine konkrete Anspruchsgrundlage geschaffen, die einen Ausgleich für das erlittene Unrecht gewährt. Die Erfüllung des Anspruches findet dabei auch mit Mitteln statt, die die betroffenen Unternehmen bereitgestellt haben.[762] Die Anerkennung einer moralischen Verantwortlichkeit führt hier also zur Gewährung eines freiwilligen Beitrages der Entschädigung in einem rechtverbindlichen Rahmen. Unter Bestätigung der Ablehnung unmittelbarer Verpflichtung zur Beachtung des Kernarbeitsrechts des Verbotes der Zwangsarbeit wird so ein rechtlicher Anspruch zur Entschädigung des erlittenen Unrechts geschaffen. Die Stiftung kann damit als Ausdruck der Auffassung begriffen werden, die die Lösung menschenrechtlicher Konfliktsituationen als rein innerstaatliche Angelegenheit erachtet. Der Anspruch einer Entschädigung für die Verletzung anerkannter elementarer Menschenrechte wird einzig im nationalen Rahmen geschaffen.

(2) Kalifornisches Holocaust-Gesetz zugunsten von NS-Zwangsarbeitern

Der Bundesstaat Kalifornien verabschiedete 1999 zwei Gesetze zugunsten von geschädigten Versicherungsnehmern und Zwangsarbeitern während der Zeit des Dritten Reiches.[763] Von Interesse für die vorliegende Untersuchung sind das Gesetz zur Entschädigung von Zwangsarbeitern und sein möglicher Beitrag zur Entstehung einer entsprechenden völkergewohnheitsrechtlichen Norm.

(a) Regelungsgegenstand

Das Gesetz soll den Opfern von Zwangsarbeit[764] und deren Erben die Durchsetzung einer Entschädigung für nicht gezahlten Lohn und andere deliktische Schäden ermöglichen.[765] Der Anspruch richtet sich dabei nicht nur gegen die

---

762 Ein negatives Beispiel für die Nichtbeteiligung an der Initiative bildet die Ford Motor Company und ihre deutsche Tochtergesellschaft die Ford Motorwerke AG. Sie hat bis heute, trotz einer starken Beteiligung an den Zwangsarbeiterprogrammen, keinen Beitrag zur Entschädigung der Betroffenen geleistet.

763 Die Gesetze und die dazugehörigen Gesetzesmaterialen finden sich in den wesentlichen Auszügen, IPRax 1999, S. 500 ff.

764 Zur näheren Bestimmung der Opfer von Zwangsarbeit siehe ebenda, S. 501; 1999 Bill Text (CA S.B. 1245), Sec.4 (a) (1) und (2).

765 Ebenda, S. 501; 1999 Bill Text (CA S.B. 1245), Sec. 1 (c).

Unternehmen, für die die Zwangsarbeit geleistet wurde, sondern auch gegen deren Rechtsnachfolger.[766] So soll sichergestellt werden, dass der widerrechtlich erlangte Vermögensvorteil zu Gunsten der Opfer abgeschöpft wird. Der genaue Umfang der Entschädigung wird durch das Gesetz im Einzelnen festgehalten.[767] Die Zuständigkeit für Klagen liegt bei den kalifornischen Gerichten.[768]

(b) Bewertung

Die Entschädigung von Opfern der Zwangsarbeit auf der Grundlage des kalifornischen Holocaustgesetzes ist unter rechtlichen Gesichtspunkten nicht unproblematisch.[769] Bereits nicht eindeutig zu klären ist, welches materielle Recht Anwendung findet. Stützt sich das Gesetz unmittelbar auf das Völkerrecht, wird eine eigene materielle Anspruchsgrundlage geschaffen oder bezieht es sich auf bereits bestehendes nationales Recht.[770]

Unter völkerrechtlichen Gesichtspunkten erscheint das kalifornische Gesetz problematisch, weil sich der Regelungsgegenstand des Gesetzes auf einen Auslandssachverhalt bezieht und Kalifornien in diesem Fall für sich eine extraterritoriale Jurisdiktion in Anspruch nimmt. Zwar verbietet das Völkerrecht nicht grundsätzlich, dass sich der sachliche Anwendungsbereich einer Norm über den räumlichen Geltungsbereich hinaus erstreckt. Die Erstreckung unterliegt jedoch völkerrechtlichen Beschränkungen.[771] So bedarf es bei der Regelung eines Auslandssachverhaltes stets einer *„sinnvollen Anknüpfung“* zwischen dem zu regelnden Sachverhalt und dem regelnden Staat.[772] Inwieweit eine solche sinnvolle Anknüpfung im Einzelfall gegeben ist muss anhand völkerrechtlicher Prinzipien

766 Ebenda, S. 502; 1999 Bill Text (CA S.B. 1245), Sec. 4 (b).

767 Der Umfang der Entschädigung umfasst neben deliktischen Ansprüchen, den damals üblichen Lohn nebst Zinsen, der auf einen wirtschaftlich vergleichbaren heutigen Betrag hochgerechnet wird. Siehe ebenda, S. 502; 1999 Bill Text (CA S.B. 1245), Sec.4 (a) (3).

768 Ebenda, S. 502; 1999 Bill Text (CA S.B. 1245), Sec.4 (b).

769 Umfassend hierzu *Martin Gebauer / Götz Schulze*, Kalifornische Holocaust-Gesetze zugunsten von NS-Zwangsarbeitern und geschädigten Versicherungsnehmern und die Urteilsanerkennung in Deutschland, IPRax 1999, S. 478 ff.

770 Verwirrend ist hier insbesondere der Hinweis der Gesetzbegründung, dass das Gesetz lediglich die von den deutschen Gerichten eingenommene Position zur Entschädigung der Zwangsarbeiter wiedergibt. Siehe IPRax 1999, S. 501, l. Sp.

771 So *Epping/Gloria*, in: Ipsen, Völkerrecht, 5. Aufl., 2004, 2. Kap. § 23 Rn. 87 f.

772 *Alfred Verdross/Bruno Simma*, (Fn. 117), § 1183.

überprüft werden.[773] Wird dieses Erfordernis missachtet verletzt der die Regelung vornehmende Staat das Interventionsverbot.[774]

Einen sinnvollen Anknüpfungspunkt stellen bei dem kalifornischen Holocaustgesetz menschenrechtliche Gesichtspunkte dar. Schließlich handelt es sich bei den dem Gesetz zugrundeliegenden Sachverhalt um massive Verstöße gegen das menschenrechtlich anerkannte Verbot der Zwangsarbeit. So wäre zumindest unter Berücksichtigung des „*Weltrechtsprinzips*" ein sinnvoller Anknüpfungspunkt mit Blick auf strafrechtliche Gesichtpunkte gegeben. Denn nach dem Weltrechtsprinzip ist es allen Staaten erlaubt, Delikte zu verfolgen, soweit deren Unversehrtheit alle Staaten betrifft.[775]

Fraglich bleibt jedoch, ob dieser Grundsatz ohne weiteres auf zivilrechtliche Anspruchsgrundlagen wie im vorliegenden Fall zu übertragen ist. Unter Beachtung des traditionellen Tatortprinzips im internationalen Privatrecht und der damit verbundenen Anwendung des Rechts des Handlungsortes scheint dies nicht der Fall zu sein.[776] Die Achtung des Grundsatzes der staatlichen Souveränität und der daraus folgenden Verpflichtung, nicht in ein frei gewähltes und entwickeltes Rechtssystem einzugreifen, verbietet die Schaffung einer den Wertungen des Handlungsortes widersprechenden Anspruchsgrundlage. Anderseits wird die Schutzzone der domaine réservé anhand von Art. 2 Nr. 7 SVN bestimmt. Sachverhalte, die Gegenstand einer völkerrechtlichen Regelung sind, fallen danach nicht in die domaine réservé und ihre Regelung bedingt keinen Verstoß gegen das Interventionsverbot.[777] Schwere und systematische Menschenrechtsverletzungen, wie die Zwangsarbeiterprogramme des Dritten Reiches, gehören hierbei zu Handlungen, die die Völkerrechtsgemeinschaft als Ganzes betreffen.[778]

Dennoch erscheint die gesetzgeberische Tätigkeit des Bundesstaates Kalifornien als nicht mit dem völkerrechtlichen Grundsatz der souveränen Gleichheit vereinbar. So liegen die in der kalifornischen Gesetzgebung angesprochenen schwerwiegenden Menschenrechtsverletzungen nicht nur weit in der Vergangenheit, der Staat des Handlungsortes hat darüber hinaus selbst umfassende

---

773 Umfassend hierzu *Werner Meng*, Völkerrechtliche Zulässigkeit und Grenzen wirtschaftsverwaltungsrechtlicher Hoheitsakte mit Auslandswirkung, ZaöRV 44 (1984), S. 675 (740 f.).

774 *Epping/Gloria*, in: Ipsen, Völkerrecht, 5. Aufl., 2004, 2. Kap. § 23 Rn. 90 f.

775 *Epping/Gloria*, in: Ipsen, Völkerrecht, 5. Aufl., 2004, 2. Kap. § 23 Rn. 92.

776 Zum Tatortprinzip siehe *Thomas Schönberger*, Das Tatortprinzip und seine Auflockerung im deutschen internationalen Deliktsrecht, München, VVF, 1990.

777 *Klein*, in: Graf Vitzthum (Hrsg.) Völkerrecht, 5. Aufl., 4. Abschn. Rn. 196.

778 Nolte, in: Charter UN, Art. 2 Nr. 7, Rn. 38 ff.

Regelungen zur Entschädigung der Betroffenen zum Ausgleich des Unrechts erlassen.[779] Insoweit kommt der Staat des Handlungsortes hier seiner menschenrechtlichen Verpflichtung nach, die Folgen einer Verletzung völkerrechtlicher Gebote zu regeln. Eine Wertung, inwieweit diese Regelung umfassend genug erfolgt ist, steht einem anderen Staat nicht zu. Sie würde einen Eingriff in die innere Souveränität des anderen Staates darstellen. Etwas anderes wäre nur in dem Falle zu prüfen, wenn die Regelungen des Staates des Handlungsortes offensichtlich keinen ernsthaften Ansatz zum Ausgleich des durch die Menschenrechtsverletzungen entstandenen Schaden beinhalten würden.

Das kalifornische Holocaust-Gesetz verstößt somit gegen völkerrechtliche Grundsätze.[780]

Schließlich war das Gesetz auch unter verfassungsrechtlichen Gesichtspunkten umstritten. Insbesondere vertrat die Regierung der Vereinigten Staaten die Position, dass das Gesetz ihr Recht verletze, durch internationale Abkommen Reparationsfragestellungen zu klären. Der U.S. Supreme Court ist in der Entscheidung im Verfahren *Deutsch v. Turner Corp* dieser Auffassung gefolgt und hat das Gesetz für verfassungswidrig erklärt. Es stelle einen unzulässigen Eingriff in die *„exclusive power of the federal government to make and resolve war, including resolution of claims arising out of such wars“* dar.[781]

Unabhängig von der Fragestellung, ob das Gesetz zur Entschädigung für Zwangsarbeiter einen Bezug zum Völkerrecht aufweist, lässt sich unter den genannten Aspekten der Völkerrechtswidrigkeit und der Verfassungswidrigkeit fragen, ob das Gesetz Bedeutung für die Fragestellung der vorliegenden Untersuchung haben kann. Die festgestellte Völkerrechtswidrigkeit stellt unter Berücksichtigung der Grundsätze zur Ermittlung einer gewohnheitsrechtlichen Norm kein Ausschlusskriterium für die Entstehung von Gewohnheitsrecht dar, das auch eine Weiterentwicklung des Völkerrechts beinhalten kann. Zu einem anderen Ergebnis führt die Verfassungswidrigkeit des kalifornischen Gestzes. Hier wollte Kalifornien als Bundesstaat der Vereinigten Staaten eine Rechtsgrundlage schaffen, die im

779 Zur Fragestellung, ob überhaupt die Möglichkeit besteht die Opfer des NS-Unrechts entschädigen zu können siehe die Erklärung des Bundespräsidenten Johannes Rau vom 17.12.1999 (abrufbar unter: http://www.bundespraesident.de/SharedDocs/Reden/DE/Johannes-Rau/Reden/1999/12/19991217_Rede.html; letzter Abruf: 30.11.2012).

780 Im Ergebnis so auch *Martin Gebauer / Götz Schulze,* (Fn. 769), S. 478 (482 f.), die jedoch mit ihrer Begründung nicht überzeugen können.

781 *Deutsch v. Turner,* 317 F. 3d 1005, 1023; 2003 U.S. App. LEXIS 850, 33.

Widerspruch zu der innerstaatlichen Kompetenzordnung steht. Ein solches kompetenzüberschreitendes Handeln kann aber nur dann zur Herausbildung einer allgemeinen Übung beitragen, wenn es nicht von übergeordneten Akteuren rechtzeitig gerügt wurde.[782] Die Regierung der Vereinigten Staaten hat im vorliegenden Fall die Verfassungswidrigkeit jedoch rechtzeitig gerügt und der Supreme Court hat die Verfassungswidrigkeit festgestellt.[783] Somit kann das kalifornische Gesetz nicht als Ausdruck einer gewohnheitsrechtlich relevanten Übung gewertet werden.

(3) Zusammenfassung

Von den beiden genannten Beispielsfällen leistet nur das Stiftungsgesetz einen Beitrag zum Entstehen einer völkergewohnheitsrechtlichen Norm zur Verpflichtung wirtschaftlicher Akteure zur Beachtung des Verbots der Zwangsarbeit. Es ist Ausdruck einer Übung, in deren Rahmen wirtschaftliche Akteure aus einer moralischen Verpflichtung in einem rechtlichen Rahmen Wiedergutmachung für Verstöße gegen das Verbot der Zwangsarbeit leisten. Zwar kann damit noch nicht von einer Überzeugung bzw. opinio necessitatis eines Völkerrechtssubjekt gesprochen werden, die eine Verantwortung wirtschaftlicher Akteure – jetzt oder in der Zukunft – als rechtlich geboten ansieht, doch ist es durch den rechtlichen Rahmen mehr als die Formulierung einer bloßen Erwartungshaltung. Der Grundgedanke der Stiftung ist damit weiter als der in den bereits beschriebenen Verhaltenskodizes zum Ausdruck kommende kooperative Ansatz zur Lösung der Aufgaben aus der Gefährdung elementarer Menschenrechte durch zügelloses wirtschaftliches Gewinnstreben.

b) Rechtsprechung

Die Problematik der Verantwortlichkeit wirtschaftlicher Akteure für Verstöße gegen das Verbot der Zwangsarbeit während des Dritten Reiches hat zahlreiche Gerichtsverfahren in den vergangenen 60 Jahren nach sich gezogen. Bei den Verfahren im nationalen Rahmen standen die zivilrechtliche Verantwortlichkeit der Unternehmen und der Anspruch auf eine angemessene Entschädigung der betroffenen ehemaligen Zwangsarbeiter im Vordergrund. Auf internationaler

---

782 So *Beate Rudolf*, Die thematischen Berichterstatter und Arbeitsgruppen der UN-Menschenrechtskommission, Springer, Berlin (u.a.), 2000, S. 51 f. in Bezug auf ein kompetenzüberschreitendes Verhalten von Organen internationaler Organisationen. Gleiches muss auch für Organe der Staaten gelten.

783 S.o.

Ebene stand dagegen bei den Verfahren vor den Kriegsverbrechertribunalen die strafrechtliche Verantwortung im Vordergrund.

(1) Rechtsprechung der Verursacherstaaten

(a) Deutsche Rechtsprechung

In der deutschen Rechtsprechung finden sich zahlreiche Entscheidungen, die auf Klagen ehemaliger Zwangsarbeiter während des Zweiten Weltkrieges beruhen.[784] Gegenstand der Klagen war der Anspruch auf eine Entschädigung des ihnen zuteil gewordenen Unrechts. Beklagt wurde wahlweise die Bundesrepublik Deutschland oder die von der Zwangsarbeit profitierenden Unternehmen auf der Grundlage des deutschen Zivilrechts oder des Völkerrechts. Von Interesse für die vorliegende Untersuchung ist die Rechtsprechung in den Fällen, in denen sich die Kläger unmittelbar auf das Völkerrecht berufen oder ein anderweitiger Bezug zum Völkerrecht hergestellt wurde. Den Klagen auf der Grundlage des deutschen Zivilrechts fehlt der erforderliche Bezug zum Völkerrecht, so dass sie von vorherein als tauglicher Untersuchungsgegenstand ausscheiden. Hier sei insofern nur angemerkt, dass das Bestehen durchsetzbarer zivilrechtlicher Ansprüche im nationalen Recht mehr als strittig ist.[785] Schließlich

---

784 Ein Überblick über sämtliche in Betracht kommende Ansprüche findet sich bei *Jörg Hagen Hennies*, (Fn.736).

785 Siehe hierzu u.a. *Albrecht Randelzhofer/Oliver Dörr*, Entschädigung für Zwangsarbeit – Zum Problem individueller Entschädigungsansprüche von ausländischen Zwangsarbeitern während des Zweiten Weltkrieges gegen die Bundesrepublik Deutschland, Duncker & Humblot, Berlin, 1994; *Rainer Schröder*, Zwangsarbeit: Rechtsgeschichte und zivilrechtliche Ansprüche, Jura 1994; S. 61 ff. und S. 118ff; *Lutz Frauendorf*, Die Entschädigung von NS-Zwangsarbeit – ein aktuelles Problem, ZRP 1999, S. 1 ff.; *Paul Oberhammer/August Reinisch*, Zwangsarbeiter vor deutschen Gerichten, IPRax 2001, S. 211 ff.
Klagen während der Nachkriegszeit wurden regelmäßig von den Gerichten unter Bezug auf das Londoner Schuldenabkommen (LSA) als derzeit unbegründet bzw. unzulässig abgewiesen (siehe beispielhaft LG Frankfurt a.M., NJW 1960, 1575; BGH, NJW 1973, 1549). Die Gerichte beriefen sich dabei stets auf Art. 5 Abs. 2 LSA, wonach „eine Prüfung der aus dem zweiten Weltkrieg herrührenden Forderungen von Staatsangehörigen der mit Deutschland im Kriegszustand befindlichen Staaten gegen das Deutsche Reich und im Auftrag des Reiches handelnde Stellen oder Personen bis zur Regelung der endgültigen Reparationsfrage zurückgestellt wurden. Erst mit dem Abschluss des Zwei-Plus-Vier-Vertrages wurde für die h.M. eine solche abschließende Regelung geschaffen, die die Möglichkeit aufleben ließ, bestehende Ansprüche einzuklagen (statt vieler *Dietrich Rauschning*, Beendigung der Nachkriegszeit

gilt es aber auch in den Fällen, in denen die Kläger Ansprüche auf der Grundlage des Völkerrechts erheben, danach zu unterscheiden, ob Anspruchsgegner die Bundesrepublik Deutschland oder ein einzelnes Unternehmen ist. Nur im letzten Fall kann das einschlägige Verfahren für die vorliegende Untersuchung von Interesse sein.

---

mit dem Vertrag über die abschließende Regelung in Bezug auf Deutschland, DVBl 1990, S. 1275 ff.; OLG Münster, NJW 1998, 2302 (2303)) Dementsprechend haben u.a. das LG Bonn (Urteil vom 24.9.1997 – 1 O 134/92) und das LG Bremen (Urteil vom 2.6.1998 – 1 O 2889/90) entschieden, dass Zwangsarbeiter, die als KZ-Häftlinge Zwangsarbeit leisten mussten und bisher keine Entschädigung erhalten haben, dem Grunde nach einen Anspruch auf Vergütung für die geleistete Zwangsarbeit aus dem Gesichtspunkt der Amtshaftung nach § 839 BGB i.V.m. Art. 34 GG wegen der durch das Deutsche Reich begangenen unerlaubten Handlung gemäß § 823 BGB haben. In späteren Verfahren wurden die erhobenen Klagen allerdings mit Hinweis auf den Eintritt der Verjährung zurückgewiesen. Die Stundungswirkung durch das LSA ist durch den Zwei-plus-Vier-Vertrag entfallen, womit nach h.M. die Verjährung für Ansprüche aus unerlaubter Handlung spätestens nach dem Ablauf der dreijährigen Verjährungsfrist des § 852 I BGB im Jahre 1993 bzw. für die entsprechenden bereicherungsrechtlichen Ansprüche nach § 196 I Nr. 9 BGB mit Ende des Jahres 1992 eingetreten sei (siehe LG Berlin, NJW 2000, 1958; OLG Köln, NJW 1999, S. 1555; LG Hamburg, NJW 1999, S. 2825). Dagegen *Lutz Frauendorf*, Die Entschädigung von NS-Zwangsarbeit – ein aktuelles Problem, ZPR 1999, S. 1 (5), der hervorhebt, dass die Verjährungsfrist bei Ansprüchen aus unerlaubter Handlung erst mit dem Zeitpunkt beginnt, in welchem die geschädigte Person vom Schaden und vom Ersatzpflichtigen Kenntnis erlangt hat. Die gerichtliche Geltendmachung der Ansprüche von Zwangsarbeitern konnte jedoch bis zur Entscheidung des BVerfG vom 13.5.1996 keinen Erfolg haben. Denn bis dahin gingen sowohl die höchstrichterliche Rechtsprechung als auch die h.M. vom Grundsatz der „Exklusivität des völkerrechtlichen Ausgleichs" aus und ließen individuelle Ansprüche nicht zu. Dies führte dazu, dass individuelle Klagen als unbegründet abgewiesen wurden. Im Ergebnis müsse hier somit der Gedanke des § 202 BGB gelten, wonach die Zeit, während der der Gläubiger den Anspruch wegen rechtlicher Hindernisse vorübergehend nicht geltend machen kann, bei einer Fristberechnung unter sachgerechter Interessenabwägung nicht mit einbezogen werden dürfte. Weiter zur Problematik, ob dieses Ergebnis mit den rechtstaatlichen Grundsätzen vereinbar ist, da eine unklare Rechtslage gegeben war. Siehe *Paul Oberhammer/August Reinisch*, Zwangsarbeiter vor deutschen Gerichten, IPRax 2001, S. 211 (215 ff.). Unverständlich erscheinen hingegen die Ausführungen des LG Hamburg (NJW 1999, S. 2825), welches ohne Beachtung des LSA davon ausgeht, dass die Verjährung bereits 1979 nach Ablauf der regelmäßigen Verjährung von 30 Jahren gemäß § 195 BGB eingetreten ist.

(i) LG Stuttgart, Urteil vom 24.11.1999 – 24 O 192/99

Das LG Stuttgart hat in einer Entscheidung vom 24.11.1999 einen Anspruch eines ehemaligen Zwangsarbeiters gegen das ihn beschäftigende Unternehmen wegen eines Verstoßes gegen das Verbot der Zwangsarbeit unmittelbar aus dem Völkerrecht abgelehnt.[786] Zwar galt es für das Gericht als allgemein anerkannt, dass der Einsatz von Zwangsarbeitern eine Verletzung des Völkerrechts darstellt und Reparationen als Haftung nach sich zieht, doch sei dies nicht gleichbedeutend damit, dass ein Individuum von einem anderen Individuum, das die Verletzungshandlung begangen hat, den entstandenen Schaden ersetzt verlangen könnte. Die vereinzelt bestehenden Vorschriften in der Zeit bis zum Ende des Zweiten Weltkrieges, die Individuen ausnahmsweise das Recht einräumten, Reparationsforderungen in eigener Person geltend zu machen, waren nach der Auffassung des Gerichtes zur fraglichen Zeit nicht verallgemeinerungsfähig.[787] Eine Berechtigung von Individuen, in eigener Person Reparationsansprüche wegen Zwangsarbeit geltend zu machen, bestand daher in der Zeit von 1942 bis 1945 nicht. Spätere Entwicklungen müssten aber unberücksichtigt bleiben.[788] Schließlich hebt das Gericht noch ausdrücklich hervor, dass *„nirgends angenommen [wird], dass Individuen Reparationsforderungen ausgesetzt sein können“*.[789]

(ii) BVerfG, Beschl. v. 13.5.1996 – 2 BvL 33/93

Im Gegensatz zum LG Stuttgart wies das BVerfG im Rahmen des Beschlusses vom 13.5.1996 bereits darauf hin, dass in den Jahren 1943 bis 1945 im Völkerrecht *ausschließlich* das Prinzip der Staatenberechtigung galt.[790] Bei völkerrechtlichen

---

786 LG Stuttgart, IPRax 2001, S. 240 ff. Hintergrund des Verfahrens bildet die Klage eines ehemaligen polnischen Zwangsarbeiters, der gegen seinen Willen und unentgeltlich zu Arbeiten für die Beklagte in deren Werken in Stuttgart herangezogen wurde. Mit der Klage machte er die ausstehenden Entgeltansprüche für die geleisteten Arbeiten sowie ein Schmerzensgeld in näher bestimmter Höhe geltend.

787 Als Beispiel für die angesprochenen Ausnahmen verweist das Gericht auf Art. 297 lit. e) Versailler Vertrag sowie das deutsch-polnischen Oberschlesien-Abkommen von 1922, die die Folgen der während des Krieges von Deutschland durchgeführten Liquidation von im Inland gelegenen „Feindesvermögen“ regelte und auf Art. 26 Haager Landkriegsordnung, der Soldaten für durch Kriegsgefangenschaft bedingte Zwangsarbeit unter bestimmten Voraussetzungen einen Entschädigungsanspruch gewährt; LG Stuttgart, IPRax 2001, S. 240 (248).

788 LG Stuttgart, ebenda.

789 LG Stuttgart, ebenda.

790 Siehe BVerfG NJW 1996, S. 2717 (2719). Hintergrund des Verfahrens bildet der Vorlagebeschluss des LG Bonn, inwieweit § 1 AKG mit dem Grundgesetz vereinbar

Delikten durch Handlungen gegenüber fremden Staatsbürgern stand der Anspruch nicht den Betroffenen selbst zu, sondern nur dessen Heimatstaat. Dieser konnte den Anspruch schließlich im Wege des diplomatischen Schutzes als eigenes Recht geltend machen.[791] Mithin konnte der Einzelne grundsätzlich weder die Feststellung eines Völkerrechtsverstoßes noch einen Ausgleich für das erlittene Unrecht verlangen.[792] Auch hatte er weder nach Völkerrecht noch in der Regel nach dem innerstaatlichen Recht des einzelnen Staates einen subjektiven, durchsetzbaren Anspruch darauf, dass sein Heimatstaat den diplomatischen Schutz ausübt. Die Entscheidung zeigt, dass das Bestehen völkerrechtlicher Ansprüche gegenüber privaten Akteuren nicht in Betracht gezogen wird. Zwar deutet das Gericht die Entwicklung eines erweiterten Schutzes der Menschenrechte an, wonach das Völkerrecht dem Einzelnen ein eigenes Recht gewährt, seinen Anspruch selbst zu verfolgen, doch erfolgt keine genauere Spezifizierung dieser Ansprüche.[793]

(iii) Zusammenfassung und Bewertung

Die dargestellte Rechtsprechung in der Bundesrepublik Deutschland zeigt, dass ehemaligen Zwangsarbeitern aus der Zeit des Zweiten Weltkrieges keine unmittelbaren Ansprüche aufgrund einer Verletzung einer bestehenden völkerrechtlichen Pflicht zur Beachtung des Verbotes der Zwangsarbeit gegen die betreffenden Unternehmen eingeräumt wurden. Unabhängig von der jetzigen Rechtslage habe zum Zeitpunkt des schädigenden Ereignisses weder ein individueller völkerrechtlicher Anspruch des einzelnen Betroffenen unmittelbar gegen das Unternehmen noch gegenüber dem Staat bestanden. Es galt das Prinzip der Staatenberechtigung. Zur Fragestellung, inwieweit aktuell derartige Ansprüche gegen private wirtschaftliche Unternehmen entstehen können, hat kein deutsches Gericht bis heute Stellung nehmen müssen. In Bezug auf die Möglichkeit eigener zivilrechtlicher Ansprüche des einzelnen Betroffenen hat das BVerfG allerdings festgehalten, dass die Möglichkeit solcher Ansprüche neben den bestehenden völkerrechtlichen Ansprüchen der Heimatstaaten durchaus gegeben sei,

---

ist und eine allgemeine Regel des Völkerrechts besteht, nach der Ansprüche eines ehemaligen Zwangsarbeiters aus §§ 812, 823, 831 BGB nicht individuell durchsetzbar sind, sondern auf zwischenstaatlicher Ebene geltend zu machen sind.

791 BVerfG, ebenda.

792 BVerfG, ebenda.

793 BVerfG, ebenda.

da es dem jeweiligen Verletzerstaat grundsätzlich unbenommen sei, einzelnen Personen solche Ansprüche auf der Grundlage des Völkerrechts einzuräumen.[794]

Die gefestigte Rechtsprechung der deutschen Gerichte ist insoweit Ausdruck der Überzeugung, dass Ansprüche aus Zwangsarbeit während des Zweiten Weltkrieges als Reparationen auf völkerrechtlicher Ebene nicht zwischen Individuen untereinander geltend gemacht werden können. Ansprüche solcher Art werden nach gängiger Praxis demgemäß ausschließlich anhand der damals geltenden deutschen innerstaatlichen Rechtsvorschriften beurteilt.

Eine Übung, Ansprüche aufgrund von Verstößen gegen das Verbot der Zwangsarbeit unter Anknüpfung an völkerrechtliche Normen zu behandeln, lässt sich in der Rechtsprechung nicht erkennen.

(b) Rechtsprechung in Japan

Vergleichbar mit der Situation des Dritten Reiches gab es zur Zeit des Zweiten Weltkrieges im japanischen Kaiserreich eine große Anzahl an ausländischen Zwangsarbeitern, die in japanischen Minen und Fabriken arbeiten mussten, um den kriegsbedingt gestiegenen Bedarf der Streitkräfte auszugleichen.[795] In der Nachkriegszeit kam es infolgedessen ebenfalls zu verschiedenen Prozessen, in denen die ehemaligen Zwangsarbeiter Ersatz für das erlittene Unrecht von der japanischen Regierung sowie den betroffenen Unternehmen verlangten. In den wenigsten dieser Fälle wurde den einzelnen Betroffenen eine Entschädigung zugesprochen. Klagen gegen den Staat Japan aufgrund der Zwangsarbeit während des Zweiten Weltkrieges wegen Schadensersatzansprüchen wurden in der Regel aufgrund der doctrine of sovereign immunity zurückgewiesen.[796] Die Gerichte, die sich dieser Rechtsprechung des japanischen Supreme Court in neuerer

---

794 BVerfGE 94, 315; NJW 1996, S. 2717. *Christian Tomuschat*, Rechtsansprüche ehemaliger Zwangsarbeiter gegen die Bundesrepublik Deutschland?, IPRax 1999, S. 237 (239) geht indes davon aus, dass man von einer allgemeinen Vermutung sprechen könne, wonach der Schädigerstaat sein nationales Recht nicht zu Gunsten der durch Kriegshandlungen geschädigten Personen fremder Staatsangehörigkeit zur Verfügung stelle.

795 Ein kurzer Überblick über die Hintergründe der japanischen Zwangsarbeiterprogramme findet sich bei *Mark Levin*, Nishimatsu Construction Co. v. Song Jixiao et al; Kō Hanako et al. v. Japan, AJIL 2008, S. 148 (150); Umfassende Informationen zum Hintergrund finden sich bei *Petra Schmidt*, Japan's Wartime Compensation: Forced Labour, ASIA-PAC J. H. R. & L. 2000, S. 1 ff.

796 Siehe hierzu Katsumi Matsumoto, *"Kokka mutōseki no hōri" to minpōten ["State Immunity judicial doctrine" and Civil Code]*, 2003–6 (292) RITSUMEIKAN HŌGAKU 317, 320 (2003), *citing* 3 SHŪMIN 225 (S. Ct. Apr. 11, 1950). Zitiert nach Sayuri

Zeit widersetzten, wiesen die Klagen von Zwangsarbeitern dann allerdings meist wegen der Verjährung der Ansprüche ab.[797] Abschließend hat das oberste japanische Gericht mit dem Urteil vom 27.4.2007 zur Entschädigung ehemaliger Zwangsarbeiter Stellung bezogen.[798]

In dem der Entscheidung zugrundliegenden Fall wurde in der Ausgangsinstanz anerkannt, dass der Arbeitgeber bei der Beschäftigung der Zwangsarbeiter nicht ausreichend die Sicherheit seiner Arbeitnehmer gewährleistet habe, da sie aufgrund schlechter Ernährung und schlechter Kleidung an Hunger und einer Vielzahl an Krankheiten litten. Im Ergebnis wies das Gericht die Klage dann mit dem Verweis auf die Verjährung der Ansprüche zurück.[799] Die Entscheidung wurde jedoch in der nächsten Instanz durch den Hiroshima High Court aufgehoben und den Opfern eine Entschädigung zugesprochen. Das Gericht verwies in seiner Begründung darauf, dass die Zwangsarbeit eine schwere Verletzung der Menschenrechte ist und die Berufung auf die Verjährung der Entschädigungsansprüche einen Rechtsmissbrauch darstelle.[800] Das oberste japanische Gericht wiederum wies in letzter Instanz jegliche Ansprüche der Kläger zurück. Zwar erkannte es an, dass die Kläger furchtbare seelische wie körperliche Qualen erlitten haben. Es ordnet jedoch die hieraus entstehenden Ansprüche ohne eine grundsätzliche Auseinandersetzung den Reparationsforderungen zu.[801] Schließlich habe der Staat

---

Umeda, Japan: WWII POW & Forced Labor Compensation Cases; abrufbar unter http://loc.gov/law/help/japan-wwii-pow.pdf, S. 6 (letzer Abruf: 30.11.2012).

797 Siehe hierzu Fukuoka High Court, Reporter's Commentary, Nagano Chinese Forced Laborers Case, 1931 HANREI JIHŌ 109, 110 (Nagano)Dist. Ct., Mar. 10, 2006). Zitiert nach Sayuri Umeda, Japan: WWII POW & Forced Labor Compensation Cases; abrufbar unter http://loc.gov/law/help/japan-wwii-pow.pdf, S. 8 (letzter Abruf: 30.11.2012). Nach japanischem Recht tritt die Verjährung von deliktsrechtlichen Ansprüchen drei Jahre nach dem Zeitpunkt ein, in welchem das Opfer von der Verletzung und der Identität des Täters Kenntnis erlangt hat bzw. 20 Jahre nach dem Zeitpunkt der Begehung der Verletzungshandlung (Siehe Artikel 724 des japanischen Zivilgesetzbuches).

798 Nishimatsu Construction Co. v. Song Jixiao et al. 6 1 Minshu 1 1 88, 1 969 Hanrei Jiho 3 1; Abrufbar unter: http://www.courts.go.jp/english/judgments/text/2007.04.27-2004.-Ju-.No. 1658.html (letzter Abruf: 30.11.2012).

799 Eine Zusammenfassung der Entscheidung findet sich bei 1969 HANREI JIHO 45 (zitiert nach *Mark Levin*, (Fn. 795), S. 148 ff.).

800 Die einzelnen Entscheidungsgründe sind veröffentlicht bei 1865 HANREI JIHO 62 (zitiert nach *Mark Levin*, (Fn. 795), S. 148 ff.). Siehe auch http://www.china.org.cn/english/2004/Jul/100898.htm (letzter Abruf: 30.11.2012).

801 Nishimatsu Construction Co. v. Song Jixiao et al. 6 1 Minshu 1 1 88, 1 969 Hanrei Jiho 3 1; II. 5. Abrufbar unter: http://www.courts.go.jp/english/judgments/text/2007.04.27-2004.-Ju-.No. 1658.html (letzter Abruf: 30.11.2012).

die Zwangsarbeiter im Rahmen einer nationalen Politik in das Land gebracht und habe damit ein Verbrechen gegen die Menschlichkeit selbst begangen. Diese Ansprüche seien aufgrund von multilateralen und bilateralen Abkommen allerdings nicht mehr durchsetzbar. In seiner Begründung stützt sich das Gericht dabei auf den Friedensvertrag von San Francisco, den Friedenvertrag mit der Republik China sowie auf das China-Japan Joint Communiqué von 1972.

In Bezug auf den Friedensvertrag von San Francisco bestätigte das Gericht zunächst den gemäß Art. 14 lit. b) des Friedensvertrages zum Ausdruck gebrachten Verzicht auf weitergehende Ansprüche, die nicht im Friedensvertrag eine ausdrückliche Regelung gefunden haben. Dort heißt es, dass

> "*except otherwise provided in the present Treaty, the Allied Powers waive all reparations claims of the Allied Powers, other claims of the Allied Powers and their nationals arising out of any actions taken by Japan and its nationals in the course of the prosecution of the war, and claims of the Allied Powers for direct military costs of occupation.*"

Zudem verzichte Japan ebenso auf alle kriegsbedingten Ansprüche gegen die alliierten Kräfte und ihre Staatsbürger.[802] Für das Gericht stellt der Friedensvertrag daher einen allgemeinen Rahmen für Reparationen und Ansprüche aus dem Krieg dar. Ziel des Friedensvertrages sei es gewesen, den Krieg zu beenden, seine Folgen abschließend zu regeln und freundschaftliche Beziehungen zu begründen. Der Verzicht auf Ansprüche seitens des vertragsschließenden Staates würde das Recht des einzelnen Angehörigen dieses Staates untergehen lassen, Ansprüche gegenüber einer anderen souveränen Nation durchzusetzen. Nach der Ansicht des Gerichtes bildet der Friedensvertrag von San Francisco dabei den Rahmen für die darauffolgenden bilateralen Friedensverträge, unabhängig davon, ob die Parteien auch Vertragspartei des Friedensvertrages von San Francisco waren.[803]

Weiter ergab sich für das Gericht auch aus dem 1952 geschlossenen Friedensvertrag mit der Republik China (Taiwan) ein Verzicht auf bestehende Ansprüche. Art. 11 lautet, dass „*any problem arising between the Republic of China and Japan as a result of the existence of a state of war shall be settled in accordance with the relevant provisions of the San Francisco Treaty*".[804] Auch wenn der Vertrag im

802 Siehe Art. 19 lit. a) Friedensvertrag von San Francisco.

803 Nishimatsu Construction Co. v. Song Jixiao et al. 6 1 Minshu 1 1 88, 1 969 Hanrei Jiho 3 1; II. 2 (2). Abrufbar unter: http://www.courts.go.jp/english/judgments/text/2007.04.27-2004.-Ju-.No. 1658.html (letzter Abruf: 30.11.2012).

804 Zum Vertrag siehe: http://www.taiwandocuments.org/taipei01.htm (letzter Abruf: 30.11.2012).

gegebenen Fall nicht unmittelbar anwendbar war, benutzte ihn das Gericht dazu, aufzuzeigen, dass es möglich war, Ansprüche auszuschließen, auch wenn die Parteien nicht Vertragspartei des Friedensvertrages von San Francisco waren.[805]

Schließlich hebt das Gericht anhand des China-Japan Joint Communiqué von 1972 hervor, dass ein umfassender Verzicht der Ansprüche Chinas gegenüber Japan erfolgt ist. Dies ergebe sich aus Art. 5, wonach „*the Government of the People's Republic of China declares that in the interest of the friendship between the Chinese and the Japanese peoples, it renounces its demand for war reparation from Japan*".[806] Zwar hielt das Gericht auch hier fest, dass dieser Verzicht nicht eindeutig war, doch stellt es mit Rückgriff auf den Friedensvertrag von 1952 fest, dass dort auch individuelle Ansprüche erfasst wurden und Japan mit den Regelungen mit der Volksrepublik China keine uneinheitlichen Vereinbarungen bezwecken wollte und das Joint Communiqué unter funktionellen Gesichtspunkten ebenfalls einen Friedensvertrag darstelle.[807] Insoweit müsste der Vertrag so verstanden werden, dass „*both countries will mutually waive all claims arising in the course of prosecution of the war, including claims held by individuals*".[808] Individuelle Ansprüche wären demnach auch bereits durch das geschlossene bilaterale Übereinkommen ausgeschlossen.

Im Ergebnis sieht das Gericht keine Möglichkeit für die betroffenen ehemaligen Zwangsarbeiter, Ansprüche gerichtlich durchzusetzen. Eine Stellungnahme zu tatsächlich bestehenden wirtschaftlichen Verhaltenspflichten in Bezug auf das Verbot der Zwangsarbeit erfolgt nicht. Die Qualifizierung der Zwangsarbeit während des Weltkrieges als eine dem Staat zurechenbare Maßnahme führt vielmehr dazu, dass die Ansprüche als Gegenstand der bilateralen und multilateralen Reparationsabkommen betrachtet werden. Ihnen wird so ein zwischenstaatlicher Charakter zugesprochen. Das Urteil ist daher als Ausdruck eines staatenbezogenen Menschenrechtsverständnisses zu werten. Ein Rückschluss auf eine positive Übung mit Blick auf die Fragestellung der Untersuchung kann damit aus der japanischen Rechtsprechung nicht gezogen werden.

---

805 *Mark Levin*, (Fn. 701), S. 148 (151).

806 Für das gesamte Abkommen siehe http://www.mofa.go.jp/region/asia-paci/china/joint72.html (letzter Abruf: 30.11.2012).

807 Nishimatsu Construction Co. v. Song Jixiao et al. 6 1 Minshu 1 1 88, 1 969 Hanrei Jiho 3 1; II. 4 (2). Abrufbar unter: http://www.courts.go.jp/english/judgments/text/2007.04.27-2004.-Ju-.No. 1658.html (letzter Abruf: 30.11.2012).

808 Nishimatsu Construction Co. v. Song Jixiao et al. 6 1 Minshu 1 1 88, 1 969 Hanrei Jiho 3 1; II. 4 (2) (d). Abrufbar unter: http://www.courts.go.jp/english/judgments/text/2007.04.27-2004.-Ju-.No. 1658.html (letzter Abruf: 30.11.2012).

(2) Rechtsprechung im Rahmen des ATCA zum Verbot der Zwangsarbeit in Bezug auf den Zweiten Weltkrieges

In den neunziger Jahren des 20. Jahrhunderts haben sich die Bemühungen ehemaliger Zwangsarbeiter, Schadensersatz für das ihnen zuteil gewordene Unrecht zu erlangen, darauf konzentriert, ihre Ansprüche im Wege von Sammelklagen vor US-amerikanischen Gerichten durchzusetzen. Eine streitige gerichtliche Auseinandersetzung, ob die Verletzung des Verbots der Zwangsarbeit tatsächlich einen durchsetzbaren individuellen Anspruch der Betroffenen begründet, hat aber nur in einem äußerst begrenzten Rahmen stattgefunden. Die Klagewelle der Betroffenen gegen deutsche Unternehmen hat vielmehr zu zahlreichen außergerichtlichen Verhandlungen geführt, an deren Ende die Errichtung der Stiftung EVZ stand.[809] Im Ergebnis wurde der überwiegende Teil der Klagen dann nach dem Inkrafttreten des Stiftungsgesetzes auf Antrag der Beteiligten rechtskräftig abgewiesen.[810] Eine Auseinandersetzung mit der Fragestellung, inwieweit die Verletzung des Verbots der Zwangsarbeit einen durchsetzbaren individuellen Anspruch nach den Grundsätzen des ATCA begründet, hat im Rahmen dieser Verfahren insoweit nur in Grundzügen stattgefunden.[811] Teilweise kam es jedoch zu Entscheidungen durch die angerufenen Gerichte.

(a) Iwanowa v. Ford Motor Company and Ford Werke AG

Im Fall *Iwanowa v. Ford Motor Company and Ford Werke AG* machte die Klägerin, eine belgische Staatsbürgerin russischer Herkunft, schadensersatz- und bereicherungsrechtliche Ansprüche wegen der Tätigkeit als Zwangsarbeiterin im deutschen Tochterbetrieb der Beklagten in der Zeit von 1941–1945 geltend.

In der Entscheidung vom 13.09.1999 hat der Federal District Court New Jersey bekräftigt, dass die unbezahlte Zwangsarbeit während des Zweiten Weltkrieges

---

809 S.o.

810 Siehe *Nazi Era Cases against Germen defendants Litigation*, 198 F.R.D. 429; 200 U.S. Dist. Lexis 18148. Eine Liste der Verfahren findet sich als Anhang der Entscheidung.

811 Die Entscheidung zur Abweisung der Verfahren setzt sich lediglich damit auseinander, ob eine rechtskräftige Abweisung ohne eingehende Sachprüfung des Gerichtes erfolgen kann. Der Grund hierfür liegt in der besonderen Stellung der Sammelklagen. Hier darf der Abweisungsantrag des einzelnen Klägers nicht dazu führen, dass die Rechte einzelner ungenannter Kläger missachtet würden. Siehe hierzu in Einzelheiten Nazi *Era Cases against Germen defendants Litigation*, 198 F.R.D. 429, 438; 200 U.S. Dist. Lexis 18148, 32.

eine Verletzung völkergewohnheitsrechtlicher Normen darstelle.[812] Dabei subsumiert das Gericht offensichtlich die Zwangsarbeit unter das Verbot der Sklaverei, wenn es ausdrücklich hervorhebt, dass die Klägerin buchstäblich von der Beklagten erworben wurde, um für sie unentgeltlich zu arbeiten. Sie falle insoweit mit unter das Verbot der Sklaverei, welches mit Blick auf die Urteile in den Nürnberger Prozessen und weiteren bestehenden Präzedenzfällen als ein gewohnheitsrechtliches Verbot anerkannt ist.[813] Weiter stellte es fest, dass das internationale Gewohnheitsrecht auch auf private Akteure eine Anwendung finden kann.[814] Trotz dieser Feststellung wies das Gericht die Klage ab. Es vertrat die Auffassung, dass individuelle Entschädigungsansprüche unter Berücksichtigung des Londoner Schuldenabkommens von 1953 ausschließlich auf der zwischenstaatlichen Ebene und nicht auf zivilprozessualem Wege zu verfolgen seien.[815]

Schließlich war die Klage nach Ansicht des Gerichtes auch nach den Grundsätzen der *„political question“*-Doktrin nicht justiziabel.[816] Die Entscheidung über Reparationsfragen gehöre ausschließlich zu den Aufgaben der politischen

---

812 *Iwanowa v. Ford Motor Company*, 67 F. Supp. 2d 424, 440; 1999 U.S. Dist. LEXIS 20172, 30.

813 *Iwanowa v. Ford Motor Company,* 67 F. Supp. 2d 424, 440; 1999 U.S. Dist. LEXIS 20172, 30.

814 *Iwanowa v. Ford Motor Company,* 67 F. Supp. 2d 424, 443 ff.; 1999 U.S. Dist. LEXCIS 20172, 42 ff. Eine Entscheidung dieser Frage war im Verfahren allerdings nicht vonnöten, da die Beklagte durch die enge Zusammenarbeit mit der Regierung jedenfalls als ein de facto Staatsakteur anzusehen sei; ebenda 445; 50.

815 Zur Begründung berief sich das Gericht auf Art. 5 Abs. 3 Londoner Schuldenabkommen. Dieser regelte wie Art. 5 Abs. 2 Londoner Schuldenabkommen eine Aufschub für die Geltendmachung von Ansprüchen neutraler Staaten und deren Angehörigen, bis diese gemeinsam mit einer endgültigen Regelung der Reparationsfrage der Alliierten geregelt werden. Eine individuelle gerichtliche Verfolgung durch Angehörige der Alliierten in verschiedenen Staaten würde aber eine gemeinsame Regelung der Ansprüche im Sinne der genannten Vorschriften unmöglich machen, so dass eine private Klageführung ausgeschlossen sei. *Iwanowa v. Ford Motor Company*, 67 F. Supp. 2d 424, 446 ff.; 1999 U.S. Dist. LEXIS 20172, 52 ff. Für einen Überblick siehe *August Reinisch*, NS-Verbrechen und „political questions“: Können deutsche Unternehmen von ehemaligen Zwangsarbeitern vor US-Gerichten verklagt werden? Anmerkungen zu Burger –Fischer et al. v. Degussa und Iwanowa v. Ford Motor Company and Ford Werke A.G.; IPRax 2000, S. 32 (34).

816 Grundlegend zur *„political question“*-Doktrin siehe *Baker v. Carr,* 369 U.S. 186, 82 S. Ct. 691, 7 L. Ed. 2d 663, 1962 U.S. LEXIS 1567. Weiterführend: *Klaus J. Engelen*, Die „political question doctrine“ und ihre Anwendung durch amerikanische Gerichte auf außenpolitische Sachverhalte seit dem Vietnamkonflikt, 1984.

Staatsorgane, deren Ermessensspielraum durch gerichtliche Entscheidungen über daraus entstehende Ansprüche in unzulässiger Weise einschränkt werden würde.[817]

(b) Burger-Fischer v. Degussa

Im Verfahren Burger v. Degussa wurden auch schadensersatz- und bereicherungsrechtliche Ansprüche wegen des Verhaltens der Beklagten während der Zeit des Dritten Reiches geltend gemacht. Im Mittelpunkt stand der Vorwurf der Ausbeutung von Zwangsarbeitern.

Eine nähere Auseinandersetzung mit der Fragestellung, inwieweit es sich bei dem Verbot der Zwangsarbeit um eine in der zivilisierten Welt allgemein anerkannten Norm im Sinne des ATCA handelt, findet sich in der Entscheidung, die ebenfalls am 13.09.1999 ergangen ist, nicht. Stattdessen wird ohne nähere Begründung festgehalten, dass die Behandlung von NS-Zwangsarbeitern während des Dritten Reiches durch die Beklagte gegen bestehende völkergewohnheitsrechtliche Grundsätze verstieße.[818] Augenscheinlich wird dabei weniger auf die Tatsache der Zwangsarbeit als solche, als vielmehr auf die Art der Behandlung der Arbeiter abgestellt, so dass mehr das Verbot der Folter im Vordergrund steht.[819] Als Beleg für die Verletzung von Völkergewohnheitsrecht zieht das Gericht die Entscheidung im Verfahren *Filartiga v. Pena-Irala* heran. Danach ist der Folterer, wie der Pirat und Sklavenhändler ein Feind der gesamten Menschheit.[820]

Letztlich sind die geltend gemachten Forderungen nach Ansicht des Gerichts keine gewöhnlichen privatrechtlichen Ansprüche. Sie seien vielmehr Bestandteil der Reparationsforderungen gegenüber der Bundesrepublik Deutschland, über die der Heimatstaat der Betroffenen im Regelfall in den abschließenden Friedensverträgen frei verfügen kann.[821] Nach Ansicht des Gerichtes ist eine solche

---

817 *Iwanowa v. Ford Motor Company*, 67 F. Supp. 2d 424, 489; 1999 U.S. Dist. LEXIS 20172, 195.

818 *Burger-Fischer v. Degussa*, 65 F. Supp. 2d 248, 273; 1999 U.S. Dist. LEXIS 13864, 78.

819 So *August Reinisch*, (Fn. 815), S. 32 (36).

820 *Burger-Fischer v. Degussa*, 65 F. Supp. 2d 248, 273; 1999 U.S. Dist. LEXIS 13864, 78. Zudem siehe *Filartiga v. Pena-Irala*, 630 F. 2d 876, 890; 1980 U.S. App. LEXIS 16111, 40 ff.

821 Das Gericht begründet die Zuordnung der auf der Zwangsarbeit beruhenden Ansprüche zu den von den Saaten auszuhandelnden Reparationen damit, dass es sich bei dem Zwangsarbeiterprogramm seiner Natur nach um primär kriegsbedingte Bemühungen gehandelt habe. *Burger-Fischer v. Degussa*, 65 F. Supp. 2d 248, 276; 1999 U.S. Dist. LEXIS 13864, 90.

Regelung mit dem Überleitungsvertrag von 1952 gegeben, so dass Forderungen wegen aufgrund von Zwangsarbeit erlittenen Unrechts nur auf der Grundlage der deutschen Gesetzgebung oder der bilateralen Friedensverträge geltend gemacht werden könnten.[822] Die durch die Kläger geltend gemachten Forderungen seien daher nicht nach den Grundsätzen des ATCA justiziabel. Zudem verneint das Gericht auch die sachliche Zuständigkeit für die Streitigkeit. Es beruft sich dabei ebenso wie das Gericht im Verfahren *Iwanowa v. Ford Motor Company* auf die „*political question*"-Doktrin, wonach hochpolitische Fragestellungen nach dem US-amerikanischen Verfassungsverständnis des Gewaltenteilungsprinzips nicht justiziabel sind, um einen Eingriff der rechtsprechenden Gewalt in die Kompetenzen der vollziehenden Gewalt zu verhindern.[823]

(c) Frumkin et al. v. JA Jones, Inc.

In dem Verfahren *Frumkin et al. v. JA Jones, Inc.*[824] bildet der Schwerpunkt der Entscheidung nicht die Frage, ob die Verletzung des Verbots der Zwangsarbeit einen individuellen Anspruch begründet. Die Tatsache, dass ein Verstoß gegen das Verbot der Zwangsarbeit Ansprüche begründet, wird vielmehr ohne nähere Begründung unterstellt.[825] Im Mittelpunkt der Erörterung des Gerichtes steht vielmehr die Frage, ob die Geltendmachung dieser Ansprüche auf dem zivilrechtlichen Weg mit dem Grundsatz der „*political question*" – Doktrin vereinbar ist. Die Besonderheit der Entscheidung gegenüber den vorgenannten Verfahren liegt dabei in der Tatsache, dass sie nach Errichtung der Stiftung EVZ ergangen ist.

In Übereinstimmung mit dem Verfahren *Burger-Fisher v. Degussa* hebt das Gericht hervor, dass es sich bei den Ansprüchen nicht um individuelle Ansprüche im klassischen Sinne handelt. Die enge Verbindung der Zwangsarbeit mit dem nationalsozialistischen Staat sowie den Kriegsanstrengungen lässt die aus der Zwangsarbeit herrührenden Ansprüche zu einem Teil der

---

822 *Burger-Fischer v. Degussa*, 65 F. Supp. 2d 248, 278; 1999 U.S. Dist. LEXIS 13864, 97. Für einen Überblick über die Argumentation des Gerichtes hinsichtlich des Bestehens einer abschließenden Regelung der Reparationsfrage siehe *August Reinisch*, (Fn. 815), S. 32 (33).

823 In den Augen des Gerichtes wäre ein richterlicher Versuch, in die komplexe Materie der Entschädigungsproblematik einzugreifen, eine Missachtung gegenüber den diplomatischen Bemühungen der Regierung; *Burger-Fischer v. Degussa*, 65 F. Supp. 2d 248, 285; 1999 U.S. Dist. LEXIS 13864, 117.

824 *Frumkin et al. v. JA Jones, Inc.*, 129 F. Supp. 2d. 370; 2001 U.S. Dist. Lexis 2018.

825 *Frumkin et al. v. JA Jones, Inc.*, 129 F. Supp. 2d. 370, 377; 2001 U.S. Dist. Lexis 2018, 21.

Reparationsforderungen gegenüber Deutschland werden. Reparationsansprüche würden aber grundsätzlich auf zwischenstaatlicher Ebene behandelt.[826] Der einzelne Staat habe dort das Recht, über die Ansprüche der Betroffenen zu verfügen.

Im Gegensatz zur Entscheidung *Burger-Fisher v. Degussa* hält das Gericht dann allerdings fest, dass eine Regelung über die Ansprüche aus Zwangsarbeit bis zur Errichtung der Stiftung EVZ von keinem der einschlägigen Abkommen aufgegriffen wurde.[827] Die Einwände des Klägers, bei der Stiftung würde es sich nicht um ein internationales Übereinkommen handeln, so dass eine Abweisung auf der Grundlage der *„political question"* – Doktrin nicht in Betracht käme, weist das Gericht zurück.[828] Es führt aus, der Kläger verkenne die Tatsache, dass es für eine Abweisung nicht darauf ankäme, dass die Abgeltung der Ansprüche Teil eines internationalen Übereinkommens geworden ist, sondern die Regierung ihr außenpolitisches Interesse zum Ausdruck gebracht hat, dass eine Verfolgung der bestehenden Ansprüche im Rahmen des Stiftungsgesetzes erfolge. Dies habe die Regierung sowohl durch das Regierungsübereinkommen als auch durch ein *„Statement of Interest"* zum Ausdruck gebracht.[829] Eine gerichtliche Entscheidung über die erhobenen Ansprüche würde insoweit eine inakzeptable Einmischung in die außenpolitischen Festlegungen der Regierung darstellen.[830]

(d) World War II Era Japanese Forced Labor Litigation, 164 F.Supp. 2d 1160

Nach dem Vorbild der Klagen gegen deutsche Unternehmen haben auch ehemalige Zwangsarbeiter japanischer Unternehmen vor US-amerikanischen Gerichten Klagen gegen betroffene Unternehmen erhoben. Im Gegensatz zu den genannten Klagen gegen die deutschen Unternehmen beruhten diese Klagen in der Regel jedoch in erster Linie auf den kalifornischen Holocaust-Gesetzen, die es Betroffenen ermöglichte, Ersatz für das erlittene Unrecht vor kalifornischen Gerichten einzuklagen.[831]

---

826 *Frumkin et al. v. JA Jones, Inc.*, 129 F. Supp. 2d. 370, 376; 2001 U.S. Dist. Lexis 2018, 15.

827 *Frumkin et al. v. JA Jones, Inc.*, 129 F. Supp. 2d. 370, 377; 2001 U.S. Dist. Lexis 2018, 21.

828 *Frumkin et al. v. JA Jones, Inc.*, 129 F. Supp. 2d. 370, 378; 2001 U.S. Dist. Lexis 2018, 24.

829 *Frumkin et al. v. JA Jones, Inc.*, 129 F. Supp. 2d. 370, 382; 2001 U.S. Dist. Lexis 2018, 36.

830 *Frumkin et al. v. JA Jones, Inc.*, 129 F. Supp. 2d. 370, 383; 2001 U.S. Dist. Lexis 2018, 40.

831 Ausführlich hierzu siehe oben. Siehe auch die Entscheidung vom 21.9.2000 im Verfahren *In re: World War II Era Japanese Forced Labor Litigation*, 114 F. Supp. 2d 939; 2000 U.S. Dist. LEXIS 13984. Dort hat das Gericht die Klagen auf Schadensersatz von alliierten Kriegsveteranen aufgrund von geleisteter Zwangsarbeit für japanische Unternehmen mit Hinweis auf den Friedensvertrag von San Francisco (8. August 1951) abgewiesen. Dort wurde in Art. 14 lit. b) des Vertrages vereinbart, dass weitere

Einen Anspruch auf der Grundlage der Holocaust-Gesetze wurde abgelehnt. Das Gesetz sei verfassungswidrig, da es in unzulässiger Weise in die außenpolitischen Kompetenzen der Regierung eingreife.[832]

In der Folge setzt sich das Gericht aber auch mit einer Verantwortlichkeit unter den Voraussetzungen des ATCA auseinander. Unter Bezugnahme auf die Entscheidung im Verfahren *Iwanowa v. Ford Motor Company* und auf die Nürnberger Kriegsverbrecherprozesse hält das Gericht fest, dass die unbezahlte Zwangsarbeit während des Zweiten Weltkrieges und die Ausnutzung dieser durch die Beklagten eine eindeutige Verletzung des Völkerrechts darstellt.[833] Das Verbot der Zwangsarbeit sei auch „*specific, universal and obligatory*", so dass eine Anwendbarkeit des ATCA grundsätzlich gegeben wäre. Einem durchsetzbaren Anspruch der Kläger stand nach Ansicht des Gerichtes jedoch die Verjährung der bestehenden Ansprüche entgegen.[834]

(e) Zusammenfassung

Die genannten Entscheidungen zeigen die Tendenz, dass das Verbot der Zwangsarbeit zumindest als Bestandteil des gewohnheitsrechtlich allgemein anerkannten Verbots der Sklaverei eine Anwendbarkeit des ATCA eröffnet und damit eine unmittelbare Verantwortung auch privater Akteure bei entsprechenden Verstößen dem Grunde nach gegeben ist. Die deutliche Bezugnahme auf die „*political questions*"- Doktrin deutet jedoch eindeutig auf ein Verständnis hin, dass die in den konkreten Fällen geltend gemachten Ansprüche von einem zwischenstaatlichen Charakter geprägt sind. Der Anerkennung einer bestehenden individuellen

---

Ansprüche der alliierten Kräfte und ihrer Staatsbürger, die nicht von dem Vertrag erfasst werden, ausgeschlossen sind, soweit sie auf Handlungen Japans oder seiner Staatsbürger im Verlauf des Krieges beruhen. Andere Ansprüche sind damit ausgeschlossen.

832 *World War II Era Japanese Forced Labor Litigation, 164 F.Supp*. 2d 1160, 1165; 2001 U.S. Dist. Lexis 14640, 11. Dies galt nach der Auffassung des Gerichtes unabhängig davon, dass der Friedensvertrag von San Francisco die fraglichen Ansprüche der chinesischen und koreanischen Zwangsarbeiter nicht von vornherein ausgeschlossen hat, da weder China noch Korea Vertragspartei war. Siehe ferner hierzu die diplomatische Note der japanischen Regierung, in der die Bemühungen, weiteren Schadensersatz vor US-amerikanischen Gerichten zu erstreiten, als „inconsistent with both the letter and the spirit of the Peace Treaty" bezeichnet wird (AJIL 2001, S. 141).

833 *World War II Era Japanese Forced Labor Litigation,* 164 F. Supp. 2d 1160, 1179; 2001 U.S. Dist. Lexis 14640, 58.

834 *World War II Era Japanese Forced Labor Litigation*, 164 F. Supp. 2d 1160, 1180 ff.; 2001 U.S. Dist. Lexis 14640, 59 ff.

Verantwortlichkeit für den Einsatz von Zwangsarbeit als einem Verstoß gegen das Verbot der Sklaverei tritt hier die Auffassung entgegen, dass die staatliche Dominanz bei der Durchführung der kriegsbedingten Zwangsarbeiterprogramme während des Zweiten Weltkrieges überwiegt. Bei den Ansprüchen aus der Zwangsarbeit während des Zweiten Weltkrieges handele es nicht um gewöhnliche privatrechtliche Forderungen, sondern um Reparationsforderungen.[835] Die Dispositionsbefugnis über die bestehenden Ansprüche wird dabei den Heimatstaaten der Betroffenen zugeordnet.[836]

Es lässt sich insoweit festhalten, dass zumindest in Fällen, in denen die Zwangsarbeit auf einem kriegsbedingten staatlichen Zwangsarbeiterprogramm beruht, keine uneingeschränkte, unmittelbare individuelle Verantwortlichkeit als gegeben angesehen wird, auch wenn eine unmittelbare Bindung wohl grundsätzlich unter den Voraussetzungen des ATCA in Betracht kommt. Einen eindeutigen Beitrag zur Klärung der Fragestellung nach einer bestehenden Praxis hinsichtlich einer unmittelbaren Verantwortlichkeit privater Akteure bei der Verletzung des Verbots der Zwangsarbeit lässt sich daher den dargestellten Entscheidungen nicht entnehmen.

(3) Bewertung

Die analysierten Entscheidungen aus Deutschland, den Vereinigten Staaten und Japan haben gezeigt, dass die Verstöße gegen das Verbot der Zwangsarbeit während des Zweiten Weltkrieges allgemein als Teil der Reparationsforderungen gegenüber dem deutschen Staat aufgefasst werden. Die deutsche und japanische Rechtsprechung unterscheidet sich jedoch von der amerikanischen Rechtsprechung in dem Punkt, dass die deutsche und japanische Rechtsprechung bereits das Bestehen individueller Ansprüche zur Zeit des schädigenden Ereignisses grundsätzlich ablehnt. Die amerikanischen Gerichte scheinen dagegen dazu zu neigen, dass die Verletzung des Verbots der Zwangsarbeit unter Beachtung der Grundsätze des ATCA grundsätzlich einen Anspruch zu begründen vermag. Die Auffassung der US-amerikanischen Gerichte beruht auf der Tatsache, dass das *common law* auch einen eng umgrenzten Kreis allgemein anerkannter völkergewohnheitsrechtlicher Normen erfasst, die damit Teil des nationalen Rechts

---

835 Vgl. *Burger-Fischer v. Degussa*, 65 F. Supp. 2d 248, 276; 1999 U.S. Dist. LEXIS 13864, 90.

836 Das Gericht setzt sich in dem Verfahren *Burger-Fischer v. Degussa* hingegen gar nicht eindeutig mit der Frage auseinander, ob die Anschuldigungen auch einen Anspruch nach den Grundsätzen des ATCA wegen der Verletzung einer allgemein anerkannten völkergewohnheitsrechtlichen Norm begründen. Siehe hierzu *August Reinisch*, (Fn. 815), S. 32 (36).

sind.[837] Einzig die Tatsache der besonderen Verbindung der auslösenden Handlungen zu den staatlichen Kriegsanstrengungen beraubt den Anspruch seiner zivilrechtlichen Natur.

Ein Beitrag zur Entstehung einer völkergewohnheitsrechtlichen Norm zur Beachtung des Verbots der Zwangsarbeit durch Unternehmen lässt sich somit nur in der Hinsicht entnehmen, dass eine Verpflichtung – wenn überhaupt – nur in den Fällen möglich erscheint, in denen die Zwangsarbeit nicht im Rahmen eines staatlich dominierten kriegsbedingten Zwangsarbeiterprogramms erfolgte. Ist dies aber der Fall, wird die Verantwortung ausschließlich beim Staat gesehen und eine unmittelbare private völkerrechtliche Verantwortlichkeit der Unternehmen abgelehnt.

c) Beitrag des Völkerstrafrechts

Die Anerkennung der Versklavung von Menschen als Verbrechen gegen die Menschlichkeit begründet die Frage, welche Lehren und Schlüsse zur Beantwortung der Frage nach dem Bestehen einer völkergewohnheitsrechtlichen Verpflichtung aus dem Völkerstrafrecht gezogen werden können.[838] Das Völkerstrafrecht schützt das Individuum ebenso wie der internationale Menschenrechtsschutz. Der Unterschied zwischen beiden besteht nur darin, dass das Völkerstrafrecht

---

837 Der Gedanke der Einbeziehung der allgemein anerkannten Regeln des Völkerrechts in den nationalen Rechtskreis ist dabei keine US-amerikanische Besonderheit. Nach Art. 25 GG sind die allgemeinen Regeln des Völkerrechts auch Bestandteil des Bundesrechts. Sie gehen danach den nationalen Gesetzen vor und erzeugen Rechte und Pflichten unmittelbar für die Bewohner des Bundesgebietes. Eine entsprechende Regel fand sich bereits in der Weimarer Verfassung (Art. 4 WeimVerf; Die allgemein anerkannten Regeln des Völkerrechts gelten als bindender Bestandteil des deutschen Reichsrechts.). Ein unmittelbarer Anspruch gegenüber den betroffenen Unternehmen folgt jedoch auch unter Beachtung dieser Norm nicht. Nach h.M. bezog sich die Aufnahme der „allgemein anerkannten Regeln des Völkerrechts“ in das damalige deutsche Reichsrecht nur auf diejenigen Normen, die das Reich für sich anerkannt hat (*Herdegen,* in: Maunz/Dürig, GG, Art. 25 GG, Rn. 2) Eine Anerkennung des Verbotes der Zwangsarbeit seitens des Deutschen Reiches war zum damaligen Zeitpunkt jedoch nicht gegeben. Das IAO-Übereinkommen Nr. 29, welches zum ersten Mal eine echte Pflicht zur Beseitigung der Zwangsarbeit enthielt, hatte das Deutsche Reich nicht ratifiziert. Erst 1957 trat die Bundesrepublik Deutschland dem Übereinkommen bei (Siehe Bekanntmachung v. 16.11.1957, BGBl. II 1694).

838 Siehe hierzu auch *Human Rights Council*, Report of the Special Representative of the Secretary-General on the issue of human rights and transnational corporations and other business enterprises, John Ruggie (19.02.2007), A/HRC/4/35, Nr. 19 et.seq.

nur bestimmte Begehungsformen von Verletzungen der Rechte des Einzelnen sanktioniert und das auch nur dann, wenn die Eingriffsintensität eine bestimmte Schwelle erreicht hat.[839] Die Gemeinsamkeit liegt darin, dass beide die Einhaltung von Menschenrechten gewährleisten sollen. Das Völkerstrafrecht ist damit eine Ergänzung des Menschenrechtsschutzes.[840]

(1) Individuelle völkerstrafrechtliche Verantwortung

Eine Verantwortlichkeit privater Personen im Völkerstrafrecht, u.a. wegen Völkermords und anderer Kriegsverbrechen, ist seit langer Zeit grundsätzlich anerkannt.[841] In diesem Rahmen wurde auch die persönliche Verantwortung privater Personen wegen Versklavung anderer Menschen als Verbrechen gegen die Menschlichkeit anerkannt.[842] Damit besteht eine Norm des internationalen Rechts, die die schlimmste Form der Zwangsarbeit auch im Verhältnis unter Privaten verbietet.

Eine Bestätigung hat diese allgemein anerkannte Tatsache durch die Verabschiedung des Römischen Statuts des Internationalen Strafgerichtshofs (Rom-Statut) am 17.7.1998 erfahren.[843] Mit Art. 5 i.V.m. Art. 7 Rom-Statut wurde durch internationales Vertragsrecht eine strafrechtliche Verantwortung für die Versklavung der Zivilbevölkerung als Verbrechen gegen die Menschlichkeit geschaffen.[844] Diese strafrechtliche Verantwortung besteht jedoch nur in einer Verantwortung für Individuen und begründet keine für juristische Personen. Eine derartige Verantwortung wurde zwar im Rahmen der Beratung von mehreren Beteiligten gefordert, doch im Ergebnis nicht mit aufgenommen.[845] Aus dem

---

839 Allgemein zur Abgrenzung und gegenseitigen Ergänzung des Völkerstrafrechts und des internationalen Menschenrechtsschutz siehe *Claus Richter*, Aspekte der universellen Geltung der Menschenrechte und der Herausbildung von Gewohnheitsrecht, Herbert Utz Verlag, München, 2007, S. 428 ff.

840 *Walter Kälin/Jörg Künzli*, (Fn. 14), S. 41 f.

841 *Human Rights Council*, Report of the Special Representative of the Secretary-General on the issue of human rights and transnational corporations and other business enterprises, John Ruggie (19.02.2007), A/HRC/4/35, Nr. 19. Umfassend zur Entwicklung des Völkerstrafrechtes siehe *Gerhard Werle*, (Fn. 607), Rn. 1 ff.

842 *Gerhard Werle*, (Fn. 607), Rn. 1058 ff.

843 Rom-Statut des internationalen Strafgerichtshofs UN Doc. A/CONF.183/9.

844 Siehe Art. 5 und Art. 7 Rom-Statut.

845 Art. 25 Rom-Statut. Zur Diskussion um die Einführung einer strafrechtlichen Verantwortung auch für juristische Personen siehe *Andrew Clapham*, The Question of Jurisdiction Under International Criminal Law Over Legal Persons: Lessons from the Rome Conferecne on an International Criminal Court, in: Menno T. Kamminga/

Rom-Statut können insoweit keine unmittelbaren Schlüsse für das Vorliegen einer etwaigen Übung hinsichtlich der Verantwortlichkeit wirtschaftlicher Akteure bei der Verletzung des Verbots der Zwangsarbeit gezogen werden. Allerdings muss dies nicht bedeuten, dass eine solche Pflicht nicht im Rahmen einer völkergewohnheitsrechtlichen Verpflichtung als anerkannt gilt. Schließlich bindet ein völkerrechtlicher Vertrag grundsätzlich nur die beteiligten Staaten und bringt auch nur die Rechtsauffassung zum Ausdruck, die in dem Vertrag angesprochen wurde. Eine weitergehende Übung kann daher durchaus auch weitergehende Pflichten begründen.

(2) Weiterführende Aspekte aus den Urteilen der Kriegsverbrecherprozesse des Zweiten Weltkrieges

In der wissenschaftlichen Literatur zum Völkerstrafrecht finden sich Stimmen, die eine strafrechtliche Verantwortung juristischer Personen als gewohnheitsrechtlich anerkannt ansehen. Diese Stimmen wollen dabei insbesondere in den Urteilen gegen deutsche Industrielle im Rahmen der Kriegsverbrecherprozesse das Bestehen einer entsprechenden Rechtsauffassung erkennen, die über die des Rom-Statuts hinausgeht.[846]

(a) IG Farben

Die IG Farben war zur Zeit des Dritten Reiches das größte Chemieunternehmen der Welt mit Sitz in Frankfurt a.M. Aufgrund der Tatsache, dass die meisten ihrer Produkte von rüstungswirtschaftlicher Bedeutung waren, kam es zu einer ausgeprägten Verflechtung mit dem Unrechtsregime des Dritten Reiches. Im Rahmen der Nürnberger Kriegsverbrecherprozesse wurden insgesamt 23 leitende Angestellte der IG Farben wegen Kriegsverbrechen angeklagt. Fünf von ihnen wurden wegen der Verletzung des Verbots der Sklaverei zu mehrjährigen Haftstrafen verurteilt.[847] Die Verurteilung der angeklagten leitenden Angestellten wurde dabei im Wesentlichen mit der Rolle des gesamten Unternehmens bei der Begehung der Taten begründet. So führt das Gericht etwa in Bezug auf die Verantwortlichkeit der Angeklagten aus, dass diese „*individually and collectively*

Saman Zia-Zarifi, Liability of Multinational Corporations under International Law, The Hague, Kluwer Law International, 2000, S. 139 (143 ff.).

846 Siehe beispielhaft *Anita Ramasastry,* Corporate Complicity: From Nuremberg to Rangoon – An Examination of Forced Labor Cases and Their Impact on the Liability of Multinational Corporations, BJIL 20 (2001), S. 91 ff.

847 *U.S. v. Krauch, et al; The I.G. Farben Case*, VIII Trials of War Criminals Before The Nuremberg Military Tribunals, S. 1081 (1205 ff.).

used the Farben organization as an instrument by and through which they committed the crimes enumerated in the indictment."[848] Deutlich wird dieses Vorgehen, wenn das Gericht in Bezug auf die Verletzung fremden Eigentums festhält,

> *"where private individuals or a juristic person becomes a party to unlawful confiscation of public or private property by planning and executing a well-defined design to acquire such property permanently, acquisition under such circumstances subsequent to the confiscation constitutes conduct in violation of Hague Regulations".*[849]

Für das Gericht scheint es dabei ohne Zweifel festzustehen, dass IG Farben die Haager Abkommen gebrochen hat, wenn es zum Ausdruck bringt, dass das Besitzergreifen von fremden Eigentum „*on the part of Farben constitutes a violation of rights of private property, protected by the Laws and Customs of War.*"[850] Teilweise ist in dem Urteil sogar ausdrücklich von einer Rechtsverletzung der IG Farben die Rede.

> *"With reference to the charges in the present indictment concerning Farben's activities in Poland, Norway, Alsace-Lorraine, and France, we find that the proof establishes beyond a reasonable doubt that offenses against property as defined in Control Council Law No. 10 were committed by Farben, (…)."*[851]

In Bezug auf die Zwangsarbeit führt das Gericht allerdings aus, dass die IG Farben das Konzentrationslager Auschwitz III (Monowitz) zwar finanzierte und besaß, doch hob es in Bezug auf den Einsatz von Zwangsarbeit die individuelle Verantwortlichkeit einzelner leitender Angestellter hervor:

> *"The defendants most closely connected with Auschwitz construction project bear great responsibility with respect to the workers. They applied to the Reich Office for Labor … Responsibility for taking the initiative in the unlawful employment was theirs, and, to some extent at least, they must share the responsibility for mistreatment of the workers with the SS and the construction contractors".*[852]

Die Besonderheit des IG Farben Falles liegt in der Tatsache, dass das Gericht trotz einer fehlenden Zuständigkeit für die Verurteilung von juristischen

---

848 *U.S. v. Krauch, et al; The I.G. Farben Case*, VIII Trials of War Criminals Before The Nuremberg Military Tribunals, S. 1108.

849 Ebenda, S. 1132 f.

850 Ebenda, S. 1140.

851 Ebenda, S. 1141.

852 *U.S. v. Krauch, et al; The I.G. Farben Case*, VIII Trials of War Criminals Before The Nuremberg Military Tribunals, S. 1185 ff.

Personen unter Maßgabe des Control Council Law No. 10 eine Wertung der Vorgehensweisen des Unternehmens vornimmt. So werden im Regelfall zunächst die dem Unternehmen zurechenbaren Handlungen untersucht, um schließlich erst in einem zweiten Schritt die persönlich schuldigen leitenden Angestellten, stellvertretend für das Unternehmen, zur Verantwortung zu ziehen.[853]

(b) Krupp

Im Fall des Krupp-Konzerns kam es nach Kriegsende zu einer Anklage von 12 leitenden Angestellten wegen Sklaverei und Plünderung von Wirtschaftsgütern in den besetzten Gebieten. Ähnlich wie in der Entscheidung im Fall IG Farben wurden hier ebenfalls nur Individuen verurteilt, aber ebenfalls nicht ohne die besondere Rolle des Konzerns als solchen hervorzuheben. So spricht das Gericht davon, dass der Krupp-Konzern extensiv am Zwangsarbeiterprogramm des Dritten Reiches beteiligt war.[854] Das Gericht sah es sogar als erwiesen an, „*that the Krupp firm planned its own program upon its desire to use concentration camps labor.*"[855]

Die Bedeutung des Konzerns bei der Begehung der Taten hebt das Gericht zudem mehrmals mit Blick auf die Verletzung fremden Eigentums in den besetzten Gebieten hervor. Am Beispiel der Traktoren-Fabrik des jüdischen Geschäftsmannes Robert Rotschild in Liancourt, Frankreich, führt es aus, dass

> *"the confiscation of the Austin plant .... and its subsequent detention by the Krupp firm constitute a violation of Article 48 of the Hague Regulations which requires that the laws in force in an occupied country be respected, that it was also a violation of Article 46 of the Hague Regulations which provides that private property must be respected [and] that the Krupp firm, through the defendants ... participated in these violations ... and that there was no justification for such action."*[856]

---

853 *Caroline Hillemanns*, (Fn. 14), 2003, S. 162.

854 *U.S. v. Krupp*, IX Trials of War Criminals Before The Nuremberg Military Tribunals, S. 1374.

855 Ebenda, S. 1423. Interessanterweise verwehrte im Fall Krupp das Gericht den Angeklagten die Berufung auf die Grundsätze der „necessity" wegen der Gefahr bei einer Weigerung der Inanspruchnahme des Zwangsarbeiterprogrammes ihr Eigentum zu verlieren, obwohl im Fall Flick den Angeklagten dies mit Verweis auf die Gefahr des Verlustes ihres Lebens zugestanden worden ist.

856 *U.S. v. Krupp*, IX Trials of War Criminals Before The Nuremberg Military Tribunals, S. 1351.

Schließlich hält das Gericht vergleichbar mit dem Urteil im IG Farben Fall fest, dass das Unternehmen die entscheidenden Verletzungshandlungen vorgenommen hat, wenn es zum Ausdruck bringt, dass *„illegal acts of spoliation and plunder were committed by, and on behalf of, the Krupp firm"*.[857] Auch hier wird insoweit bei der Begründung einer Verantwortung der Angeklagten die Rolle des Unternehmens betont, das die Angeklagten zur Begehung ihrer Taten nutzten.

(c) Flick

Im Gegensatz zu den Urteilen im IG Farben und im Krupp Fall fehlt in dem Urteil im Fall Flick der Bezug zur Institution des Konzerns. Hier wurde in der Begründung stets die Rolle des einzelnen Angeklagten hervorgehoben.[858] In dem Verfahren gegen leitende Angestellte des Flick-Konzerns hielt das Gericht auch fest, dass der systematische Missbrauch der Zwangsarbeiter dem Staat zuzurechnen sei und nicht dem Unternehmen.[859] Eine potenzielle Verantwortlichkeit der Angeklagten aufgrund der Beschäftigung von Zwangsarbeitern hielt das Gericht zwar für möglich,[860] doch sprach es die angeklagten leitenden Angestellten unter Bezugnahme auf den Notstandsgedanken von einer Verantwortlichkeit für die Verstöße gegen das Verbot der Zwangsarbeit frei. Zur Begründung führte es an:

> *"The Reich, through its hordes of enforcement officials and secret police, was always present, ready to go into instant action ... to mete out savage and immediate punishment against anyone doing anything that could be construed as obstructing or hindering the carrying out of governmental regulars or decrees."*[861]

857 Ebenda, S. 1370.

858 So stellt das Gericht ausdrücklich fest, dass die leitenden Angestellten des Konzerns nicht ausdrücklich den Einsatz von Zwangsarbeitern wünschten. Eine ausdrückliche Ausnahme macht das Gericht hier in Bezug auf Bernhard Weiß, der sich nach der Überzeugung des Gerichtes dafür einsetzte, die Produktionsquoten zu erhöhen, obwohl ihm bewusst war, dass die Erfüllung nur unter Einsatz von weiteren Zwangsarbeitern zu schaffen war. Siehe *U.S. v. Flick*, VI Trials of War Criminals Before The Nuremberg Military Tribunals, S. 1197 f. und S. 1202.

859 Ebenda, S. 1196. Das Gericht hebt diesbezüglich hervor, dass Produktionsquoten durch die Regierung eingeführt wurden und eine Nichteinhaltung zur Strafen geführt habe. Ebenda, S. 1197.

860 Ebenda, S. 1199.

861 Ebenda, S. 1199 f.

(d) Schlussfolgerung in der wissenschaftlichen Diskussion

In den geschilderten Aspekten der Urteile gegen deutsche Industrielle im Rahmen der Nürnberger Kriegsverbrecherprozesse wird von einigen Stimmen in der wissenschaftlichen Diskussion die Grundlage erkannt, dass Unternehmen einer völkerstrafrechtlichen Verantwortung unterliegen.[862] Entscheidend sei dafür, dass aus den Urteilsbegründungen hervorgehe, dass die Verantwortlichkeit des Einzelnen an der Gesamtheit der Handlungen der Unternehmen festgemacht wurde. Der Fokus auf die verschiedenen Handlungen der Unternehmen zeige gerade die Akzeptanz der Tatsache, dass Unternehmen auch Pflichten unterliegen.[863] Für *Ramasastry* lässt sich diese Akzeptanz an der Auffassung des Gerichtes veranschaulichen, dass Krupp einen „*ardent desire*" besaß, Zwangsarbeiter einzusetzen.[864] Die strafrechtliche Handlung liege hier gerade in der Manifestation der Planung und Ausführung auf der Unternehmensebene, die es ermögliche, eine Verantwortung dem Unternehmen sowie einzelnen Angestellten zu zuschreiben.[865]

(e) Stellungnahme

Die Anerkennung einer völkerstrafrechtlichen Verantwortung wirtschaftlicher Akteure auf der Grundlage der Urteile in den Kriegsverbrecherprozessen gegen deutsche Industrielle kann nicht überzeugen. In erster Linie spricht gegen ein solches Verständnis der Urteile schon die Tatsache, dass das Gericht nach Art. 1 des Statutes für den Internationalen Militärgerichtshof von Nürnberg (IMG-Statut) keine Zuständigkeit hinsichtlich der Verurteilung von juristischen Personen besaß. Es war ausschließlich zuständig für die Aburteilung der Hauptkriegsverbrecher. Weiter spricht gegen eine solche Interpretation der Urteile von Nürnberg auch die Tatsache, dass im Fall Flick die Verantwortlichkeit der Angeklagten gerade nicht anhand der dem Unternehmen zurechenbaren Handlungen begründet wurde. Selbst wenn man in der Vorgehensweise des Gerichtes in den Fällen IG Farben und Krupp eine Übung der Anerkennung einer völkerstrafrechtlichen Verantwortlichkeit der Unternehmen erkennen möchte, wäre diese mit Blick auf den Flick Fall äußerst widersprüchlich. Schließlich muss auch beachtet werden, dass bei der Betonnung der Rolle des betreffenden Unternehmens

862 Siehe u.a. *Anita Ramasastry*, (Fn. 846), S. 91 (117 ff.); *Andrew Clapham*, (Fn. 845), The Hague, Kluwer Kaw International, 2000, S. 139 (166 ff.).

863 *Steven Ratner*, (Fn. 110), S. 443 (478).

864 Anita Ramasastry, (Fn. 846), S. 91 (112).

865 Anita Ramasastry, (Fn. 846), S. 91 (112).

bei der Begehung der völkerrechtlichen Straftaten stets auch das Handeln der Einzelnen hervorgehoben wurde.[866] Die Besonderheit des IG Farben Falles liegt primär in der Tatsache, dass erstmalig der Versuch unternommen wurde, einer Gruppe, die im Kollektiv Verantwortung für ein Unternehmen trug, eine Verantwortung aufzuerlegen.[867]

Die große Bedeutung der Nürnberger Kriegsverbrecherprozesse gegen führende Industrielle des Dritten Reiches liegt in der Tatsache begründet, dass sie den eigentlichen Ausgangspunkt für die Anerkennung einer rechtlichen Verantwortung natürlicher Personen bei einer Verletzung des internationalen Rechts bilden, wie wir sie heute im Rom-Statut finden.[868]

(3) Fazit

Für den Nachweis einer bestehenden allgemeinen Übung kann festgehalten werden, dass im Völkerstrafrecht zwar eine Völkerrechtsnorm besteht, die die schlimmste Form der Zwangsarbeit auch im Verhältnis unter Privaten verbietet, doch gilt sie nur für Individuen. Das Rom-Statut hat gerade eine derartige Verpflichtung von juristischen Personen trotz langer Diskussion nicht aufgenommen, und eine gewohnheitsrechtliche Übung kann auch nicht aus den Urteilen der Kriegsverbrecherprozesse gegen führende Industrielle herausgelesen werden.[869]

Grundsätzlich wäre auch zu fragen, inwieweit für die betroffenen Opfer eine strafrechtliche Verantwortung der handelnden Unternehmen überhaupt erstrebenswert ist. Schließlich geht es ihnen um eine Entschädigung für das erlittene Unrecht. Strafzahlungen an den Staat oder gar die Auflösung der Gesellschaft können für die Betroffenen nur von zweitrangiger Bedeutung sein. Schließlich ist auch zu beachten, dass die Staaten wohl kein wirkliches Interesse an einer Auflösung bestimmter Unternehmen haben würden. Das zeigt sich selbst am

---

866 Vgl. hierzu die Anklageschrift, wonach die Angeklagten verfolgt werden für „acting through the instrumentality of Farben"; *U.S. v. Krauch, et al; The I.G. Farben Case*, VIII Trials of War Criminals Before The Nuremberg Military Tribunals, S. 14.

867 Siehe hierzu die Anklageschrift, wonach die Angeklagten verfolgt werden für „acting through the instrumentality of Farben", *U.S. v. Krauch, et al; The I.G. Farben Case*, VIII Trials of War Criminals Before The Nuremberg Military Tribunals, iii–iv (1952), S. 14.

868 Siehe *Gerhard Werle*, (Fn. 607), Rn. 14 ff.

869 Die Praxis der weiteren ad-hoc Tribunale in Bosnien-Herzegowina oder Ruwanda können hier meines Erachtens keinen Beitrag leisten, da hier keine Firmen zur Rechenschaft gezogen wurden.

Fall der IG Farben.[870] Letztlich bleibt die strafrechtliche Schuld immer eine persönliche Schuld.

d) *Ergebnis*

Die Untersuchung des Umgangs der Staaten mit der Problematik der Zwangsarbeit während des Zweiten Weltkrieges hat gezeigt, dass in der Zwangsarbeit zwar durchaus ein Verstoß gegen geltendes Völkerrecht gesehen wurde, doch führte dieser Verstoß weder zu unmittelbaren Ansprüchen der ehemaligen Zwangsarbeiter gegenüber den sie beschäftigenden Unternehmen noch gegenüber den Staaten. Vielmehr wurden die Ansprüche als Teil der Reparationsleistungen aufgefasst, über die der Heimatstaat der betroffenen Zwangsarbeiter frei verfügen konnte. Die Gründe liegen in der Überlegung, dass das völkerrechtliche Modell der Wiedergutmachung zwischen Heimatstaat des Geschädigten und dem Schädigerstaat zumindest im Kriegsfall das bessere Forum sei, um den verschiedenen Interessen gerecht zu werden. Dem einzelnen Richter sei es nicht möglich, sich über den zu beurteilenden Einzelfall zu erheben.[871]

Eine Anerkennung unmittelbarer Ansprüche der geschädigten ehemaligen Zwangsarbeiter ist nur im Rahmen der Stiftung EVZ erfolgt. Aber auch hier erfolgte die Anerkennung der Ansprüche nicht auf einer völkerrechtlichen Grundlage, sondern aufgrund von moralischen und wirtschaftlichen Gesichtspunkten. Zwar führt die Übernahme der Verantwortung hier auch zu einem Rechtsanspruch, doch entstand dieser in völliger Unabhängigkeit von völkerrechtlichen Normen. Die Stiftung kann folglich auch nicht der Ausdruck der Überzeugung einer völkerrechtlichen Verantwortlichkeit von Unternehmen für Verstöße gegen das Verbot der Zwangsarbeit sein. Die Stiftung bleibt daher lediglich der Ausdruck einer staatlichen Übung und Verantwortung, einen rechtlichen Rahmen zu schaffen, in dem Unternehmen durch einen freiwilligen Beitrag zum Schadensausgleich ihrer moralischen Verantwortung wegen einer Verletzung elementarer Menschenrechte gerecht werden können. Der so geschaffene

---

870 Im Fall der IG Farben war zunächst eine vollständige Zerschlagung ins Auge gefasst. Letztlich wurde aber nur eine Aufgliederung in die ursprünglichen Bestandteile beschlossen. Als offizielle Nachfolgeunternehmen wurden im Juni 1952 benannt: Agfa, BASF, Cassella Farbwerke, Huels (Chemische Werke Hüls AG, Marl), Bayer AG, Hoechst AG, Duisburger Kupferhütte AG, Kalle, Wacker-Chemie München, Dynamit AG Troisdorf, Wasag Chemie AG.

871 Für *Christian Tomuschat,* (Fn. 794), S. 237 (239 f.) muss sich daher die Individualisierung von Massenunrecht insoweit als ein Irrweg erweisen.

Anspruch verbleibt dabei im innerstaatlichen Rechtsrahmen. Er weist daher nur einen mittelbaren Bezug zum Völkerrecht auf.

Eine völkerstrafrechtliche Verantwortlichkeit wirtschaftlicher Unternehmen ist auch nicht gegeben. Hier besteht zwar eine internationale Norm, die die schlimmste Form der Zwangsarbeit auch im Verhältnis unter Privaten verbietet, doch besteht die Pflicht nur für Individuen und nicht für juristische Personen. Wie sich an den Verhandlungen über das Rom-Statut gezeigt hat, fehlt es an einer Fortsetzung der durch die Nürnberger Kriegsverbrecherprozesse begründeten Entwicklung. Der Wortlaut und die Entstehungsgeschichte des IGH-Statuts sind eindeutig. Nicht überzeugend sind daher die Versuche, aus den Urteilen der Nürnberger Kriegsverbrecherprozesse eine gewohnheitsrechtliche Norm herzuleiten.

Im Ergebnis bleibt somit festzuhalten, dass sich im Rahmen der Aufarbeitung der Zwangsarbeiterproblematik des Zweiten Weltkrieges keine Tendenz entwickelt hat, die auf eine unmittelbare völkerrechtliche Verpflichtung wirtschaftlicher Akteure zur Beachtung des Verbots der Zwangsarbeit hinweist.

2. *Problematik der Zwangsarbeit in Myanmar(Birma)*

Der Vorwurf einer Missachtung des Verbotes der Zwangsarbeit durch Unternehmen wird in neuerer Zeit insbesondere im Zusammenhang mit wirtschaftlichen Betätigungen in Birma erhoben.[872] Die IAO hat gegenüber der Regierung von Birma mehrfach Empfehlungen zur Umsetzung des Übereinkommens Nr. 29 abgegeben.[873]

872 Siehe hierzu u.a. auch die zahlreichen Verfahren im Rahmen der Umsetzung der OECD-Leitsätze. Beispielhaft: Recommendations by the French National Contact Point to Companies on the Issue of Forced Labour in Burma (abrufbar unter: http://www.oecd.org/dataoecd/33/40/2489266.pdf; letzter Abruf: 30.11.2012) sowie Joint Statement by the NCP, FNV, CNV and IHC Caland,; abrufbar unter: http://www.oecd.org/dataoecd/5/2/38031193.pdf (letzter Abruf: 30.11.2012).

873 Vgl. hierzu Report of the Commission of Inquiry appointed under article 26 of the Constitution of the International Labour Organization to examine the observance by Myanmar of the Forced Labour Convention, 1930 (No. 29) (http://www.IAO.org/public/english/standards/relm/gb/docs/gb273/myanmar.htm; letzter Abruf: 30.11.2012); Measures, including action under article 33 of the Constitution of the International Labour Organization, to secure compliance by the Government of Myanmar with the recommendations of the Commission of Inquiry established to examine the observance of the Forced Labour Convention, 1930 (No. 29) (http://www.IAO.org/public/english/standards/relm/gb/docs/gb276/gb-6.htm ; letzter Abruf: 30.11.2012). sowie Second report of the Director-General to the members of the

a) Handlungen der EU zur Gewährleistung des Verbots der Zwangsarbeit

Die EU hat aufgrund der anhaltenden schweren Verletzungen der Menschenrechte in Birma bereits Mitte der neunziger Jahre restriktive Maßnahmen gegen Birma ergriffen. Ausgehend von dem Gemeinsamen Standpunkt vom 28.10.1996[874] wurden Maßnahmen ergriffen, die zur Förderung der Menschenrechte beitragen sollten. Als Teil der Gemeinsamen Außen- und Sicherheitspolitik (GASP) betrafen die beschlossenen Maßnahmen zunächst den Abbruch der diplomatischen Beziehungen, ein Embargo für Waffen, Munition und militärische Ausrüstung sowie die Aussetzung von Programmen für nichthumanitäre Hilfe und Entwicklungsprogrammen.[875] In der Folgezeit hat die EU diesen Maßnahmen auch im Gemeinschaftsrecht Ausdruck verliehen.

(1) Verordnungen über restriktive Maßnahmen gegen Birma

Mit dem Erlass der VO (EG) 1081/2000[876] hat die EU den dem Gemeinsamen Standpunkt 96/635/GASP zugrundeliegenden Ansatz in das Gemeinschaftsrecht überführt. Es wurde ein Ausfuhrverbot für Ausrüstungsgegenstände, die zur internen Repression oder für terroristische Zwecke verwendet werden können, eingeführt[877] und das Einfrieren von Vermögensgegenständen hochrangier

---

Governing Body on measures taken by the Government of Myanmar following the recommendations of the Commission of Inquiry established to examine its observance of the Forced Labour Convention, 1930 (No. 29) http://www.IAO.org/public/english/standards/relm/gb/docs/gb277/myan2000.htm; letzter Abruf: 30.11.2012).

874 96/635/GASP; abgedr. im ABl. L 287 vom 8.11.1996, S. 1. Durch einen Gemeinsamen Standpunkt trifft die EU eine Feststellung ihrer politischen Position gegenüber einem Drittstaat, einem politischem Ereignis oder einer internationalen Frage von allgemeiner Bedeutung. Er ist insoweit eine Leitschnur des politischen Handelns der Mitgliedsstaaten. Er ist nicht Bestandteil des Gemeinschaftsrechtes, sondern ist zunächst dem traditionellen Völkerrecht zuzurechnen und bindet somit ausschließlich die Mitgliedsstaaten. Weiter hierzu siehe *Kaufmann-Bühler*, in: Grabitz/Hilf, Art. 15 EUV, Rn. 1 ff.

875 Zusätzlich wurde ein Verbot der Erteilung von Einreisevisa für hochrangige Mitglieder des SLORC und ihre Angehörigen sowie für hochrangige Angehörige des Militärs und der Sicherheitskräfte, die Politiken ausarbeiten, verwirklichen oder Nutzen aus solchen Politiken ziehen, welche den Übergang Birmas/Myanmars zur Demokratie verhindern, und für ihre Angehörigen beschlossen. Vgl. hierzu 96/635/GASP, ebenda. Modifizierung durch 2002/831/GASP; abgedr. im ABl. L 285 vom 23.10.2002, S. 7 ff.

876 Abgedr. im Abl. L122 vom 24.5.2000, S. 29.

877 Art. 1 VO(EG)1081/2000.

Mitglieder des Staatsrates für Frieden und Entwicklung („*State Peace and Development Council*"), birmanischer Amtsträger im Fremdenverkehrsbereich, hochrangiger Mitglieder des Militärs, der Regierung oder der Sicherheitskräfte beschlossen, die politische Entscheidungen erarbeiten, umsetzen oder Nutzen aus diesen ziehen.[878] Gleichzeitig sollten diesen Personen keine Gelder mehr direkt oder indirekt zur Verfügung gestellt werden.[879] Entsprechend Art. 7 VO (EG) 1081/2000 oblag es dabei jedem Mitgliedsstaat für den Fall von Verstößen wirksame, verhältnismäßige und abschreckende Sanktionen festzulegen. Für den vorliegenden Untersuchungsgegenstand ist dabei von Bedeutung, dass der Geltungsbereich der Verordnung sich ausdrücklich auf jede nach dem Recht eines Mitgliedsstaates gegründete Einrichtung erstreckte.[880]

Die Verordnung wurde in den vergangenen Jahren wiederholt durch neue Verordnungen ersetzt, um die bestehenden restriktiven Maßnahmen in Einklang mit der aktuellen Lage zu bringen. Die jeweiligen Veränderungen bezogen sich dabei teilweise bloß auf Konkretisierungen oder Klarstellungen einzelner Vorgaben.[881] Insoweit ist im Sinne der Untersuchung insbesondere hervorzuheben, dass unter den Begriff der „*Einrichtung*" des Art. 8 VO (EG) 1081/2000 bereits entsprechend der Nachfolgevorschrift von Art. 14 VO (EG) 798/2004 nun auch ausdrücklich nach dem Recht eines Mitgliedsstaates gegründete oder eingetragene juristische Personen zu fassen waren. Andererseits wurden jedoch auch vollständig neue Aspekte in den Nachfolgeverordnungen berücksichtigt. So wurde durch die VO (EG) 798/2004 zusätzlich die unmittelbare oder mittelbare technische Hilfe im Zusammenhang mit Ausrüstungsgegenständen im oben genannten Sinne untersagt.[882] Untersagt wurde auch die technische Hilfe im Zusammenhang mit militärischen Aktivitäten und der Bereitstellung, Herstellung,

878 Art. 2 Abs. 1 VO(EG)1081/2000.

879 Art. 2 Abs. 2 VO(EG)1081/2000.

880 Art. 8 VO(EG)1081/2000.

881 In der Regel handelte es sich dabei um die Konkretisierung des betroffenen Personenkreises wie bei Art. 6 VO(EG)798/2004 (abgedr. im ABl. L125 vom 28.4.2004, S. 4) durch den der Personenkreis, dessen Gelder eingefroren werden, genauer bestimmt wird im Gegensatz zu Art. 2 VO(EG)1081/2000. Ein weiteres Beispiel bilden die Vorschriften zur Bestimmung des Geltungsbereiches. Vgl. Art. 14 VO(EG)798/2004 und Art. 8 VO(EG)1081/2000.

882 Art. 3 lit. b) VO(EG)798/2004. Unter dem Begriff der „technischen Hilfe" wird dabei jede technische Unterstützung in Verbindung mit der Reparatur, der Entwicklung, der Herstellung, der Montage, der Erprobung, der Wartung oder jeder anderen technischen Dienstleistung verstanden. Die technische Hilfe kann zudem auch in Form von Anleitung, Beratung, Ausbildung, Weitergabe von praktischen Kenntnissen oder

Instandhaltung und Verwendung von Rüstungsgütern und damit verbundenem Material jeglicher Art.[883] Mit erfasst von der Untersagung ist auch das Bereitstellen von Finanzmitteln oder Finanzhilfen im Zusammenhang mit militärischen Aktivitäten.[884]

Mit dem Erlass der VO (EG) 817/2006[885] wurde das Verbot begründet, birmanischen Staatsunternehmen Finanzierungsdarlehen oder Kredite zu gewähren oder eine Beteiligung an ihnen zu erwerben oder auszuweiten.[886] Die Gründung von Gemeinschaftsunternehmen (Joint Ventures) zusammen mit birmanischen Staatsunternehmen wurde hingegen erst mit der VO (EG) 194/2008[887] untersagt.[888] Mit der letztgenannte Verordnung wurde schließlich versucht, durch die Schaffung von speziellen Einfuhr-, Ausfuhr-und Investitionsbeschränkungen für Holz und Holzerzeugnisse, Kohle, Gold, Silber, bestimmte unedle Metalle, Edelsteine und Halbedelsteine die Einnahmequellen des Militärregimes zu treffen.[889] Schließlich wurde der Geltungsbereich durch Art. 14 e) VO (EG) 798/2004 auch auf juristische Personen, Gruppen und Rechtspersönlichkeiten erstreckt, die innerhalb der Gemeinschaft einer Geschäftstätigkeit nachgehen. Abschließend ist darauf zu verweisen, dass hinsichtlich der Haftbarkeit natürlicher oder juristischer Personen oder Organisationen allerdings zahlreiche Haftungsbeschränkungen bestehen, wenn sie nicht wussten und keinen Grund zur Annahme hatten, dass sie mit ihrem Handeln gegen ein bestimmtes Verbot verstoßen.[890]

(2) Bewertung

Die ergriffenen restriktiven Maßnahmen gegen Birma von der EU lassen erkennen, dass die wirtschaftlichen Zwangsmaßnahmen sich zunächst nur auf die Ausfuhrbeschränkungen von Ausrüstungsgegenständen zur internen Repression

---

Fähigkeiten oder in Form von Beratungsdiensten erfolgen sowie in verbaler Form. Vgl. Art. 1 Nr. 1 VO(EG)798/2004.

883 Art. 2 lit. a) VO(EG)798/2004.

884 Art. 2 lit. b) VO(EG)798/2004.

885 Abgedr. im ABl. L148 vom 2.6.2006, S. 1.

886 Siehe Art. 9 VO(EG)798/2004).

887 Abgedr. im ABl. L66 vom 25.3.2008, S. 1.

888 Art. 15 Abs. 2 lit. c) VO(EG)194/2008.

889 Art. 2 ff. VO(EG)194/2008.

890 Siehe hierzu Art. 7 Abs. 6, Art. 11 Abs. 4 und Art. 15 Abs. 8 VO(EG)194/2008. Als problematisch ist hierzu sehen, dass eine Haftung nur im Fall einer positiven Kenntnis des einschlägigen Verbots in Betracht zu ziehen ist, da eine Haftbarkeit bei wirtschaftlichen Beziehungen mit Staatsunternehmen des „Unrechtsstaates" nicht üblich ist und so in der Regel kein Grund zur Annahme eines Verbotes besteht.

und das Einfrieren von Geldern beschränkten und erst mit Laufe der Zeit auch die technische Hilfe für militärische Aktivtäten erfassten, um eine Verbesserung der Menschenrechtsituation in Birma zu erlangen. Erst seit kurzem wird schließlich zusätzlich der Ansatz verfolgt, die Einnahmequellen des Regimes durch Ein- und Ausfuhrbeschränkungen in wichtigen Industriezweigen zu begrenzen, um den Druck für Veränderungen weiter zu erhöhen.

Für die Beurteilung der Frage eines bestehenden Beitrages durch Maßnahmen der EU zur Entstehung einer völkergewohnheitsrechtlichen Norm der Verpflichtung wirtschaftlicher Akteure zur Beachtung des Verbots der Zwangsarbeit sind die ergriffenen restriktiven Maßnahmen gegen Birma auf der Grundlage von Verordnungen unter zwei Aspekten von Bedeutung. Erstens wird trotz des Schwerpunktes der Verletzung der Menschenrechte stets auch die besondere Thematik der Zwangsarbeit hervorgehoben sowie die Erforderlichkeit der Förderung der Achtung der Menschenrechte als Beweggrund des Erlasses der Verordnungen genannt.[891] Zweitens sollen die geschaffenen Beschränkungen verhindern, dass dem EU-Recht unterstehende natürliche und juristische Personen aus Handelsbeziehungen Nutzen ziehen, die die Umsetzung von politischen Maßnahmen fördern oder erleichtern, die gegen internationales Recht verstoßen und mit den in allen Mitgliedstaaten geltenden Grundsätzen der Freiheit, der Demokratie, der Achtung der Menschenrechte und Grundfreiheiten sowie der Rechtsstaatlichkeit unvereinbar sind.[892]

Die Maßnahmen weisen durch den menschenrechtlichen Bezug nicht nur den erforderlichen völkerrechtlichen Bezug auf, um als eine Übung i.S.v. Art. 38 Abs. 1 lit. b IGH-Statut in Betracht gezogen werden zu können, sie bringen dabei auch zum Ausdruck, dass wirtschaftlich tätige Personen keine Nutzen aus der Missachtung von Menschenrechten ziehen dürfen.[893] Unter dieser Maßgabe werden schließlich ausdrückliche Beschränkungen für Unternehmen geschaffen, die bereits der Gefahr einer unmittelbaren oder mittelbaren Beteiligung an

---

891 Siehe beispielhaft Erwägungsgrund Nr. 1 und 6 VO(EG)194/2008.

892 Erwägungsgrund Nr. 8 VO(EG)194/2008. Zur Klarstellung sei hier nochmals betont, dass entsprechend der Vorschriften der Verordnung hiervon gerade nicht nur nach dem Recht eines Mitgliedsstaats gegründete juristische Personen erfasst sind, sondern auch solche, die ganz oder teilweise in der Gemeinschaft tätigt sind.

893 Dementgegen sieht John Ruggie ein Profitieren als nicht ausreichend an, um eine rechtliche Verantwortlichkeit begründen zu können. Siehe hierzu *Human Rights Council*, Report of the Special Representative of the Secretary-General on the issue of human rights and transnational corporations and other business enterprises, John Ruggie (07.04.2008) A/HRC/8/5, Nr. 78.

menschenrechtsverletzenden Handlungen entgegenwirken und im Speziellen das Verbot der Zwangsarbeit verletztende Handlungen untersagen. Aufgrund der Rechtsnatur der gemeinschaftsrechtlichen Verordnung hat dieses Verbot in jedem Mitgliedsstaat eine unmittelbare Wirkung.[894] Zu vernachlässigen ist dabei, dass das Festlegen wirksamer, verhältnismäßiger und abschreckender Sanktionen in die Hand der Mitgliedstaaten gelegt wurde. Dieses Vorgehen mag der Form nach zwar an die Umsetzungsvorgaben einer Richtlinie erinnern, doch ändert es nichts an der Begründung einer unmittelbaren Verantwortung juristischer Personen bei den Verstößen gegen die Regelungen der Verordnung. Hervorzuheben bleibt schließlich, dass eine Haftung für juristische Personen, Organisation oder Einrichtungen begründet wird und zwar unabhängig von einer möglichen Qualifizierung des betroffenen wirtschaftlichen Akteurs als transnationales Unternehmen.

b) Rechtsprechung im Rahmen des ATCA hinsichtlich des Verbots der Zwangsarbeit

(a) Doe v. Unocal

Auf der Grundlage des ATCA haben die Kläger die Union Oil Company of California (Unocal), Total, Myanmar Oil, das birmanische Militär sowie zwei leitende Angestellte von Unocal der direkten oder indirekten Verletzung menschenrechtlicher Normen, wie u.a. dem Verbot der Zwangsarbeit beschuldigt.[895]

(i) Prozessgeschichte

Die Klage gegen das birmanische Militär und Myanmar Oil wurde durch das entscheidende Gericht auf der Grundlage des Foreign Sovereign Immunities Act, 28 U.S.C. §§ 1330, 1602 zurückgewiesen. Die Klage gegen das Unternehmen Total wies das Gericht aufgrund fehlender Zuständigkeit zurück.[896] Im Jahr 2000 wurde schließlich auch die Klage gegen das Unternehmen Unocal durch ein „*summary judgment*" abgewiesen, da die Kläger nach der Ansicht des Gerichtes

---

894 Umfassend zur Rechtsnatur der gemeinschaftsrechtlichen Verordnung siehe statt vieler *Nettesheim*, in: Grabitz/Hilf, Das Recht der Europäischen Union, Art. 249 EGV, Rn. 110 ff.

895 Ein Überblick zu diesem Verfahren findet sich unter http://www.business-humanrights.org/Categories/Lawlawsuits/Lawsuitsregulatoryaction/LawsuitsSelectedcases/UnocallawsuitreBurma (letzter Abruf: 30.11.2012).

896 *Doe v. Unocal Corp.*, 27 F. Supp. 2d 1174; 1998 U.S. Dist. LEXIS 21032; *Doe v. Unocal Corp.*, 67 F. Supp. 2d 1140; 1999 U.S. Dist. LEXIS 19507.

nicht darlegen konnten, dass Unocal teilgenommen hat an den die Verletzung des Verbots der Zwangsarbeit begründenden Handlungen.[897] Auf die Berufung der Kläger hob der Court of Appeals for the Ninth Circuit das erstinstanzliche Urteil mit der Entscheidung vom 18.09.2002 teilweise auf und verwies die Sache zum weiteren Verfahren zurück.[898] Zu einer abschließenden rechtskräftigen Entscheidung kam es nicht, da sich die Parteien auf einen außergerichtlichen Vergleich geeinigt haben.[899]

(ii) Zwangsarbeit als unmittelbares Verbot für Private

Eine Verantwortlichkeit privater Akteure für die Verletzung internationaler Normen mochte das Gericht der Ausgangsinstanz in der Fortsetzung der Rechtsprechung in dem Verfahren *Kadic v. Karadzic* nur für eine bestimmte Anzahl von Verhaltensweisen in Betracht ziehen.[900] Das Gericht zählte zu diesen Normen den Sklavenhandel und sieht es demzufolge für die Begründung der Zuständigkeit einer Klage nach den Grundsätzen des ATCA als ausreichend an, dass die Kläger vortragen, dass die durch das burmesische Militär organisierte Zwangsarbeit ein enges Verhältnis zu der Bezahlung für die Bereitstellung von Arbeits- und Sicherheitskräften für das Yadana-Projekt durch Unocal aufwies.[901] Die Verletzung einer Norm, die eine persönliche Verantwortung begründe, könne so nicht ausgeschlossen werden.[902]

Eine hinreichende Auseinandersetzung mit der Problematik, ob es sich bei dem Verbot der Zwangsarbeit um eine Norm des internationalen Rechts handele, die im Rahmen des ATCA eine persönliche Verantwortung eröffnet, findet sich erst in der Entscheidung des Court of Appeals. Im sog. „*summary judgment*“ wird hingegen nicht eindeutig klar, ob das Gericht das Verbot der Zwangsarbeit

897 *Doe v. Unocal Corp.*, 110 F. Supp. 2d 1294; 2000 U.S. Dist. LEXIS 13327.

898 *Doe v. Unocal Corp.*, 248 F. 3d 915; 2001 U.S. App. LEXIS 7691.

899 Siehe hierzu die Presseerklärung unter http://www.earthrights.org/legalfeature/historic_advance_for_universal_human_rights_unocal_to_compensate_burmese_villagers.html (letzter Abruf: 30.11.2012).

900 In dem Verfahren *Kadic v. Karadzic*, 70 F. 3d 232, 239; 1995 U.S. App. LEXIS 28826,12 ff.; hält das Gericht ausdrücklich fest, dass „*certain forms of conduct violate the law of nation whether undertaken by those acting under the auspices of a state or only as private individuals*“. Zur Begründung dieser Ansicht verweist das Gericht in diesem Verfahren auf die Tatsache, dass das internationale Recht unter historischer Betrachtung seit langem auch auf Private angewendet wird und deutet auf das Verbot der Piraterie und des Sklavenhandels.

901 *Doe v. Unocal Corp.*, 963 F. Supp. 880, 892; 1997 U.S. Dist. LEXIS 5094, 34.

902 Ebenda.

zu diesem Kreis von Normen zählt. Zwar wird die Argumentation der Kläger aufgenommen, die in der Zwangsarbeit die *„moderne Sklaverei“* erkennen wollen, doch lässt die Argumentation des Gerichts keinen eindeutigen Rückschluss zu, da es, ohne ausdrücklich Stellung zu beziehen, lediglich auf einen Bericht der IAO verweist, der davon ausgeht, dass der Begriff der Sklaverei auch die Zwangsarbeit mit erfasse.[903]

Im Gegensatz hierzu findet sich in der Entscheidung des Courts of Appeals eine detaillierte Auseinandersetzung mit der Problematik. Das Gericht begründet seine Auffassung, dass es sich bei der Zwangsarbeit um die moderne Form der Sklaverei handele, mit einem Verweis auf die Rechtsprechung des Supreme Court. Dieser stellt mit Bezug auf das Thirteenth Amendment fest, dass dessen Ziel nicht nur die Beendigung der Sklaverei war, sondern die Sicherstellung eines Systems von *„completely free and voluntary labor“*.[904] Weiter verweist es auf das Verfahren *World War II Era Japanese Forced Labor Litig.*, in welchem ebenfalls das Verbot der Zwangsarbeit als ein Bestandteil des Verbots der Sklaverei aufgefasst wurde.[905] Darüber hinaus will das Gericht im Gegensatz zu anderen Entscheidungen in dem Verbot der Zwangsarbeit durch die weltweite Anerkennung eine Norm des ius cogens erkennen.[906] Es bleibt somit festzuhalten, dass das Gericht das Verbot der Zwangsarbeit als eine Norm anerkennt, deren Verletzung eine Verantwortung privater Akteure auch ohne den Bezug zu einem staatlichen Handeln begründen kann.

(iii) Verantwortlichkeit im konkreten Fall

Der Vorwurf der Kläger gegenüber dem beklagten Unternehmen bestand in erster Linie darin, dass sie von den durch die birmanische Regierung begangenen Menschenrechtsverletzungen profitiert hätten und diese durch vertragliche Vereinbarungen mit der Regierung sogar befördert hätten. Folglich bildete nicht die Frage nach einer direkten Verantwortung der Unternehmen den Schwerpunkt des Verfahrens, sondern die nach einer indirekten Verantwortung für die Teilnahme an Handlungen, die zur Verletzung einer Norm des internationalen Rechts führten.

---

903 *Doe v. Unocal Corp.*, 110 F. Supp. 2d 1294, 1308; 2000 U.S. Dist. LEXIS 13327, 44 f.

904 *Pollock v. Williams*, 322 U.S. 4, 17; 64 S. Ct. 792, 799; 88 L. Ed. 1095, LEdHR4; 1944 U.S. LEXIS 1304.

905 *World War II Era Japanese Forced Labor Litig.*, 164 F. Supp. 2d 1160; 2001 U.S. Dist. LEXIS 14640.

906 *Doe v. Unocal*, 395 F. 3d 932, 945; 2002 U.S. App. LEXIS 19263, 29.

Der District Court lehnte eine Verantwortlichkeit von Unocal für die von der myanmarischen Regierung begangenen Verletzungshandlungen ab, da keine Hinweise vorliegen würden, die auf den Wunsch des Unternehmens zum Gebrauch von Zwangsarbeit hindeuteten. Vielmehr habe das Militär versucht, die Verwendung von Zwangsarbeit zu verbergen, nachdem die Beteiligten ihre Bedenken gegen ein solches Verhalten zum Ausdruck gebracht hätten.[907] Dem Gericht zu Folge sei es, entgegen der Auffassung der Kläger, nicht ausreichend, dass die Beklagten von dem Gebrauch der Zwangsarbeit durch staatliche Akteure bei der Durchführung des Projektes wussten und davon wirtschaftlich profitierten.[908] Vielmehr bedürfe es unter Beachtung der Entscheidungen in den Nürnberger Kriegsverbrecherprozessen und den der Verfahren über eine Verantwortlichkeit deutscher Unternehmen wegen der Beteiligung an den Zwangsarbeiterprogrammen des Dritten Reiches nach den Grundsätzen des ATCA einer aktiven Beteiligung an den rechtswidrigen Handlungen.[909] Anzeichen für eine derartige aktive Beteiligung seien im konkreten Fall aber nicht gegeben.

In dem Berufungsverfahren weist das Gericht hingegen sogleich auf die Tatsache hin, dass die Entscheidung des District Court auf einem Missverständnis der Entscheidungen der Kriegsverbrecherprozesse beruhe. Hier habe man das Erfordernis einer aktiven Beteiligung an den Handlungen nur herangezogen, um dem Einwand der Kläger der „*necessity*“[910] zu begegnen. Eine Verantwortlichkeit für die Beteiligung an Menschenrechtsverletzungen setze demgegenüber bloß das Wissen über die praktische Unterstützung und Ermutigung der betreffenden Handlung voraus, die einen wesentlichen Einfluss auf die Begehung der Tat gehabt hat.[911] Nach Ansicht des Berufungsgerichtes kann es nicht ausgeschlossen

907 *Doe v. Unocal Corp.*; 110 F. Supp. 2d 1294, 1310; 2000 U.S. Dist. LEXIS 13327, 53.

908 Die Kläger argumentieren in diesem Punkt mit Blick auf die Urteile in den Nürnberger Prozessen. Ihrer Ansicht nach ergebe sich aus den Urteilen, dass sich eine Verantwortlichkeit privater Akteure wegen der Verletzung des Verbots der Zwangsarbeit bereits allein aufgrund des Wissen über die Verwendung von Zwangsarbeit ergebe. Siehe genauer hierzu *Doe v. Unocal Corp.*; 110 F. Supp. 2d 1294, 1309; 2000 U.S. Dist. LEXIS 13327, 47.

909 *Doe v. Unocal Corp.*; 110 F. Supp. 2d 1294, 1310; 2000 U.S. Dist. LEXIS 13327, 53.

910 Necessity is a defense when it is shown that the act charged was done to avoid an evil both serious and irreparable; that there was no other adequate means of escape; and that the remedy was not disproportionate to the evil.

911 *John Doe I v. Unocal Corp.*, 395 F. 3d 932, 947; 2002 U.S. App. LEXIS 19263, 36. Das Gericht wendet hier aufgrund der Tatsache, dass es sich um die Verletzung einer ius cogen-Norm handelt, zur Bestimmung des Vorliegens einer relevanten Beihilfehandlung internationales Recht an. Entsprechend dieser Entscheidung verweist das

werden, dass die Unocal vorgeworfenen Handlungen diesen genannten Voraussetzungen entsprechen, so dass die Möglichkeit einer Verantwortlichkeit für die von der myanmarischen Regierung begangenen Verletzungen des Verbotes der Zwangsarbeit bestehe.[912] Das Gericht begründet dies damit, dass eine praktische Unterstützungshandlung von Unocal bereits in der unstreitig erfolgten Beauftragung des Militärs für die Gewährleistung der Sicherheit des Projektes sowie der erforderlichen Infrastrukturmaßnahmen bestanden haben könne. Weiter lege dies auch die Tatsache nahe, dass täglich Besprechungen stattgefunden haben, die dazu dienten, dem Militär mitzuteilen, an welchen Stellen Sicherheits- und Infrastrukturmaßnahmen erforderlich gewesen waren, ohne die es wohl nicht zu den Verletzungen in der vorgeworfenen Form gekommen wäre.[913] Ebenso sei unstreitig, dass Unocal von den Menschenrechtsverletzungen Kenntnis hatte.[914] Entsprechend dieser Kenntnis wurde das Verfahren zur erneuten Entscheidung an die Ausgangsinstanz zurückverwiesen.

(b) Fazit

In diesem Verfahren kommt zum Ausdruck, dass das Verbot der Zwangsarbeit zum einen als Verbot der modernen Form der Sklaverei und zum anderen als eigenständige Norm des ius cogens betrachtet wird. Mit dieser Einstufung wird klar, dass es sich bei dem Verbot der Zwangsarbeit nach Ansicht des Gerichtes, um eine in der zivilisierten Welt allgemein anerkannte Norm handelt. Eine unmittelbare Verantwortlichkeit wirtschaftlicher Akteure bei Verstößen gegen das Verbot der Zwangsarbeit wurde danach bejaht.

Von erheblicher Bedeutung ist zudem die erstmals im Rahmen des ATCA zum Ausdruck gekommene Tatsache, dass eine Verantwortlichkeit privater Akteure auch durch eine Beteiligung an Völkerrechtsverletzungen durch Staaten

---

Gericht hinsichtlich der erforderlichen Voraussetzungen für den Nachweis einer Beteiligung auf die durch den Internationalen Strafgerichtshof für das ehemalige Jugoslawien und den Internationalen Strafgerichtshof für Ruanda entwickelten Grundsätze. Es weist aber gleichzeitig darauf hin, dass in anders gelagerten Fällen eine Bestimmung auch anhand des Rechts des Tatortes erfolgen kann.

912 Ausführlich siehe *John Doe I v. Unocal Corp*, 395 F. 3d 932, 952; 2002 U.S. App. LEXIS 19263, 51.

913 Ebenda.

914 Schließlich hätte auch der District Court bereits festgehalten, dass "the evidence does suggest that Unocal knew that forced labor was being utilized and that the Joint Ventures benefitted from the practice."(*Doe v. Unocal Corp.*; 110 F. Supp. 2d 1294, 1310; 2000 U.S. Dist. LEXIS 13327, 53).

begründet werden kann. Das hier zum Ausdruck kommende Verständnis einer verantwortungsbegründenden Beteiligungshandlung lässt dabei den Akteuren nicht die Möglichkeit offen, sich auf die bloße geschäftliche Aktivität zurückzuziehen. Bei Kenntnis der Verletzungshandlungen durch den Täter, kann bereits vielmehr die Zusammenarbeit im Rahmen der geschäftlichen Beziehungen schon eine Verantwortlichkeit nach den Grundsätzen der Beteiligung begründen.[915]

c) Ergebnis

Sowohl durch die EU als auch durch das US-amerikanische Gericht im Verfahren *Doe v. Unocal* wird das Bestehen einer unmittelbaren Pflicht wirtschaftlicher Akteure in Bezug auf die Beachtung des Verbots der Zwangsarbeit zum Ausdruck gebracht. Ein Unterschied besteht allerdings hinsichtlich der Begründung der Verpflichtung. Wird die Pflicht von der EU als Teil der erforderlichen Maßnahmen erachtet, einen effektiven Schutz der Menschenrechte durch die Staaten zu erzielen und damit bloß ein Reflex ist, wird das Verbot der Zwangsarbeit im Verfahren *Doe v. Unocal* als eine Norm angesehen, die in dem Maaße als allgemein anerkannt gilt, dass sie als völkerrechtliche Norm Bestandteil des common law ist. Eine Verletzung führt in beiden Fällen zu einer unmittelbaren Verantwortlichkeit der handelnden Person.

3. Zusammenfassung und Ergebnis

Ein Beitrag zur Entstehung einer völkergewohnheitsrechtlichen Pflicht wirtschaftlicher Akteure zur Beachtung des Verbots der Zwangsarbeit hat sich nur im Rahmen der Maßnahmen und Handlungen in Bezug auf die Problematik der Zwangsarbeit in Birma nachweisen lassen. Dort wird das Bestehen einer Pflicht als gegeben anerkannt bzw. als eine eigenständige Pflicht begründet. Mag auch der Begründungsansatz im Einzelnen unterschiedlich sein, so bleibt doch das Ergebnis dasselbe. Es besteht eine Übung mit einer entsprechenden Rechtsüberzeugung, dass wirtschaftliche Unternehmen dem Verbot der Zwangsarbeit unterliegen.

---

915 Vergegenwärtigt man sich wiederum den Charakter des ATCA mag diese Feststellung nicht verwundern. Schließlich findet sich eine Verantwortlichkeit für die Beteiligung an Delikten in vielen Rechtsordnungen im Zivilrecht. Für das deutsche Recht siehe § 830 BGB. Nach der h.M. ist es nach den Grundsätzen des Strafrechts zu beurteilen, ob eine Verantwortlichkeit begründende Beteiligung vorliegt. Vgl. Palandt/Sprau, § 830 Rn. 3f.

Im Rahmen der Maßnahmen zur Wiedergutmachung der Folgen der Zwangsarbeiterprogramme während des Zweiten Weltkrieges dominiert dagegen der Gedanke, dass Ansprüche aufgrund kriegsbedingter Zwangsarbeit dem zwischenstaatlichen und nicht dem individuellen Bereich zuzuordnen sind. Unabhängig von der Fragestellung des Bestehens eines unmittelbaren völkerrechtlichen Verbots, wie es von dem US-amerikanischen Gericht dem Grunde nach auch hier für möglich erachtet wird, würden insoweit keine Ansprüche gegenüber privaten Akteuren bestehen. In der Errichtung der Stiftung EVZ ist schließlich zwar aufgrund des unmissverständlichen Drängens der Bundesregierung auf eine Beteiligung wirtschaftlicher Akteure an dem Entschädigungsfond eine Übung im Umgang mit der Problematik der Verletzung des Verbots der Zwangsarbeit zu sehen. Es fehlt hier aber die erforderliche Rechtsüberzeugung, um als ein umfassender Beitrag zur Entstehung einer völkergewohnheitsrechtlichen Norm gewürdigt werden zu können.

Im Völkerstrafrecht wurde eine Verantwortlichkeit juristischer Personen in die Verhandlungen über das Römische-Statut nicht mit aufgenommen. Ebenso zeigen die Urteile der Nürnberger Kriegsverbrecherprozesse keine überzeugenden Ansätze, die für das Anerkenntnis einer Verantwortlichkeit juristischer Personen sprechen.

Zusammenfassend kann demnach festgehalten werden, dass anschließend an Geschehnisse der jüngeren Vergangenheit eine Tendenz besteht, eine Pflicht wirtschaftlicher Akteure zur Beachtung des Verbots der Zwangsarbeit anzuerkennen. Problematisch bleibt dabei jedoch insbesondere mit Blick auf die Ansätze in der US-amerikanischen Rechtsprechung, dass es noch zu keiner rechtskräftigen Verurteilungen von Unternehmen gekommen ist, sondern zuvor Vergleiche zwischen den streitenden Parteien geschlossen wurden. Zu der bestehenden Rechtsüberzeugung fehlt daher die unerlässliche Voraussetzung der Übung, um einen umfassenden Beitrag zur Entstehung von Völkergewohnheitsrecht zu erbringen.

V. Zusammenfassung und Gesamtergebnis

Eine allgemeine Tendenz der Entwicklung internationaler Verpflichtungen wirtschaftlicher Akteure zur Beachtung der Kernarbeitsrechte hat sich am Beispiel der Maßnahmen der EU und der Rechtsprechung auf der Grundlage des ATCA nicht nachweisen lassen.

Die Untersuchung hat gezeigt, dass innerhalb der EU mit der Ausnahme der Vereinigungsfreiheit die Gewährleistung sozialrechtlicher Mindeststandards i.S.d. Kernarbeitsrechte eine detaillierte Ausgestaltung erfahren hat. Letztlich geht sie dabei aber mit der Ausnahme des Verbots der Zwangsarbeit und dem Gebot der Gleichheit des Arbeitsentgelts für männliche und weibliche Arbeitnehmer bei gleicher Arbeit den gleichen Weg wie die einschlägigen internationalen Übereinkommen. Sie begründet nur mitgliedsstaatliche Pflichten zur Umsetzung. Die Besonderheit des Gemeinschaftsrechts führt dabei zwar zu dem Ergebnis, dass die Vorgaben innerhalb einer bestimmten Umsetzungsfrist zu verbindlichen Rechtspflichten Privater werden, doch bleibt auch hier im Regelfall das Verständnis einer nationalen Pflicht und nicht einer internationalen Pflicht bestehen.

Die Reglementierung des weltweit größten Binnenmarktes kann nur begrenzt als Vorbild für die Entwicklung einer internationalen Pflicht zur Beachtung der Kernarbeitsrechte durch private Unternehmen dienen. Zwar liegt der Wille zur Begründung eines sozialen Mindeststandards sehr wohl in der Erkenntnis, dass extrem unterschiedliche Sozialstandards zu Sozialdumping führen können, doch wird die Notwendigkeit der Reglementierung in erster Linie in der Gefahr von Wettbewerbsverzerrungen gesehen, die eine erhebliche Gefahr für die Verwirklichung des Binnenmarktes darstellen können.[916] Diese Gefahr galt es zu vermeiden. Die entsprechenden Maßnahmen werden insoweit mehr unter wirtschaftspolitischen Gesichtspunkten für notwendig erachtet als unter menschenrechtlichen.

Die Rechtsprechung im Rahmen des ATCA zeigt dagegen ein weit größeres Verständnis von bestehenden unmittelbaren Verpflichtungen privater Akteure auf der Grundlage des Völkerrechts. Dabei besteht für die Anerkennung einer Verpflichtung anhand von völkerrechtlichen Maßstäben die Voraussetzung, dass die entsprechende Norm im Völkerrecht als *„universal, specific and obligatory"* eingestuft wird. Die Anerkennung einer Verpflichtung ist insoweit stark abhängig von der tatsächlichen Anerkennung im klassischen Völkerrecht sowie der inhaltlichen Präzision der fraglichen Norm.[917] Dementsprechend wird nur einem kleinen Teil der Kernarbeitsrechte eine unmittelbare Wirkung gegenüber privaten Akteuren zugesprochen. Ohne Einschränkungen betrifft dies nur das Verbot der Zwangsarbeit. In Bezug auf das Verbot der Kinderarbeit und der Diskriminierung in Beschäftigung und Beruf wird es nur für die schwersten Formen der Kinderarbeit im Sinne des IAO-Übereinkommens Nr. 182 und bei rassistischen Diskriminierungen für gegeben erachtet. Eine unmittelbare Verantwortlichkeit

916 *Markus Burianski*, (Fn. 30), S. 90.

917 Grundsätzlich zur Frage der völkergewohnheitsrechtlichen Anerkennung der Kernarbeitsrechte siehe erneut *Melissa Torres*, (Fn. 631), S. 447 (464).

in Bezug auf die Achtung der Vereinigungsfreiheit wird aufgrund des Fehlens der Anerkennung einer hinreichend bestimmten Ausgestaltung des Rechts gänzlich abgelehnt.

Ein Vergleich zeigt, dass das Verbot der Zwangsarbeit als einziges Kernarbeitsrecht sowohl durch EU als auch durch die Rechtsprechung im Rahmen des ATCA die Anerkennung als ein verbindliches internationales Verbot für private Akteure erfahren hat.

In Bezug auf die Fragestellung des konkreten Pflichtenadressaten ist den untersuchten Maßnahmen zu entnehmen, dass die die Verhaltenskodizes dominierende Frage der Definition der sog. transnationalen Unternehmen keinerlei Rolle spielt. Eine Verpflichtung besteht für jedes Unternehmen. Die Maßnahmen können ferner auch nicht als eine Stärkung der einschlägigen Verhaltenskodizes angesehen werden, da keine der untersuchten Maßnahmen einen Bezug zu ihnen herstellt. Eine Weiterentwicklung der Kodizes zu gewohnheitsrechtlichen Pflichten kann insoweit nicht bestätigt werden.

4. Kapitel: Fazit und Ausblick

Eine völkergewohnheitsrechtliche Anerkennung der Verpflichtung wirtschaftlicher Akteure zur Beachtung der Kernarbeitsrechte konnte mit der vorliegenden Arbeit nicht nachgewiesen werden. Die untersuchten nationalen und internationalen Maßnahmen eignen sich nicht als Beweis für die Entwicklung eines umfassenden Verständnisses über das Bestehen internationaler Verpflichtungen zur Beachtung der Kernarbeitsrechte und üben insoweit keine rechtlich verpflichtende Vorbildfunktion für alle wirtschaftlichen Akteure aus. Einzig in Bezug auf das Verbot der Zwangsarbeit kann von einer Entwicklung gesprochen werden, die zur Anerkennung einer Pflicht zur Beachtung dieses völkerrechtlichen Gebots führen kann.

Grundsätzlich ist zwar zu konstatieren, dass bereits dem herkömmlichen Verständnis der Menschenrechte die Erwartungshaltung innewohnt, dass private Akteure menschenrechtliche Gebote zu beachten haben – anders ließe sich die allgemeine Anerkennung der Schutzpflicht der Staaten nicht erklären – doch fehlt der uneingeschränkte Wille der Staaten, darin eine unmittelbare Verpflichtung zu erkennen. Die Untersuchung hat gezeigt, dass selbst dort, wo die Staaten sich bereit erklärt haben, souveräne Rechte zu Gunsten einer wirtschaftlichen Vereinheitlichung aufzugeben, weiter das Verständnis vorherrscht, soziale Mindeststandards durch das nationale Recht zu gewährleisten. Die geschaffenen grenzüberschreitenden sozialen Mindeststandards dienen zudem dabei in erster Linie dem wirtschaftspolitischen Zweck der Wahrung bzw. Schaffung der Wettbewerbsgleichheit und somit der Verwirklichung eines gemeinsamen Marktes.

Auch die Tatsache, dass auf der Grundlage des ATCA Völkerrecht in staatliches Recht übertragen wird und damit völkerrechtliche Normen auf private wirtschaftliche Akteure Anwendung finden, hat letztlich keinen ausreichenden Einfluss auf die Entwicklung einer völkergewohnheitsrechtlichen Pflicht zur Beachtung der Kernarbeitsrechte entfalten können. Eine Verbindlichkeit ist unmittelbar abhängig von der tatsächlichen Anerkennung der fraglichen Norm im Rahmen des „klassischem" Menschenrechtsschutzes. Ist die Norm nicht umfassend anerkannt bzw. ist ihre Ausgestaltung nicht hinreichend genau und bestimmt, wird auch im Rahmen des ATCA eine Verpflichtung privater Akteure nicht anerkannt. Soweit die Kernarbeitsrechte eine hohe formale Anerkennung erfahren haben,[918] ist ihre tatsächliche inhaltliche Ausgestaltung sehr

918 Vgl. die Anzahl der Ratifikationen der einzelnen Übereinkommen der IAO.

umstritten.[919] Ein umfassender Beitrag der Rechtsprechung im Rahmen des ATCA zur Entstehung einer völkergewohnheitsrechtlichen Pflicht würde insofern zunächst eine Klärung der inhaltlichen Ausgestaltung der Rechte im Rahmen des allgemeinen Menschenrechtsschutzes erfordern.

Soll das Verständnis eines staatenbezogenen Menschenrechtsverständnisses weiterhin aufrechterhalten bleiben, muss es das Ziel einer dem Menschenrechtsschutz verpflichteten Politik der Staatengemeinschaft sein, entweder die verbreitete Erosion von Staatsgewalt zu stoppen oder neue leistungsfähige staatliche Einheiten zu schaffen.[920] Der Sonderbeauftragte für Wirtschaft und Menschenrechte hebt in diesem Zusammenhang insbesondere die Möglichkeit einer Veränderung der heute üblichen Praxis bei bilateralen Investitionsschutzabkommen hervor. Diese dürften seiner Ansicht nach im Sinne eines besseren Menschenrechtsschutzes in Zukunft keine Beschränkungen der staatlichen Möglichkeiten beinhalten, Maßnahmen zur Verbesserung der Menschenrechtssituation gegen auswärtige Investoren zu ergreifen.[921] Eine andere Möglichkeit besteht in der Weiterentwicklung der WTO hin zu individuellen Handelsfreiheiten mit korrespondierenden Pflichten zur Beachtung der freien und gleichen Teilnahme am grenzüberschreitenden Wettbewerb.[922] Ohne eine Abkehr von der rein wirtschaftspolitischen Ausrichtung der WTO würde dies zwar nur das Verbot der Diskriminierung in Beschäftigung und Beruf aufgrund der Staatsangehörigkeit betreffen, wäre aber ein erster Schritt. In letzter Konsequenz wäre der Schritt zu einer sozialen Gemeinschaft erforderlich.

Die Idee der Menschenrechte als Schutz vor willkürlicher Machtausübung souveräner staatlicher Akteure entspricht nicht mehr den heutigen Ansprüchen. Ein starres Festhalten an dieser Idee verkennt, dass vor dem Hintergrund der veränderten Gefährdungslage die Freiheit des Einzelnen auch durch eine willkürliche Machtausübung von faktisch souveränen wirtschaftlich tätigen Akteuren bedroht ist.[923] Eine Erweiterung der Menschenrechte in die Richtung der

919 *Melissa Torres*,(Fn. 631), S. 447 (464 ff.).

920 *Eckart Klein*, (Fn. 13), S. 27.

921 Siehe hierzu *Human Rights Council*, Report of the Special Representative of the Secretary-General on the issue of human rights and transnational corporations and other business enterprises, John Ruggie (09.04.2010), A/HRC/14/27, Nr. 20 ff.

922 Zu Anhaltspunkten anhand der Formulierungen der Vertragstexte der WTO für bestehende subjektive Rechte siehe *Oliver Dörr*, (Fn. 461), S. 905 (909) m.w.N.

923 Siehe hierzu *Udo di Fabio*, Recht offener Staaten: Grundlinien einer Staats- und Rechtstheorie, Tübingen, Mohr Siebeck, 1998, S. 65, der in diesem Sinne eine Öffnung als erforderlich ansieht, wenn sich die Gefährdungslage verändert hat.

Anerkennung des Individuums auch als Pflichtenadressat erscheint daher vor dem Hintergrund der Entwicklung der Menschenrechte als logisch. Inwieweit diese Öffnung dann noch dem klassischem Völkerrecht als Recht zwischen souveränen, gleichen Staaten zugeordnet werden kann, bleibt fraglich. In diesem Fall finden sich dann viemehr auf einer anderen als der zwischenstaatlichen Ebene Regelungen für Akteure, die sich vom gedanklichen Ursprung wiedrum auf gleicher Ebene befinden und auf gleiche Rechte berufen können. Ihnen würde jedoch ein Teil der traditionell den Staaten obliegenden Verpflichtung des Menschenrechtsschutzes zusätzlich auferlegt und so ein wesentlicher Beitrag zur Verwirklichung des allgemein anerkannten Gemeinwohlbelanges des Menschenrechtschutzes abverlangt werden. Da den Staaten weiterhin die Verwirklichung eines umfassenden Menschenrechtsschutzes obliegt, würde eine zweite Pflichtenebene entstehen, die dem traditionellen Völkerrecht als Recht zwischen souveränen Gleichen nicht ensprechen würde.

Ein erster Schritt in diese Richtung ist bereits mit der Verabschiedung der einschlägigen Verhaltenskodizes gemacht worden. Auch wenn sie bisher auf dem Gedanken der Freiwilligkeit beruhen, sind sie doch Ausdruck der bestehenden internationalen Moralvorstellung, die die Einhaltung menschenrechtlicher und arbeitsrechtlicher Mindeststandards durch wirtschaftliche Akteure für geboten hält. Sie stellen den ersten Schritt einer Rechtsentwicklung dar, in der menschenrechtliche Verpflichtungen für Wirtschaftsunternehmen formuliert werden.[924]

Auch wenn eine rechtliche Verantwortung nicht besteht, hat die Formulierung einer allgemeinen Erwartungshaltung gegenüber wirtschaftlichen Unternehmen im Hinblick auf die Einhaltung sozialer Mindeststandards dazu geführt, dass ihr Verhalten messbar wurde. Insbesondere Unternehmen, die stark in der öffentlichen Wahrnehmung stehen, haben dadurch zu der Befolgung der Vorgaben in der Praxis keine Alternative, wollen sie sich nicht der Gefahr einer negativen Berichterstattung und der damit verbundenen negativen Werbung für ihre Marke aussetzen, die in der Regel mit kostenträchtigen Marketingkampagnen mühevoll installiert wurde.[925]

---

924 Siehe zu den Stadien der Rechtsentwicklung *Marion Weschka*, (Fn. 171), S. 625 (658) m.w.N.

925 Siehe hierzu John Ruggie, *The Economist* Debate "The Business of Business is Business: Against the Proposition", Gotham Hall, New York City 2 November 2008; abrufbar unter: http://www.reports-and-materials.org/Ruggie-Economist-Debate-2-Nov-2008.pdf, S. 2 (letzter Abruf: 2.12.2012). Zur Bedeutung der Marke gegenüber den eigentlichen verkauften Produkten eines Unternehmens siehe *Naomi Klein*, No Logo, New York, Picador, 1999, S. 25–46.

Sollen die Verhaltenskodizes nicht nur der Ausdruck eines politisch wünschenswerten Verhaltens bleiben, wäre im Sinne der Entwicklung einer völkergewohnheitsrechtlichen Verpflichtung ihre Integration in staatliche und zwischenstaatliche Maßnahmen notwendig. Die Untersuchung hat allerdings gezeigt, dass die Kodizie bis jetzt weder im Rahmen der Rechtsprechung auf der Grundlage des ATCA noch bei der Begründung der gemeinschaftlichen Maßnahmen eine entscheidende Rolle gespielt haben. Ein möglicher Weg der Einbindung der Verhaltenskodizes in staatliches Handeln kann u.a. in ihrer Einbindung in die Vergabe von Exportkreditgarantien liegen.[926]

Von großem Interesse wird der künftige Umgang mit den UN-Leitlinien zur Unternehmensverantwortung sein. Der vom UN-Sonderbeauftragten John Ruggie entwicklete Referenzrahmen für wirtschaftliches Handeln mit Bezug zu Menschenrechten ist mit seinen drei Säulen (Protect, Respect and Remedy) wegweisend. Er macht auf der Grundlage des gegenwärtigen staatenbezogenen Menschenrechtsverständnisses für wirtschaftliche Akteure deutlich, welche Erwartungen an ihr Handeln gestellt werden, um negative Auswirkungen auf menschenrechtliche Gewährleistungen zu verhindern. Besondere Bedeutung wird hier der Working Group zukommen, deren Aufgabe die Förderung der Verbreitung und Umsetzung der Leitlinien ist.

Letztlich gilt es jedoch zu konstatieren, dass die Schaffung einer individuellen Verantwortlichkeit wirtschaftlicher Unternehmen in Bezug auf die Beachtung der Kernarbeitsrechte allein nicht ausreichend ist, das Ungleichgewicht des völkerrechtlichen Systems bei staatlichen und privaten Gefährdungen der elementaren menschenrechtlichen Arbeitsrechte zu beseitigen.[927] Unzureichend ist auch die Durchsetzbarkeit von Ansprüchen, nicht gekärt ein abgesicherter Durchsetzungsmechanismus auf nationaler oder internationaler Ebene. Es bleibt letzten

926 Beispielhaft für diese Meinung in der Literatur *Andrew Clapham*, (Fn. 293), S. 210. Zum jetzigen Zeitpunkt beschränkt sich die gegenwärtige Praxis der OECD-Mitgliedsstaaten jedoch im Wesentlich darauf, dass die im Rahmen des Antragsverfahrens zur Verfügung gestellten Unterlagen lediglich explizit auf die Leitsätze und die Notwendigkeit ihrer Einhaltung hinweisen. Einzig Frankreich und Niederlande weichen von dieser Form der passiven Belehrung ab und fordern von den Investoren bzw. Antragstellern ein ausdrückliches Bekenntnis zu den Leitsätzen, in dem sie während des Antragsverfahrens schriftlich bestätigen müssen, dass sie sich der Leitsätze bewusst sind bzw. bestrebt sind, die Einhaltung zu gewährleisten. Siehe hierzu u.a. Annual Meeting of the National Contact Points, Report by the Chair, 19–20 June 2007, S. 10 ff.

927 http://www.reports-and-materials.org/Ruggie-remarks-Yale-Law-School-30-Oct-2008.pdf, S. 6 (letzter Abruf: 2.12.2012).

Endes ein politisches Problem, dessen Überwindung nur durch die Auflösung des Spannungsfelds zwischen einzelstaatlichen Wirtschaftsinteressen und Überlegungen einer globalen Gerechtigkeit möglich ist.

Hier gilt die formale Souveränität der Einzelstaaten. Eine Problemlösung erscheint aber nur dann möglich, wenn die Staaten unter Hintanstellung anderer Interessen bereit sind, entweder mit der erforderlichen Konsequenz ihrer Verpflichtung zum Schutz der Menschernechte vor Eingriffen Dritter nachzukommen oder Souveränität abzugeben, so dass im weltweiten Wirtschaftsraum auch soziale Standards zwischenstaatlich wirksam geregelt und durchgesetzt werden können. Ein konzeptionelles Hindernis für Staaten, in diesem Rahmen wirtschaftlichen Akteuren unmittelbare Pflichten durch das Völkerrecht aufzuerlegen, besteht dabei im Völkerrecht – wie gezeigt – nicht. Zu allererst bedarf es aber eines breiten Bekenntisses der Weltgemeinschaft zu der Achtung elementarer menschenrechtlicher Arbeitsstandards, welche über allem Streben nach wirtschaftlichen Vorteilen und Gewinn stehen. Dem ist die internationale Gemeinschaft mit den UN-Leitlinen für Unternehmensverantwortung bisher nur einen Schritt näher gekommen. Es wurden politische Ziele aber nicht durchsetzbare Rechtsansprüche formuliert.

Literaturverzeichnis

Abel, Alexander, Der Alien Tort Statute nach der Entscheidung des US-Supreme Court in der Sache Sosa v. Alvarez-Machain: ein US-amerikanischer Weg zum Schutz der Menschenrechte, Aachen, Shaker-Verl., 2007.

Abi-Saab, Georges, Cours général de Droit International Public, Recueil des Cours (Vol. 207), 1987, S. 160 ff.

Addo, Michael, The Corporation as a Victim of Human Rights Violations, in: ders. (Hrsg.), Human Rights Standards and the Responsibility of Transnational Corporation, The Hague u.a, Kluwer Law, 1999.

Akehurst, Michael, Custom as a Source of International Law, BYIL 47 (1974/75), S. 1 ff.

Ali, Shaheen Sardar, Gender and Human Rights in Islam and International Law: Equal before Allah, Unequal before Man?, The Hague, Kluwer Law Internat, 2000.

Alkema, Evert, The third-party applicability or „Drittwirkung" of the European Convention on Human Rights, in: Franz Matscher (Hrsg.), Protecting Human Rights: the European dimension : studies in honour of Gérard J. Wiarda, Köln (u. a.), Heymanns, 1988, S. 33 ff.

Alston, Philip / Heenan, James, Shrinking the International Labor Code: An Unintended Consequence of the 1998 ILO Declaration on Fundamental Principles and Rights at Work?, 36 N.Y.U. J. Int'l L & Pol. (2004), S. 221 ff.

–, Core Labour Standards and the Transformation of the International Labour Rights Regime, EJIL 2004, S. 457 ff.

Anderes, Sabrina, Fremde im eigenen Land: die Haftbarkeit transnationaler Unternehmen für Menschenrechtsverletzungen an indigenen Völkern – Stand der Entwicklung im Völkerrecht und auf nationaler Ebene am Beispiel der Rechtsprechung in den USA, Zürich, Schulthess, 2001.

Annuß, Georg, Das Verbot der Altersdiskriminierung als unmittelbar geltendes Recht, BB 2006, S. 35 ff.

Baade, Hans W., The Legal Effects of Codes of Conduct for Multinational Enterprises, GYIL 22 (1979), S. 11 ff.

Baderin, Mashood A., International Human Rights and Islamic Law, Oxford, Oxford Univ. Press, 2003.

Ballentine, Karen/Nitzschke, Heiki, Business and Armed Conflict: An Assessment of Issues and Options, Friedenswarte 79 (2004), S. 35 ff.

Bank, Roland, Die Leistungen an NS-Zwangsarbeiter durch die Stiftung „Erinnerung, Verantwortung und Zukunft“: Ein Modell für die Entschädigung von Menschenrechtsverletzungen?, in: Thilo Marauhn (Hrsg.), Die Rechtsstellung des Menschen im Völkerrecht, Mohr Siebeck, Tübingen, 2003, S. 83 ff.

Bauer, Jobst-Hubertus / Arnold, *Christian*, Auf „Junk“ folgt „Mangold“ – Europarecht verdrängt deutsches Arbeitsrecht, NJW 2006, S. 6 ff.

Bernhardt, Rudolf, Ungeschriebenes Völkerrecht, ZaöRV 36 (1976), S. 50 ff.

–, Internationaler Menschenrechtsschutz und nationaler Gestaltungsspielraum, in: ders. (Hrsg.), Völkerrecht als Rechtsordnung – Internationale Gerichtsbarkeit – Menschenrechte: Festschrift für Hermann Mosler, Berlin (u.a.), Springer, 1983, S. 75 ff.

–, Customary International Law, in: ders. (Hrsg.), Encyclopedia of Public International Law, Vol. 1, Amsterdam, North Holland, 1992, S. 898 ff.

Beyerlin, Ulrich, Umweltvölkerrecht, München, C.H. Beck, 2000.

Blanpain, Roger, The OECD Guidelines and Labour Relations: Badger and Beyond, in: Norbert Horn (Hrsg.); Legal Problems of Codes of Conduct for Multinational Enterprises, Kluwer, Deventer, 1980, S. 145f.

Bleckmann, Albert, Völkerrecht, 1.Aufl., Baden-Baden, Nomos, 2001.

–, Feststellung und Auslegung von Gewohnheitsrecht, ZaöRV 1977, S. 504 ff.

Böhmer, Alexander, The Revised 2000 OECD Guidelines for Multinational Enterprises – Challenges and Prospects after 4 Years of Implementation, in: Policy Papers on Transnational Economic Law, No. 3/2004.

Böhmert, Sabine, Das Recht der ILO und sein Einfluß auf das deutsche Arbeitsrecht im Zeichen der europäischen Integration, Baden-Baden, Nomos, 2002.

Bos, Maarten, A Methodology of International Law, Amsterdam, North-Holland, 1984.

Brownlie, Ian, Principles of Public International Law, 8. ed., Oxford (u.a.), Oxford Univ. Press, 2012.

Brun-Otto Bryde, Verpflichtung Erga Omnes aus Menschenrechten, in: Walter Kälin, Aktuelle Problem des Menschenrechtsschutzes, BDGV 33, Heidelberg, C.F. Müller, Jur. Verl., 1994, S. 165 ff.

Bühring, Ferry / Hüfken, Nina, Menschenrechtsstandards für Governance in schwachen und zerfallenden Staaten: Theoretische Überlegungen zur Menschenrechtsbindung nichtstaatlicher Akteure, in: Sybille De La, Rosa/Ulrike Höppner/Matthias Kötter (Hrsg.), Transdisziplinäre Governanceforschung. Gemeinsam hinter den Staat blicken, Baden-Baden, Nomos, 2008.

Burianski, Markus, Globalisierung und Sozialstandards. Der Schutz der Kernarbeitsrechte in und durch den Internationalen Handel, Hamburg, Verlag Dr. Kovač, 2004.

Calliess, Christian/Ruffert, Matthias (Hrsg.), EUV, AEUV : das Verfassungsrecht der Europäischen Union mit Europäischer Grundrechtecharta, Kommentar, 4. Aufl., C.H. Beck. München, 2011 (zitiert: *Bearbeiter,* in: Calliess/Ruffert, EUV/AEUV, 4. Aufl. 2011).

–, Grundlagen, Grenzen und Perspektiven europäischen Richterrechts, NJW 2005, S. 929 ff.

Carrington, Wesley V., Corporate Liability for Violation of Labor Rights Under the Alien Tort Claims Act, Iowa LR 94 (2009), S. 1381 ff.

Charney, Jonathan, Transnational Corporations and Developing Public International Law, DLJ 1983, S. 748 ff.

Clapham, Andrew, Human Rights Obligations of Non-State Actors, Oxford (u.a.), Oxford Univ. Press, 2006.

–, The Question of Jurisdiction Under International Criminal Law Over Legal Persons: Lessons from the Rome Conferecne on an International Criminal Court, in: Menno T. Kamminga/Saman Zia-Zarifi, Liability of Multinational Corporations under International Law, The Hague, Kluwer Law International, 2000, S. 139 ff.

–, Human Rights in the Private Sphere, Oxford, Clarendon Press, 1993.

Dahm, Georg/Delbrück, Jost/Wolfrum, Rüdiger, Völkerrecht, Bd. I/1, Die Grundlagen. Die Völkerrechtssubjekte, 2. Aufl., Berlin. de Gruyter, 1989 (zitiert: *Dahm/Delbrück/Wolfrum,* Völkerrecht, Bd. I/1).

–, Völkerrecht, Bd. I/2, Der Staat und andere Völkerrechtssubjekte. Räume unter internationaler Verwaltung, 2. Aufl., Berlin, de Gryter, 2002 (zitiert: *Dahm/Delbrück/Wolfrum,* Völkerrecht, Bd. I/2).

Däubler, Wolfgang / Bertzbach, Martin (Hrsg.), Allgemeines Gleichbehandlungsgesetz, Handkommentar, Nomos, Baden-Baden, 2007 (zitiert: *Bearbeiter,* in: Däubler/Bertzbach AGG KOM).

–, */ Kittner, Martin / Lörcher, Klaus (Hrsg.),* Internationale Arbeits- und Sozialordnung, 2. Aufl., Köln, Bund-Verl., 1994 (zitiert: Däubler/Kittner/Lörcher, IntASO).

Dauses, Manfred, Die Antidiskriminierungsrichtlinien: Faustscher Tatendrang oder mephistophelischer Zynismus?, EuZW 2007, S. 129.

de Brabandere, Eric, Non-state Actors, State-Centrism and Human Rights Obligation, LJIL 2009, S. 191 ff.

–, Non-state Actors and Human Rights : Corporate Responsibility and the Attempts to Formalize the Role of Corporations as Participants in the International Legal System, in: Jean d' Aspremont, Participants in the International Legal System: Multiple Perspectives on Non-state Actors in International Law, Abingdon, Routledge, 2011, S. 268 ff.

de Feyter, Koen, The Prohibition of Child Labour as a Social Clause in Multilateral Trade Agreements, in: Eugeen Verhellen (ed.), Monitoring Children's Rights, Kluwer Law International, The Hague, 1996, S. 431 ff.

Delbrück, Jost, Drittwirkung der Grundrechte durch völkerrechtliche Verpflichtung, in: ders., Die Konstitution des Friedens als Rechtsordnung: zum Verständnis rechtlicher und politischer Bedingungen der Friedenssicherung im internationalen System der Gegenwart, Berlin, Duncker und Humblot, 1996, S. 41 (46 ff.).

–, The Role of the United Nation in Dealing with Global Problems, Indiana Journal of Global Legal Studies 9 (2002), S. 401 ff.

di Fabio, Udo, Das Recht offener Staaten: Grundlinien einer Staats- und Rechtstheorie, Tübingen, Mohr Siebeck, 1998.

Dijk, Pieter van / Hoff, Godefridus J.H. van, Theory and Practice of the European Convention on Human Rights, 3. Aufl., The Hague (u.a.), Kluwer International Law, 1998.

Dodge, William, The Historical Origins of the Alien Tort Statute: A Response to the "Originalists", Hastings Int'l & Com. L. Rev.19 (1996), S. 221 ff.

Döhring, Karl von, Völkerrecht: ein Lehrbuch, 2. Aufl., Heidelberg, C.F. Müller, 2004.

Dörr, Oliver, „Privatisierung" des Völkerrechts, JZ 2005, S. 905 ff.

Drzemczewski, Andrew, The European Human Rights Convention and the Relation between Private Parties, NILR 26 (1996), S. 163 ff.

Egli, Patricia, Drittwirkung von Grundrechten: Zugleich ein Beitrag zur Dogmatik der grundrechtlichen Schutzpflichten im Schweizer Recht, Zürich, Schulthess Juristische Medien, 2002.

Elias, Olufemi, The Nature of the Subjective Element in Customary International Law, ICLQ 1995, S. 501 ff.

Emmerich-Fritsche, Angelika, Zur Verbindlichkeit der Menschenrechte für transnationale Unternehmen, AVR 45 (2007), S. 541 ff.

–, Vom Völkerrecht zum Weltrecht, Berlin, Duncker & Humblot, 2007.

–, Sozialprinzip und Weltwirtschaftsverfassung am Beispiel der WTO und ILO, in: Wilhelm Hankel (Hrsg.), Der Ökonom als Politiker : Europa, Geld und die soziale Frage, Festschrift für Wilhelm Nölling, Stuttgart, Lucius & Lucius, 2003.

Engelen, Klaus J., Die „political question doctrine" und ihre Anwendung durch amerikanische Gerichte auf außenpolitische Sachverhalte seit dem Vietnamkonflikt, 1984.

Epiney, Astrid / Abt, Marianne Freiermuth, Das Recht der Gleichstellung von Mann und Frau in der EU, Nomos, Baden-Baden, 2003.

Epping, Volker, Grundrechte, 5. Aufl., Heidelberg, Springer, 2012.

Fäßler, Peter E., Globalisierung, UTB (u.a.), Stuttgart, 2007.

Fenner, Christoph, Der globale Pakt der Vereinten Nationen, Freiburg i. Br., ABI, 2004.

Fischer, Peter, Transnational Enterprises, in: Rudolf Bernhardt (Hrsg.) Encyclopedia of Public International Law, Vol. 4, Amsterdam, North Holland, 2000, S. 921 ff.

Franke, Siegfried F., Sozialdumping durch Schwellenländer, in: Hartmut von Berg (Hrsg.), Globalisierung der Wirtschaft: Ursachen – Formen – Konsequenzen, Berlin, Duncker und Humblot, 1999, S. 157 ff.

Franz, Thorsten, Gewinnerzielung durch kommunale Daseinsvorsorge. Zugleich eine Untersuchung zu den Zwecken und Formen der kommunalen wirtschaftlichen Betätigung, Tübingen, Mohr Siebeck, 2005.

Frauendorf, Lutz, Die Entschädigung von NS-Zwangsarbeit – ein aktuelles Problem, ZRP 1999, S. 1 ff.

Freeman, Marsha / Chinkin, Christine / Rudolf, Beate (Editor), The UN Convention on the Elimination of All Forms of Discrimination against Women : A Commentary, Oxford, Oxford Univ. Press, 2012.

Friedmann, Walter, The Changing Structure of International Law, London, Stevens, 1964.

Friedrich, Jürgen, Code of Conduct, in: Rüdiger Wolfrum (Ed.), *The Max Planck Encyclopedia of Public International Law*, Oxford University Press, 2008, online edition, abrufbar unter: http://www.mpepil.com/home.

Fritzsche, Karl Peter, Menschenrechte: Eine Einführung mit Dokumenten, 1. Aufl., Paderborn (u.a.), Schöningh (u.a.), 2004.

Frowein, Jochen Abr., Jus Cogens, in: Rüdiger Wolfrum (Ed.), The Max Planck Encyclopedia of Public International Law, Oxford University Press, 2008, online edition, abrufbar unter: www.mpepil.com.

Fuchs, Maximilian / Marhold, Franz, Europäisches Arbeitsrecht, 3. Aufl., Springer, Wien, 2010.

Gas, Tonio, Die unmittelbare Anwendbarkeit von Richtlinien zu Lasten Privater im Urteil „Mangold“, EuZW 2005, S. 737 ff.

Gebauer, Martin / Schulze, Götz, Kalifornische Holocaust-Gesetze zugunsten von NS-Zwangsarbeitern und geschädigten Versicherungsnehmern und die Urteilsanerkennung in Deutschland, IPRax 1999, S. 478 ff.

Geiger, Rudolf, Grundgesetz und Völkerrecht, 4. Aufl., München, Beck, 2009.

Geldermann, Heiner, Völkerrechtliche Pflichten multinationaler Unternehmen, Nomos, Baden-Baden, 2009.

Gelfand, Jacob, The Lack of Enforcement in the United Nations Draft Norm, in: Oliver De Schutter (Hrsg.), Transnational Corporations and Human Rights, Oxford, Hart, 2006, S. 313 ff.

Grabitz, Eberhard / Hilf, Meinhard, Das Recht der Europäischen Union, Beck, München, 2010 (Stand 41. Erg.-Lfg.) (zitiert *Bearbeiter*, in: Grabitz/Hilf, Das Recht der Europäischen Union).

Grewlich, Klaus W., Transnational Enterprises in a New International Economic System, Alphen a.d. Rijn (usw.), Sijthoff & Noordhoff, 1980.

Groeben, Hans von der / Schwarze, Jürgen (Hrsg.), Kommentar zum Vertrag über die Europäische Union und zur Gründung der Europäischen Gemeinschaft, 6. Aufl., Nomos, Baden-Baden, 2003 (zitiert: *Bearbeiter*, in: von der Groeben / Schwarze, Kommentar EUV/EVG).

Grote, Rainer / Marauhn, Thilo, EMRK/GG, Konkordanzkommentar zum europäischen und deutschen Grundrechtsschutz, Mohr Siebeck, Tübingen, 2006 (zitiert: *Bearbeiter, in:* Grote/Marauhn, EMRK/GG, 2006).

Gunning, Isabelle R., Modernizing Customary International Law: The Challenge of Human Rights, VJIL Vol. 31 (1990/1991).

Hahn, Hugo J., Individualansprüche auf Wiedergutmachung von Zwangsarbeit im Zweiten Weltkrieg: Das Entschädigungsgesetz vom 2.8.2000, NJW 2000, S. 3521 ff.

Hailbronner, Kay, Völkerrechtliche und staatsrechtliche Überlegungen zu Verhaltenskodizes für transnationale Unternehmen, in: Ingo v. Münch (Hrsg.), Staatsrecht-Völkerrecht-Europarecht, Festschrift für Hans-Jürgen Schlochauer zum 75. Geburtstag am 28.März 1981, Berlin, de Gruyter, 1981, S. 329 ff.

Henkin, Louis, The Universal Declaration at 50 and the Challenge of Global Markets, Brook J. Int’l L 25 (1999), S. 17 ff.

Hennies, Jörg Hagen, Entschädigung für NS-Zwangsarbeit vor und unter der Geltung des Stiftungsgesetzes vom 2.8.200, Nomos, Baden-Baden, 2006.

Herdegen, Matthias, Völkerrecht, 11. Aufl., C.H. Beck, München, 2012.

–, Europarecht, 14. Aufl., C.H. Beck, München, 2012.

Hillemanns, Caroline, Transnationale Unternehmen und Menschenrechte, http://www.dissertationen.unizh.ch/2006/hillemanns/diss.pdf.

Higgins, Rosalyn, Problems and Process: International Law and How We Use It, Oxford u.a.; Claderon Press, 1994.

Hobe, Stephan, Einführung in das Völkerrecht, 9. Aufl., Tübingen, A. Francke, 2008.

Höffe, Otfried, Demokratie im Zeitalter der Globalisierung, München, Beck, 2002.

Holstein, Miriam, Act of state im US-amerikanischen Recht: Eine Doktrin vor dem Zerfall?, Münster, Lit Verlag, 1998.

Hood, Neil / Young, Stephen, The Economics of Multinational Enterprises, London, Longman, 1979.

Hoof, Godefridus J.H. van, Rethinking the Sources of International Law, Kluwer, Ijsselstein, 1983.

Hummer, Waldemar, Der internationale Menschenrechtsschutz: Entwicklung und Grundlagen, in: Hanspeter Neuhold, u.a. (Hrsg.), Österreichisches Handbuch des Völkerrechts, Band 1: Textteil, 4. Aufl., Wien, Manz, 2004.

Huner, Jan, The OECD Guidelines and the MAI, in: Menno Kamminga/Saman Zia-Zarifi (Hrsg.) Liability of Multinational Corporations under International Law, The Hague (u.a.), Kluwer Law International, 2000, S. 197 ff.

IAO (Hrsg.), Eine globale Allianz gegen Zwangsarbeit. Gesamtbericht im Rahmen der Folgemaßnahmen zur Erklärung der IAO über die grundlegenden Prinzipien und Recht bei der Arbeit, Genf, 2005.

–, *(Hrsg.),* Freedom of Association. Digest of Decision and Principles of the Freedom of Association Committee of the Governing Body of the ILO, 5. Aufl. 2006.

International Council on Human Rights, Policy Beyond Voluntarism: Human Rights and the Developing International Legal Obligations of Companies, 2002, International Council on Human Rights Policy, Versoix, Switzerland (zitiert: ICHR).

Ipsen, Knut, Völkerrecht, 5. Aufl., München, C.H. Beck, 2004 (zitiert: *Bearbeiter, in:* Ipsen, Völkerrecht 5. Aufl., 2004).

Jacoby, Sigrid, Allgemeine Rechtsgrundsätze : Begriffsentwicklung und Funktion in der Europäischen Rechtsgeschichte, Berlin, Duncker & Humblot, 1997.

Jägers, Nicola, The Legal Status of Multinational Corporation under International Law, in: Michael Addo, Human Rights Standards and the Responsibility of Transnational Corporations, The Hague, Kluwer Law International, 1999, S. 259 ff.

–, Corporate Human Rights Obligations: in Search of Accountability, Antwerpen (u.a.), Intersentia, 2002.

–, Transnational Corporation and Human Rights, in: Mielle K. Bulterman, (Hrsg.), To Baehr in our Minds : Essays on Human Rights from the Heart of the Netherlands, Utrecht, 1998, S. 71 ff.

Junker, Abbo, Discovery im deutsch-amerikanischen Rechtsverkehr, Heidelberg, Verlag Recht u. Wirtschaft, 1987.

Kadelbach, Stefan, Zwingendes Völkerrecht, Berlin, Duncker & Humblot, 1992.

Kaleck, Wolfgang / Saage-Maaß, Miriam, Transnationale Unternehmen vor Gericht, Über die Gefährdung der Menschenrechte durch europäische Firmen in Lateinamerika, Band 4 der Reihe Demokratie; Heinrich-Boll-Stiftung (Hrsg.), Berlin, 2008.

Kälin, Walter / Künzli, Jörg, Universeller Menschenrechtsschutz, 2. Aufl., Basel, Helbing & Lichtenhahn (u.a.), 2008.

Katja Wiesbrock, Internationaler Schutz der Menschenrechte vor Verletzungen durch Private, Berlin, Berlin-Verl. Spitz, 1999.

Kaufmann, Christine, Globalisation and Labour Rights – The Conflict between Core Labour Rights and International Economic Law, Oxford, Hart Publishing, 2007.

Kelsen, Hans, Principles of international law, New York, Rinehart, 1952.

Kimmel, Adolf (Hrsg.), Verfassungen der EU-Mitgliedstaaten: Textausgabe, 6. Aufl. München, Beck, 2005.

King, Betty, The UN Global Compact: Responsibility for Human Rights, Labor Relations and Environment in Developing Nations, Cornell Int'l L.J 481(2001), S. 481 ff.

Kinley, David / Chambers, Rachel, The United Nations Human Rights Norms for Corporations: The Private Implications of Public International Law, HRLR 2006, S. 447 ff.

Kirchner, Jörg, Völkergewohnheitsrecht aus der Sicht der Rechtsanwendung: Möglichkeiten und Grenzen bei der Ermittlung völkergewohnheitsrechtlicher Normen, München, Verlag V. Florentz, 1989.

Klabbers, Jan, An Introduction to International Institutional Law, Cambridge (u.a.), Cambridge Univ. Press, 2002.

Klein, Eckart, Menschenrechte : Stille Revolution des Völkerrechts und Auswirkungen auf die innerstaatliche Rechtsanwendung, Baden-Baden, Nomos, 1997.

–, Menschenrechte und Ius cogens, in: Jürgen Bröhmer u.a. (Hrsg.), Internationale Gemeinschaft und Menschenrechte, Festschrift Georg Ress, Carl Heymanns Verlag, 2005, S. 151 ff.

Klein, Naomi, No Logo, New York, Picador, 1999.

Knox, John H., The Ruggie Rules: Applying Human Rights Law to Corporations, abrufbar unter: http://papers.ssrn.com/sol3/papers.cfm?abstract_id=1916664.

Kolk, Ans / van Tulder, Rob, Child Labor and Multinational Conduct: A Comparison of International Business and Stakeholder Codes, Journal of Business Ethics 36 (2002), S. 292 ff.

König, Kai-Michael, Die völkerrechtliche Legitimation der Strafgewalt internationaler Strafjustiz, Baden-Baden, Nomos, 2003.

Körner, Marita, Europäisches Verbot der Altersdiskriminierung in Beschäftigung und Beruf, NZA 2005, S. 1395 ff.

Kotzur, Markus, Theorieelemente des int. Menschenrechtsschutzes – das Beispiel der Präambel des Internationalen Paktes über bürgerliche und politische Rechte, Duncker & Humblot, Berlin, 2001.

Langenfeld, Christine, Die Gleichbehandlung von Mann und Frau im Europäischen Gemeinschaftsrecht, Nomos, Baden-Baden, 1990.

Lansky, Mark, Perspectives: Child Labour: How the Challenge is being met, ILR 136 (1997), S. 233 ff.

Leube, Konrad, Gesetz zur Errichtung einer Stiftung „Erinnerung, Verantwortung und Zukunft" – Zwangsarbeit und Sozialversicherung, NZS 2001, S. 80 ff.

Levin, Aline, Erinnerung? Verantwortung? Zukunft? Die Beweggründe für die gemeinsame Entschädigung durch den deutschen Staat und die deutsche Industrie für historisches Unrecht, Peter Lang, Frankfurt am Main, 2007.

Levin, Mark, Nishimatsu Construction Co. v. Song Jixiao et al; Kō Hanako et al. v. Japan, AJIL 2008, S. 148 ff.

Lörcher, Klaus, Die Jugendarbeitsschutzrichtlinie der EU, ArbuR 1994, S. 360 ff.

–, Die Normenkontrolle in der IAO –Aktueller Stand und neue Entwicklungen, in: Weltfriede durch soziale Gerechtigkeit – 75 Jahre Internationale Arbeitsorganisation, Bundesministerium für Arbeit und Sozialordnung, u.a. (Hrsg.), Baden-Baden, Nomos, 1994.

Lord Wedderburn of Charlton, The Social Charter in Britain: Labour Law and Labour Courts?, MLR, 1991, S. 12 ff.

Malanczuk, Peter, Akehurst's Modern Introduction to International Law, 7.Aufl., Routledge, London, 1997.

Mares, Radu (Ed.), The Guiding Principles on Business and Human Rights: Foundation and Implementation, Leiden, Brill, 2011.

Marhold, Franz / Friedrich, Michael, Österreichisches Arbeitsrecht, Springer, Wien, 2006.

Maunz, Theodor / Dürig, Günter (Hrsg.), Grundgesetz. Kommentar, Loseblattsammlung seit 1958, Verlag C. H. Beck, München (zitiert: *Bearbeiter, in:* Maunz/Dürig, GG).

Meijers, Herman, How is International Law Made?, NYIL Vol. 9 (1978). S. 3 ff.

Meng, Werner, Völkerrechtliche Zulässigkeit und Grenzen wirtschaftsverwaltungsrechtlicher Hoheitsakte mit Auslandswirkung, ZaöRV 44 (1984), S. 675 ff.

Morhard, Thilo, Die Rechtsnatur der Übereinkommen der Internationalen Arbeitsorganisation, Frankfurt am Main (u.a.), Lang, 1988.

Mosler, Hermann, Die Erweiterung des Kreises der Völkerrechtssubjekte, in: Rudolf Bindschedler (Hrsg.), Die Anerkennung im Völkerrecht, BDGVR 4 (1961), Karlsruhe, C.F. Müller, S. 39 ff.

Muchlinski, Peter, Multinational Enterprises and the Law, Oxford, Oxford Univ. Press, 2007.

–, Corporations in International Litigation: Problems of Jurisdiction and the United Kingdom Asbestos Case, 50 ICQL (2001), S. 1ff.

Münchener Kommentar zum Bürgerlichen Gesetzbuch, Rebmann, Kurt / Säcker, Franz Jürgen / Rixecker, Roland (Hrsg.), Band 1, Allgmeiner Teil, 2.Halbband: AGG, 5. Aufl., München, C.H. Beck, 2007 (zitiert: *Bearbeiter*, in: MüKo Bd. I/2).

Murswiek, Dietrich, Die Pflicht des Staates zum Schutz vor Eingriffen Dritter nach der EMRK, in: Hans-Joachim Konrad (Hrsg.), Grundrechtsschutz und Verwaltungsverfahren unter besonderer Berücksichtigung des Asylrechts. Internationaler Menschenrechtsschutz, Berlin, Duncker & Humblot, 1985, S. 213 ff.

Nesi, Giuseppe, Child Labour in a Globalized World. A Legal Analysis of ILO Action, Aldershot, Ashgate, 2008.

Neuhold, Hanspeter, Das moderne Völkerrecht und seine Lehre: geschichtlicher Überblick, in: ders., u.a. (Hrsg.), Österreichisches Handbuch des Völkerrechts, Band 1: Textteil, 4. Aufl., Wien, Manz, 2004.

Nickel, Rainer, Handlungsaufträge zur Bekämpfung von ethnischen Diskriminierungen in der neuen Gleichbehandlungsrichtlinie 2000/43/EG, NJW 2001, S. 2668 ff.

Nielsen, Henrik Karl, The Concept of Discrimination in ILO Convention No. 111, ICLQ Vol. 43 (1994), S. 827 ff.

Nolte, George, Universal Jurisdiction in the Area of Private Law, in: Christian Tomuschat/ Jean-Marie Thouvenin (Hrsg.), The Fundamental Rules of the International Legal Order, Nijhoff, Leiden u.a., 2006, S. 373 ff.

Nowak, Manfred, Einführung in das internationale Menschenrechtssystem, Wien, Neuer Wiss. Verl., 2002.

Nowrot, Karsten, Nun sag, wie hast Du's mit den Global Players? Fragen an die Völkerrechtsgemeinschaft zur internationalen Rechtsstellung transnationaler Unternehmen, Die Friedens-Warte, Bd. 79 (2004), S. 119 ff.

–, Die UN-Norms on the Responsibility of Transnational Corporations and Other Business Enterprises with Regard to Human Rights: Gelungener Beitrag zur transnationalen Rechtsentwicklung oder das Ende des Global Compact?, in: Beiträge zum transnationalen Wirtschaftsrecht 21 (2003).

Oberhammer, Paul / Reinisch, August, Zwangsarbeiter vor deutschen Gerichten, IPRax 2001, S. 211 ff.

Oldenziel, Joris, The Added Value of the UN Norms – A comparative Analysis of the Norms for Business with Existing International Instruments; The Centre for Research on Multinational Corporation (SOMO), Amsterdam, 2005.

–, The 2000 Review of the OECD Guidelines for Multinational Enterprises: A New Code of Conduct?, Amsterdam, 2000.

Paust, Jordan J., Human Rights Responsibilities of Private Corporations, VJOTL 35 (2001), S. 802 ff.

–, The Complex Nature, Sources and Evidences of Customary Human Rights, Georgia Journal of International and Comparative Law (Vol. 26) 1996, S. 147 ff.

–, Nonstate Actor Participation in International Law and the Pretens of Exclusion, Virginia Journal of International Law, Vol. 51 (2011), S. 977 ff.

Pieroth, Bodo / Schlink, Bernhard, Grundrechte, 27., neu bearb. Aufl., Heidelberg, C.F. Müller, 2011.

Potobsky, Geraldo von, The Freedom of the Worker to Organize According to the Principles and Standards of the International Labour Organization, in: Hermann Mosler / Rudolf Bernhardt (Hrsg.), Die Koalitionsfreiheit des Arbeitnehmers Bd. 2, Springer, Berlin, 1980, S. 1119 ff.

Preis, Ulrich, Verbot der Altersdiskriminierung als Gemeinschaftsgrundrecht – Der Fall „Mangold" und die Folgen, NZA 2006, S. 401 ff.

Raman, K. Venkata, Toward a General Theory of International Cusmotmary Law, in: William Michael Reisman (Hrsg.), Toward World Order and Human Dignity: Essays in Honor of Myres S. McDougal, New York, Free Press, 1976, S. 365 ff.

Ramasastry, Anita, Corporate Complicity: From Nuremberg to Rangoon – An Examination of Forced Labor Cases and Their Impact on the Liability of Multinational Corporations, BJIL 20 (2001), S. 91 ff.

Randelzhofer, Albrecht / Dörr, Oliver, Entschädigung für Zwangsarbeit – Zum Problem individueller Entschädigungsansprüche von ausländischen Zwangsarbeitern während des Zweiten Weltkrieges gegen die Bundesrepublik Deutschland, Duncker & Humblot, Berlin, 1994.

Ratner, Steven, Corporations and Human Rights: A Theory of Legal Responsibility, YLJ 111 (2001), S. 443 ff.

Rauschning, Dietrich, Beendigung der Nachkriegszeit mit dem Vertrag über die abschließende Regelung in bezug auf Deutschland, DVBl 1990, S. 1275 ff.

Reinhard, Jakob, Sammelklagen von Ausländern in den USA gegen ausländische Beklagte nach dem Alien Tort Claims Act, Anmerkungen zu dem Urteil vom 8.4.2009 des District Court von New York in Re South African Apartheid Litigation, RIW 2009, S. 500 ff.

Reinisch, August, NS-Verbrechen und „political questions": Können deutsche Unternehmen von ehemaligen Zwangsarbeitern vor US-Gerichten verklagt werden? Anmerkungen zu Burger –Fischer et al. v. Degusa und Iwanowa v. Ford Motor Company and Ford Werke A.G., IPRax 2000, S. 32 ff.

Richter, Claus, Aspekte der universellen Geltung der Menschenrechte und der Herausbildung von Gewohnheitsrecht, Herbert Utz Verlag, München, 2007.

Rigaux, François, Transnational Corporations, in: Mohammed Bedjaoui (Hrsg.), International Law: Achievements and Prospect, Paris, Unesco [u.a.], 1991.

Rudolf, Beate, Die thematischen Berichterstatter und Arbeitsgruppen der UN-Menschenrechtskommission, Springer, Berlin (u.a.), 2000.

Rust, Ursula von / Falke, Josef (Hrsg.), Allgemeines Gleichbehandlungsgesetz mit weiterführenden Vorschriften; Berlin, Schmidt, 2007 (zitiert: *Bearbeiter*, in: Rust/ Falke, AGG).

Safferling, Christian, Zwangsarbeit vor US-amerikanischen Gerichten, NJW 2000, S. 1922 ff.

Schaub, Günter, Arbeitsrechts-Handbuch: systematische Darstellung und Nachschlagewerk für die Praxis, 14. Aufl., München, C.H. Beck, 2011 (zitiert: Schaub/*Bearbeiter* ArbR-Hdb.).

Schaub, Martin, Verantwortlichkeit von Unternehmen unter dem Alien Tort Statute : Eine Bestandsaufnahme nach Kiobel v. Royal Dutch Petroleum Co., AVR Bd. 49 (2011), S. 124 ff.

Schlachter, Monika, Gemeinschaftsrechtliche Grenzen der Altersbefristung, RdA 2004, S. 352 ff.

Schlurmann, Christa, Die class action im Recht der USA. Ein prozessuales Konzept nach Interessenstrukturen, 1978.

Schmalenbach, Kirsten, Multinationale Unternehmen und Menschenrechte, AVR Bd. 39 (2001), S. 57 ff.

Schmidt, Marlene / Senne, Daniela, Das gemeinschaftsrechtliche Verbot der Altersdiskriminierung und seine Bedeutung im deutschen Arbeitsrecht, RdA 2002, S. 80 ff.

–, Defizite im Jugendarbeitsschutz – Erneut: Mangelhafte Umsetzung einer EG-Richtlinie durch den deutschen Gesetzgeber, BB 1998, S. 1362 ff.

Schmidt, Petra, Japan's Wartime Compensation: Forced Labour, ASIA-PAC J. H. R. & L. 2000, S. 1 ff.

Schönberger, Thomas, Das Tatortprinzip und seine Auflockerung im deutschen internationalen Deliktsrecht, München, VVF, 1990.

Schorlemer, Sabine von, Der „Global Compact" der Vereinten Nationen – ein Faust'scher Pakt mit der Wirtschaftswelt, in: dies. (Hrsg.), Praxishandbuch UNO: Die Vereinten Nationen im Lichte globaler Herausforderungen, Berlin (u.a.), Springer, 2003, S. 507 ff.

Schrader, Peter / Straube, Gunnar, Ist das AGG international zwingendes (Arbeits-)Recht?, NZA 2007, S. 184 ff.

Schröder, Rainer, Zwangsarbeit: Rechtsgeschichte und zivilrechtliche Ansprüche, Jura 1994; S. 61 ff. und S. 118 ff.

Schwarze, Jürgen, Anmerkungen zu EuGH, Rs. C-43/75, EuR 1977, S. 44 ff.

Schweisfurth, Theodor, Völkerrecht, Tübingen, Mohr Siebeck, 2006.

Scott, Craig, Multinational Enterprises and Emergent Jurisprudence on Violations of Economic, Social and Cultural Rights, in: Asbjørn, Eide (Hrsg.), Economic, Social and Cultural Rights: A Textbook, 2., rev. ed., Dordrecht (u.a.), Nijhoff, 2001, S. 571 ff.

Seibert-Fohr, Anja / Wolfrum, Rüdiger, Die einzelstaatliche Durchsetzung völkerrechtlicher Mindeststandrads, AVR 43 (2005), S. 153 ff.

–, Die Deliktshaftung von Unternehmen für die Beteiligung an im Ausland begangenen Völkerrechtsverletzungen, ZaöRV 63 (2003), S. 195 ff.

Seidl-Hohenveldern, Ignaz / Loibl, Gerhard, Das Recht der internationalen Organisationen einschließlich der supranationalen Gemeinschaften, 7. Aufl., Berlin (u.a.), Heymanns, 2000.

Shaw, Courtney, Uncertain Justice: Liability of Multinationals under the Alien Tort Claims Act, 54 Stan. L. Rev. (2002), S. 1359 ff.

Shaw, Malcolm N., International Law, 6. ed., Cambridge (u.a.), Cambridge Univ. Press, 2008.

Simma, Bruno, From Bilaterism to Community Interest in International Law, RdC 250 VI (1994), S. 322 ff.

–, Souveränität und Menschenrechtsschutz nach westlichem Völkerrechtsverständnis, in: EuGRZ 1977, S. 235 ff.

Slawotsky, Joel. The New Global Financial Landscape: Why Egregious International Corporate Fraud Should Be Cognizable under the Alien Tort Claims Act, 17 Duke J. Comp. & Int'l L. 131 (2006), S. 131 ff.

Stein, Torsten / Buttlar, Christian von, Völkerrecht, 13., neu bearb. Aufl., München, Heymanns, 2012.

Strauss, Roland, Das Verbot der Rassendiskriminierung, Völkerrecht, internationales Übereinkommen und schweizerische Rechtsordnung, Zürich, Schulthess Polygraph. Verl., 1991.

Streinz, Rudolf, Europarecht, 9. Aufl., Heidelberg, C.F. Müller, 2012.

–, EUV/AEUV : Vertrag über die Europäische Union und Vertrag über die Arbeitsweise der Europäischen Union, 2. Aufl., München, Beck, 2012 (zitiert: Streinz/*Bearbeiter*).

–, / Herrmann, Christoph, Der Fall Mangold – eine „kopernikanische Wende im Europarecht"?, RdA 2007, S. 165 ff.

–, / *Leible, Stefan,* Die unmittelbare Drittwirkung der Grundfreiheiten – Überlegungen aus Anlass von EuGH, EuZW 2000, Seite 468 (in diesem Heft) – Angonese, EuZW 2000, S. 459 ff.

Strohscheidt, Elisabeth, UN-Normen zur Unternehmensverantwortung, Vereinte Nationen 4/2005, S. 138 ff.

–, Menschenrechtsrat: Leitprinzipien für Unternehmensverantwortung, Vereinte Nationen 2011, S. 229 ff.

Taylor, Alexis, The UN and the Global Compact; N.Y.L.Sch.J.Hum.Rts. (Vol. 17) 2001, S. 975 ff.

Teubner, Gunther, Globale Zivilverfassungen: Alternativen zur staatszentrierten Verfassungstheorie, ZaöRV 63 (2003), S. 1 ff.

Thirlway, Hugh W.A., International Customary Law and Codification, A.W. Sijthoff, Leiden, 1972.

Thürer, Daniel, The Emergence of Non-Governmental Organizations and Transnational Enterprises in International Law and the Changing Role of State, in: Non-State Actors as New Subjects of International Law, Rainer Hofmann (Hrsg.), Berlin, S. 37 ff.

–, Soft Law, in: Rüdiger Wolfrum (Ed.), *The Max Planck Encyclopedia of Public International Law*, Oxford University Press, 2008, online edition, abrufbar unter: http://www.mpepil.com/home.

Thüsing, Gregor, Europäisches Arbeitsrecht, C.H. Beck, München, 2008.

–, Europarechtlicher Gleichbehandlungsgrundsatz als Bindung des Arbeitgebers?, ZIP 2005, S. 2149 ff.

–, Richtlinienkonforme Auslegung und unmittelbare Geltung von EG-Richtlinien im Anti-Diskriminierungsrecht, NJW 2003, S. 3441 ff.

Tietje, Christian, Recht ohne Rechtsquellen?; Zeitschrift für Rechtssoziologie 24 (2003), S. 27 ff.

Tomuschat, Christian, Grundpflichten des Individuums im Völkerrecht, AVR 21 (1983), S. 289 ff.

–, Rechtsansprüche ehemaliger Zwangsarbeiter gegen die Bundesrepublik Deutschland?, IPRax 1999, S. 237 ff.

Torres, Melissa, Labor Rights and the ATCA: Can the ILO's Fundamental Rights be Supported Through ATCA Litigation?, Colum.J.L.& Soc. Probs. 37 (2003–2004), S. 447 ff.

Tully, Stephen, Corporations and International Lawmaking, Leiden (u.a.), Nijhoff, 2007.

Tunkin, Grigorij I., Völkerrechtstheorie, Berlin, Berlin Verl., 1972.

Vagts, Detlev F., The UN Norms for Transnational Corporation, LJIL 16 (2003), S. 795 ff.

–, / *Murray, Peter,* Entschädigungsklagen der Zwangsarbeiter unter nationalsozialistischer Herrschaft: der nicht bestrittene Weg, ZZPInt. 7 (2002), S. 333 ff.

Valticos, Nicolas / Potobsky, Geraldo von, International Labour Law, 2. rev. Ed., Deventer [u.a.], Kluwer, 1995, §§ 579 ff.

Vazquez, Carlos, Direct vs. Indirect Obligations of Corporations under International Law, 43 Colum.JTL (2004–5), S. 927 ff.

Verdross, Alfred / Simma, Bruno, Universelles Völkerrecht: Theorie und Praxis, 3. Aufl., Berlin, Duncker & Humblot, 1984.

–, Die Quellen des universellen Völkerrechts, Freiburg, Rombach, 1973.

–, Entstehungsweisen und Geltungsgrundes universellen völkerrechtlichen Gewohnheitsrechts, ZaöRV 29 (1969), S. 635 ff.

Vitzthum, Wolfgang Graf, (Hrsg.), Völkerrecht, 5. Aufl., Berlin, de Gruyter Recht, 2012 (zitiert: *Bearbeiter, in:* Graf Vitzthum, Völkerrecht, 5. Aufl.).

Voos, Sandra, Die Schule von New Haven, Berlin, Duncker & Humblot, 1999.

Walker, John, Domestic Adjudication of International Human Rights Violations under the Alien Tort Statute, St. Louis U. L.J.(Vol. 41), 1997, S. 539 ff.

Wallace, Cynthia D., Multinational Enterprises and Legal Control: Host State Sovereignty in an Era of Economic Globalization, The Hague (u. a.), Nijhoff, 2002.

Waltermann, Raimund, Verbot der Altersdiskriminierung - Richtlinie und Umsetzung, NZA 2005, S. 1265 ff.

Weilert, Katarina, Transnationale Unternehmen im rechtsfreien Raum? Geltung und Reichweite volkerrechtlicher Standards, ZaöRV 69 (2009), S. 883 ff.

Weiß, Norman, Transnationale Unternehmen - weltweite Standards?, MRM Heft 2 2002, S. 82 ff.

–, Weltwirtschaft, Kinderarbeit und Sozialklauseln, MRM 1999 Heft 2.

Weissbrodt, David / Kruger, Muria, Norms on the Responsibilities of Transnational Corporations and Other Business Enterprises with Regard to Human Rights, AJIL 2003, S. 901 ff.

–, The Beginning of a Sessional Working Group on Transnational Corporations Within the UN Sub-Commission on Prevention of Discrimination of Minorities, in: Kamminga/Zia.Zarifi (Hrsg.), Liability of Multinational Corporations under International Law, The Hague (u. a.), Kluwer, 2001, S. 119 ff.

Werle Gerhard, Völkerstrafrecht, Mohr Siebeck, Tübingen, 2. Aufl., 2007.

Weschka, Marion, Human Rights and Multinational Enterprises: How Can Multinational Enterprises Be Held Responsible for Human Rights Violations Committed Abroad?, ZaöRV 66 (2006), S. 625 ff.

Wiedemann, Herbert / Thüsing, Gregor, Der Schutz älterer Arbeitnehmer und die Umsetzung der Richtlinie 2000/78/EG, NZA 2002, S. 1236 ff.

Wiesbrock, Katja, Internationaler Schutz der Menschenrechte vor Verletzungen durch Private, Berlin, Berlin-Verl. Spitz, 1999.

Wildhaber, Luzius, Multinationale Unternehmen und Völkerrecht, in: ders. (Hrsg.) Internationalrechtliche Probleme multinationaler Korporationen: Referate und Thesen mit Diskussion BDGV 18 (1978), Heidelberg, C.F. Müller, S. 7 ff.

Wisskirchen, Alfred, Ausgewählte Fragen der Normenüberwachung, in: Bundesministerium für Arbeit und Soziales u. a. (Hrsg.), Weltfriede durch soziale Gerechtigkeit, 75 Jahre Internationale Arbeitsorganisation, Baden-Baden, 1994, S. 65 ff.

Wolfke, Karol, Custom in Present International Law, Dordrecht (u. a.), Nijhoff, 1993.

Wondratschke, Claudia, Privatisierung von Gefängnissen und Menschenrechte: Chance oder Risiko?, in: Jahrbuch Menschenrechte 2007, S. 116 ff.

Zerk, Jennifer A., Multinationals and Corporate Social Responsibility: Limitations and Opportunities in International Law, Cambridge, Cambridge Univ. Press, 2007.

Zimmer, Reingard, Soziale Mindeststandards und Ihre Durchsetzungsmechanismen. Sicherung internationaler Mindeststandards durch Verhaltenskodizes?, Baden-Baden, Nomos, 2008.

www.ingramcontent.com/pod-product-compliance
Ingram Content Group UK Ltd.
Pitfield, Milton Keynes, MK11 3LW, UK
UKHW021911290926
8980IPUK00015B/1189

9 783631 661604

www.ingramcontent.com/pod-product-compliance
Ingram Content Group UK Ltd.
Pitfield, Milton Keynes, MK11 3LW, UK
UKHW021909290926
8980IPUK00015B/1142

9 783631 674932